法律职业观察

Legal Profession Observatory

·第一辑·

王进喜　陈　宜/主编
白　冰/执行主编

中国政法大学出版社
2022·北京

声　明　1. 版权所有，侵权必究。

　　　　2. 如有缺页、倒装问题，由出版社负责退换。

图书在版编目（CIP）数据

法律职业观察.第一辑/王进喜，陈宜主编.—北京：中国政法大学出版社，2022.8
ISBN 978-7-5764-0555-2

Ⅰ.①法… Ⅱ.①王…②陈… Ⅲ.①法伦理学－文集 Ⅳ.①D90-053

中国版本图书馆CIP数据核字(2022)第213695号

书　　名	法律职业观察 FALÜ ZHIYE GUANCHA
出　版　者	中国政法大学出版社
地　　址	北京市海淀区西土城路25号
邮　　箱	fadapress@163.com
网　　址	http://www.cuplpress.com（网络实名：中国政法大学出版社）
电　　话	010-58908435(第一编辑部) 58908334(邮购部)
承　　印	固安华明印业有限公司
开　　本	787mm×1092mm　1/16
印　　张	21.5
字　　数	431千字
版　　次	2022年8月第1版
印　　次	2022年8月第1次印刷
定　　价	76.00元

【主编简介】

王进喜 男，1970年生，法学博士，博士研究生导师，中国政法大学法学院教授，律师学研究中心主任，司法部律师惩戒委员会委员、中国法学会律师法学研究会副会长；2008年度教育部新世纪人才支持计划入选者，2010年教育部长江学者和创新团队发展计划"证据科学研究与应用"创新团队负责人；澳大利亚新南威尔士大学2009—2012年度客座研究人员，2002—2003年度美国西北大学法学院美国富布莱特项目研修学者，2010年9月—2011年6月美国加州大学戴维斯分校法学院高级访问学者。主要著作有：《法律职业行为法（第二版）》《法律伦理的50堂课》《美国律师职业行为规则理论与实践》等。主要译作有：《苏格兰诉辩律师协会诉辩律师职业行为指引和惩戒规则》《面向新世纪的律师规制》《律师的职业责任与规制》等。

陈 宜 中国政法大学教授，硕士生导师。中国法学会律师法学研究会常务理事、副秘书长。2003曾担任律师法修改专家起草小组组长，2008律师事务所管理办法个人律师事务所课题小组组长，2018律师法修改专班成员。主要担任律师学、法律职业规则、法律职业伦理、大学生职业素养提升的授课。主要研究领域为律师制度和法律职业规则、基层法律服务。出版专著《律师执业组织形式和律师管理体制研究》《我国基层法律服务工作者的现状与发展对策研究——兼论法律服务市场的规制》、主编《律师公证制度与实务》《律师职业行为规则概论》《律师职业行为规则论》等多部，《北京律师行业发展报告（1-5）》主要撰写人，发表学术论文数十篇。

白 冰 男，山西临汾人，法学博士，法律职业伦理研究所讲师。中国政法大学法学学士，北京大学法学硕士、法学博士。先后在《法学家》《法商研究》《政法论坛》《当代法学》《比较法研究》等核心刊物发表论文十余篇。主要研究方向为法律职业伦理、司法制度、刑事诉讼法学。

卷首语

在中国的社会生活中，在政治和社会经济生活层面上，法治从来没有这么重要过。

中国共产党十八届三中全会、四中全会就实现全面依法治国提出一系列改革目标，开启法治新时代。2020年11月，中央全面依法治国工作会议提出，"法治是国家核心竞争力的重要内容"。法治已被视为合理、公正社会的基本要素，是新时代的符号之一，是满足广大人民群众美好生活需要的必要条件，是国家长治久安的基础设计。

在中国的视野中，法律职业从来没有这样重要过。

建设法治国家、法治政府、法治社会，实现科学立法、严格执法、公正司法、全民守法，离不开一支高素质的法治工作队伍。一方面，法律机构的运行，自然需要专门法治队伍；另一方面，社会主体诉诸法治，必然需要法律服务队伍。"徒法不足以自行"，没有一支政治可靠、训练有素、视野开阔的法律职业队伍就无法实现立法的目的，树立法律的权威。因此，2020年11月，习近平总书记强调，要坚持建设德才兼备的高素质法治工作队伍。加强法律职业队伍建设，实乃积树国本之策也。

中国特色社会主义法律体系已经基本形成，国家经济、政治、文化、社会生活的各个方面基本做到有法可依，为依法治国、建设社会主义法治国家、实现国家长治久安提供了有力的法治保障，则法律职业的改革与发展则必然成为全面推进依法治国和司法改革的重大战略性问题。

当前我国法律职业的改革与发展呈现出下列特征。

第一，法律职业的发展与改革呈现出全面性、整体性、协调性特征。目前，我国法官、检察官员额制改革已经基本完成，律师制度改革正在深入推进，执业律师人数即将突破60万人。随着"统一法律职业资格制度""从律师队伍中选任法官检察官制度""禁止法官、检察官与律师不正当接触交往制度""法律职业人员统一职前培训制度""规范法院、检察院离任人员从事律师职业的意见""法官单独职务序列规定"等制度和政策的出台，我国法律职业的发展与改革正力图通过具有全面性、整体性、协调性的改革举措，改变过去几驾马车各行其是的做法，解决一些长期未能有效解决的问题。

第二，律师职业的改革与发展任务繁重。在法律职业的改革与发展中，律师职业的改革与发展新老问题交织。这些问题，不仅仅是律师队伍已经发展至近60万人，传统管理体制和机制迫切需要变革，更重要的是律师执业活动呈现出跨越国界的特点，对律师职业的传统规制手段提出了挑战；法律服务和司法管理技术的进步，在解决了一些传统问题的同时，又带来了许多新的问题；"发展涉外法律服务业"，参与国际法律服务竞争，代表国家参与全球治理，对法律职业伦理的比较研究与教育提出了需求；作为法治基本单位的律师事务所的管理长期没有得到重视。

第三，法律职业的改革与发展重视中国特色之彰显。每个法律制度都有其独特的文化特征，即使在西方制度之间，法律制度也存在很大差异。法律职业的改革与发展，既要重视法律职业队伍建设的普遍规律，也要考虑中国具体国情；不仅必须要考虑正式形成制度与规则，还要考虑它们对中国法律职业的实际意义。非基于中华文化之沃土，不足以生根落实。坚持走中国特色社会主义法治道路，必然需要有中国特色之法律职业。坚持有中国特色的法律职业改革与发展，是马克思主义法治理论中国化的必然要求。

但是，我国当前关于法律职业改革与发展的理论研究薄弱，研究人员匮乏，研究机构欠缺，不能适应新的形势要求，与新时代中国法律职业的气象不相匹配。建立法律职业改革与发展研究与交流的平台，围绕法律职业改革与发展的制度实施、政策落地以及法律职业发展战略等重大现实问题开展研究极为必要。《法律职业观察》将贯彻"百花齐放、百家争鸣"的出版方针，坚持包容、开放、务实的学术作风，实现汇聚思想，推进研究，托举人才的目标。我们欢迎关于法律职业伦理、司法制度、法律服务和司法技术、律师事务所管理、法律人才培养、法律职业社会学等领域的原创作品和译介作品。我们相信，在理论和实务界的共同努力下，《法律职业观察》必将为我国法律职业改革与发展作出应有的贡献。

王进喜
2022年6月

目 录

专题研究

《法律服务认证要求》研究报告 …………………………… 张　宏（3）

法律服务认证分类研究报告 …………………………………… 陈　宜（23）

理论前沿

论法律职业伦理知识体系中的几个共性问题 ……………… 刘坤轮（43）

法律人职业伦理的困境及出路
　　——由《孟子》出发的解读与反思 ……………… 陶姝婷　王志勇（54）

论律师的职业伦理 ……………………………………………… 张宝玉（62）

本是同根生，相煎何太急
　　——漫谈法律职业共同体应遵循的伦理原则 ………………… 乔芳芳（71）

新时代我国监察官法律职业伦理体系的构建设想 ………… 印　波　黄伟庆（78）

论我国律师保密制度的伦理冲突与规范 ………………… 颜志伟　戴　威（93）

论冤案防范的法治文化方法
　　——以国家赔偿方式为抓手 …………………………… 黄鑫政（103）

自媒体时代法官职业形象的新构建 ………… 郭　哲　陈紫荆　郭钰婷（113）

域外传真

美国法律职业伦理教育的争议与技艺 …………………………………… 郭晓飞（131）

日本律师制度探究 ……………………………………… 陈　宜　胡晓雨（140）

当律师没有获得全部利润时：非律师所有权，法律服务近用和
　职业主义 ………………………………… Nick Robinson 著　王进喜 译（152）

在线争议解决的设计方案
　………………… Janet K. Martinez 著　陈子文　杨惠蕊 译　周　蔚 校（206）

研究生教育

律师调解职业伦理规范适用研究 ……………………………………… 管　洁（223）

论刑事法律援助中律师服务质量控制 ……………………………… 王丁玄（241）

公司律师制度问题研究综述 …………………………………………… 胡晓雨（262）

律师利益冲突问题研究综述 …………………………………………… 王思敏（281）

我国律师行业惩戒制度研究综述 ………………………… 赵　爽　钟小莲（298）

中国涉外律师队伍的发展新态势 …………………………………… 安启蒙（320）

《法律职业观察》征稿启事

来稿要求 ………………………………………………………………………（338）

专题研究

为促进服务行业的规范和可持续发展，完善国内服务认证评价工作，中国质量认证中心牵头承担了国家重点研发计划项目 NQI 课题《技术、信息和专业知识密集型服务的认证整体方案研究》（课题编号：2016YFF0204105）。中国政法大学作为该重点研发计划课题子任务《法律服务认证方案研究与应用》（子任务编号：2016YFF0204105 - 9）的承担单位完成结题各项任务，并于 2019 年 9 月顺利通过评审。

该子任务课题《法律服务认证方案研究与应用》由中国政法大学王进喜教授任负责人，陈宜教授、周蔚博士、张宏博士、杜国栋博士等人为主要研究人员。课题研究历时三年，先后通过《法律服务认证技术要求》预审会、《法律服务认证技术要求》终审会、《法律服认证实施规则》审查会、子任务绩效评级会等评审环节。

《法律服务认证方案研究与应用》子课题是构建国家服务认证认可体系的重要一环，课题组在合理吸收律师事务所管理前沿理论的基础上，起草编制的《法律服务认证技术要求》填补了国内法律服务行业标准的空白，对规范我国法律服务行业，完善国内法律服务评价具有重要意义。

《法律服务认证要求》研究报告*

张　宏**

内容摘要：《法律服务认证要求》是国家重点研发计划"服务认证关键技术研究与应用"子任务课题之一。法律服务认证标准及技术方案的研究，对科学开展法律服务评价认证工作，提升法律服务质量评价的客观性和公正性，增强法律服务需求者了解、选择和辨别律师事务所的服务能力，提升法律服务规范性、可信度和透明度，促进法律服务质量提升等方面具有重要意义。本研究报告从法律服务行业的发展背景、法律服务评价的现状出发，以法律服务评价指标体系、法律服务认证测评方法、法律服务认证的采信和推广、法律服务的分类标准为主要研究内容，系统介绍并阐释了法律服务认证技术方案。

关键词：法律服务认证；指标体系；测评方法；采信与推广；法律服务分类

一、概述

（一）研究背景

近年来，我国法律服务行业进入高速发展阶段。根据司法部 2020 年 6 月份数据，截至 2019 年年底，我国共有律师事务所 3.2 万多家，执业律师人数已逾 47.3 万人，行业的迅速发展对律师事务所等机构的法律服务提出了更高的要求。法律服务质量标准是衡量法律服务水平的标杆。目前，我国已成为世界制造业第一大国，对产品有着成熟的认证体系，不仅有系统的国家标准、行业标准等标准化文件，而且还有完善的认证方法。但是，既有的制造业背景中产生的管理体系标准和认证体系，不能很好地满足服务市场尤其是法律服务市场的需要，法律服务标准体系一直处于空缺状态。针对法律服务行业管

---

* 本项目由国家重点研发计划"服务认证关键技术研究与应用"（项目编号：2016YFF0204100）资助，参与单位人员：中国政法大学王进喜、陈宜、周蔚、张宏、高远新，中国质量认证中心邓云峰、韩建军、吴相科。

** 张宏，中国政法大学博士后研究人员。主要研究方向：法律职业伦理、律师职业行为规则。

理问题突出、服务质量参差不齐、委托人评价缺位等问题，亟需构建以委托人感知为重要评价指标的评价体系，促进法律服务标准化进一步加强。因此，规范法律服务管理、制定符合市场需要的法律服务认证体系势在必行。

党的十八届四中全会强调了法律服务队伍建设和律师事务所管理，突出了法律服务在全面推进依法治国进程中的重要作用。2016年6月，中共中央办公厅、国务院办公厅印发了《关于深化律师制度改革的意见》（以下简称《意见》），对深化律师制度改革作出全面部署。《意见》指出"完善职业评价体系，健全律师事务所年度检查考核和律师年度考核制度，完善律师职业水平评价制度，形成优胜劣汰的激励约束机制"，将完善律师行业评价体系提上议事日程。2017年3月，《司法部关于建立律师专业水平评价体系和评定机制的试点方案》在上海、安徽、陕西、内蒙古四个省市开展试点，开始对刑事、婚姻家庭法、公司法、金融证券保险、建筑房地产、知识产权、劳动法、行政法、涉外法律服务九个专业领域评定专业律师，计划建立一整套符合律师执业特点的专业水平评价体系和评价机制，而配套的律师事务所评价机制也亟需制定。

（二）研究意义

第一，法律服务认证是认证行业落实中央和国务院政策规划的重要举措。《中共中央关于全面推进依法治国若干重大问题的决定》《国家"十三五"时期文化发展改革规划纲要》《国务院办公厅关于加快发展生活性服务业促进消费结构升级的指导意见》等一系列中央政策文件对法律服务行业均做出具体规划指导。

第二，法律服务认证是提升法律服务业质量的重要途径。长期以来，我国法律服务行业质量评价体系缺位，法律服务认证对提升法律服务行业规范管理、服务质量和水平具有重大意义。

第三，法律服务认证从委托人角度构建评价体系，能够帮助委托人准确判断法律服务机构服务能力的优劣，对委托人寻求适当的法律服务提供具体指引，解决广大群众缺乏法律服务客观信息的问题。

第四，法律服务认证进一步拓展了认证的新领域。法律服务认证是专业知识密集型服务认证的重要领域之一，全面构建法律服务认证体系，是认证领域战略性、全局性举措，对提升法律服务质量、促进法律服务行业发展具有重要意义。

第五，法律服务认证的研究成果将为法律服务行业相关方提供参考支撑。法律服务认证标准作为研究的重要成果之一，可为法律服务机构改善管理短板和服务缺陷提供帮助，为委托人的服务质量感知提供客观的评价参考，为司法行政机关、律师协会等管理部门制定行业发展规划提供参考，也可称为法律服务行业完善自身管理的重要工具。

（三）研究目标

本课题针对法律服务认证，突破现有的法律服务评价模式，寻求建立法律服务认证整体方案，包括完善的认证指标体系和认证实施规则。建立网络化、信息化条件下的法律服务质量测评验证技术和认证模式。研究开发法律服务认证关键技术，充分运用"互联网＋"和大数据技术，并开展行业应用验证。本课题将以应用解决方案、标准、论文等作为成果类型，形成《法律服务认证分类研究报告和指南》《法律服务认证测评方法指南和研究报告》《法律服务认证技术要求》《法律服务认证实施规则》《律师事务所认证试点报告》《法律服务认证采信和推广研究报告》、专著等预期成果。研究成果将构建起法律服务认证的整体方案，为政府、企业向法律服务机构采购法律服务提供参考，为潜在委托人寻求法律服务提供参考，为司法行政机关和行业协会管理以及提升行业自身管理水平提供参考。

（四）研究任务及完成情况

具体任务规定的《法律服务认证分类研究报告和指南》《法律服务认证测评方法指南和研究报告》《法律服务认证技术要求》《法律服务认证实施规则》《法律服务认证采信和推广研究报告》、专著已经完成，并对 8 家律师事务所进行了试点，着重考察标准和实施规则在认证过程中的有效性，并形成了相应的试点报告。

（五）研究方法

本课题针对法律服务拟解决的关键问题，主要采用以下研究方法：理论包括服务解除理论、行为测量理论；机理为合格评定功能法；技术包括网络技术、大数据技术、爬虫技术；方法包括"互联网＋"调查方法、结构化访谈、调查问卷、优序分析法。具体来说，将运用上述理论和方法，结合我国法律服务类型特点和业务流程，梳理委托人在法律服务提供过程中的感知点，根据法律服务风险和委托人利益保护的要求，对不同感知点进行权重分配，根据行业反馈和委托人感知体验对评价指标进行优化。

二、课题主要研究内容

（一）国内外现状调研

1. 国内外法律服务产业发展现状

国内法律服务产业发展现状：自 1979 年我国律师制度恢复重建以来，我国法律服务行业经历了高速的发展，律师队伍、律师事务所数量、法律服务行业创收均成倍增长。律师业务呈现出多元化的发展方向，律师诉讼业务、非诉业务、法律顾问业务、律师仲裁业务均展现出蓬勃的发展潜力。部分地区将法律服务纳入重点扶持产业，浙江、江苏等地区已开始试点建立法律服务产业区建设。2019年1月，司法部印发了《全面深化司法行政改革纲要（2018—2022年）》，明确了到2022年律师总数突破62万人的目标。律师等法律服务群体将在维护当事人合法权益，保障社会公平正义，推动国家治理现代化，助力经济、社会快速发展，促进我国全方位对外开放等方面发挥重要作用。

国外法律服务产业发展现状：近年来，全球法律服务市场规模稳步扩大。近十年，全球法律服务市场以接近2.4%的年均增速扩张，产业规模突破7000亿美元。其中，英国、美国等老牌资本主义发达国家凭借经济长久积淀和法治先进优势在世界各地扩大其法律服务市场的份额，竞争优势明显。在The Lawyer发布的2018年全球200强律师事务所中，美国、英国分别以171家、126家的数量位列前两位，德国、比利时、法国、日本等国家同样位列全球前十。中国、印度、巴西、俄罗斯、阿拉伯等新兴经济体也加紧法律服务全球化的进程。其中，我国大陆地区已拥有99家全球顶级律师事务所，仅次于美国、英国；阿拉伯也以52家的数量跻身全球第8位。大多数国家法律职业的从业者多为个人律师和小型律师事务所，而大型律师事务所只是少数，并且大多由英美国家所垄断。

目前，全球法律服务行业正向全球化、规模化、专业化、网络化和外向化方向发展。全球化体现在大型律师事务所的海外扩张，它们在世界其他国家和地区设立众多分支机构。随着大型投资银行在国外市场的资本运作，为这些投资银行服务的律师事务所为了这些银行的业务，也会跟随这些机构在国外开设分支机构来开展业务。规模化体现在律师事务所规模越来越大，美国律师事务所规模化特征就很明显。美国最大的一家律师事务所合伙人有800多个，律师有2000多名。即使是中等规模的律所律师也有500人左右。专业化体现在越来越多的律师将自己的专业局限在1~2个领域，过去那种"万金油"式的律师在法律服务市场上占的份额越来越少。随着律师事务所规模的增大，它们的分支机构在地理范围上分布更加广泛，组织的结构更加松散，但律师事务所中律师的工作却变得更加专业化。网络化本身具有两个层面的含义。第一个层面主要是指法律服务的方式将不局限于传统的面对面的提供方式，而是可以借助发达的互联网媒介来提供法律信息服务和咨询服务。第二个层面上的网络化是指法律工作者将在网络式的律师事务所结构下展开工作，也就是将不同国家的当地法律服务业集中于同一品牌律师事务所的名下或者是集中于一体化的国际合伙制律师事务所当中。外向化是随着经济全球化的扩张，涉及商法和国际法的法律服务在法律服务贸易中所占的比重越来越大，尤其是涉外法律市场，主要就集中于商法和国际法。无论是在东道国投资的外国公司，还是从事跨国业务的东道国企业，它们在投资和经营的各个环节都需要复杂和高质量的法律服务。

2. 国内外法律服务质量评价认证技术发展现状

（1）现有的法律服务评价标准。英国 Lexcel 律师事务所评价标准（Lexcel Practice Management Standards）[1]。Lexcel 主要依靠评估员进行评估，每次评估约 7 个工作日。评估员需要经过特别的训练且必须具备 ISO9000 或者人力投资者（IIP）的评估员资格，在已经设立的 ISO9000 认证机构或者地方质量认证中心工作。Lexcel 的评估员在进行评估时，主要会采用案卷审查、文件审查、会见访谈、年度维持走访、不合规的处理等方式进行评估。Lexcel 的认证标准和认证方法很好地平衡了对律师事务所进行行政监管和商业管理的关系，贯穿着以委托人为中心的认证主线，其认证标准几乎覆盖了每一个法律服务中的接触点，对律师事务所法律服务的前台、后台以及支持系统（资源）都有全面的评估。

钱伯斯法律评级机构（Chambers and Partners）[2]。钱伯斯的认证方法主要包括业务研究、客户访谈和同行访谈。参评的律所需要对每一个有兴趣参与的调研领域提交一套申报材料。申报材料包括用于律所情况和业绩介绍的申请表以及推荐人名单。申请表主要用作陈述团队规模、工作重点。研究员根据申请表对律师事务所的业务展开评估、调查。钱伯斯研究员评估的重点是律师事务所的律师和案件，从申请表可以看出，申请评估的律师事务所要求提供大量的工作人员信息，包括律师数量、参评律师和未参评律师的个人信息、外国专家信息、部门领导信息以及一年以来新入职或者离职的人员信息等等。推荐人名单也是申请材料的重要组成部分，主要提供的是客户名单，也有一些合作伙伴或者同领域的律所律师。钱伯斯会对客户或者同行进行电话采访。申请表中已经对客户信息的保密部分和可出版部分作出了划分，出版的客户引言会对身份信息进行保密。钱伯斯也会采访与律所合作过的其他律师以及评估他们最近所做的工作。对客户和同行进行访谈是钱伯斯的重要认证方式。

《亚洲法律杂志》（Asian Legal Business，ALB）[3]。ALB 的认证方法主要有数据统计、客户问卷采访和专家评审。其律师事务所排行榜的榜单会附有相应的数据。比如在 2017 中国国内 30 强律师事务所排行榜中，每个律所后都列出了合伙人数量、非合伙人律师数量和员工总数。在 2017 中国最佳成长律所的评选中，调研团队主要是根据收费人员增长、新增核心合伙人以及重要客户的数量、新增办公室已经营业增长量等相关数据性的扩张指标评选出排名靠前的律所。

法律电商对律师服务的评价。法律电商是提供法律服务的一种新兴互联网模式，即把由线下律师和委托人之间面对面的法律服务转移到线上进行。目前的法律电商市场发

---

[1] *Lexcel Assessment Guide Version 6 edition*，The Law Society，2015.
[2] https://www.chambersandpartners.com/，最后访问时间：2018 年 11 月 12 日。
[3] http://www.legalbusinessonline.com/，最后访问时间：2018 年 11 月 12 日。

展速度很快，主要有无讼、快法务、易法通、绿狗、赢了网、法天使等互联网平台。司法部目前也在筹备搭建统一的法律服务平台，发挥法律事务咨询、矛盾纠纷化解、困难群众维权、法律服务指引和提供等功能。法律电商结合了互联网经济迅速便捷和大数据的特点来评价律师法律服务能力。

《全国优秀律师事务所评定标准》。2003年12月27日，第五届全国律协常务理事会第七次会议审议通过了《全国优秀律师事务所评定标准》。2004年，全国律协成立全国优秀律师事务所评定委员会，负责全国优秀律师事务所评定工作的组织和评定。各省、自治区、直辖市律师协会应建立相应的"全国优秀律师事务所"评定活动实施机构，负责本地区评定工作的组织、审核、推荐等项工作。全国优秀律师事务所评定活动采取"申报—初评—审核—公示—推荐—评定—公告"程序，由律师事务所主动申报，当地律师协会评定机构进行初评、审核并进行公示后，将当地评选出的律师事务所推荐到全国律协评定委员会进行考核、评定。

（2）法律服务评价认证调研。以往我国也有很多律师事务所的评价考核标准。1997年司法部曾发布《关于创建司法部部级文明律师事务所实施办法》，2003年中华全国律师协会常务理事会曾发布《全国优秀律师事务所评定办法》和《全国优秀律师事务所评定标准》。各地方一直以来也积极参与律师事务所的评价考核，2006年广州市司法局制定《广州市创建规范管理律师事务所评分标准》，2010年海南省司法厅发布《海南省司法厅律师事务所年度检查考核办法实施细则》，2012年杭州市司法局立项重点课题《杭州市律师事务所等级管理标准体系研究》，2014年宁夏回族自治区司法厅制定了《宁夏律师事务所服务质量社会评价和律所星级创建评定标准》。但是我国一直没有形成全国性的、长期的、科学完善的律师事务所评价体制。

（3）法律服务质量评价认证的需求。律师事务所是最主要的法律服务机构。只有先制定出科学的律师事务所服务质量标准，才能将标准扩展到企业法务、政府法务等其他法律服务职业。律师事务所作为律师的执业机构具有浓重的商业属性。律师事务所管理目标是提供令人满意的法律服务，但是我国以往的律师事务所评价标准，大多着重评价律师事务所的律师执业功能，评价标准主要围绕律所的资源展开。律所的管理评价规范更多的是从行政管理者、降低律师服务风险的角度对律师事务所进行管控，而没有以商业组织为重点评价律师事务所的法律服务。符合管理标准的律师事务所并不一定能输出让客户满意的法律服务。完整的服务认证应当包括对服务机构资源、服务过程、服务结果进行全面认证。目前，我国全国性律师事务所评价体系主要存在规模化平等适用缺位、评价短板明显、缺乏委托人评价要素、商业化要素不足和缺乏过程管理思想等诸多问题。[1]

---

[1] 参见王进喜："律师事务所管理评价体系研究报告"，载《中国司法》2007年第8期。

（4）法律服务的数据现状。一是司法行政机关掌握的数据。司法行政机关是法律服务机构和法律服务人员的主管机关。司法部统筹建设的"中国法律服务网"于2017年12月上线试运行。截至2018年5月19日，网站累计登录130万人次，法律服务总咨询量8万余次。2018年5月20日，由司法部建设的中国法律服务网（12348中国法网）正式上线运行。中国法律服务网整合了38万多家法律服务机构、139万多名法律服务人员数据，提供法律法规查询、全国律师信息综合管理系统、法律服务信用信息查询、法律服务办事指南、法律服务投诉、案例查询等多种服务。

二是律师协会掌握的数据。律师协会是律师自律组织，依法对律师实施行业管理。协会掌握律师事务所和律师的基本信息，并以法律服务种类为分类标准建立专业委员会，定期公布律师的奖励信息和惩戒信息。

三是裁判文书网公开的数据。2014年1月1日，《最高人民法院关于人民法院在互联网公布裁判文书的规定》正式实施，决定由最高院在全国范围内统一组织裁判文书网上公开工作。各级法院在中国裁判文书网上公开裁判文书早在2013年年底已经开始。根据最高人民法院的数据，截至2020年8月30日，中国裁判文书网文书总量突破1亿篇，总访问量近480亿次。通过近些年数据积累，中国裁判文书网已经成为中国最大的法律数据库，对法律服务产生了深远的影响。

四是法律电商对律师法律服务的评价数据。法律电商是提供法律服务的一种新兴互联网模式，即把由线下律师和委托人之间面对面的法律服务转移到线上进行。目前的法律电商市场发展速度很快，主要有无讼、快法务、易法通、绿狗、赢了网、法天使等互联网平台。法律电商结合了互联网经济迅速便捷和大数据的特点来评价律师法律服务能力。法律电商评价律师法律服务最有说服力的方法是案例。案例展示可以将律师服务的经验性与电商服务的数据化特点相结合。委托人在没有实际与律师接触的情况下，可以通过网页中展示的案例数据来判断律师水平。例如，无讼（https：//www.itslaw.com）把每个律师的案例及裁判文书都整理到网站上，客户通过搜索案情即可匹配相应的律师，在每个律师的介绍下都附有可查案例。

（二）法律服务评价认证指标体系

1. 法律服务蓝图分析

服务认证关键技术研究与应用（2016YFF0204100）的总体目标是构建国家服务认证认可体系，《法律服务认证要求》是法律服务认证的标准文件。该标准是在合理吸取了律师管理的前沿理论的基础上，结合质量认证的技术体系编制而成。《法律服务认证要求》作为法律服务标准将以RB标准的形式向社会推出公布。区别于以往的服务评价体系，该项目的主要研发重点是：服务质量评价体系、顾客感知服务质量指标建立和选取、基于大数据的服务质量测评技术、服务认证模式和模式组合技术。通过对法律消费者感知服务质量指标的定性定量分析，基于大数据的服务质量测评技术开发，以及综合考虑法律服务专业性特点的认证模式选取，形成了兼顾法律服务专业性和服务认证技术的法律服务认证标准（见图1）。

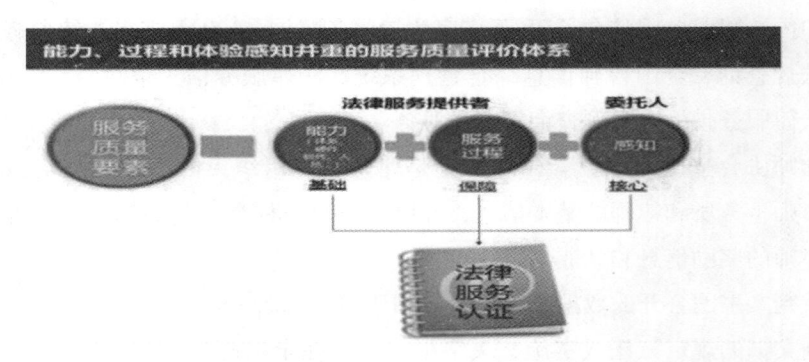

图 1　服务能力、过程和体验感知并重的服务质量评价体系

2. 指标体系构建

法律服务质量水平决定着行业的发展未来，有必要建立统一的法律服务质量评价体系，对法律服务质量进行标准化评价。本课题根据《法律服务认证要求》将法律服务行业的特点与服务质量认证技术相结合，充分吸收了国内外以往法律服务评价体系的先进经验，在多个法律服务机构试点的实践基础上形成，具备科学性、客观性和以委托人为中心的特点。

法律服务质量认证评价指标体系的主要内容（详见图2）：

（1）一级指标构成。

将法律服务质量认证评价指标分为服务资源、服务过程、服务结果三类。

（2）二级指标构成。

服务资源包括四类二级指标，分别为结构与战略、人员要求、服务设施设备、法律服务管理。

服务过程包括七类二级指标，分别为业务推广、预备工作、接受委托、收费、法律服务提供、法律服务终结、服务结算。

服务结果包括六类二级指标，分别为功能性、时间性、安全性、经济性、舒适性、文明性。

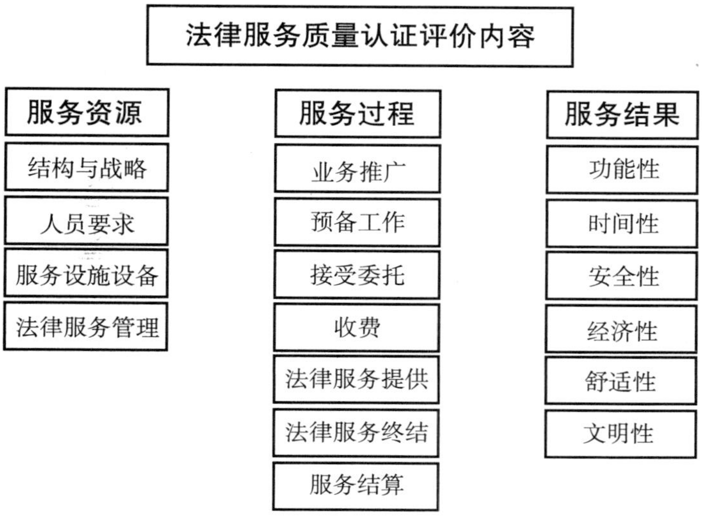

```
              法律服务质量认证评价内容

     服务资源              服务过程              服务结果
   ┌─────────┐          ┌─────────┐          ┌─────────┐
   │结构与战略│          │业务推广 │          │ 功能性  │
   ├─────────┤          ├─────────┤          ├─────────┤
   │人员要求 │          │预备工作 │          │ 时间性  │
   ├─────────┤          ├─────────┤          ├─────────┤
   │服务设施设备│        │接受委托 │          │ 安全性  │
   ├─────────┤          ├─────────┤          ├─────────┤
   │法律服务管理│        │  收费   │          │ 经济性  │
   └─────────┘          ├─────────┤          ├─────────┤
                        │法律服务提供│        │ 舒适性  │
                        ├─────────┤          ├─────────┤
                        │法律服务终结│        │ 文明性  │
                        ├─────────┤          └─────────┘
                        │服务结算 │
                        └─────────┘
```

图 2　法律服务质量认证评价指标体系图

三、法律服务认证基本测评方法

（一）法律服务认证基本测评方法与适用分析

1. 文件审核法

文件审核法是对法律服务质量进行测评的基本方法，可采用直接检查的方式对法律服务机构相关的文件进行审核。文件审核首先要选取审核员并由认证、法律等方面的专家对其进行专业培训，使其熟悉掌握法律服务机构在文件审核方面的规则，同时要遵循公平公正、实事求是的原则。对法律服务质量进行文件审核，必要时应查明文件来源，确保文件资料的真实性和有效性。

2. 现场评估法

现场评估法是对法律服务质量进行测评的必要方法，主要目的在于对法律服务机构的硬件进行评价，一般采用公开检查的方式直接对法律服务机构的办公和安全设施、法律知识设施、信息系统、财务管理、案卷管理等内容进行感知和评价，汇总有效数据，形成审核结果。

3. 问卷调查法

问卷调查法是指根据测评指标体系设计问卷，向法律服务的委托人进行发放，主要是对法律服务的功能性、及时性、安全性、经济性、舒适性、文明性等服务结果的测评。为保证结果的真实可靠，在采用问卷调查法收集法律服务质量信息时，需要有足够量的问卷作为支撑，确保问卷的回收率和有效问卷保持在合理范围之内。同时，由于法律服务的特殊性，应在问卷调查之前做好与委托人的沟通，一是保证委托人能够积极参与问卷调查；二是采取必要措施做好问卷调查中的保密工作，防止在问卷调查中泄漏委托人及案件信息；三是耐心解释并引导委托人对问卷进行客观评价，将委托人对法律服务质量的评价与案件结果之间的关联程度降到最小，避免因案件结果影响委托人对法律服务质量评价的客观性。

4. 神秘顾客法

神秘顾客审核法是服务类认证的常用方法之一，即以审核员或相关领域专家受认证机构委托，作为隐瞒身份的神秘消费者对服务类的整体情况进行感知，以消费者的身份和视角对影响服务质量的各个评价指标进行全方位的评估。法律服务具有不同于其他服务项目的特殊性，核心特殊性在于委托人委托法律服务机构提供法律服务的目的必须是真实的，也就是法律服务从委托合同订立到结束必须是真实的。否则，将可能涉及"虚假诉讼"等违法问题。但是，并非所有法律服务业务的质量认证均不能适用神秘顾客法。例如，法律咨询业务中，可采用神秘顾客法对法律服务质量进行测评。审核员或行业专家以委托人身份对具体法律问题进行咨询，从该过程中对服务资源、服务过程和服务结果的各项指标进行评价。然而，法律咨询业务仅仅是种类庞杂的法律服务业务中极小的一个领域，服务过程和委托人感知不足以代替整个法律服务的真实体验。因此，神秘顾客审核法在法律服务认证测评实践中可操作性不足，不宜选用。

5. 专家审核法

专家审核法是指由法律服务认证资深专家作为审核团，对符合法律服务基本要求的法律服务机构的服务资源、服务过程、服务结果的各个评价指标进行测评。法律服务作为一个具有极强专业性的行业，需要对法律服务各个环节比较熟悉的行业专家参与认证，充分保证认证结果的真实可靠。行业专家不仅需要核查法律服务机构所提交的证明材料，还需要置身现场对法律服务的细节进行准确判断，对测评进行指导。

（二）法律服务认证的数据来源

1. 法律服务机构提供的数据

法律服务机构提供的数据主要为关于该机构现状的数据，包括法律服务人员数量、法律服务辅助人员数量、法律服务实习人员数量、学历构成、执业年限、年龄结构、业务种类、办公面积、服务创收、办案数量、奖惩情况、培训次数等一系列描绘法律服务机构基本情况的数据。

2. 法律服务认证测评组现场获取的数据

法律服务认证测评组现场获取的数据包括：一是对法律服务机构提供数据的复核数据；二是认证测评对法律服务机构现场审核时获取的新数据，包括对组织形式、服务手册、业务计划、各项设施以及人员、案件、财务管理等各项制度进行测评获取的数据。

3. 通过公开渠道获取的数据

公开渠道主要包括社交媒体、律师主管部门及协会、司法信息公开等渠道方式。通过对法律服务提供全过程的数据采集，根据法律服务质量管理体系的流程管理，对每个流程用户体验进行匿名信息采集、在不泄露法律服务机构的商业秘密条件下对客户的反馈进行量化评级。大数据分析方法在推进法律服务认证流程化管理，实现服务认证结果动态、客观、可视化具有重要作用。有利于法律服务机构明确自身优势和短板，进一步提升法律服务质量。

4. 法律服务委托人提供的数据

法律服务委托人是重要的数量来源，测评组以问卷调查的方式采集法律服务人员及辅助人员的执业情况、机构对委托人信息安全和人身安全的保障情况、收费情况、接待环境情况、仪容仪表及语言表达等情况的数据。

（三）法律服务认证测评原则

法律服务认证测评应根据服务资源、服务过程、服务结果的各项测评项目主要内容、形式特点选择测评方法，依据具体指标的重要程度设置权重分配。

1. 服务资源测评原则

法律服务资源测评宜选用文件审核法和现场评估法，优先选择文件审核法。原因在于法律服务机构不同于餐饮、物流、教育等服务项目，主要以高度专业化的知识密集型、技能密集型服务为主，以人员智力贡献为主要的服务形式。因此，服务资源侧重以资质证书、制度文件、手册规范等文件内容体现服务资源的总体情况。例如，法律服务机构的设立证书、住所合法使用权证明、资质许可、年度考核合格证明、奖惩情况、服务手册、业务计划、制度文件、推广名片、宣传手册等一系列体现服务资源的测评均为文件形式。同时，现场评估法主要用于法律服务机构的各类硬件设施的测评，由于该部分在服务资源中的内容占比较小，因此，不宜选用为首要测评方法。

2. 服务过程测评原则

法律服务过程测评宜选用文件审核法、现场评估法、问卷调查法等方法，优先选用文件审核法。原因在于，业务推广、预备工作、接受委托、收费、服务提供、服务终结、服务结算这一系列服务过程主要以文件形式体现。例如，服务推广中的人员名片和机构广告；接受委托中的书面法律服务委托合同和书面风险告知书；收费过程的发票；服务提供过程中的服务方案、服务过程记录；服务终结中的质量反馈记录；服务结算中的费用报告。测评指标的具体形式决定了服务过程以文件审核法为首要测评方法。同时，在对宣传手册、网站、支付方式、财物处置、监督渠道等指标的测评中宜采用现场评估法。

3. 服务结果测评原则

服务结果测评宜采用问卷调查法、现场评估法等方法，优先选用问卷调查法。原因在于，法律服务异于餐饮等具有短时、限时服务项目，且法律服务场所并非固定于法律服务机构内。因此，对委托人感知的测评难以完全在机构内面对面访谈进行，相比较而言采用问卷调查法更具可行性。测评中需要注意的是，测评组应对参与测评的委托人信息严格保密，向委托人做好测评的解释工作。问卷发放应根据服务项目种类，注重问卷发放的广泛性。

（四）法律服务认证权重分配及测评计分

当优先选用的测量方法和其他方法同时采用时，可以选用其他测评方法。为保证认证结果真实可靠，优先选用的测量方法权重宜为80%，其他测量方法权重宜为20%。每项评价内容应采用五级评分法，根据符合程度分别给出0、1、2、3、4分。4分为最高，表示最好，0分最低，表示最差。

1. 服务资源权重分配及测评计分

法律服务资源的测评中，二级指标共计4项，三级指标共计13项，测评指标22项。服务资源测评计分的总权重设置为100分，分布在22项测评指标中，单项权重类别包括3分、4分、5分、6分，具体占比如下图3所示：

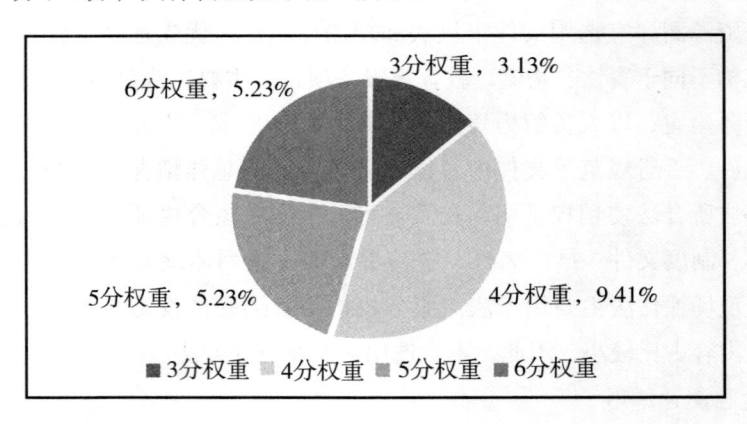

图3 服务资源测评指标单项权重占比

法律服务资源测评的单项权重分配原则以评价要素数量为主要依据，兼顾评价要求的必要程度。例如，在三级指标"人员管理"中，编号13的测评指标"法律服务机构应建立人员招聘制度并形成程序性文件"涉及的评价要素共有8项。因此，赋予该项测评指标6分权重；在三级指标"组织机构"中，编号2的测评指标"法律服务机构应建立与法律服务机构组织形式相适应的组织机构"涉及的评价要素虽然仅有3项，但该项测评指标在法律服务机构设立中具有相当的必要性，因此，赋予该测评指标5分权重。

服务资源测评得分计算按照各项测评内容的评分结果带入公式（1），计算服务资源综合得分。

$$SR = (\sum_{i=1}^{n} \omega_i \times Q_i)/4 \quad\cdots\cdots\cdots\cdots\cdots\cdots\cdots\cdots\cdots\cdots\cdots\cdots\cdots\cdots\cdots\cdots\cdots\cdots\cdots\cdots\cdots\cdots\cdots\cdots\cdots\cdots\cdots\cdots \quad (1)$$

其中，SR 为法律服务资源的综合得分；n 为法律服务资源评价内容总条数；i 为法律服务资源评价要素的编号，$i = 1, 2, \cdots\cdots, n$；$\omega_i$ 为法律服务资源第 i 项评价内容的权重；Q_i 为法律服务资源第 i 项测评内容的测评得分。

2. 服务过程权重分配及测评计分

法律服务过程的测评中，二级指标共计 7 项，三级指标共计 23 项，测评指标 25 项。服务过程测评计分的总权重设置为 100 分，分布在 25 项测评指标中，单项权重类别包括 3 分、4 分、5 分、6 分、7 分，具体占比如下图 4 所示：

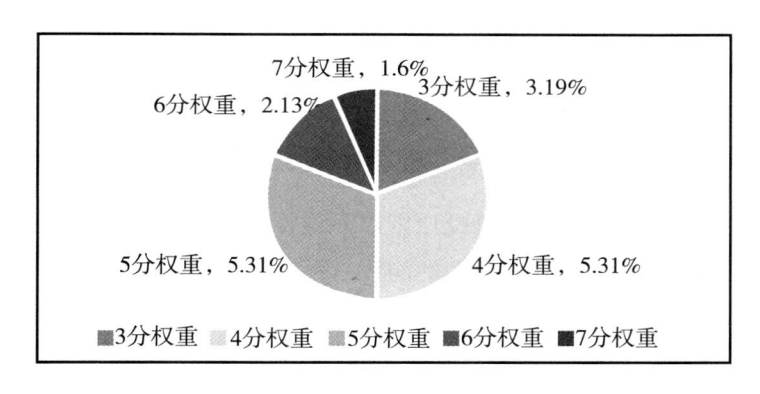

图 4　服务过程测评指标单项权重占比

法律服务过程测评的单项权重分配原则以评价要求的重要程度为主要分配依据，兼顾评价要素数量。例如，在三级指标"服务实施方案内容"中，编号 14 的测评指标"法律服务实施方案的内容应全面具体"涉及的评价要素共有 4 项。由于实施方案在整个法律服务过程中具有重要作用，因而赋予该项测评指标 7 分权重；另外，书面委托合同和风险告知在法律服务实践中的重要程度不可忽视，也被赋予了 6 分权重。其余，权重分配以评价要素数量为分配依据。

服务过程测评得分计算按照各项测评内容的评分结果带入公式（2），计算服务过程综合得分。

$$SP = (\sum_{j=1}^{m} \omega_j \times Q_j)/4 \quad\cdots\cdots\cdots\cdots\cdots\cdots\cdots\cdots\cdots\cdots\cdots\cdots\cdots\cdots\cdots\cdots\cdots\cdots\cdots\cdots\cdots\cdots\cdots\cdots\cdots\cdots\cdots\cdots \quad (2)$$

其中，SP 为法律服务过程的综合得分；m 为法律服务过程评价内容总条数；j 为法律服务过程评价要素的编号，$j = 1, 2, \cdots\cdots, m$；$\omega_j$ 为法律服务过程中第 j 项评价内容的权重；Q_j 为法律服务过程第 j 项评价内容的测评得分。

3. 服务结果权重分配及测评得分

在法律服务结果的测评中，二级指标共计 6 项，测评指标共计 10 项。服务结果测评计分的总权重设置为 100 分，分布在 10 项测评指标中，单项权重类别包括 5 分、10 分、15 分、20 分，具体占比如下图 5 所示：

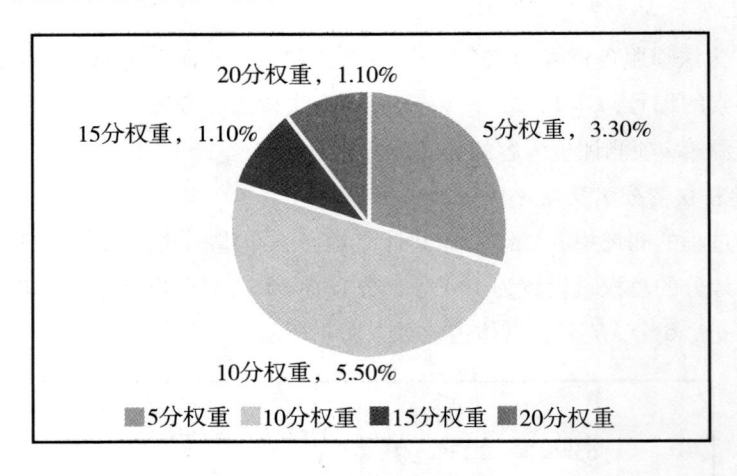

图 5　服务结果测评指标单项权重占比

法律服务结果测评的单项权重分配原则以评价要求的重要程度为分配依据。在二级指标中，功能性指标最为重要，编号 1 的测评指标"法律服务人员专业水平"和编号 2 的测评指标"委托人的合法权益得到维护"是委托人评价法律服务质量的首要指标，因此，被分别赋予 20 分、15 分的权重。其余测评指标，按照重要程度原则进行分配。

服务结果测评得分计算按照各项测评内容的评分结果带入公式（3），计算服务结果综合得分。

$$SE = (\sum_{k=1}^{l} \omega_k \times Q_k)/4 \quad \cdots\cdots (3)$$

其中，SE 为法律服务结果的综合得分；l 为法律服务结果评价内容总条数；k 为法律服务结果评价要素的编号，$k = 1, 2, \cdots\cdots, l$；$\omega_k$ 为法律服务结果中第 k 项评价内容的权重；Q_k 为法律服务结果第 k 项评价内容的测评得分。

（五）法律服务质量综合评价

在对法律服务认证时，应根据服务资源、服务过程、服务结果的综合得分进行判定。判定结论分为"通过""不通过"。服务资源综合得分 (SR)、服务过程综合得分 (SP)、服务结果综合得分 (SE) 均达到 60 分（含）以上，判定为"通过"；服务资源综合得分 (SR)、服务过程综合得分 (SP)、服务结果综合得分 (SE) 有任意一项低于 60 分，判定为"不通过"。

在判定为"通过"的条件下，按公式（4）计算服务质量综合得分 S。

$$S = SR \times f1 + SP \times f2 + SE \times f3 \quad \cdots\cdots (4)$$

其中，S 为法律服务质量综合得分；SR 为法律服务资源的综合得分；$f1$ 为法律服务资源占综合服务质量的权重为30%；SP 为法律服务过程的综合得分；$f2$ 为法律服务过程占综合服务质量的权重为50%；SE 为法律服务结果的综合得分；$f3$ 为法律服务结果占综合服务质量的权重为20%。

综合得分的权重分配原则以对法律服务质量影响程度为依据，法律服务实践中，服务过程对服务质量影响最大，因此，赋予50%的权重；服务资源对服务质量影响其次，因此，赋予30%权重；服务结果因受到多种因素影响，且受委托人主观因素影响较大，因此，被赋予的权重最小，仅为20%。

计算出法律服务结果的最终得分，按照法律服务质量综合得分进行等级划分，A级至AAAAA级，共有5个等级，AAAAA代表最高级别，表示法律服务质量最好。详情如下表所示：

表　法律服务认证等级划分

序号	服务质量综合得分（S）	认证等级
1	60 ≤ S <68	A
2	68 ≤ S <76	AA
3	76 ≤ S <84	AAA
4	84 ≤ S <92	AAAA
5	92 ≤ S ≤100	AAAAA

四、法律服务认证采信和推广研究

（一）政府采购法律服务

中共十八届四中全会通过的《中共中央关于全面推进依法治国若干重大问题的决定》明确提出，要"深入推进依法行政，加快建设法治政府"。而政府机关聘请法律顾问、采购法律服务是建设法治政府的重要举措。《政府采购法》[1] 第2条规定了政府采购的定义："本法所称政府采购，是指各级国家机关、事业单位和团体组织，使用财政性资金采购依法制定的集中采购目录以内的或者采购限额标准以上的货物、工程和服务的行为。政府集中采购目录和采购限额标准依照本法规定的权限制定。"这里的采购，是指以合同方式有偿取得货物、工程和服务的行为，包括购买、租赁、委托、雇用等。而具体到服

---

[1] 即《中华人民共和国政府采购法》，为表达方便，本书中涉及我国法律无特指时，使用省去"中华人民共和国"字样的简称。

务，是指除货物和工程以外的其他政府采购对象。

法律服务作为政府采购的重要对象也应当履行一定的法定程序。《政府采购法》第 26 条规定："政府采购采用以下方式：（一）公开招标；（二）邀请招标；（三）竞争性谈判；（四）单一来源采购；（五）询价；（六）国务院政府采购监督管理部门认定的其他采购方式。公开招标应作为政府采购的主要采购方式。"

虽然政府采购法律服务的关键是采购标准，但是具体的标准目前还没有统一的规定或者参照。部分地方政府出台了政府法律顾问的相关规定，但规定仅限于一些底线要求、并没有提出具体的选拔性标准。例如，广东省政府曾出台《广东省政府法律顾问工作规定》，其中第 12 条规定担任政府法律顾问的律师应当具备以下条件：（一）忠于宪法、遵守法律，具有良好的职业道德；（二）具有 3 年以上执业经验，专业能力较强；（三）近 3 年内未受过司法行政部门的行政处罚或者律师协会的行业处分。担任政府法律顾问的律师所在的律师事务所，应当在近 3 年内未受过司法行政部门的行政处罚或者律师协会的行业处分。杭州市政府曾出台《杭州市人民政府法律顾问工作规则》，规定外聘法律顾问应当符合下列条件：（一）政治素质高，拥护党的理论和路线方针政策，一般应当是中国共产党党员。（二）具有良好的职业道德和社会责任感，未受过刑事处罚、纪律处分、司法行政部门的行政处罚或律师协会的行业处分。（三）法学专家应当具有教授、研究员等高级职称，在所从事的法学教学、法学研究、法律实践等领域具有一定影响和经验；执业律师应当具有 8 年以上执业经历和较强的专业能力，在本专业领域具有一定的社会影响力。在法律领域有特殊专业特长的，可不受上述条件限制。（四）善于将法学理论与法律实践相结合，有较强的分析和处理实际问题的能力。（五）熟悉本市实际情况，热心服务于社会公共事务，有时间和精力履行职责。

因此，政府在采购法律服务时急需一个选拔性的具体标准。《法律服务认证要求》作为行业标准则可以补充这一空缺。一方面，政府已经在很多行业把国家标准、行业标准、团体标准作为政府采购、招投标的重要考量指标之一；另一方面，法律服务行业标准具备科学性、客观性，能够满足政府在采购法律服务时对法律服务机构的评价要求。所以，《法律服务认证要求》在政府采购法律服务方面具备采信和推广的基础。

（二）委托人

由于法律服务并非高频发生的服务，委托人在有法律服务需求时，往往因为缺乏经验而不知道如何选择法律服务。大部分委托人只能到网络上盲目地搜索，或者向亲朋好友打听，让亲朋好友推荐律师、律师事务所。但法律服务是一种专业性很强的服务，类别复杂，水平参差不齐，评价难度很大。盲目的网络搜索和打听难以找到合适的法律服务。

《法律服务认证要求》的重点之一就是以委托人为核心、建立委托人关照制度。以委托人为核心意味着符合标准的法律服务机构要关注委托人、满足委托人的要求。《法律服务认证要求》通过把质量的含义扩大到与委托人的关系而从其他质量标准中引申出来的。虽然《法律服务认证要求》没有 ISO9000 这类标准那么全面和正式，但是仍涉及对所提供服务质量的审查，以保证法律服务能够满足委托人的需要。

合格的法律服务机构在任何有关委托人的过程开始，都应把委托人关照作为一个目标，这些过程包括服务设计、员工培训、开发票、市场营销以及策略和经营业务规划。委托人关照制度的主要优点是：一个律师事务所为了生存，必须要让委托人感到满意，并且委托人关照的目标就是把确保委托人满意作为完成组织目标的一种方式。

例如，在服务认证中一个常常被强调的实践问题就是投诉处理程序的维持。委托人关照制度不仅仅是要保证委托人没有投诉的需要，还要保证有合理的投诉处理程序。在美国和加拿大进行的一项著名研究〔TARP——技术协助和研究项目（Technical Assistance and Research Program）〕表明，只有 4% 的不满意客户投诉，这意味着每收到一个投诉，就有 26 个客户存在问题，并且 6 个有严重问题。但是，那些投诉了而且其问题得到妥善处理的客户往往更可能愿意继续合作生意。出于这个原因，在委托人关照制度中，有效的投诉处理制度被强调为一种改善委托人忠诚度和留住委托人的方法。所以《法律服务认证要求》也对投诉处理程序做了具体规定。

《法律服务认证要求》作为一个以委托人为核心的质量认证标准，恰好解决了委托人在选择法律服务时的迷茫。符合《法律服务认证要求》的法律服务机构在委托人关照方面一定是可靠的。因此，《法律服务认证要求》在委托人适用方面具备广泛的采信和推广基础。

（三）法律服务机构

律师事务所作为律师的执业机构，既是一个职业组织，也是一个商业组织。律师执业活动中，道德和商业并不是相互排斥的。在经济上能够进行有效管理的律师事务所，将更有能力在持续改进上进行投入，从而为律师事务所的所有者、雇员和委托人带来益处。具有经济能力的律师事务所在法律服务过程中更不可能经受不了走不当捷径的诱惑。因此，适当的管理体系应当有助于律师事务所符合职业道德，有效地、高效地提供法律服务。国外管理强制性律师职业赔偿计划机构的研究表明，采纳了有效管理体系的律师事务所更不可能成为委托人索赔的对象。我国业内人士也指出："事实上，任何律师个体的不规范执业行为都是由于律师事务所这个律师从业基本单位的内部肌体存在顽疾。要解决不规范职业行为问题，不仅要制订若干法律法规，以及对律师本人进行教育，而且更重要的是治理好律师事务所的内部管理体制。因为所有的律师都要在律师事务所当中执业，必然要受到事务所的规制和约束，这是管理律师最基本的层面，也是最关键的层面。"[1]"质量保证旨在消除向委托人提供高质量服务时的一部分风险。其假设是，组织完善的律师事务所、按规矩办事的受过良好培训的律师，自然更有可能为委托人提供其所需要的服务。一个有效的质量保证框架将有助于律师事务所不再听凭命运来安排那些加强法律咨询质量和业务效率的关键因素。"[2]

服务认证是运用合格评定技术对服务提供者的服务及管理是否达到相关要求开展的第三方证明。认证是服务的重要环节，法律服务也能够通过认证提高管理服务水平。《法律服务认证要求》具备科学性、客观性和以委托人为中心的特点，法律服务认证是法律服务评价的必经之路和基础。现有的大数据、"互联网+"、人工智能等新技术的发展为法律服务认证提供了新的契机和技术条件。利用法律服务标准可以整体促进法律服务行业发展，适应经济结构转型升级和法律服务市场的新需求。《法律服务认证要求》梳理了法律服务的基本流程及其过程管理，为法律服务机构提供了一个规范管理的模板。通过法律服务认证能够倒逼法律服务机构规范管理、提升服务水平。所以，《法律服务认证要求》在助力法律服务机构提升管理水平方面具有采信和推广基础。

（四）司法行政机关与律师协会

随着我国律师事业的迅猛发展，如何加强对律师事务所的管理已经成为司法行政机关、律师协会迫切需要解决的问题。例如，为进一步规范律师事务所的内部管理，加强律师队伍建设，全国律师协会常务理事会于2004年3月20日通过了《律师事务所内部管理规则（试行）》；北京市律师协会已经成立了律师事务所管理指导委员会，并多次召开研讨会来就相关问题进行研究；上海市律师协会也曾于2004年在总结一些上海事务所的管理经验并结合一些国际国内律师事务所的管理经验基础上，发布了《律师事务所管理参考》，供律师事务所在事务所管理上参考。广州市司法局于2006年12月也发布了《广州市创建规范管理律师事务所实施办法》。这些情况表明，加强律师事务所管理已经成为从上至下的共识。律师事务所管理评价体系是衡量律师事务所管理水平的标杆。一个体系完善、指标科学的律师事务所管理评价体系，将成为衡量和促进律师事务所管理的有效工具。因此，制定科学的律师事务所管理评价体系具有重要的理论和实践意义。

在律师事务所的管理中，律师事务所管理的评价体系居于居高临下的指导地位。除了现在许多律师事务所采用的ISO9000质量体系之外，我国一共有过两个全国性的行业评价体系，一是1997年司法部发布的《关于创建司法部部级文明律师事务所实施办法》

---

[1] 王隽："论合伙律师事务所的规范化管理——北京市律师协会关于北京市律师事务所管理现状的初步调研分析"，载《中国律师》2005年第12期。
[2] 王进喜："律师事务所管理评价体系研究报告"，载《中国司法》2007年第8期。

（以下简称司法部标准），一是 2003 年全国律师协会常务理事会审议通过的《全国优秀律师事务所评定办法》及《全国优秀律师事务所评定标准》（以下统称全国律协标准）。司法部标准已经不再实施，全国律协标准在相当程度上继承了司法部标准。这突出表现在二者在评价体系的导向上是一致的，即促进律师事务所的规模化。例如，两个标准都强调参评的律师事务所要形成较大规模，专职执业律师达到 20 名以上；设有三个以上的业务部，各业务部有三名以上的有专业特长的律师；业务量每年递增 10% 以上，全所年收费总额本省（区、市）前五名，等等。

我国现行的全国性律师事务所管理评价体系存在以下问题：

1. 这种评价体系不能广泛、平等地适用于所有律师事务所。
2. 该评价体系存在诸多短板，导致存在重大管理漏洞。
3. 该评价体系的标准制定没有以"委托人为中心"或者"以委托人为关注焦点"。
4. 该评价体系对律师事务所的商业化因素关注不够。
5. 这些标准缺乏过程管理的思想。

《法律服务认证要求》则克服了以往法律服务机构评价体系的不足。第一，《法律服务认证要求》体现了以"委托人为中心"的思路。所有要求都旨在保证律师服务的有效性、及时性。这种要求相对具体，具有相当大的可操作性。此外，一些规定如关于委托人信托账户的规定，为我国律师事务所管理制度的进一步完善留下了空间。第二，《法律服务认证要求》体现了商业管理的思路。诸多章节都对律师执业活动中的商业性环节提出了具体的要求。这既保证了律师执业活动中的职业因素，也保证了律师执业活动中的商业因素积极地为职业因素服务。第三，《法律服务认证要求》体现了过程管理的思想。第四，《法律服务认证要求》充分考虑了中国律师行业发展和管理的现状和近期的发展趋向。如对业务连续预案的规定及其他的相关规定，充分考虑到了我国个人律师事务所的发展问题。在为解决请律师难、降低法律服务成本而发展个人律师事务所的同时，如果不解决个人律师事务所在业务连续性上的弱点，则是无法保证委托人权益的。第五，这是一个由第三方加以执行的律师事务所管理标准，通过认证证明律师事务所符合律师事务所管理标准的核心要求。任何具备认证资质的第三方专门性机构都可以来进行律师事务所管理体系的评价。通过该评价的律师事务所将获得认证证书，并有权在其办公场所、业务文件和宣传材料上使用该认证标识。所以，《法律服务认证要求》在司法行政机关、律师协会加强行业管理方面具备采信和推广基础。

五、法律服务认证分类研究

该部分内容详见本书中陈宜教授撰写的《法律服务认证分类研究报告》。

六、结语

　　时代呼唤法律服务业规模化、专业化、品牌化、国际化和高质量发展。法律服务认证标准及技术方案的研究，有助于科学开展法律服务评价认证工作，提升法律服务质量评价的客观性和公正性。有助于增强法律服务需求者了解、选择和辨别律所的服务能力，打破了人民群众在选择律师事务所等法律服务机构过程中的信息壁垒，对提升法律服务规范性、可信度和透明度，促进法律服务质量提升具有重要意义。

法律服务认证分类研究报告*

陈 宜**

内容摘要：在全面推动高质量发展的当下，高标准引领是关键。法律服务认证是全面实施标准化战略中的一环。近年来，法律服务业的迅速发展对法律服务机构的法律服务有了更高的要求。建立政府主导制定的标准与市场自主制定的标准协同发展、协调配套的新型标准体系，健全统一协调、运行高效、政府与市场共治的标准化管理体制，深化标准化工作改革的总体目标。就现有的制造业背景下产生的管理体系标准和认证，难以很好的满足服务市场尤其是法律服务市场的需要，法律服务标准体系一直处于空缺状态，规范法律服务管理、制定符合市场需要的法律服务认证体系势在必行，而法律服务的分类，是法律服务认证体系必须要确定的重要内容。法律服务认证分类是法律服务认证的基础，科学、系统的法律服务认证分类，有助于建立具有针对性的法律服务认证体系，进而推动法律服务水平的提升。

本文在对法律服务分类的实践和研究现状梳理分析的基础上，反思我国现有法律服务标准分类存在的问题，认为法律服务分类应考量以下因素：①法律服务机构规范化管理是提供符合标准法律服务的基础；②业务水平的高低直接影响着法律服务的结果；③法律服务认证分类应符合法律服务发展现状；④法律服务认证的分类应成为行业发展的导向。将法律服务认证分为两大类：管理认证和业务认证。该法律服务认证分类的创新之处在于：①科学性与客观性相结合，填补空白；②具有可操作性；③便于大数据手段在认证中的运用。

关键词：法律服务认证；分类；创新；标准

《中共中央关于全面深化改革若干重大问题的决定》《国务院机构改革和职能转变方案》和《国务院关于促进市场公平竞争维护市场正常秩序的若干意见》对深化标准化工

---

* 本文为国家重点研发计划"服务认证关键技术研究与应用"（项目编号：2016YFF0204100）子项目"法律服务认证方案研究与应用"（课题编号：2016YFF0204105）结题报告之一。本文获中国法学会律师法学研究会 2019 年度优秀课题论文一等奖。

** 陈宜，中国政法大学教授，中国法学会律师法学研究会常务理事、副秘书长。

作改革、加强技术标准体系建设作出了明确要求。党的十八大以来，习近平同志就标准化工作作出了一系列重要论述，强调加强标准化工作，实施标准化战略，是一项重要和紧迫的任务，对经济社会发展具有长远的意义。

2015年国务院印发的《深化标准化工作改革方案》指出，改革的总体目标就是要"建立政府主导制定的标准与市场自主制定的标准协同发展、协调配套的新型标准体系，健全统一协调、运行高效、政府与市场共治的标准化管理体制"。在标准制定主体上，鼓励具备相应能力的学会、协会、商会、联合会等社会组织和产业技术联盟，协调相关市场主体共同制定满足市场和创新需要的标准，供市场自愿选用，增加标准的有效供给。

2017年发布的《"十三五"推进基本公共服务均等化规划》强调促进基本公共服务均等化，要求围绕标准化、均等化、法制化，加快健全国家基本公共服务制度，完善基本公共服务体系。2019年2月，司法部发布《全国刑事法律援助服务规范》，这是司法部出台的首个全国刑事法律援助服务行业标准。

2019年7月，中国政法大学律师学研究中心承担的国家重点研发计划"服务认证关键技术研究与应用"子项目"法律服务认证方案研究与应用"经历三年研究、试点，通过项目验收。其《法律服务认证要求》将有望成为首个由认证机构、科研机构、法律服务机构起草的行业标准。

律师是法律服务队伍的主要力量，截至2018年底，全国共有执业律师42.3余人，律师事务所3万余家，其中合伙所2万多家，国资所1100多家，个人所9140多家。上海、江苏、浙江、山东、河南、四川等省（市）律师人数超过2万人。司法部印发的《全面深化司法行政改革纲要（2018—2022年）》制订了"2022年，全国律师总数达到62万人，每万人拥有律师数达4.2名"的目标。法律服务业的迅速发展对法律服务机构的法律服务有了更高的要求。一个体系完善、指标科学的法律服务标准体系，将成为衡量和促进法律服务机构管理水平的有效工具。既有的制造业背景下产生的管理体系标准和认证，难以很好的满足服务市场尤其是法律服务市场的需要，法律服务标准体系一直处于空缺状态，规范法律服务管理、制定符合市场需要的法律服务认证体系势在必行，而法律服务的分类，是法律服务认证体系必须要确定的重要内容。法律服务认证分类是法律服务认证的基础，科学、系统的法律服务认证分类，有助于建立具有针对性的法律服务认证体系，进而推动法律服务水平的提升。

一、法律服务分类的实践和研究现状

近年来，我国法律服务市场快速发展，在国民经济发展中发挥越来越重要的作用，已经成为我国构建现代市场体系和开放型经济体系的重要平台。但是，国内法律服务认证刚开始起步，法律服务认证分类目前在国内尚属空白，为了更好地发挥法律服务行业在国民经济发展中的作用，亟需建立符合我国国情的法律服务认证分类标准，弥补我国在法律服务认证分类方面存在的短板。

有关法律服务的分类可见于联合国有关文件、我国法律法规规定、教科书以及民间的约定俗成等。

（一）统计用分类目录中的法律服务

1. CPC 分类中的法律服务

1989 年 2 月，联合国统计委员会正式审议通过 CPC 分类（即 United Nations Central Product Classification，译为产品总分类），该分类的目的在于提供一个协调经济统计的工具，对有关货物、服务和资产的统计进行国际比较，为初次制定产品分类或修订现行办法的国家提供有用的准则，使其分类办法符合国际标准。

《产品总分类》（CPC Ver. 1.1）有关法律服务的分类及编码如下表。

表 1　CPC Ver. 1.1

部门	类	组	级	次级	名　　称
8	82				商业和生产服务
					法律和会计服务
		821			法律服务
			8211		不同法律领域的法律咨询和法定代理服务
				82111	刑法的法律咨询和法定代理服务
				82119	其他法律领域的司法程序方面的法律咨询和法定代理服务
			8212	82120	准司法法庭、机构等的法定程序方面的法律咨询和法定代理服务
			8213	82130	法律文件和证明服务
			8219		其他法律服务
				82191	仲裁和调解服务
				82199	其他未另列明的法律服务

2. GB/T 7635.2－2002 全国主要产品分类中的法律服务

GB/T 7635.2－2002 全国主要产品分类与代码，第 2 部分：不可运输产品。

表 2　GB/T7635.2-2002

代码	名称	说明
8211	不同法律领域的法律咨询和法定代理服务	
82111	刑法的法律咨询和法定代理服务	包括： ——关于刑法的咨询、代理、起草文件和有关服务（辩护、寻找证据、证人、专家等）
82119	其他法律领域的司法程序方面的法律咨询和法定代理服务	包括： ——诉讼过程中的法律咨询和代理服务 ——与刑法以外的法律有关的法律文件起草。代理服务通常包括代表当事人充当起诉人或使当事人免受起诉 ——在法庭上为案件辩护 ——法庭外的法律工作： ·调查研究 ·案件准备方面的其他工作（如研究法律文件、会见证人、审查警方和其他报告） ·与除刑法以外其他法律有关的诉讼后工作的执行
8212	准司法法庭、机构等的法定程序方面的法律咨询和法定代理服务	
82120	准司法法庭、机构等的法定程序方面的法律咨询和法定代理服务	包括： ——诉讼过程中的法律咨询和代理服务及有关法定程序的法律文件起草服务。通常指代表当事人到法定机构（例如行政法庭）接受审讯 ——到除法院之外的受理机构为案件辩护 ——有关的法律工作： ·调查研究 ·非司法案件准备中的其他工作（如研究法律文件、会见证人、审查报告）及诉讼后工作的执行
82130	法律文件和证明服务	包括： ——专利、商标、版权和其他知识产权咨询服务 ——有关专利、版权和其他知识产权的准备、起草和证明服务 ——若干有关法律的服务，包括提供咨询并执行为起草或者证明专利、版权和其他知识产权所必需的各项工作 ——除专利、版权和其他知识产权之外其他法律文件的准备、起草和证明服务 ——提供若干有关法律的服务，包括提供咨询并执行为起草或者证明这些文件所必需的各项工作，例如起草遗嘱、婚约、商业合同、企业章程等

续表

代码	名称	说明
8219	其他法律服务	
82191	仲裁和调解服务	包括 ——为解决工人与管理部门之间、企业之间或者个人之间的争端进行仲裁或者调解的协助服务 不包括： ——代表争端双方中任何一方的代理服务，参见82120
82199	其他未另归类的法律服务	也包括： ——暂交第三者保存和财产授予的服务

3. 国民经济行业分类中的法律服务

2017 年中华人民共和国国家质量监督检验检疫总局、中国国家标准化管理委员会发布国民经济行业分类 GB/T 4754—2017，其中法律服务内容如下：

表3 国民经济行业分类中的法律服务

代码				类别名称	说明
门类	大类	中类	小类		
		723		法律服务	指律师、公证、仲裁、调解等活动
			7231	律师及相关法律服务	指在民事案件、刑事案件和其他案件中，为原被告双方提供法律代理服务，以及为一般民事行为提供的法律咨询服务
			7232	公证服务	
			7239	其他法律服务	

4. 统计用产品分类目录[1]中的法律服务

参见统计用产品分类目录商务服务（代码74）法律服务（代码7404）。

---

[1] 参见中华人民共和国国家统计局："统计用产品分类目录"，载 http://www.stats.gov.cn/tjsj/tjbz/tjypflml/index_3.html，最后访问时间：2019 年 7 月 18 日。

表4 统计用产品分类目录中的法律服务

代码	产品名称	代码	产品名称	说明
740401	法律诉讼服务	7404010100	刑事诉讼法律服务	
		7404010200	民事诉讼法律服务	
		7404010300	行政诉讼法律服务	
		7404010400	涉外诉讼法律服务	
		7404019900	其他法律诉讼服务	
740402	法律援助服务	7404020100	未成年人法律援助服务	
		7404020200	弱势群体法律援助服务	
		7404029900	其他法律援助服务	
7404030000	知识产权法律服务	7404030000	知识产权法律服务	
740404	法律文件代理服务	7404040100	合同文书代理服务	
		7404040200	遗嘱文书代理服务	
		7404040300	财产文书代理服务	
		7404040400	涉外法律文书代理服务	
		7404049900	其他法律文件代理服务	
740405	公证服务	7404050100	契约公证服务	
		7404050200	遗嘱公证服务	
		7404050300	财产公证服务	
		7404050400	文件、证明公证服务	
		7404050500	身份及社会关系公证服务	
		7404050600	公益活动公证服务	
		7404059900	其他公证服务	
740406	仲裁服务	7404060100	涉外仲裁服务	
		7404060200	经济仲裁服务	
		7404060300	劳动争议调解仲裁服务	
		7404069900	其他仲裁服务	
740407	调解服务	7404070100	人民调解委员会调解服务	
		7404079900	其他调解服务	
7404990000	其他法律服务	7404990000	其他法律服务	

（二）法律法规对法律服务的分类

法律法规对法律服务的分类，可见于《律师法》《基层法律服务工作者管理办法》《公证法》《仲裁法》《人民调解法》《司法鉴定程序通则》等。

1. 《律师法》明确了七类律师业务范围

律师是提供法律服务的主力军，《律师法》对律师提供的法律服务进行了大致的分类。根据《律师法》第28条规定，律师可以从事下列业务："（一）接受自然人、法人或者其他组织的委托，担任法律顾问；（二）接受民事案件、行政案件当事人的委托，担任代理人，参加诉讼；（三）接受刑事案件犯罪嫌疑人、被告人的委托或者依法接受法律援助机构的指派，担任辩护人，接受自诉案件自诉人、公诉案件被害人或者其近亲属的委托，担任代理人，参加诉讼；（四）接受委托，代理各类诉讼案件的申诉；（五）接受委托，参加调解、仲裁活动；（六）接受委托，提供非诉讼法律服务；（七）解答有关法律的询问、代写诉讼文书和有关法律事务的其他文书。"

2. 《基层法律服务工作者管理办法》规定了六类业务范围

《基层法律服务工作者管理办法》第26条规定，基层法律服务工作者可以从事的业务包括："（一）担任法律顾问；（二）代理参加民事、行政诉讼活动；（三）代理非诉讼法律事务；（四）接受委托，参加调解、仲裁活动；（五）解答法律咨询；（六）代写法律事务文书。"

3. 公证法规定了公证事项及公证机构可办理的事项

《公证法》第11条规定，"根据自然人、法人或者其他组织的申请，公证机构办理下列公证事项：（一）合同；（二）继承；（三）委托、声明、赠与、遗嘱；（四）财产分割；（五）招标投标、拍卖；（六）婚姻状况、亲属关系、收养关系；（七）出生、生存、死亡、身份、经历、学历、学位、职务、职称、有无违法犯罪记录；（八）公司章程；（九）保全证据；（十）文书上的签名、印鉴、日期，文书的副本、影印本与原本相符；（十一）自然人、法人或者其他组织自愿申请办理的其他公证事项。法律、行政法规规定应当公证的事项，有关自然人、法人或者其他组织应当向公证机构申请办理公证。"第12条规定，"根据自然人、法人或者其他组织的申请，公证机构可以办理下列事务：（一）法律、行政法规规定由公证机构登记的事务；（二）提存；（三）保管遗嘱、遗产或者其他与公证事项有关的财产、物品、文书；（四）代写与公证事项有关的法律事务文书；（五）提供公证法律咨询。"

4. 《仲裁法》规定了仲裁的范围

《仲裁法》第2条规定，平等主体的公民、法人和其他组织之间发生的合同纠纷和其他财产权益纠纷，可以仲裁。

5.《人民调解法》明确调解的职责

《人民调解法》第 2 条明确,人民调解,是指人民调解委员会通过说服、疏导等方法,促使当事人在平等协商基础上自愿达成调解协议,解决民间纠纷的活动。

6.《全国人民代表大会常务委员会关于司法鉴定管理问题的决定》规定了司法鉴定的范围

国家对从事法定司法鉴定业务的鉴定人和鉴定机构实行登记管理制度,司法鉴定的范围包括:法医类鉴定,物证类鉴定,声像资料鉴定,根据诉讼需要由国务院司法行政部门商最高人民法院、最高人民检察院确定的其他应当对鉴定人和鉴定机构实行登记管理的鉴定事项。

(三)公共法律服务体系对法律服务的涵盖

党的十八大以来,以习近平同志为核心的党中央高度重视、积极推进公共法律服务体系建设。2014 年,习近平总书记对司法行政工作作出重要指示,明确要求要紧紧围绕经济社会发展的实际需要,努力做好公共法律服务体系建设。

党的十八届四中全会提出要"推进覆盖城乡居民的公共法律服务体系建设"。国务院《"十三五"推进基本公共服务均等化规划》对推进公共法律服务体系建设提出,加强法律援助综合服务平台和便民窗口、法律服务中心(站、工作室)、"12348"法律服务热线等基础设施建设,改善服务条件。加强基层普法阵地、人民调解组织、司法鉴定机构建设,健全服务网络。

2014 年,司法部出台了《司法部关于推进公共法律服务体系建设的意见》,就推进公共法律服务体系建设作出部署。意见提出,公共法律服务具体包括:为全民提供法律知识普及教育和法治文化活动,为经济困难和特殊案件当事人提供法律援助,开展公益性法律顾问、法律咨询、辩护、代理、公证、司法鉴定等法律服务,预防和化解民间纠纷的人民调解活动等。

2018 年,机构改革后,重新组建的司法部新设公共法律服务管理局,其主要职能[1]为:负责规划和推进公共法律服务体系和平台建设工作。指导和监督法律援助、司法鉴定、公证、仲裁工作。编制国家司法鉴定、公证和仲裁名册并公告。指导社会组织和志愿者开展法律服务工作。

(四)学界及实务界对法律服务的划分

在学界及实务界根据不同的划分标准对法律服务还有着不同的划分。比如:以是否

---

[1] 参见中华人民共和国司法部网站,http://www.moj.gov.cn/organization/content/2018-12/27/568_250286.html,最后访问时间:2019 年 7 月 4 日。

涉讼，将法律服务划分为诉讼类和非诉讼类法律服务；以是否具有涉外因素，将法律服务划分为涉外和非涉外法律服务；以是否收费，将法律服务划分为有偿法律服务和无偿法律服务；等等。还有在《律师法》规定的七大类律师业务范围的基础上，进行细分。

（五）主管部门对法律服务分类的导向

1. 律师专业水平评价试点中的法律服务分类

2016年6月，中共中央办公厅、国务院办公厅印发了《关于深化律师制度改革的意见》，对深化律师制度改革作出全面部署，指出"完善职业评价体系，健全律师事务所年度检查考核和律师年度考核制度，完善律师职业水平评价制度，形成优胜劣汰的激励约束机制"，将完善律师行业评价体系提上议事日程。2017年3月，司法部《关于建立律师专业水平评价体系和评定机制的试点方案》在上海、安徽、陕西、内蒙古四个省市开展试点，开始对刑事、婚姻家庭法、公司法、金融证券保险、建筑房地产、知识产权、劳动法、行政法、涉外法律服务等九个专业领域评定专业律师。

2. 律师协会专业委员会显示的法律服务分类

中华全国律师协会（第九届）下设22个专业委员会，包括：刑事专业，民事专业，经济专业，行政法专业，知识产权专业，金融证券保险专业，海商海事专业，环境、资源与能源法专业，信息网络与高新技术专业，劳动与社会保障法专业，国际业务专业，未成年人保护专业，公司法专业，破产与重组专业，建设工程与房地产专业，财税法专业，政府法律顾问专业，企业法律顾问专业，仲裁专业，农村法律事务专业，反垄断专业，宪法与人权专业。

北京律协（第十届）则设有53个专业委员会和4个研究会，专业委员会包括：保险法律、并购重组与不良资产处置法律事务、产品质量与安全法律、传媒与新闻出版法律事务、担保法律、法律顾问事务、法律援助与公益法律事务、房地产法律、风险投资与私募股权法律、公司法与企业法律风险管理、国际投资与贸易法律、国有资产法律、海商海事法律、合同法、环境与资源法律、会计审计评估法律、婚姻与家庭法律、建设工程法律、交通管理与运输法律、教科文体与旅游法律、金融衍生品与互联网金融法律事务、竞争与反垄断法律、军事法律事务、劳动与社会保障法律、民法、民事诉讼法、农村法律事务、破产与清算法律、侵权法、商标法律、商事犯罪预防与辩护、税务法律、台港澳与涉侨法律、未成年人保护法律、物权法、物业管理法律、WTO与反倾销法律、宪法、消费者权益法律、信托法律、信息网络与电信邮政法律、刑法、刑民交叉法律事务、刑事诉讼法、行政法与行政诉讼法、医药卫生法律、银行法律、招投标与拍卖法律、证券法律、职务犯罪预防与辩护、仲裁法律、著作权法律、专利法律；研究会包括：法治北京促进、京津冀协同发展法律服务、司法改革促进、"一带一路"法律服务。

3. 《全国优秀律师事务所评定标准》对管理及服务质量的要求

2003年12月27日，第五届全国律协常务理事会第七次会议审议通过了《全国优秀律师事务所评定标准》。该评定标准从环境质量、综合管理及服务质量三方面标准进行"积分核算"，共28项评审标准。具体标准涵盖律师事务所办公面积、律师人数、党务活动、知识管理、网络设备、管理制度、财务制度、收费制度、档案管理、业务操作与培训、投诉处理、质量监督与反馈、律师执业记录、纳税、组织机构、办案能力、业务增长、律师能力、社会公益等方面。

此外，各地司法行政机关也积极建立律师事务所的评价考核，2006年广州市司法局制定了《广州市创建规范管理律师事务所评分标准》；2010年海南省司法厅发布《海南省司法厅律师事务所年度检查考核办法实施细则》；2012年杭州市司法局立项重点课题《杭州市律师事务所等级管理标准体系研究》；2013年温州市律师协会制定出台了《温州市律师执业信用管理办法》，通过推行"五级别"信用等级评定；2014年宁夏回族自治区司法厅制定了《宁夏律师事务所服务质量社会评价和星级评定办法（试行）》。但是我国一直没有形成全国性的、持续性的完善律师事务所评价体制。

（六）基于管理视角的法律服务评价制度

在我国，有关律师、律师事务所的评价考核制度一直是管理的重要手段之一。

1. 律师、律师事务所年检注册制度

1994年司法部《关于1994年律师工作执照（证）注册问题的通知》强调"对律师实行年检注册，是对律师执业活动加强管理和完善监督机制的一项重要手段"，注册前要对律师事务所进行年检。检查的内容包括：律师事务所的建章立制情况、档案管理情况、业务开展情况、律师事务所的财务状况、遵守律师职业道德和执业纪律的情况等。

1996年律师法颁布后，司法部发布了《律师事务所登记管理办法》《律师执业证管理办法》，明确规定了律师、律师事务所年检制度。通过年检注册对律师、律师事务所遵守职业道德和执业纪律情况、律师事务所的财务执行情况和纳税情况，进行全面的检查评估。

2. 律师、律师事务所年度考核制度

2007年修订的《律师法》第23条规定明确了律师事务所应当建立年度考核制度，对律师在执业活动中遵守职业道德、执业纪律的情况进行监督。以法律的形式确立了律师事务所年度检查考核制度。对律师事务所进行年度检查考核，具体包括下列内容：①律师队伍建设情况；②业务活动开展情况；③律师执业表现情况；④内部管理情况；⑤受行政奖惩、行业奖惩的情况；⑥履行律师协会会员义务的情况；⑦省、自治区、直辖市司法行政机关根据需要认为应当检查考核的其他事项。律师执业年度考核，主要考核下列

内容：①律师在执业活动中遵守宪法、法律、法规和规章，遵守职业道德、执业纪律和行业规范，履行法定职责的情况；②律师遵守律师协会章程，履行会员义务的情况；③律师办理法律服务业务的数量、类别和服务质量，办理重大案件、群体性案件的情况；④律师履行法律援助义务，参加社会服务及其他社会公益活动的情况；⑤律师受行政奖惩、行业奖惩的情况；⑥省、自治区、直辖市律师协会根据需要要求考核的其他事项。

（七）境外有关律师事务所管理的认证标准[1]

从20世纪90年代起，国外就一直在建设律师事务所服务的管理认证标准。英国从1993年着手制定律师事务所管理标准，先后参考ISO9000、人力投资者（IIP）国家标准、全面质量管理（TQM）制定出了Lexcel律师事务所管理标准。澳大利亚在20世纪90年代以ISO9000为基础，结合律师行业特点建立了LAW9000标准。新加坡律师事务所管理委员会（Practice Management Committee）于2003年参考英国Lexcel标准制定了自己的Primelaw律师事务所管理标准。从律师事务所管理的角度，评估律师事务所的法律服务水平。

除此之外，还有一些颇具国际影响力的商业机构对律师事务所的服务进行排名，比如钱伯斯（Chambers and Partners）、亚洲法律杂志（ALB）和Legalband等等。

1. 英国Lexcel律师事务所评价标准（Lexcel Practice Management Standards）[2]及分类

Lexcel的认证标准主要基于结构方针与战略、财务管理、信息管理、人员管理、风险管理、委托人关照、案件与案卷管理七个方面。业界认为Lexcel的认证标准很好地平衡了对律师事务所进行行政监管和商业管理的关系，贯穿着以委托人为中心的认证主线，其认证标准几乎覆盖了每一个法律服务中的接触点，对律师事务所法律服务的前台、后台以及支持系统（资源）都有全面的评估。

2. 钱伯斯法律评级机构（Chambers and Partners）的评估分类

钱伯斯评级涉及的法律领域有银行金融、资本市场、竞争法与反垄断、公司商事、争议解决、劳动法、环境法、保险法等27个领域。

虽然钱伯斯没有公开他们的评价标准和评价方法，但是通过其网站上的榜单和对律师的评价，可以发现钱伯斯对律师个人的排名依据主要是律师的法律知识、经验、能力、效率和客户服务。对律师事务所整体的排名与其各个部门相关，具体律所部门的排名依据的是其律师的质量、效率和能力以及律所整体团队概况、业务优势、团队强项（通过客户反馈）、领先律师和重要客户等。

---

[1] 参见王进喜、周蔚、高远新："法律服务认证标准研究报告"，载《中国司法》2019年第1期。
[2] Lexcel Assessment Guide Version 6 edition, The Law Society, 2015.

3. 《亚洲法律杂志》（Asian Legal Business，ALB）的评估分类

《亚洲法律杂志》排行榜比较多样化，包括亚洲最大律所、中国精品律所、中国最佳总法律顾问、中国最佳成长律所、中国最佳女律师等十多类榜单。ALB 对律师事务所成就的评价分类不仅仅局限于传统法律业务，还包括教育、公益法律服务、慈善事业等多个方面，从不同角度、不同类别、不同发展阶段进行排名。不仅进行律所排名，也将律师个人进行排名。不同的排行榜评价标准也有区别，主要根据律所完成工作、客户满意度、人才吸纳与保留三个角度来进行，具体体现在 ALB 会对核心合伙人数量、律师数量、重要项目数量、赢得的仲裁或诉讼数量、突出表现和近期成就、新增客户数量、律师口碑等方面划分出具体的排名。

4. 法律电商对律师服务评价

法律电商是提供法律服务的一种新兴互联网模式，目前的法律电商市场发展迅速，主要有无讼、快法务、易法通、绿狗、赢了网、法天使等互联网平台。由司法部组建的中国法律服务网也于 2017 年 12 月上线，发挥法律事务咨询、矛盾纠纷化解、困难群众维权、法律服务指引和提供等功能。截至 2019 年 7 月，其智能法律咨询，已出具 914 104 份专业法律意见书。

法律电商结合了互联网经济迅速便捷和大数据的特点来评价律师法律服务能力。法律电商评价律师法律服务主要从三个维度进行：律师曾承办的相关领域案例、律师执业年限、客户对该律师服务的评价。

（八）法律服务认证分类尚属空白

目前国际上 SGS、BSI 等认证机构开展了服务认证，但这些认证并没有明确地将认证对象进行系统的分类，只将服务作为一种特殊的产品进行认证。国家认监委 2016 年第 24 号公告，将服务认证划分为 22 个业务领域，其中第 16 项业务领域描述为"公共管理和整个社区有关的其他服务；强制性社会保障服务"，似乎可以将社区法律服务包括在内，而本子课题涉及的法律服务既包括公共法律服务体系中的社区法律服务，也包括面向社会收费的法律服务。2019 年 2 月，司法部发布的《全国刑事法律援助服务规范》，作为司法行政行业标准，适用于司法行政部门设立的法律援助机构组织实施的刑事法律援助工作，以及司法行政部门设立的法律援助机构对提供刑事法律援助服务的其他机构及其人员进行的监督管理工作。该规范规定了刑事法律援助服务原则、服务类型、法律咨询、值班律师法律帮助、刑事法律援助和服务质量控制的基本要求等，并给出了承办阶段归档材料目录。此前，浙江、上海、山东编制了法律援助服务的地方标准。刑事法律援助仅是法律服务的一部分内容。一些律师事务所采用质量体系认证，比如北京市隆安律师事务所通过 ISO9002 国际标准质量体系认证。目前国内尚不存在全面、系统的法律服务认证分类。

二、反思：我国现有法律服务标准分类存在的问题

我国现有的服务认证机制仍然还有较大的完善空间，对于法律服务的认证刚刚起步，其制度的构建迫在眉睫。反思过往法律服务评价制度，有助于建立完善的法律服务认证制度。

1. 官方的评价强调内部管理，过于专业，对法律服务消费者欠友好

《质量管理和质量保证术语》的定义中，服务是为满足顾客的需要，供方和顾客之间在接触时的活动以及供方内部活动所产生的结果，服务的核心是顾客，顾客是服务的关键。然而，以律师行业为例，以往官方对律师执业机构的评价，衍生于司法行政机关和律师协会对行业的管理，其立足点是管理和指导，无论年检注册、年度考核、评优评先、教育整顿规范活动还是一些地方律协的信誉评级制度，侧重于管理的评价体系，其特点是以专业的视角，对律师、律师事务所业务活动、执业纪律、财务管理、纳税等情况进行全面的规制，法律服务的消费者在评价体系中，参与度极低，存在感比较弱，管理体系几乎可以独立于消费者而存在。由于专业知识的缺乏，消费者对评价体系中的评价标准，雾里看花，难以感知，缺乏获得感。

毋庸置疑，强调内部管理，对于律师事务所的规范化发展起到了积极的作用。但评优的标准在设置上过于完美，对绝大多数律师事务所来说，难于达到。年度考核的标准适用于所有的律师事务所，但只有"合格"和"不合格"两个等级。对于法律服务消费者来说，优秀所多为规模化大所，服务质量有保障的同时，律师费也相对高，让中低端的消费者望而却步。年度考核合格的律师事务所并没有等级的区别，让消费者无从选择。实践中，一些地方律协将年度考核指标量化，依据不同的得分，将律师事务所分为了 A 至 AAAAA（或 ☆ 至 ☆☆☆☆☆）不同等级，对消费者来说，虽然有了相对的辨识度，但受限于地域。

2. 一些国际知名商业评价机构榜单偏重非诉业务、涉外业务，评价不全面

钱伯斯、ALB 等商业机构有着很强的国际影响力，其研究结果在全球具有卓越声誉，受到众多法律专业人士及高端客户的追捧、信赖和肯定。在其评价标准里体现了委托人因素，在商业应用和宣传上都取得了很好的效果，但其服务对象主要是外国人和外资企业，侧重于非诉业务、涉外业务，对传统业务、诉讼业务涉及较少，对绝大多数本土法律服务机构、法律服务执业人员和法律服务消费者来说，其评价标准不具有普适性。

3. 法律电商律师的评价社会影响力不足

法律电商的功能主要是解答法律问题、出具简单的法律文书和推荐律师。以无讼推出的智能机器人法小淘为例，对于有关法律问题的提问，它会即刻对接相关专家，在 30

分钟内给出回答。当客户需要律师提供帮助,"法小淘"会从实名认证的近 10 万名律师中匹配最适合的人选。除此之外,"法小淘"还可以根据公开的企业大数据和法律大数据,诊断企业的法律风险并给出有针对性的建议。[1] 法律电商作为新兴的互联网模式,其对律师评价的社会影响力仍然有限。

4. 相关质量管理体系的认证不被普遍认同

实践中,一些律师事务所通过了 ISO9000 认证,ISO9000 的优点是可以由第三方以一种能够为业界立刻认可的方式进行认证,并且是国际性的。以顾客为关注焦点是质量管理的重要原则,客户关照制度是其中重要认证环节,但多数律师和学者并不认同,认为制造业背景下产生的管理体系标准和认证,难以适用于律师事务所的管理,满足法律服务市场的需要,认证与律师事务所管理、服务"两张皮"。

三、《法律服务认证技术要求》对法律服务认证分类的考量

服务认证是运用合格评定技术对服务提供者的服务及管理是否达到相关要求开展的第三方证明。[2] 法律服务认证对法律服务的分类应体现服务认证科学性、客观性和以委托人为中心的特点,既要关注服务过程的质量管理,也要关注消费者对服务感知的满足程度,要符合我国国情,考虑行业现状,并要放眼全球,展望未来。还要让认证具有可操作性,便于现代科学技术的运用。让法律服务认证成为质量管理的"体检证",法律服务市场的"信用证",跨国法律服务贸易的"通行证"。

(一)法律服务分类的依据

1. 法律服务机构规范化管理是提供符合标准法律服务的基础

法律服务机构提供令人满意的法律服务,其内部的规范化管理是必要的基础。尽管法律服务机构的内部管理对委托人来说,多数不可见,无法有着直观的感受,然而,法律服务的委托人和潜在委托人并非不关心法律服务机构的内部管理。在法律服务中,法律服务机构与委托人之间信息严重的不对等,使得委托人在选择法律服务机构时不知所措,在接受法律服务的过程中,也无法有效地加以监督,法律服务认证技术要求将法律服务机构规范化管理的技术标准分解量化,并通过第三方机构的认证使法律服务机构的管理水平,以"A 至 AAAAA"的标志,直观地显示、展现。使委托人、潜在的委托人放

---

[1] 参见"无讼人工智能再升级,'法小淘'要做企业家的'律师朋友'",载 http://finance.huanqiu.com/article/9CakrnK6DhS,最后访问时间:2019 年 7 月 25 日。
[2] "中国的服务认证",载 http://www.cnca.gov.cn/pc/shy/mobile/index.html,最后访问时间:2018 年 11 月 12 日。

心的选择管理规范且价格适合自己的法律服务机构。规范化的法律服务机构也愿意通过第三方认证机构对其管理水平加以认证，向法律服务的消费者传递其内部管理规范，法律服务水平将会因管理规范而得到保障的信息。

2. 业务水平的高低直接影响着法律服务的结果

委托人与法律服务机构签订委托代理合同，由法律服务机构指派法律服务执业人员，提供具体的法律服务，法律服务的结果由委托人承担。委托人之所以委托法律服务执业人员代理自己的法律事务，并支付相应的服务费用，其目的是希望借助法律服务执业人员的法律专业知识和业务技能，维护自身的权益，尽可能使之最大化地获益。法律服务的结果与承办法律事务执业人员的业务水平密切相关。因此，法律服务机构执业人员（专业团队）的业务能力也是认证的重要客体。

3. 法律服务认证分类应符合法律服务发展现状

尽管我国目前的法律服务业有了极大的发展，在法律服务的主要力量中，律师已达42万余人，律师事务所达3万余家，而律师事务所的规模化、专业化尚不足以支撑以业务领域作为唯一法律服务分类的认证要求。以律师业较为发展的北京为例，截至2018年6月28日，北京市共有律师事务所2334家，其中拥有51名以上律师的所80家，仅占3.43%。拥有10名律师及以下的律师事务所1739家，占比约75%，其中1～3名律师的所占44.9%（1名律师的所311家，2名律师的所189家，3名律师的所282家）。这些10名律师以下的律师事务所，除了极少数精品所、专业所外，多数所的业务是综合性的，如果仅以业务领域作为法律服务认证的类型，将会使一半以上的律师事务所被排除在法律服务的认证之外，将有悖于法律服务认证制度设立的宗旨，而这些10人以下的律师事务所承担着服务基层百姓的重要职责。法律服务执业人员在20人以上的法律服务机构往往有一定专业化分工。一般说来，规模越大，法律服务专业化分工越明确且多元。法律服务机构有对擅长的业务领域加以认证的需求。具有一定经济实力的委托人也更愿意寻求专业的法律服务机构的帮助，以获得更高专业水平的法律服务人员代理，取得更有利于自己的结果。

4. 法律服务认证的分类应成为行业发展的导向

法律服务认证的分类应体现行业发展的规律，引导行业健康、有序发展。服务社会，维护委托人的合法权益、维护法律的正确实施，维护社会的公平正义。

（二）法律服务认证分类的确定

鉴于法律服务认证旨在以顾客感知理论为基础，运用"互联网＋"技术，结合法律服务行业特点，建立符合我国国情的法律服务质量顾客感知评价体系及实施方案。法律服务技术认证要求课题的研究以法律服务机构规范经营、服务质量提升为导向，基于用户满意度引导法律服务行业的良性发展，最终通过以大数据技术为代表的"互联网＋"

技术量化评价法律服务质量，通过用户感知体验理论在法律服务行业的探讨，构建动态服务质量评价体系。

法律服务认证分为两大类：管理认证和业务认证。

1. 管理认证

管理认证，是指对法律服务机构管理水平从服务资源、服务过程、服务结果方面，进行综合测量评估。管理认证适用于所有法律服务机构的认证，是法律服务认证中最基本的认证。

2. 业务认证

业务认证，是指对法律服务机构办理不同类型法律事务的业务水平，从服务资源、服务过程、服务结果方面，进行综合测量评估。适用于管理认证达到合格要求后，进一步的专业法律服务业务水平的认证。

业务的认证以《律师法》第28条规定的七大类业务为基础，包括但并不局限于以下类型："（一）接受自然人、法人或者其他组织的委托，担任法律顾问；（二）接受民事案件、行政案件当事人的委托，担任代理人，参加诉讼；（三）接受刑事案件犯罪嫌疑人、被告人的委托或者依法接受法律援助机构的指派，担任辩护人，接受自诉案件自诉人、公诉案件被害人或者其近亲属的委托，担任代理人，参加诉讼；（四）接受委托，代理各类诉讼案件的申诉；（五）接受委托，参加调解、仲裁活动；（六）接受委托，提供非诉讼法律服务；（七）解答有关法律的询问、代写诉讼文书和有关法律事务的其他文书。"在此基础上，根据实践的需要可以进一步细化业务领域。

（三）法律服务认证分类的创新

1. 科学性与客观性相结合，填补空白

该分类合理吸取了法律服务管理多年的实践经验，以问题为导向，总结梳理行之有效的举措，从法律服务的资源、过程、结果几个维度，结合质量认证技术的科学性，适合我国国情。将我国以往的法律服务机构评价标准，从行政管理、降低法律服务风险的角度出发，侧重评价法律服务机构的执业功能。评价标准主要围绕法律服务机构的资源展开，改变为从委托人的视角，通过对法律消费者感知服务质量指标的定性定量分析，基于大数据的服务质量测评技术开发，以及综合考虑法律服务专业性特点的认证模式选取，形成了兼顾法律服务专业性和服务认证技术的法律服务标准。

2. 具有可操作性

服务认证是基于顾客感知、关注组织质量管理和服务特性满足程度。[1]管理认证与

---

[1] "中国的服务认证"，载 http://www.cnca.gov.cn/pc/shy/mobile/index.html，最后访问时间：2018年11月12日。

业务认证相结合，照顾到多数中小法律服务机构承办的法律事务没有明确的专业领域，难以进行业务认证的现状，同时，多数中小所法律服务机构具有规范化管理的主客观需求，管理认证有助于法律服务机构提升管理水平，增强业务能力，保持可持续发展的良好态势。对于有一定规模或专业方向有优势的法律服务机构，业务认证则有利于其树立品牌形象，在特定的专业领域占据优势地位，进一步拓展业务。管理认证与业务认证相结合使多数的法律服务机构愿意接受认证，并通过认证促进行业的健康有序发展。

3. 大数据技术在认证中的运用

通过法律服务行业专家与大数据专家的跨界配合，形成法律大数据分析方法，整合法律服务 O2O 网站、法律服务行政管理行业管理数据、司法公开数据、社交媒体，就法律服务执业人员、法律服务机构的社会服务、专业能力、过往客户评价开展大数据分析，通过数据、数学模型、算法为服务质量评价提供支撑。

以律师行业为例，律师事务所、律师每年都须参加年度考核，有的地方律协将考核的指标量化评分，考核的结果分为不合格、基本合格、合格，考核的结果在网上或刊物上公开。律师事务所、律师等受到行业处分、行政处罚的情形会在司法行政机关的官网公开通报。律师办理诉讼案件的裁判文书也在法院的裁判文书网上公开。互联网＋传统审核验证模式组合，确保认证有效性。

四、关于认证分类试点单位的反馈

本课题的研究按地区、按专业领域、按规模采取自愿报名的方式，挑选了 8 家律师事务所进行试点，各试点单位对《法律服务认证技术要求》（征求意见稿）的标准条款、指标权重、测评方法的可行性、适宜性和科学性加以验证，课题组组织专家考量试评价试点单位的达标情况。其中管理认证得到普遍认可，一些具有业务优势的试点单位对业务认证表现出极大的兴趣。

（一）普遍认可管理认证

参加试点的律师事务所普遍认为，管理认证的试点对于进一步规范律师事务所法律服务，提升法律服务质量，具有很好的引导作用。一些试点单位对照《法律服务认证技术要求》（征求意见稿）完善管理制度，试测评后，根据测评中发现的不足进行整改，主观上加强了对规范化管理的认识，客观上完善了制度。

（二）试点律师事务所对优势业务认证有需求

参加试点的律师事务所，有的所在某些业务领域具有较为明显的优势，对业务认证有着较为强烈的需求，而且从认证的角度看，法律服务机构的优势业务领域认证的测评除采用传统的评估员评审、同行评议、客户访谈等方法外，还可以借助大数据调查进行分析。比如，试点单位"浙江××律师事务所"有10个专业团队，在测评中专家结合裁判文书数据对该所基础服务能力进行分析。从64 851 109篇裁判文书中检索出3126篇裁判文书，对这些关联裁判文书进行分析，得出该所代理以下案件有足够的优势和经验：由杭州经济技术开发区人民法院管辖审理的合同纠纷、无因管理纠纷、不当得利纠纷、民间借贷纠纷、房屋租赁合同纠纷、强制执行案件，委托人将这些诉讼纠纷委托该所能够得到优质的服务。

理论前沿

  成立于1994年的中国政法大学律师学研究中心，自成立以来，以律师职业行为规则、律师行业管理为主要研究对象，并拓展到法官、检察官等其他法律职业、法律职业伦理，专业、专注、重视实证研究，持久、深入地致力于促进中国法律制度的改革和完善，促进学术界和实务界的交流，在业界具有良好的声誉。但与其他成熟的学科相比，有关法律职业、法律职业伦理研究基础相对薄弱，整合研究力量，完善理论体系仍然任重道远。

论法律职业伦理知识体系中的几个共性问题[*]

刘坤轮[**]

内容摘要： 法律职业伦理在理论层面应当如何展开？有没有共同的研究框架和研究工具，用以分析共同的问题？对于当前我国的法律职业伦理研究来说，这一问题非常重要。但当前我国的法律职业伦理知识体系，从知识体系的角度来看，只有少数的研究者实现了知识体系的构建；从研究领域来审视，目前只是粗线条实现了研究领域的共识对象；从共同的研究基础来看，目前仍处于碎片化状态。要找到法律职业伦理知识体系所存在的共同理论基础和研究领域，最主要就是要寻求到能够串起整个法律职业伦理知识体系的核心问题，并由此建构起核心概念。

对于当前法律职业伦理的知识体系，本文认为，学界应树立法律职业的法律角色优先于社会角色，不同法律职业之间的共性优先于个性的指导思想。其中价值问题主要涉及道德性和非道德性、公共性和技术性、自治性和他治性之间的价值冲突，行为问题主要包括保密、禁止性帮助、利益冲突、竞争、诚信、忠诚和勤勉等问题。这些问题构成了法律执业伦理共同的理论基础和研究领域，而这对于一门法学二级学科则是至关重要的。

关键词： 法律职业伦理；法律角色；社会角色；共性问题；价值冲突

一、问题的提出

法律职业伦理在理论层面应当如何展开？有没有共同的研究框架和研究工具，用以分析共同的问题？

对于当前我国的法律职业伦理研究来说，这一问题非常重要。2018 年 1 月 30 日，《普通高等学校本科专业类教学质量国家标准》（以下简称《国家标准》）正式发布，[1]

---

[*] 基金项目：2019 年北京高等教育"本科教学改革创新项目"《学训一体 实践前置：创新德法兼修法治人才培养机制》。

[**] 刘坤轮（1979—），男，中国政法大学法学教育研究与评估中心副教授，副主任，硕士生导师，中国政法大学钱端升青年学者。

[1] 参见"我国首个高等教育教学质量国家标准发布 涉及 56000 多个专业点"，载 http://edu.people.com.cn/n1/2018/0130/c367001-29795328.html，最后访问时间：2018 年 11 月 7 日。

法律职业伦理位列核心课程体系之中，成为全国各个法学院学生都必须修习的 10 门必修课之一。2018 年 10 月 13 日，教育部、中央政法委公布了关于实施卓越法治人才教育培养计划 2.0 的意见，其中在改革任务和改革措施部分，第 1 条就是："厚德育，铸就法治人才之魂……加大学生法律职业伦理培养力度，面向全体法学专业学生开设'法律职业伦理'必修课，实现法律职业伦理教育贯穿法治人才培养全过程。坚持'一课双责'，各门课程既要传授专业知识，又要注重价值引领，传递向上向善的正能量。"〔1〕在行业层面，2015 年 12 月 20 日，中共中央办公厅和国务院办公厅印发《关于完善国家统一法律职业资格制度的意见》（以下简称《意见》），《意见》第 6 条明确："……加大律职业伦理的考察力度，使法律职业道德成为法律职业人员入职的重要条件……""2017 年 9 月 1 日，中华人民共和国第十二届全国人民代表大会常务委员会第二十九次会议正式通过了《全国人民代表大会常务委员会关于修改〈中华人民共和国法官法〉等八部法律的决定》，自 2018 年 1 月 1 日起施行，正式将法官、检察官、律师、公证、法律类仲裁、行政复议等法治队伍建设和统一法律职业资格考试制度进行了衔接。"〔2〕

一系列的改革都标志着法律职业伦理教育和研究的重要性被提到了一个前所未有的高度。但是，法律职业伦理是否只是一门法学专业的必修课？如果成为二级学科，它与宪法、民法、刑法、行政与行政诉讼法等其他法学二级学科之间的关系又当如何呢？法律职业伦理是否具有学科所要求的基本要素，也就是共同理论基础或研究领域的相对一致？进而在此基础上形成自己独立的知识体系呢？

这些问题目前是我国法律职业伦理理论研究的基础问题，但遗憾的是，我国的法律职业伦理研究基础相对薄弱，早期的研究者尽管对法律职业伦理进行开拓性研究，初步奠定了我国法律职业伦理的基础框架，但因为法律职业伦理的地位问题，也很少有人专一地从事这一领域的研究，并且后继力量已经严重不足。当我们开始重视起法律职业伦理的教育教学和理论研究时，诸如研究对象和研究方法等基础问题还没有得到系统的梳理。有鉴于此，本文将通过对当前法律职业伦理的研究成果予以初步整理，尝试梳理出法律职业伦理的若干共性问题，以为未来的研究奠定一个基础。

二、当代中国法律职业伦理研究的主要问题

我国的法律职业伦理起步较晚，但还是涌现出了一些具有代表性的研究者，例如李

---

〔1〕 "教育部 中央政法委关于坚持德法兼修实施卓越法治人才教育培养计划 2.0 的意见"，载 http://www.moe.gov.cn/srcsite/A08/moe_739/s6550/201810/t20181017_351892.html，最后访问时间：2018 年 11 月 7 日。

〔2〕 高琳、刘坤轮："我国法律职业伦理教育现实性再审视"，载《法学教育研究》2019 年第 2 期。

本森教授将法律服务、法律职业与法律行业规范统一起来，从经济、社会、价值层面进行了多元分析；王进喜教授专注于律师职业规范的研究，严格限定法律职业伦理为行业规范研究旨向，代表了中国法律职业伦理研究的技术性流派[1]，说明了国际法律职业伦理研究的技术性走向；[2]许身健带领法律职业伦理团队所进行的多维度研究，在"悦读"与"实证"之间，在"教学"和"执业"之间，探索着法律职业伦理学科专业内涵和外延的挖掘与扩展；[3]李学尧教授在其后期的研究中，纳入了儒家思潮、国家与社会、政党政治等分析工具和框架，将法律职业伦理研究的内容推向另一个高度；[4][5]刘思达教授的研究则从职业社会学角度大大推进了法律职业研究的严谨程度；[6]袁钢教授关注于法律职业资格考试中法律职业伦理部分考核的科学性和应用性，论证《法律职业伦理》应当成为法律硕士必修课的必要性和可行性，[7]并作为爱德华项目学者在哥伦比亚大学法学院专门从事法律职业伦理教学的课题研究工作。尽管有着这些研究成果的推进，但与国际层面相关研究对比，则清晰反映出国内相关研究的薄弱。虽然近些年来关于法律职业伦理的主要译介有一些，但比较研究、实证研究依然缺乏，理论体系有待进一步完善。从未来发展的角度来说，这些都是需要改进的方向。

　　这些研究当然是十分重要的，对于法律职业伦理在中国法学专业教育中的影响甚至具有里程碑意义。但是，在肯定这些研究成果的同时，我们不能停留于此，法律职业伦理要在法学专业教育中彰显其重要性，必须要成为独立的学科，而居其核心者就是知识体系。因此，我们在充分肯定这些研究成果的同时，必须要从是否具有共同研究基础和研究领域，也就是学科的角度予以评判分析，当且仅当法律职业伦理建构起共同的理论基础和研究领域之后，它才能够在整个法学二级学科群中树立根基，真正成为法学专业教育的基础知识。因此，本文将首先对目前的研究进行一个初步评判。

　　其一，从知识体系的角度来看，只有少数的研究者实现了对法律职业伦理知识体系的构建。如前所述，早期的研究者，对于法律职业伦理的问题，是从不同的角度展开的，这本身也符合学科知识体系产生的逻辑。但是，一门学科知识体系的成长和成熟，则需要专门的知识体系，而这个知识体系的相对完整的载体则是教材。专著更偏向于知识点的研究，一般指向的是学科知识体系中的某一个具体领域，或特定知识点，随着学科知识体系的发展，专著的研究会越来越细分。但通常情况下，并不具有覆盖某一学科知识体系所有基本环节的能

---

[1] 参见王进喜："中国律师职业道德：历史回顾与展望"，载《中国司法》2005年第2期。
[2] 参见王进喜："美国律师协会《司法行为示范守则（1990）》评介"，载《中外法学》1999年第4期。
[3] 参见许身健："欧美律师职业伦理比较研究"，载《国家检察官学院学报》2014年第1期。
[4] 参见李学尧："法律职业主义"，载《法学研究》2005年第6期。
[5] 参见李学尧："非道德性：现代法律职业伦理的困境"，载《中国法学》2010年第1期。
[6] 参见刘思达："分化的律师业与职业主义的建构"，载《中外法学》2005年第4期；刘思达："职业自主性与国家干预——西方职业社会学研究述评"，载《社会学研究》2006年第1期。
[7] 参见袁钢、刘璇："高校法律职业伦理课程的调研与分析"，载《中国法学教育研究》2012年第1期。

力。与之相对，成熟的教材是被要求覆盖本学科的基本知识体系的，国家一般也会有相应的指导性方案，比如《全国高等学校法学专业核心课程教学基本要求》就是法学专业的14门核心课程所需要覆盖知识点的指导性范本。[1]由此也可以看到，在这一点上，法学其他二级学科，相对来说已经较为完善，其重要的表征之一就是教材体系的种类繁多，知识体系相对完整，所覆盖知识点相对统一。目前来说，市面上可见的法律职业伦理教材并不多，主编者主要包括王进喜[2]、李本森[3]、许身健[4]、巢容华[5]、李旭东[6]、郭哲[7]和石先钰等[8]研究者。比较之下，在法律职业伦理知识体系的构建方面，还有很长的路要走。

其二，从研究领域来审视，目前只是粗线条地实现了研究领域的共识对象。从学科的研究领域来看，目前的研究领域尽管存在着相对的形式统一，比如都会涉及一般概念，都会涉及律师、法官、检察官等传统法律职业以及与这些职业相关的伦理规范。但差异还是大量存在的，比如有些教材中将公证员、司法鉴定人员、仲裁员、人民警察、公司法务、法学家、立法者等职业也分别予以吸纳，形成了不同的覆盖范围。从这一外在表现形式来看，至少对于法律职业共同体的概念，当前的研究还不能说已经达成一致认识，尽管《意见》中已经对需要通过法律职业资格考试的范围进行了界定，明确规定了"担任法官、检察官、律师、公证员、法律顾问、仲裁员（法律类）及政府部门中从事行政处罚决定审核、行政复议、行政裁决的人员，应当取得国家统一法律职业资格。国家鼓励从事法律法规起草的立法工作者、其他行政执法人员、法学教育研究工作者，参加国家统一法律职业资格考试，取得职业资格。"[9]这实际上基本划分了法律职业群体的两类范围，一为必须参加职业资格考试的，共有7类，二为鼓励参加职业资格考试的，共有3类。但在法律职业伦理的知识体系中，能够都达成共识，却一般只有法官、检察官和律师三类。仅从这一研究对象来看，目前的共识也只是初步达成，至于研究领域的其他方面，则更是需要进一步深挖。

其三，从共同的研究基础来看，目前仍处于碎片化状态。即便是在相对粗线条的研究对象达成一致的基础上，关于法律职业伦理的研究基础问题，也仍然处于较为碎片化

---

[1] 中华人民共和国教育部高等教育司编：《全国高等学校法学专业核心课程教学基本要求》，高等教育出版社1998年版。
[2] 王进喜：《法律职业行为法》，中国人民大学2014年版。
[3] 李本森主编：《法律职业伦理》，北京大学出版社2016年版。
[4] 许身健：《法律职业伦理》，中国政法大学出版社2019年版。
[5] 巢容华主编：《法律职业伦理》，北京大学出版社2019年版。
[6] 李旭东编著：《法律职业伦理》，华南理工大学出版社2019年版。
[7] 郭哲主编：《法律职业伦理教程》，高等教育出版社2018年版。
[8] 石先钰、韩桂君、陈光斌主编：《法律职业伦理学》，高等教育出版社2019年版。
[9] 《中共中央办公厅、国务院办公厅关于完善国家统一法律职业资格制度的意见》（2015年12月20日）第3条。

的状态，其中一个重要的表现形式就是当前的教材体系基本上是按照职业进行知识阐述的，这和其他学科以主题展开的知识体系具有较大区别。学科知识体系的形成一般应有共同的研究基础，这是由所研究问题的共性所决定的，也是学科之间区别的主要标注。在外在表现上，对于研究基础来说，共同的研究对象和研究方法，以及相应的理论框架则是最为重要的几个方面。目前来说，在研究对象方面，尽管没有彻底达成一致，但粗线条地勾勒已经出来了，只是缺乏统筹。研究方法上，也基本形成了价值研究和规范研究等方法，也可以进行系统的总结。但是，需要指出的是，无论是研究方法，还是研究对象，由于职业的分立，使得不同的法律职业所构建出的知识体系充满了差异，内在的体系逻辑难以形成，因而也就很难构建出统一的研究理论框架，而一旦缺乏这种理论工具，职业伦理的问题就会被职业分割，形成碎片化的现实，难以形成体系性知识。我国目前的职业伦理研究，基本上还处于这一阶段，问题的研究只是冠以法律职业伦理之名，而实际上，不同的职业，所对应的伦理知识体系则占据了主导地位，共性被忽略，个性被彰显，碎片化现象严重。

三、法律角色与社会角色：法律职业伦理的共性与个性

要找到法律职业伦理知识体系所存在的共同研究基础和研究领域，最主要是要寻求到能够串起整个法律职业伦理知识体系的核心问题，并由此建构起核心概念。也就是说，法律职业伦理，作为一门法学二级学科，其知识体系之间，必须要有共性，而不是只有或只强调个性，比如刑法的核心概念是犯罪和刑罚，一切知识体系可以围绕展开，这些概念可以作为工具切入到几乎全部刑法学问题。民法的核心概念是民事法律关系，这一概念也可以作为分析工具，切入到几乎所有民法学知识体系。法律职业伦理的核心概念目前来说，并没有共识，它究竟是规范，还是价值，还是二者的统一，目前仍有争论，这也就使得其知识体系不能系统地建构起来。

因此，对于现行的法律职业伦理研究来说，明确最核心的问题，并由此牵引出分析工具和分析对象，是当务之急。本文认为，法律职业伦理之所以存在且重要，核心价值在于法律职业共同体能够促进社会正义，而推进的主要方式，也就是法律职业追求接近正义的方式，原因就是当前法律职业伦理学的核心问题。从以上关于法律职业伦理的研究中，我们大体看到，当前法律职业伦理的研究取向分为价值取向和技术取向两种流派，应该说，彼此并不排斥或不严格排斥对方所研究的对象属于法律职业伦理的研究范畴，那么，如果有一个问题将这两种研究取向连接起来，则法律职业伦理的核心问题也就自然浮出水面了。笔者认为，无论是价值研究，还是规范研究，法律职业伦理和其他学科最大的区别在于，它主要关注的是冲突问题，这种冲突要么表现在价值层面，外化为法

律职业伦理的道德性（morality）、非道德性（amorality）以及不道德性（immorality）之间的纠缠关系，要么表现在规范层面，外化为忠诚义务、勤勉义务以及保密义务之间的复杂关系。而之所以产生这些冲突，乃是基于法律职业的特殊性，也就是其职业角色和社会角色之间的冲突，这种冲突决定了法律职业之间的共性和个性之间必然也存在着紧张关系，这一点尤其表现在刑事诉讼庭审程序之中，法官、检察官、律师、当事人纷纷在场，角色冲突一目可见。同时，需要指出的是，对于这两种不同的冲突，所做的判断也不同于其他学科，也就是说，对于价值冲突和规范冲突，法律职业伦理主要所要做的是正当性判断，一般并不涉及道德层面上的判断，并且这种价值层面的正当性应该渗透并覆盖到所有伦理规则层面，以此形成法律职业伦理规范层面的研究工具。这样，本文认为，法律职业伦理的核心问题也就有了一个初步的轮廓，也就是关于角色冲突及角色行为正当性的知识体系。其中，角色冲突关涉的法律角色和社会角色之间的冲突关系，角色行为则主要关涉法律职业行为和社会一般行为之间的冲突关系。对这两种冲突之间进行区分选择，并给出正当性理由的知识体系，就是法律职业伦理的知识体系。

既然是冲突，那么，价值层面必然涉及正当性的位阶问题，规范层面必然涉及正当性的选择问题。做出选择的理由，实际上就是法律职业伦理得以成为一个学科知识体系的主要理由，这也恰好是一个冲突选择的问题，整个的法律职业伦理知识体系，都应当围绕这一对范畴进行展开。因此，对于当前法律职业伦理的知识体系，本文认为，学界首要分清法律职业的法律角色和社会角色，并在此基础上区分出不同法律职业之间的共性和个性何者优先。本文认为，这两对范畴的关系具体如下：

法律角色优先于社会角色。法律职业工作者是经过特殊的法律技术和法律职业伦理训练的，他们因此不同于社会中的一般个人。作为法律角色的法律工作者，因对于纷繁复杂、甚至常常相互冲突的法律法规的熟悉，承担着去除法律法规神秘性的角色功能。因此，法律职业工作的法律角色常常一方面要求就如何逃避或减轻当事人的法律义务提供咨询，另一方面则要求就如何最大化或细致执行法律向当事人提供咨询。这些功能的承担将法律工作者区分于外行人士，因为作为法律角色，他的行为往往会采取其作为社会角色所应当采取的行为，并且在职业群体内部这常常被认为是对的，比如一个为涉嫌偷税罪辩护的律师，即便指导他的客户并不诚实，也会选择尽最大之勤勉帮助客户逃脱或减轻法律的处罚，而这种做法在法律职业群体中，可能并不争议。但这实际上使得法律角色的伦理和社会角色的一般伦理区分开来，法律角色优先了社会角色，因为一般的社会伦理基本上是普遍适用的，一般的伦理哲学要求平等地对待其他所有人，到了法律职业工作者这里，客户的在场，就使得所有其他人之外，多了另外一个"其他人"，这个其他人的利益，在法律角色的选择中，要优先于其他所有人，而这一选择又是法律职业内部所普遍接受的。法律角色优先于社会角色这一特征标注了法律职业伦理的基本底色，在不同的社会中，这种优先程度可能有所差异，这里其他"所有人"的范围可能有所差异，但这种优先性确实始终存在的，这也是法律职业伦理知识体系的基本特征

共性优先于个性。与法律角色优先于社会角色这一命题相关联的另外一个命题则是法律职业伦理的共性和个性之间的关系。这个问题有三个层次，首先，法律职业共同体要有共同的价值追求，法律职业共同体有一个能够把所有法律工作者拧在一起的纽带，这个纽带就是共同的价值追求。所有的法律工作者都追求公平正义，从不同的角度，从不同的立场上去追求公平正义。价值追求的共同性和一元性是法律职业共同体的本质要件。其次，法律职业共同体要有共同的职业伦理规范。要保证价值追求的共同性，就必须有作为保障措施的相同职业伦理规范。不同的法律职业，如果具有不同的法律职业伦理规范，就会出现伦理下滑的问题。在同一个法庭上，如果允许职业伦理水准低的人进入，低水准者一定会把高水准者拉下来。最后，在不同的法律领域里面，允许出现不同的规则，这是职业伦理内部的原则问题，因为不同的法律职业其伦理责任的承担方式是不同的，这是允许也是需要进行区别的，比如检察官和律师的职业伦理责任就有所区别，因为检察官要站在国家立场上，要代表公众利益。这三个层次，有一个次序的排列，这种排序本身也就代表了共性和个性之间的关系，也就是说，对于法律职业伦理来说，共性是主要的，具有优先于个性的地位，没有这种优先性，法律职业共同体也就无从建立起来，这是处理法律职业伦理核心范畴的一个基本取向。

四、法律职业伦理几个核心问题

在对中国当前的法律职业伦理知识体系所存在的主要问题进行梳理，并在此基础上，总结提炼出法律职业伦理的核心问题范畴以及价值取舍后，那么，接下来，就需要对于法律角色和伦理共性所牵涉的主要问题进行界定。如前所述，这些问题的界定要本着串起法律职业伦理知识体系的目的，因此要足以覆盖当前主要法律职业所共同承担的法律角色和面临的共同伦理困境。按照之前价值冲突和行为冲突的区分，本文初步认为，无论是对于法官、检察官、律师、公证员，行政执法者，还是对于其他法律工作者来说，在价值层面和行为层面，都存在着冲突问题，具体表现为如下两个层面：

(一) 价值冲突问题

价值问题几乎是所有法学学科都要面对的问题，但价值冲突问题尽管不是只有法律职业伦理才有的问题，但其普遍性却是其他法学学科不可比拟的，冲突的强度也大不相同，比如民法学的平等、公平、诚信等价值，尽管在一定情境下会存在冲突的问题，但在大多数民事关系中，这些基本价值，是可以共存的，甚至有学者对民法学的基本原则

专门做出过体系性论述。[1]尽管法律职业伦理也有共同的价值取向，比如公平价值、正义价值、平等价值等，但具体的执业层面，更多的却是伦理困境，而几乎所有的伦理困境，都涉及价值冲突与选择的问题，这也是由法律职业的基本特征，也就是所谓自治性、公共性和技术性特征所决定的。由此，在价值层面，至少以下几个层面的价值问题，应该是贯穿法律职业伦理全过程的。

道德性和非道德性。作为向社会输送正义的法律职业，对于整个社会承担一定的道德义务，这种道德义务要求法律职业必须以追求社会整体的正义为其存在的基本价值，因此，法律职业行为应当符合社会所要求的一般价值取向。但作为当事人的代理人，法律职业群体却又对当事人这个特殊的"他人"承担着特殊的义务，当事人的价值和社会主流价值发生冲突时，作为其代理人的法律职业群体，则需要保持一定的非道德性，甚至某些时候会出现不道德性的职业行为。尽管，这种冲突可以从社会整体正义的层面予以解释，但作为社会角色的法律人和作为社会角色的法律人，在具体的个案中，所面临的价值冲突却往往是剧烈的。这个时候，如果没有法律职业伦理的引导，道德性和非道德性之间的平衡就很难实现，这一道德性和非道德性价值之间的紧张关系可以说贯穿法律职业伦理的全部内容。所谓律师职业伦理是"作为调整与律师业务相关的各种社会性期待的一种实在性规范而被妥当化的"[2]，正是在这个意义上而言的。

公共性和技术性。公共性和技术性是当代法律职业发展的两大趋势，也是法律职业伦理规范的两大导向，实际上，在很多国家的法律职业伦理规范中，大体都包括这两块内容，将其融合起来，比如美国的法律职业伦理规范，序言和总则部分，基本上属于公共性价值取向的内容，而具体的行为规范部分，则属于技术性价值取向的内容。尽管形式上，各个国家都会对其做出统一性的规范，但实际上却仍然无法消解这两种价值之间的紧张关系。公共性价值要求法律职业群体对公众利益和社会正义所负有的责任，比如律师就应当扮演"正义的卫道士""公共利益的代表"等角色的伦理要求，进而要求律师在执业中要将大众利益和道德放在首位。技术性价值要求以法律的中立性和技术性作为法律职业群体的基本取向，并由此要求法律人的"党派性忠诚"，对公众道德并无特殊的伦理责任，进而出现"与公众作对""损害公共利益""帮助恶人"的法律职业行为。[3]所谓《迷失的律师：法律职业理想的衰落》[4]，《法律人，你为什么不争气——法律伦理与理想的重建》[5]中，所探讨的核心问题，也基本上是这对价值冲突，以及由此所导致

---

[1] 参见侯佳儒："民法基本原则解释：意思自治原理及其展开"，载《环球法律评论》2013年第4期。
[2] [日]棚濑孝雄著，易平译：《现代日本的法和秩序》，中国政法大学出版社2002年版，第217页。
[3] 参见李学尧："非道德性：现代法律职业伦理的困境"，载《中国法学》2010年第1期。
[4] [美]安索尼 T. 克罗曼著，周战超、石新中译：《迷失的律师：法律职业理想的衰落》，法律出版社2002年版。
[5] 陈长文、罗智强：《法律人，你为什么不争气——法律伦理与理想的重建》，法律出版社2007年版。

的商业主义和公共利益之间的冲突。

自治性和他治性。法律职业共同体的建构理想需要法律职业保持自治性，也就是要对其他非法律职业的侵蚀保持抗拒的能力，这种能力主要通过内部的建构实现，实现的最重要方式就是法律职业伦理的规范体系，通过这一体系，将法律职业共同体的子系统完备起来，也就是将意义共同体、语言共同体、利益共同体、教育共同体、经历共同体和解释共同体，按照法律职业价值共同体分别建构。自治性是所有高端职业的基本特征，法律职业尤其如此。但是，自治性价值常常和法律职业所深嵌的国家文化和价值产生冲突，法律执业的管辖区域设定，常常决定了特定的法律职业必须要回应，或至少部分回应执业区域的主流价值和管理需要，这就产生了法律职业的自治性和他治性之间的冲突。任何一个国家对任何一个职业都要进行角色定位和设定管理的责任，完全的放任发展几乎是不可能的，这就势必和高度自治性的法律职业共同体价值取向有所冲突。这一冲突也是贯穿到所有法律职业伦理规范体系之中的，比如中国的律师管理规范，必然和欧美国家的律师管理规范有所差异，这些差异背后的原因，最主要者就是自治性和他治性之间的冲突。

（二）行为冲突问题

当前的法律职业伦理规范体系的走向上，技术性规范占据越来越大的比重，这和法律职业行为的科学性追求直接相关。因此，技术性冲突就构成了法律职业伦理规范冲突的主体，具体到个案中，也就是法律执业中的行为冲突。尽管法官、检察官和律师在个案中的行为冲突有所差异，造成这些冲突的问题却是共同的，事实上，上文的价值冲突也可以构成行为的冲突，只是关联并不那么直接而已，因此将其单独列出分类。这些共同的行为冲突问题建构起了法律执业伦理的共同理论基础和研究领域，笔者认为，因此，未来的法律执业伦理学科知识体系的建设，应当也必须围绕这些问题展开，以这些问题切入所有的法律职业，形成基础性的分析框架和分析工具，串起所有的法律职业的具体伦理规范，而不是仅分职业分别阐述不同法律职业各自的伦理规范。有鉴于此，笔者粗略地提出如下几个问题，以供学界批评。

1. 能力问题

能力问题涉及的是，法律职业伦理究竟应如何规范，才能确保提供适格的职业行为。对不同的职业，能力的要求有所差异，但却是所有法律职业都要面对的问题。法官的审判类型，检察官的业务分工，律师的执业领域，实际所关涉的大多是这一问题。一定意义上，法律执业要向社会输送正义，最重要的就是确保所有的个案，都选择出适格能力的法律人，对于最典型的刑事诉讼伦理冲突场景，能力问题也表现的最为突出，我们很难想象，能力差别巨大的法官、检察官和律师，能够确保一个刑事审判的公正结果。统一法律职业资格考试，在一定程度上，所指向的就是能力的适格问题。

2. 保密问题

不同的法律职业通过具体的个案，以不同的方式和法律服务的对象连接起来，在这个联系过程中，各个法律职业群体都会获取若干特定的信息，信息的类别不同，决定了对待这些信息的方式不同，这就会涉及不同的法律职业对不同信息的不同保密义务。那么，究竟何种信息应当被法律职业工作者视为秘密，应从哪里或哪些渠道获取这些信息，不同的法律职业之间的秘密信息有何同质性和差异性？在何种条件下，法律职业工作者应当以及可以向公众披露这些信息？这些问题都是不同的法律职业群体所需要面对的，只不过各自面对的方式和处理的方式有一定的差别，但问题本身却是所有法律职业群体都必须面对的，因而也是应该贯穿于整个法律职业伦理规范体系之中的。

3. 禁止性帮助问题

不同的法律职业工作者通过不同的方式向服务对象提供法律服务，法官以居中裁判，检察官以审判监督以及提起公诉，律师则以咨询和辩护等方式。但同为法律服务，哪些是应该以及可以向当事人提供的，哪些是禁止向服务对象提供的？不同的服务对象，禁止的范围和程度有哪些差异？这些都属于禁止性帮助问题，也是所有法律职业群体在职业生涯中都会面临的伦理冲突问题，因此也需要并可能在整个法律职业伦理的知识体系中做通盘探讨。

4. 利益冲突问题

法律职业伦理的利益冲突问题往往被局限在律师职业范围内进行探讨，也就是通常所说的同时性利益冲突和连续性利益冲突问题。通常情况下，指委托人和律师之间或不同的委托人之间存在某种利益冲突时，律师被禁止进行的行为。但实际上，利益冲突问题应是一个范围更为广泛的问题，比如法官和检察官的回避问题，很大程度上，原因都在于利益冲突。其他法律职业工作者，也在不同程度上涉及这个问题。因此，利益冲突问题也应当作为法律职业伦理知识体系中的一个基础性问题，将其贯穿到整个法律职业共同体之中进行伦理规范的探讨。

5. 竞争问题

竞争问题实际上关涉到的是法律职业共同体的自治问题，细化到不同的法律职业，竞争问题的具体偏向重点有所差异。比如对律师来说，如何避免来自非律师群体的法律服务竞争，如何进行同行竞争，如何面对各种不同的诱惑，这些都是律师在提供法律服务时所需要面对的竞争问题。同样的，法官、检察官也存在着竞争问题，最典型者是立案管辖和审判管辖的问题，在何种情况下应该予以管辖，何种情况下被禁止管辖，这些可能并不仅仅是诉讼法学的问题，也是法律职业伦理需要考虑并予以规范的问题。

6. 诚信问题

诚信问题主要关涉法律职业工作者的真实义务和诚实义务。对于不同法律文本、法律证据和法律事实，不同的法律职业工作者都负有诚信的义务。但是，在何种程度上承担诚信问题，又有所不同，比如一个律师在获知一些不利于自己当事人的法律规定和法律事实时，他对当事人和法官应承担何种诚信义务？法官和检察官在面对可能对案件结果造成影响的不同证据时，应该如何取舍，如果这种取舍会影响到职业发展或之前案件的结果呢？这些问题，实际上都是诚信问题，也是应该贯穿到整个法律职业伦理规范知识体系之中的。

当然，此类的问题应该还有很多，比如忠诚问题和勤勉问题，可能也不仅仅是律师的执业伦理，其他所有法律执业也都会涉及。本文要说的是，这些共同的问题，应当是法律执业伦理知识体系建构过程中予以优先考虑的，因为正是这些问题构成了法律执业伦理共同的理论基础和研究领域，而这对于一门法学二级学科则是至关重要的。当然，本文观点仅为一家之言，唯一之目的乃是希望法律职业伦理学科的知识体系能够以这些问题切入所有的法律职业，形成基础性的分析框架和分析工具，串起所有的法律职业的具体伦理规范。但论述过程之中，必然有各种缺漏，在此提出，仅为抛砖引玉，供学界批评指正。

法律人职业伦理的困境及出路[*]
——由《孟子》出发的解读与反思

陶姝婷　王志勇[**]

内容摘要：基于《孟子》在文本中的几处经典论述，本文反思了当代法律人职业伦理中存在的困境及出路。法律始终是支撑社会秩序得以良性维持和发展的制度根基，法律人的高尚人格和优良道德品格是辅助法律发挥其功能的内在推动力。然而，鉴于人性和社会生活的复杂性，法律人要想在复杂的社会生活中更好地生存和发展，其不仅需要拥有较高的法律专业知识，还要深刻洞悉人性善恶，并且保持内心的善良。唯有不断提升自己的法律专业知识水平和道德品性，法律人才能更好实现法律的价值目标。

关键词：人性；法律人职业伦理；《孟子》；性善论

一、导言：缘何是《孟子》？

习近平总书记对法律与道德、法治与德治的关系问题进行过精辟的阐述："法律是成文的道德，道德是内心的法律，法律和道德都具有规范社会行为、维护社会秩序的作用。治理国家、治理社会必须一手抓法治、一手抓德治，既重视发挥法律的规范作用，又重视发挥道德的教化作用，实现法律和道德相辅相成、法治和德治相得益彰"。[1]发挥好法律的规范作用，必须以法治体现道德理念、强化法律对道德建设的促进作用；发挥好道德的教化作用，必须以道德滋养法治精神、强化道德对法治文化的支撑作用。法律规范人们的行为但不能代替解决人们思想道德的问题。法是他律，德是自律。如果人人能自觉进行道德约束，遵守法律也就有了深厚的思想基础。"法律人自身的问题"，首先是"人"的问题，其次才是"法律人"的问题。孟子讲："人之所以异于禽兽者几希，庶民

---

[*] 基金项目：本文系 2018 年度河南省哲学社科科学后期资助项目"法治社会的道德基础"（项目编号：2018HQ019）和 2018 年度国家法治与法学研究重点课题"先秦自然法思想研究"（项目编号：18SFB1006）的阶段性成果。获河南省法学会律师学研究会 2020 年年会暨论文研讨会一等奖。

[**] 陶姝婷，河南财经政法大学法学院法律史专业 2019 级硕士研究生；王志勇，河南财经政法大学法学院讲师，研究方向：自然法理论与法学方法论。

[1] 习近平："加快建设社会主义法治国家"，载《求是》2015 年第 1 期。

去之,君子存之"。[1]人之为人,所赖者何?这是《孟子》要解决的问题之一。法律人之为法律人,所赖者何?这是法律人职业伦理要处理的问题。法律人首先是人,由此《孟子》中所讲的经典人伦论述对于法律人职业伦理也就必然具有了启发意义,所以本文试图从《孟子》入手来考察其对当下法律人职业伦理的启示。

关于法律人职业伦理问题,有学者认为,针对法律人所面对的法律和道德的两难挑战,儒学是对现代法律职业伦理的一种超越。[2]也有学者从法律职业伦理教育的必要性角度对该问题进行了理论考察,认为现代法律人的职业伦理教育不可或缺。[3]还有学者认为,现代法律人应该恪守"忠诚于法律"的职业伦理。[4]当然,也有学者认为法律人的职业伦理问题是一个"非道德性"问题,伦理和道德根本就是一回事儿。[5]以上研究对于我们理解当代法律人职业伦理提供了有益的参考,然而已有相关讨论比较宏观,缺乏针对更加具体的制度、案例的微观层面的考察。本文试图结合《孟子》的文本更为类型化地讨论其中与法律人职业伦理相关的问题,从更传统、更具体的视角推进我们对法律人职业伦理的理解。就此,本文提出,法律人要想在复杂的社会生活中更好地生存和发展,其不仅需要拥有较高的法律专业知识,还要深刻洞悉人性善恶,并且保持内心的善良。为了论证以上观点,本文选取《孟子》中的经典论述来审视法律人的职业伦理困境,由此引出其对我们当代法律人职业伦理的启示。通过本文的考察,我们希望能够为当代法律人职业伦理问题提供一些源自传统的有益启示。

二、"臣弑其君可乎?":法律人有没有正当违背法律的权利?

法律人常常要面对其专业理性与大众思维的冲突,与生活在这个社会上的任何人相比,他们要同时面对众多相悖的主张和自己所要固守的忠诚。为使法律制度能够真正维护社会秩序,保护公民基本权利,法律人最为重要也是最为基本的素养,便是信仰并遵守法律。但人类生活具有复杂性,对于有些特殊案件和特殊情况的处理,如果单纯依靠法律文本去解决可能会导致荒唐的结果产生,甚至出现极为荒谬的后果,而这种情况就需要每一个法律人依据自己的实践智慧去进行理性的判断和选择,采取正确的解决办法,尽量取得最好的结果。尤其,当遭遇极端邪恶的"恶法"时,法律人有无正当违背法律的权利呢?

---

[1]《孟子·离娄下》。
[2] 参见王凌皞:"应对道德两难的挑战 儒学对现代法律职业伦理的超越",载《中外法学》2010年第5期。
[3] 参见刘坤轮:"法律职业伦理教育必要性之理论考察",载《中国法学教育研究》2013年第4期。
[4] 参见陈景辉:"忠诚于法律的职业伦理——破解法律人道德困境的基本方案",载《法制与社会发展》2016年第4期。
[5] 参见李学尧:"非道德性:现代法律职业伦理的困境",载《中国法学》2010年第1期。

在面对"臣弑其君可否"这个问题时,孟子提出了一套具有典型意义的解决方案。商汤把夏桀流放,周武王出兵讨伐商纣王,纣王兵败自焚而死。在这两个故事中,夏桀和商纣王破坏了"仁"和"义"的道德品质,而一个破坏了"仁""义"的人应该被叫做"独夫",他就不再是一国之君。因此,孟子认为商汤对夏桀的流放以及武王对纣王的讨伐不能称之为弑君,只能被认为是杀了一个独夫民贼而已。[1]其实,法律的性质不仅仅具有事实面向,也具有理想面向。[2]法律人作为践行法律的一个职业群体,自然也有其独特的伦理体系,他们通过参与司法制度这个特定的社会实践来表现并发展个人的内在道德品质。如果我们认可制定出来的法律作为指导和约束我们日常行为的规范,也认可道德上"善"的法律人群体是在司法制度中能够更好发挥其功能和作用的人,那么我们就不得不承认法律职业伦理体系的相对独立性。对于严重有违天理、人伦等的法律规范,法律人理应有其相应的正当自由裁量的权利。惟其如此,法律人才能真正实现法律的目标。

然而,法律人如何培养自己敢于抵抗"暴政"的浩然之气呢?这就需要我们回到孟子的人性观来考察这个问题。针对告子提出的人性本体论主张,孟子给出对于"人性"概念的初步界定:人性是人之所以为人的、区别于其他事物的独特属性。告子认为人性如水由外界环境所塑造,"善"与"恶"都依赖于外界环境的影响。[3]孟子指出,水不分东西南北都向下流,以此来类比人有稳定的发展趋势和潜在能力,展现出一种发展的人性观。他认为人的本性是人一种道德发展与社会化过程中的性情与行为的稳定趋向和潜在能力。[4]他强调,人的本性表现在其内在的潜在发展能力,这种在自然道德发展过程中存在的潜在发展趋势和内在秉性,不是在某个时间点上人所展现出来的现实属性,也并不必然等同于一部分人所展现出来的现实性或现实属性。孟子认为人的浩然之气并非偶然产生,是正义在心中积累而成。[5]人类的本性天然地趋向于"善",追求正义以期实现人类的最终目标,即幸福地生活是人类的普遍追求。因此,孟子的"人性善"学说

---

[1] 齐宣王问曰:"汤放桀,武王伐纣,有诸?"孟子对曰:"于传有之。"曰:"臣弑其君,可乎?"曰:"贼仁者谓之贼,贼义者谓之残,残贼之人谓之一夫。闻诛一夫纣矣,未闻弑君也。"《孟子·梁惠王下》

[2] 参见王志勇:"'恶法非法'命题的澄清与辩护",载《河南财经政法大学学报》2018年第5期。

[3] "告子曰:'生之谓性。'孟子曰:'生之谓性也,犹白之谓白与?'曰:'然。''白羽之白也,犹白雪之白;白雪之白,犹白玉之白与?'曰:'然。''然则犬之性,犹牛之性;牛之性,犹人之性与?'"《孟子·告子上》

[4] "告子曰:'性犹湍水也,决诸东方则东流,决诸西方则西流。人性之无分于善不善也,犹水之无分于东西也。'孟子曰:'水信无分于东西,无分于上下乎?人性之善也,犹水之就下也。人无有不善,水无有不下。今夫水,搏而跃之,可使过颡;激而行之,可使在山。是岂水之性哉?其势则然也。人之可使为不善,其性亦犹是也。'"《孟子·告子上》

[5] "敢问夫子恶乎长?"曰:"我知言,我善养吾浩然之气。""敢问何谓浩然之气?"曰:"难言也。其为气也,至大至刚,以直养而无害,则塞于天地之间。其为气也,配义与道;无是,馁也。是集义所生者,非义袭而取之也。行有不慊于心,则馁也。"《孟子·公孙丑上》

带着更多的理想甚至浪漫主义的色彩，他更加强调人性善的一面，把人类趋于同情、合作而不是贪婪、暴力的选择看作人性的根本，认为国家的政治与法律制度正当性的基础在于对人类至善的追求。

由此，从《孟子》出发的延伸思考可以得出如下结论：在法律极端邪恶的情况下，法律人拥有正当违背法律的权利。法律人要从"人性向善"出发累积自己的正义感，培养敢于抵抗"恶法"的浩然之气。

三、"舜父杀人"：律师如何平衡委托人与法律正义之间的关系？

律师执业是一种社会实践，社会实践必定遵循一定的原则和规则，也必然最终会指向一定的价值方向。每一个法律执业者都应该兼具法律技能和职业伦理，"一定要有法律学问，才可以认识并且改善法律；一定要有社会的常识，才可以合于时宜的运用法律；一定要有法律的道德，才有资格来执行法律"[1]。那么，关于律师的道德和行为标准问题，我们不禁要问，律师职业伦理的核心道德价值是什么？律师在具体案件以及整个社会环境以及司法环境中又应当承担一种什么样的道德义务？其与当事人之间又应该保持何种关系？律师要秉承一种工具主义的立场，还是应该以绝对的正义价值为追求目标呢？

在"舜父杀人"这一假设的案例中，[2]桃应用一个道德两难的假想案例来询问孟子，孟子对此的回答很明确。对于皋陶来说，他身担着司法官的角色，理应秉公执法，职务和美德方面的要求都促使他应该立即逮捕舜的父亲瞽瞍。然而，对于舜来说却没有那么简单，一方面，作为君主要恪守其对于整个国家民众的整体利益的承诺以及对国家秩序的维护；另一方面作为瞽瞍的儿子，其又与之有着家庭伦理上的亲密关系。"忠""孝"自古难两全，对于统治者来说亦是如此。在该难题面前，孟子则用简单的四个字明确了自己的立场和态度，他没有在"禁"与"不禁"之间做出建议，而是给出了第三种方案，即"窃负而逃"。孟子认为，其给出的这第三种方案能够最好地兼顾到"忠""孝"这两种道德要求背后的真正价值。但是，孟子并没有仅此终止其观点和建议，孟子还要求舜"弃天下"，通过行动者的自动放弃而退出相应的身份关系。这一个巧妙之举既保全了瞽瞍的生命，同时也能够最大限度地实现舜作为"天子"和"儿子"两种身份所面对的两种不同的道德要求。不过，我们也不能就此认为孟子的这一建议即是最佳解决方案。毕竟这是一个两难选择，孟子所提出的建议，其实在某种程度上已经使舜放弃了其作为君

---

[1] 孙晓楼：《法律教育》，中国政法大学出版社1997年版，第12~13页。
[2] "桃应问曰：'舜为天子，皋陶为士，瞽瞍杀人，则如之何？'孟子曰：'执之而已矣。''然则舜不禁与？'曰：'夫舜恶得而禁之？夫有所受之也。''然则舜如之何？'曰：'舜视弃天下犹弃敝屣也。窃负而逃，遵海滨而处，终身欣然，乐而忘天下。'"《孟子·尽心上》

王理应承担的政治和社会责任。

律师面对类似职业伦理困境时，也许可以从中获得许多启示。作出这种选择在本质上是人的一种本能情感反应和选择，古典儒家思想对这种道德两难的回应，关注的便是人的自然道德情感和具体的道德选择。[1]作为专业的法律人才，律师应当是守法的楷模，因此律师应当竭力避免违法。作为具体案件的当事人即委托人，自然希望自己的律师可以运用其专业的法律知识在合法的范围内绞尽脑汁地为扭转自己的不利局面而制定出相应的诉讼策略，从而维护自己的合法权益使其得到更好的保护和实现。在个案中，律师对司法正义的整体追求应适度让位于当事人的现实利益，在法律允许的范围内保护当事人的基本权利，正确发挥律师职业群体所具有的社会功能和相应作用。在涉及国家整体利益及社会利益时，律师应恪守自然的道德正义和道德情感，为实现社会的整体正义和司法公正相应牺牲当事人的部分权益，充当好国家司法制度践行者以及生活根本目标得以最终实现的正义角色。

人类是一种社会化的动物，大多数人终其一生都要生活在这个社群或社会之中。每一个人类个体都不是纯粹自然的个体，都是一个社会化了的个体，道德行动者只需要为他自己能够控制的事态负责。即使是律师这样一个专业的法律人群体，在面对本质上不符合基本道德情感的具体案件时，也可以选择抽离自身，以一种超脱事件本身的身份去提供给当事人相应的解决方案，从而维持内心的根本法治正义。法治本身的价值和个案中所体现出来的法律的价值都不能被简单当作一种工具，因为正义本身就是使人类社会能够得以有序发展的基本要素之一。我们人类是很复杂的，除了具有动物性这一面之外，还具有人类所特有的特征，即社会性和进行理性思考和选择的能力。所以，法律人在面对类似"舜父杀人"的职业伦理困境的时候，也许更需要凭借自己的道德直觉在具体语境下作出妥当的权衡。

在此，"舜父杀人"的故事启示我们，律师的职业伦理要求具有双重性：一方面，法律人职业伦理需要律师维护社会公平正义；另一方面，法律人职业伦理要求律师维护当事人利益。然而，当两者发生冲突时，由孟子提出的"窃负而逃"方案来看，律师也许不能辞去本职工作，但至少可以解除与涉案当事人的委托关系，以"不作为"方式来实现律师职业伦理双重属性之间的平衡。

四、"嫂溺应援之以手"：法官在原则与变通之间的权衡？

拥有美德的法官应该能够尊重法律，又能够超越法律的字面意思来捍卫法律真正的

---

[1] 参见王凌皞："应对道德两难的挑战　儒学对现代法律职业伦理的超越"，载《中外法学》2010年第5期。

精神。法官应当具备实践上的智慧，在遇到某些特殊情况时可以挖掘法律的深层意思去寻求最好的判决结果，要尊重法律但是也要懂得变通。对于法官而言，他要经常在一般原则和个案正义之间进行司法裁判，更要在一般伦理原则和具体语境下的伦理抉择之间进行权衡，可是此种权衡应该如何进行呢？

关于变通之道，孟子在其"嫂溺应援之以手"一文中明确表明了自己的态度和观点。[1]"男女授受不亲"是中国古代礼制中的一条规定，这条规定的内涵极其微妙。淳于髡利用这条规定给孟子出了一个相当大的难题，孟子以"权"释"礼"。他认为嫂溺不援是豺狼之行，从而巧妙又合乎情理地回答了淳于髡的诘难。可以看出，自古代以孔子、孟子为代表的儒家传统思想发展到现代以来，原则性和灵活性相统一的变通精神都是指导人们日常行为的重要原则之一。对于法官职业伦理而言，上述表述的启示体现在如下两个层面。

其一，在个体层面，法官要审慎平衡一般原则和具体正义之间的纠结。与一般人相比，法律人所遭遇的角色道德困境更为特殊，因为他的职业本身就是要解决价值冲突和利益矛盾。[2]人的一个重要美德是"义"，它要求行动者是出于正确的理由并以适当的情感来遵守礼。孟子认为人类天生具有恻隐之心，[3]在遇到抉择时人类会遵循自然情感来作出判断和选择，法律制度的基本功能是，通过法律规范来引导人们的行为从而维持社会秩序的稳定。作为法律制度参与者的法官，更应当把这一美德作为其职业操守的基本理念来遵守。法官不能在践行法律的过程中失去了自己做人的根本，更不能使自己陷入僵化的教条和规定之中而失去了人性。一个好的法官并不能只拥有法律智慧，还要通过其内在的道德品质将法治理念转化为外在行动。最简单的法治理念可能是一种朴素的形式主义的图景。然而，现代社会中的人类生活是复杂的，每一个具体案件的具体情况也是不可完全预知的。在现代社会中生活着的每个人都应该拥有一定的自决和自治能力，但是由于处在现代复杂的法律体系之下，大多数的案件当事人本身缺乏必要的知识和专业技能来充分实现自己的自治能力，因此产生了作为技术专家和专业顾问角色的律师职业，以及充当审判和裁判角色并能直接影响当事人权利义务变化的法官职业。这就需要专业的法律人，一方面要具备良好的法律专业品质，另一方面要有向善的价值取向和情

---

[1] 淳于髡曰："男女授受不亲，礼与？"孟子曰："礼也。"曰："嫂溺则援之以手乎？"曰："嫂溺不援，是豺狼也。男女授受不亲，礼也；嫂溺援之以手者，权也。"曰："今天下溺矣，夫子之不援，何也？"曰："天下溺，援之以道；嫂溺，援之以手。子欲手援天下乎？"《孟子·离娄章句上》

[2] 参见李学尧："非道德性：现代法律职业伦理的困境"，载《中国法学》2010年第1期。

[3] 孟子曰："人皆有不忍人之心。先王有不忍人之心，斯有不忍人之政矣。以不忍人之心，行不忍人之政，治天下可运之掌上。所以谓人皆有不忍人之心者，今人乍见孺子将入于井，皆有怵惕恻隐之心，非所以内交于孺子之父母也，非所以要誉于乡党朋友也，非恶其声而然也。由是观之，无恻隐之心，非人也；无羞恶之心，非人也；无辞让之心，非人也；无是非之心，非人也。恻隐之心，仁之端也；羞恶之心，义之端也；辞让之心，礼之端也；是非之心，智之端也。人之有是四端也，犹其有四体也。"《孟子·公孙丑上》

感直觉。尤其是在类似"于欢案"等案件中,法官的道德直觉就显得尤为重要。

其二,在政治法律层面,国家法律有义务通过法律方式以正式制度来推进公民的道德发展。这是一种积极的义务,即国家的法律制度不应当对公民的美德实践袖手旁观。国家的法律制度应当为公民美德的发展与实践提供正式制度上的支持,一个人所处的社会与文化环境以及各种制度深刻地塑造了其在成年时期的道德实践。制度会让人性泯灭,即使有良心上的抵抗,作为个体的道德行动者在强大的制度机器面前也显得比较弱小。国家需要以正式制度的方式给予公民以平等的机会,使之过上有尊严的生活,让每一个公民都能有正常的人格发展空间和成就个人美德的机会。所以,在此层面,法律作为现代社会最重要的社会控制手段和正式制度,必须以公民的美德为价值目标,努力创造一个公民能够自由实践其美德的外部制度环境。然而,法律上的制度规定仍然需要在具体个案中逐步实现,这就需要司法裁判的出场。司法裁判的"依法说理"涉及"依法"和"说理"两个方面的内容,[1]"依法"涉及一般原则的落实,"说理"更多涉及具体个案的正义实现。作为践行司法制度的主体,法官应当坚守国家所追求的根本目标,但是可以在坚持原则的基础上根据具体情况和个体案件事实进行灵活的变通。例如,河南省郑州市"电梯劝烟案"就是一个非常典型的例子。

所以,由"嫂溺应援之以手"来看,在个体层面,法官要权衡"原则"与"变通";在政治法律层面,国家既要提供能够维护公民尊严的制度保障,也要提供实现个案正义的具体司法"说理"机制。

五、结语:刀尖上的舞者

本文并不试图提出摆脱法律人职业伦理面临的"明希豪森困境"的方案,只是以《孟子》为范本,通过考察其中的人性与以律师和法官两大群体为代表的法律人之间的关系,揭示其中存在的纠缠和悖论,从而为当下中国法律人的职业伦理教育问题提供一些不同但有益的新视角。要想实现法律的最终目标,那么就需要作为法律规范践行者的法律人在适用法律、通过法律维持社会秩序、保护自己以及他人合法利益的同时,重视道德情感和道德直觉的应用,发挥好法律守护者和践行者的正面功能和积极作用。

当下中国的法律人职业伦理问题往往在于:越是熟悉、掌握法律的人越是不把法律"当回事"。由此,作为法律人,就面临着悖论循环:法律是最低限度之道德,法律人本应是法律的守护者,从而维护社会的道德底线,但法律人本身的道德问题在其道德内无

---

[1] 参见王志勇:"'司法裁判的客观性'之辨析",载《法制与社会发展》2019 年第 3 期。

法解决，这又需要在道德之外寻求。其实，早在几千年前孟子就有关于祸福的讨论，[1]作为国君只要实施仁政就能身享荣乐，反之则将造成屈辱。一个人的祸福没有不是自己招致的，对于国君如此，对于普通人亦是如此，对于践行法律规范的法律人群体同样如此。人们应该常常记得和天命相配合，为自己多求幸福。作为法律人，其既是掌握专业知识和专业技能的人，懂得如何利用法律维护社会秩序，又是能够利用其专业知识钻法律漏洞的人。可以说，其是刀尖上的舞者。唯有时刻遵循天理国法，筑牢道德底线，以"善"的本性作为自己行动的驱动力，以谋求社会正义与当事人的合法利益作为自己的使命和动力，法律人方能既不辱使命又保全自身。

参考文献

[1] 习近平："加快建设社会主义法治国家"，载《求是》2015年第1期。

[2]《孟子·离娄下》

[3]《孟子·梁惠王下》

[4]《孟子·告子上》

[5]《孟子·公孙丑上》

[6]《孟子·尽心上》

[7]《孟子·离娄章句上》

[8] 王凌皞："应对道德两难的挑战 儒学对现代法律职业伦理的超越"，载《中外法学》2010年第5期。

[9] 刘坤轮："法律职业伦理教育必要性之理论考察"，载《中国法学教育研究》2013年第4期。

[10] 陈景辉："忠诚于法律的职业伦理——破解法律人道德困境的基本方案"，载《法制与社会发展》2016年第4期。

[11] 李学尧："非道德性：现代法律职业伦理的困境"，载《中国法学》2010年第1期。

[12] 王志勇："'恶法非法'命题的澄清与辩护"，载《河南财经政法大学学报》2018年第5期。

[13] 孙晓楼：《法律教育》，中国政法大学出版社1997年版。

[14] 王凌皞："孟子人性发展观及其法理意义"，载《法学研究》2013年第1期。

---

〔1〕孟子曰："仁则荣，不仁则辱。……祸福无不自己求之者。诗云：'永言配命，自求多福。'太甲曰：'天作孽，犹可违；自作孽，不可活。'此之谓也。"《孟子·公孙丑上》

论律师的职业伦理[*]

张宝玉[**]

内容摘要：律师职业伦理是从事律师职业的人应当遵守的道德准则。律师的职业伦理涉及自身利益、律师行业利益以及社会公共利益。本文通过对律师职业伦理问题的研究，促进对律师职业伦理的认知和强化，提高律师职业素养和社会评价，保障律师行业持续、高效、健康发展。

关键词：律师职业；职业伦理；关系伦理

律师的重要作用就是通过提供法律帮助的方式为一切需要他们的人提供帮助，维护其合法权益。国家创立律师制度的本意是使民众能够通过律师的职业活动制约公共权力的滥用，维护社会的公平正义。这是法治国家的基本目标，也是律师的职业价值所在。律师的作用和职业价值得到体现需要一个过程，该过程中律师基于高尚的职业操守和专业的法律技能所表现出的行为艺术，对律师业的发展乃至社会的法治化意义至关重要。

一、律师的基本职业伦理

律师职业伦理是指从事律师职业的人所应当遵守的道德准则以及在履行律师职责时所应遵循的行为规范。律师的职业伦理不仅涉及自己和第三人的利益，还涉及整个律师行业的利益和社会公共利益。律师的职业伦理不仅在道德层面有所体现，在法律上也有明确具体的规定。《律师法》中关于律师应当维护委托人合法权益，维护法律正确实施，维护社会公平和正义；律师执业必须遵守宪法和法律，恪守律师职业道德和执业纪律；律师执业必须以事实为根据，以法律为准绳；律师执业应当接受国家、社会和委托人的监督以及关于律师在执业活动中的禁止性行为：禁止私自接受委托、收取费用，接受委

---

[*] 本文获河南省法学会律师学研究会 2020 年年会暨论文研讨会一等奖。
[**] 张宝玉，河南豫道律师事务所主任，国家二级律师，高级经济师。中国法学会会员，河南省法学会律师学研究会常务理事，河南省律师协会讲师团成员，河南省律师协会刑事诉讼专业委员会执委、建筑法律专业委员会委员，曾在不同媒体先后发表专业论文二十余篇。

托人的财物或者其他利益；禁止利用提供法律服务的便利牟取委托人争议的权益；禁止接受对方委托人的财物或者其他利益，与对方委托人或者第三人恶意串通，侵害委托人的权益；禁止违反规定会见法官、检察官、仲裁员以及其他有关工作人员；禁止向法官、检察官、仲裁员以及其他有关工作人员行贿，介绍贿赂或者指使、诱导委托人行贿，或者以其他不正当方式影响法官、检察官、仲裁员以及其他有关工作人员依法办理案件；禁止故意提供虚假证据或者威胁、利诱他人提供虚假证据，妨碍对方委托人合法取得证据；禁止煽动、教唆委托人采取扰乱公共秩序、危害公共安全等非法手段解决争议；禁止扰乱法庭、仲裁庭秩序，干扰诉讼、仲裁活动的正常进行等明确规定。除此之外，《律师职业道德和执业纪律规范》等部门规章以及其他行业规范中均有相同或相似的规定。到目前为止，我国法律人之间就共同的职业伦理、职业理念缺乏共识，律师界就律师的职业伦理问题也未达成共识。根据律师业的历史沿革和律师的职业特点，笔者认为律师的职业伦理应当归纳为尚法、忠诚、勤勉、合作、包容、保密、公益等几个方面。

二、律师职业伦理中存在的主要问题

长期以来，律师业共性的职业伦理是客观存在的，一些违背律师职业伦理的现象也是客观存在的。具体表现在：

1. 缺乏规则意识

我们既然是律师，就应该是最懂法的人，也只有真正懂法的人，才知道法律空间到底有多大。作为一个职业律师，我们应当掌握两种技能，一种是服务之道，一种是治国之道。善于治国之道的律师，追求的是社会的公平、正义；乐于服务之道的律师，追求的是法律技术的臻熟。作为律师，我们的意识里面应当有受人之托忠人之事的服务理念，在提供法律服务的过程中要考虑法律的尊严以及法律里面所体现的公平和正义。我们应当把崇尚法律、尊重法律，敬畏法律的强烈的意识贯穿于所提供的法律服务的全过程。作为律师，尊崇法律是第一位的，必须有强烈的规则意识，依照法的精神来理解法律，解释法律。律师靠的不是法律的韧性，靠的不是法律的矛盾，靠的不是钻法律的空子，靠的只能是法律和法律技术，靠的是法律的尊严和权威，靠的是法里面体现的真理和精神。真理不能像小姑娘那样被任意装扮，法律不能像某些东西一样被任意把玩，不能用实用主义的态度来对待它。

律师的技巧就在于在法律的空间中寻找突破，能够在众多的法律、判例里面寻找出最有利于你的东西。由于法律本身的不完善，法律本身的冲突，或者法律之间的矛盾和冲突必然会造成一定的漏洞。律师娴熟运用法律技巧，用最熟练、最巧妙、最天衣无缝的观点说服法官本无可厚非。但是，如果单纯把法律当成一种职业技巧来学习，那就大错特错了。合格的律师和好律师是两个不同的概念，合格的律师追求的是好的结果，好律师追求的是天理、国法、人情三者之间的兼顾。现实中，我们一些律师规则意识淡薄，甚至于目无国法，公然欺骗委托人；向法官、检察官、仲裁员以及其他有关工作人员行贿，介绍贿赂；故意提供虚假证据或者威胁、利诱他人提供虚假证据；煽动、教唆委托人以扰乱公共秩序、危害公共安全等非法手段解决争议；扰乱法庭、仲裁庭秩序，干扰诉讼、仲裁活动的正常进行，等等，这些行为表面上体现出对委托人的忠诚，实际上是对法律肆无忌惮的亵渎。规则意识的淡化或缺失是导致当前律师职业伦理备受诟病的重要因素。

2. 缺乏忠诚意识

律师是一个良心职业，律师干的是良心活，吃的是良心饭，做的是良心事，挣的是良心钱。律师应用心、客观、理性地处理委托人的委托事项。《律师法》第40条中关于律师应当维护委托人合法权益，不得接受对方委托人的财物或者其他利益，与对方委托人或者第三人恶意串通，侵害委托人的权益的规定，即是关于律师受人之托忠人之事的具体反映。尤其在刑事诉讼中，律师绝对不得违背忠诚于委托人的职业伦理，背叛、出卖或牺牲自己委托人的利益，不得泄露当事人的隐私。但是，对委托人的忠诚绝不意味着挑词架讼或进行虚假诉讼；也不意味着为了达到目的不择手段，教唆委托人向法官、检察官、仲裁员行贿，煽动、教唆委托人以扰乱公共秩序、危害公共安全等非法手段解决争议；更不意味着在委托人面前时时保持着没有任何独立性、毫无尊严的"丫鬟心态"。律师不能将自身利益凌驾于客户利益之上，也不能把客户利益随意牺牲掉。我们既要有"看准病"的法律智慧，也要有"开好方、治好病"的专业能力。当然，律师应在法律许可的范围内，在有效防范自身安全风险的前提下为客户提供优质高效的法律服务。

3. 缺乏合作精神

律师的职业特点决定律师是天然的反对派，律师的行为经常与反对、异议、挑剔相伴，但又需要理性和建设性。律师应以一种积极的心态参与到具体的法律事务中，而不应是习惯性地为反对而反对、为异议而异议、为挑剔而挑剔。虽然，律师必须为委托人的利益和自身的风险时刻保持警惕，但绝对不应把对手都当成敌人看待。既要有为权利而斗争的果敢与智慧，又要有合作共赢的胸怀和智慧。"合则两利，斗则俱伤"是在许多案件中都得到充分体现和检验的，所以，律师应当具有很强的合作精神。

4. 缺乏包容心态

律师是心向正义、追求正义而不能以正义自居的职业，律师既不能充当权力歌唱机，当然也不能沦为无知的"喷子"。律师作为以人性与智慧立命的职业，需要以人性与智慧以及包容的心态来妥善处理与各方的关系。不能把公、检、法的人员以及对方当事人都当成是自己的敌人，以正义的名义对别人指手画脚。尤其对同行来讲，律师理当相互辉映。要容得下他人优秀，听得进不同意见。

5. 缺乏公益精神

社会上真正受人尊重的律师，人们称赞的不是他的财富有多少，知识多么渊博，而是他敢为民言、敢为正义献身的精神。按照西方的一句法律格言，那就是"为实现正义，哪怕它天崩地裂"。但是，当今我们律师界职业化太淡，商业化太浓。我们律师身上所具有的两样东西，荆棘的王冠一直保留着，但正义的宝剑已经没有那么锐利。当今的律师界，一些言必称西方自由民主的大咖，热衷于对名利性案件的炒作，却对中国法治的进步熟视无睹，对民众法律援助的需求置若罔闻。对委托人出钱委托的案件可谓非常尽心尽力，对指定代理或辩护的案件流于形式，缺乏应当具有的公益精神。

三、律师职业伦理关系的范围

世界是普遍联系的。律师的执业过程中，必然会同各种各样的单位、人员打交道。多数情况下，与律师执业存在密切关系的人员大体包括委托人、法官、检察官、仲裁员等几类人。如何妥善处理与他们之间的关系，如何保持正常的交往，律师职业伦理在其中起着至关重要的作用。律师与委托人、法官、检察官、仲裁员之间的关系伦理，对于律师自身的发展以及律师业的发展具有深远的意义。

（一）律师与委托人的关系伦理

律师执业过程中，职业伦理与职业道德总是纠缠在一起的。职业道德体现在律师要践行工匠精神做好良心活；职业伦理则需要律师权衡利弊遵守相应的规则或规范。既不能损害委托人的权益，也不能危害社会公共利益。律师既不能为了委托人的利益触碰法律红线、触及公众底线，更不能砸了自己的金字招牌。所以，律师与委托人关系伦理是我们必须予以重点关注并妥善处理的，以确保与委托人的关系伦理得以协调和维系。

1. 忠诚

忠诚是做人的最基本要求，也是做律师不能脱离的底线。在和委托人之间的关系上，绝对禁止原被告通吃的情形发生。邓析之死就是律师忠诚职业伦理坍塌的最好例证。《律师法》第40条中关于"律师应当维护委托人合法权益，不得接受对方委托人的财物或者其他利益，与对方委托人或者第三人恶意串通，侵害委托人的权益"的规定即是关于律师受人之托忠人之事的具体反映。尤其在刑事诉讼中，律师绝对不得违背忠诚于委托人的职业伦理，背叛、出卖或牺牲自己委托人的利益。在如何确保对委托人忠诚这一问题上，应在三个方面得到体现：

其一，关于如何获取委托人的案源。律师应当是凭智慧来教化人，而不能成为法律贩子，靠倒卖法律知识和法律技巧来赚钱。律师应靠点拨委托人，为委托人谋取合法利益获得报酬，而不能利用委托人对法律的无知和愚昧来赚钱。

其二，关于如何对待委托人的意愿。律师无论是为委托人提供辩护还是代理，都应制定相应的策略或方案，并就其中的事实、证据或法律适用问题与委托人进行认真细致的沟通和交流，并在此基础上诚实地告知各种诉讼选择的法律后果以及相应的法律风险。总之，律师既要尊重委托人的意愿，也要体现律师的主体性、独立性和专业性。

其三，关于如何对待委托人的感受。许多案件的诉讼结果从一开始就注定是律师无法实现或在短期内无法实现的，所以，律师应在对委托人的利益保持忠诚的情况下，充分运用自己的专业知识和技能，尽心尽职地根据法律的规定完成委托事项，最大限度地维护委托人的合法利益，而不能拍胸脯打包票。对于诉讼结果难以达到委托人期望的案件，律师可以尽可能在心理上给委托人以必要的慰藉和风险提示。古今中外，虽然律师对忠诚于委托人这一职业伦理的坚持是曾付出过惨痛代价的。律师忠诚于委托人的职业伦理，至今仍未得到人们普遍的理性对待。特别是刑事诉讼中，在一些涉及被告人属于社会公众眼中的"坏人"的案件中，律师对委托人的忠诚很容易被认为会妨碍法律的正确实施，把忠诚于委托人的职业伦理与司法公正的实现对立起来。律师对于这一职业伦理的坚持，可能会招致很大的非议，甚至遭到来自于现实或网络的围攻。但是，对律师而言，不能因噎废食，对这一伦理的轻言放弃会对律师个人乃至律师业造成覆灭性的灾难。

2. 尚法

律师必须要有崇尚法律的意识和职业伦理。律师眼里的委托人不仅应该没有"好人"或"坏人"之分，而且还要对不同委托人适用同一的职业伦理标准，哪怕心底里对委托人的行为有这样或那样的不好的印象和看法。律师执业过程中，"必须遵守宪法和法律，恪守律师职业道德和执业纪律；律师执业必须以事实为根据，以法律为准绳"，且不得故意曲解法律，故意造成社会对立。除此之外，律师不得故意提供虚假证据或者威胁、利诱他人提供虚假证据，妨碍对方当事人合法取得证据。作为职业法律人，遵守法律，尊崇法律，敬畏法律，相信法律是一项重要的职业伦理。

3. 勤勉

勤勉意味着律师应当为实现委托人利益的最大化而不懈努力。律师应当为委托人提供热情有效的辩护或者代理，有效体现在诉讼的结果上，热忱则体现在辩护或代理的过程中，优质高效地为委托人完成委托事务，按时交付工作成果。把"律师应当诚实守信，勤勉尽责，尽职尽责地维护委托人的合法利益"的具体规定落到实处。

4. 保密

律师应当保守在履行职务中所获悉的个人隐私或商业秘密，不能以披露委托人秘密信息的方式为自身或他人牟取利益。有些律师为达到炒作的目的，置法律规范于不顾，视职业伦理为无物，炒作方式无所不用其极。在曾经轰动一时的李某某强奸案中，由于李某某父亲是国内某著名歌唱家，并在体制内担任职务，该案曾引发了全社会的普遍关注。也就是从这个案件开始，我国的法律人才开始逐步关注法律职业伦理问题。该案中，从委托到案件的代理或辩护，案件中所涉及的律师们的所作所为和执业表现，曾在法律界引发了一场关于律师职业伦理的大讨论。一些律师在这场罪与非罪、正义与不义、名与利的较量中所表现出的违背律师职业伦理的行为，使该案成为研究我国律师职业伦理的典型案件。该案中暴露出的律师职业伦理问题是值得认真深思的。

一方面称公众和媒体侵犯了未成年人和被害人的隐私权，另一方面又不停地通过各种方式曝光委托人隐私；一方面违法披露不公开庭审的审理内容，另一方面又在同行之间相互攻击；一方面声明"媒体等有义务遵守法律，有义务爱护和保护未成年人，有义务爱护和保护大半生为人民群众带来歌声和欢笑的老艺术家们"，另一方面律师所发的微博中不仅透露未成年被告人的真实姓名，还详细点出本案其他四位辩护人的辩护思路以及案发地点酒吧的全名；一方面应为委托人保密，另一方面竟将盖有"犯罪记录封存，不得提供他人"醒目红色印章的一审判决书发布在个人微博。这些律师的行为，不仅严重背弃了律师的职业伦理，而且直接严重违反了"律师应当严守国家机密，保守委托人的商业秘密及委托人的隐私"的规定，更容易激化律师与委托人之间的矛盾。而我们应当知道并谨记，律师与委托人的关系伦理是我们必须予以关注并妥善处理的。

特别是在刑事诉讼中，辩护律师在工作中会遇到被告人或者犯罪嫌疑人有其他未向侦查机关或司法机关交待的罪行，对于这种情况，辩护律师可以把这些罪行向司法机关举报吗？肯定是不行的。律师的职业特点决定律师只能且应当把对委托人的忠诚视为起码的职业伦理准则，伦理上的义务决定律师应全心全意地维护委托人的利益并为此发挥其最大的才识和能力，而不是相反。律师可以泄露委托人的隐私吗？也是不可以的。当然律师对于委托人的隐私的保密仅限于不披露，而绝对不是为了忠诚保密而置国家利益、公共利益、其他人的人身安全于不顾。《刑事诉讼法》《律师执业行为规范》中就明文规定，律师对于在执业活动中知悉委托人或者其他人，准备或者正在实施危害国家安全、公共安全以及严重危害他人人身安全的犯罪事实和信息的，律师应当本着对国家负责、对社会负责的精神和职业操守及时告知司法机关。

（二）律师与检察官、法官关系伦理

不论是法官、检察官或者是律师，大家有着共同的法律教育背景和法律知识基础，虽然分工不同，职责不同，但大家都是在共同行使法律授予的权利，共同追求公平正义的实现。大家同在法律的屋檐下，离不开具体的合作，我们通过参与、合作、理解和尊重，使纠纷得到公平、公正地解决，最终实现公平正义，既维护了法律的权威，又达到了案结事了、定纷止争的社会效果。近年来，最高人民法院、最高人民检察院、司法部以及许多地方法院、检察院，都制定了规范律师与法官、检察官关系的规范，热心于在律师和法官、检察官之间建立良性互动的诉辩关系和辩审关系。律师和法官、检察官共同遵守的职业道德准则和行为规范，也是对各方之间关系伦理的解读或确认。

1. 合作

在刑事法治结构中，法官、检察官与律师就是驱动刑事司法的"三驾马车"，共同驱动刑事司法朝着正义的目标前进。检察官以公诉人身份代表国家提起公诉，揭露犯罪、指控犯罪，代表国家利益对犯罪进行有效地追诉；律师则以辩护人的身份，根据事实和法律提出证明被告人无罪、罪轻的辩护意见，通过履行辩护职责来维护法律赋予被告人的各项合法权利；法官则以裁判身份充分聆听控辩双方关于案件事实和证据的指控和辩解，驾驭庭审过程，真正实现庭审的程序正义和实体正义。整个刑事司法程序中，律师成为法官进行事实认定和法律适用的重要"参谋"，从而有效地防范和避免执法者基于破案功利性目的而产生的错误与粗疏。检察官、法官与律师在实现正义、保护人权方面应当是相互配合、相互制约的，最终目标是一致的。所以，律师和法官、检察官之间应打破固有的观念和思维，进而建立同学式、同志式、同仁式的正常关系。

2. 尊重

律师和法官、检察官之间应抛弃思维中的固有观念，抛弃思维中的敌对意识，把职业伦理充分渗透到法官、检察官和律师的执业行为中。近年来，最高人民法院发布了《中华人民共和国法官职业道德基本准则》、最高人民检察院发布的《中华人民共和国检察官职业道德基本准则》、中华全国律师协会制定了《律师职业道德和执业纪律规范》，这将有助于协调法官、检察官和律师三者之间的关系，共同保障程序公正的实现。律师和法官、检察官之间都要学会换位思考，站在对方的角度去认识和思考问题，只有这样，法官、检察官和律师才能真正明确对方的诉讼关切和具体诉求，在尊重对方的基础上更加理性地实施自己的行为。使大家能够在各自行为的选择中站在对方的角度去思考问题，给予彼此应有的尊重和必要的关照，在共同的诉讼程序中实现平等和理性对话，在"和而不同"的环境下，保障程序正义目标的实现，从而达到定纷止争的诉讼目的。

3. 独立

在与法官、检察官的交往中，律师应有独立的人格。律师只向真理低头，只向法律低头，而不能向权贵低头。一方面要敢于坚持真理，敢于坚持正义，另一方面又要保持律师的独立性。律师不是权力的陪衬，要有自己独立的判断和坚持，绝对不能人云亦云。不敢较真，不敢坚持真理的律师永远不会成为大律师。

（三）律师业务推广中的职业伦理

1. 有尊严地开拓案源

律师不排斥财富，但排斥对财富的追逐。律师在业务推广中需要宣传，但不能过分炒作。一名出色的律师离不开业务的推广，但不能在业务推广中使职业化演变成商业化。当事人需要的是能够帮助其实现目的的法律专家而不是商人，所以，律师应有尊严地开拓案源，而不是像推销员推销商品那样死磨硬泡。当事人是否会聘请你做律师决定于两个因素：一是律师的人品和专业能力；一是当事人有法律上的需求且需要律师给自己专业上的指导。虽然当事人衡量律师价值的一个主要参照是价格，但是，当事人真正在乎的是律师是否值得信赖并能通过专业的付出使自己的利益得到实现，而不仅仅是律师费的多少。如果律师屈从于生存压力而抛弃了自己应当遵守的职业伦理，包括私自收案收费，低价压价诋毁同行或恶意炒作，用这样的方法开拓市场获取案源是非常愚蠢的。事实证明，律师完全可以有尊严地生活，有尊严地获取案源，有尊严地开辟属于自己的业务领地。

2. 提供专业化服务

"闻道有先后，术业有专攻。"随着社会化分工越来越细，律师事务所之间以及律师与律师之间竞争日趋激烈。市场经济体制下的法律服务市场中，律师不是做蛋糕的，而是分蛋糕的。所以，律师间的竞争绝不能像动物抢食那样，而是应将市场细分，将自己的能力专业化，进行明确的专业定位和分工。加强专业化建设，造就专业化的律师事务所，培养专业化的律师，既避免了律师事务所之间的残酷竞争，也避免了律师之间的不正当竞争，又能为当事人提供更专业有效的法律服务。

四、结束语

律师应当是职业伦理意识很强且有法律信仰的法律人。律师个体职业伦理素养的高低与律师的群体形象是密切关联在一起的。律师群体形象除了靠律师自律，更重要的是靠行业组织来维护。为此，我们律师需要严格遵守职业道德，强化职业伦理教育，不断提高自身修养，从而促进律师行业的健康发展。

参考文献

[1]［美］安索尼 T. 克罗曼著，周战超、石新中译：《迷失的律师：法律职业理想

的衰落》,法律出版社 2002 年版。

[2] 马贺安:《生存与尊严:律师的案源从哪里来》,人民法院出版社 2006 年版。

[3] 徐月芬编著:《走向大牌律师:美国经验的启示》,法律出版社 2003 年版。

[4]《中华人民共和国律师法》,中国法制出版社 2007 年版。

[5]《律师职业道德和执业纪律规范》,中华全国律师协会,2001 年 11 月。

[6]《律师执业管理办法》,司法部,2016 年 11 月。

本是同根生，相煎何太急[*]

——漫谈法律职业共同体应遵循的伦理原则

乔芳芳[**]

内容摘要：法律职业共同体不但要有共同的专业素质，更要具有相同的理念和思维、相似的伦理和执业道德以及职业操守。加强法律职业伦理认知教育，不仅让法律职业人员形成自律而提高自我约束水平，同时也可以提高整个社会对法律职业的信任，从而尊法、信法、守法，推动法治的健康发展。

关键词：法律职业共同体；伦理原则；良性互动

依法治国的进程中，法律要获得有效的实施，树立法律的权威，除了有完善的法还必须有一大批高素质的能够正确应用法律的法律职业人员。德国法学家莱因莱茵斯坦说："法的形成和适用是一种艺术，这种法的艺术表现为何种模式，取决于谁是艺术家。"从这个意义上讲，"法治就是法律人之治"。习近平总书记也多次强调："要坚守职业良知、执法为民，教育引导广大干警自觉用职业道德约束自己，做到对群众深恶痛绝的事零容忍、对群众急需急盼的事零懈怠，树立惩恶扬善、执法如山的浩然正气。"[1] 加强法律职业伦理教育，不仅让法律职业人员形成自律而提高自我约束水平，同时也可以提高整个社会对法律职业的信任，从而尊法、信法、守法，推动法治的健康发展。

一、法律职业共同体的同质性认知

法律职业共同体是指法官、检察官、律师、公证员、仲裁员、企业法律顾问、法学家等法律职业人员组成的群体。他们接受专业的教育，经过专门的训练，具有相同的理念和思维，相似的伦理和执业道德以及职业操守。他们互为一体，构成一种高度职业化的、

---

[*] 本文获河南省法学会律师学研究会2020年年会暨论文研讨会二等奖。
[**] 乔芳芳，金博大律师事务所律师，河南省法学会律师学研究会常务理事、副秘书长，河南省律师协会律师文化建设工作委员会副主任。
[1] 2014年1月7日，习近平总书记在中央政法工作会议上的讲话。

专业的、完整的法律职业共同体。这个共同体具有以下五个方面的特质。

1. 共同的职业门槛

统一的司法考试制度，建构了司法工作的专业知识壁垒，同时，淡化了法官、检察官与律师之间的政治身份差别，强化了法官、检察官与律师之间的专业身份同一性。依靠共同的知识结构，使法律工作者，特别是法官、检察官有可能、有条件理直气壮凭借自己的法律专业知识依法办案。

2. 共同的法律信仰

美国当代著名法学家伯尔曼："法律必须被信仰，否则它将形同虚设"。对每一位法律职业者来说，在选择这份职业时，心中一定都有着对法律、法治的信仰和追求，这是职业共同体的精神灵魂所在。对法律、法治的信仰和追求，意味着法律绝非仅是手中谋生的工具，而有着对实现社会公平正义的向往，更有着对实现社会公平正义的担当。对法律、法治的信仰和追求，意味着对法律、法治有着基本的敬畏。法律是法律人的共同语言。

3. 共同的职业道德底线

康德："世界上唯有两样东西能让我们的内心感到深深的震撼，一是我们头顶上灿烂的星空，一是我们内心崇高的道德法则"。我国近代著名的法律教育家孙晓楼先生曾经说过："只有了知识，断不能算作法律人才；一定要于法律学问之外，再备有高尚的法律道德。因为一个人的人格或道德若是不好，那么他的学问或技术愈高，愈会损害社会。学法律的人若是没有人格或道德，那么他的法学愈精，愈会玩弄法律，作奸犯科。"

法律职业道德是指法官、检察官、律师等法律职业人员在其职务活动与社会生活中应遵循的行为规范的总和。具体体现在《法官职业道德基本准则》《检察官职业道德基本准则》以及《律师职业道德基本准则》。法律人职业道德的构成因素包括四个要素：①法律信仰。法律信仰构成法律人最基本的价值观念。法律信仰是法律人基于对法律的认知、理解和领悟产生的一种神圣体验，是对法律的理性认同和全身心投入。②人格独立。主要体现在淡泊名利和不畏权贵上。它要求法律人秉持对法律的信仰，不为来自社会生活中各种诱惑所动，不受任何外在压力和威胁，不为利惑，诚信做人，平等待人。③公平正义。公正意味着在程序上当事人机会均等，在实体上同等情况同等对待。④职业荣誉感。要求法律人具有高度职业荣誉感和责任感，并在言行上维护法律人的形象。

4. 共同的教育背景

共同的知识是法律职业共同体的基础。法律是一门专业化程度极高的学问，是对社会现实进行理性化的抽象、概括而形成的一套独特体系，它有自己的概念、术语、范畴，有自己独特的逻辑和表达方式。共同的知识，意味着法官、律师、检察官有着共同的语言环境、共同的思维模式，对彼此的论点、思辨能够予以客观评价。

5. 共同的思维模式

法律思维是一种职业思维——即法律人的思维,是指职业法律群体按照法律的规定、原理和精神,思考、分析、解决社会问题的思维习惯与取向。"法学院的目的是改变人,通过在法学院的经历使人们变成另一种样子……使他们对自己有一种全新的作为法律专业人士的概念,忠于法律职业的价值观,取得一种费解而神秘的被称'法律人思维方式'的推理方法"[1]。

像律师那样思考,像法官那样思考也就成了根据法律思考的代名词。美国法学家卢埃林给法学院新生所作的经典演讲中表达了这样的意思:第一年最艰辛的工作是要砍掉你的常识,将你的道德规范暂时麻醉。你对社会政策的看法、你的正义感——把这些与你稀里糊涂的思维伴随在一起的东西砍掉。你要获得精确的思维、冷酷的分析、在给定的材料范围内工作以及熟练地操作法律机器的能力。而贯穿这个法律教育的目标是像律师那样思考,或者像法官那样思考。

二、控辩审三方的异质性认知

控辩裁的三方构造就是一个等腰三角形,控辩双方相互对峙、平等对抗,法官居中裁判。而控方所代表的是国家,行使的是国家公权力,辩护人和被告人一起作为辩方,属于私人的权利。而法官是中立的一方,不偏不倚。当然,这是一种理想模式。但司法实践的现状给我们的感受是法官其实没在中间,他跟控方还是一家的,会天然的向控方倾斜。虽然法律规定法院、检察院、公安机关在办理刑事案件时要分工负责、相互配合、相互制约,但他们都是国家机关,是体制内的,法官检察官也都很熟,平时交流个案件、一起吃个饭都很正常;碰上大案要案和扫黑除恶还要成立公检法专案组,这时恐怕连分工都很难保证,更别谈制约了。每一年最高法的工作报告都提到惩治犯罪、保卫安全是法院的重要工作,这一点与最高检工作报告没太大区别。但是这里面是不是有问题呢?打击犯罪真的是法院的工作吗?如果控方拿不出足够的证据,怎么打击?如果刑法没有明文规定为犯罪,怎么打击?如果刑法规定的刑期只是三年以下,怎么严惩?我们说,控审必须分离,这是程序正义的基本要求。所谓控审分离,不是说我设定两个机构就可以了,一方负责审判,一方负责指控,还要求两者必须保持距离。检察院代表国家利益进行追诉,被告方为了自己权利进行抗辩,而法官是没有利益主张的,需要超然、中立,如此才能居中裁判。

---

[1] 参见 [美] 博西格诺等著,邓子滨译:《法律之门》,华夏出版社2002年版,第416页。

三、法律人内外撕裂触碰了谁的底线

前段时间杭州某资深检察官在自己微信公众号发表《辩护人，你够了！》一文，详细描述对辩护人的私人看法，尤其文中的那句"国家不许妈妈输"更是引起网络热议。也把法律人内外撕裂的现状暴露无遗。法律人的撕裂表现在两个方面：

一方面是体制内公检法相互撕裂，比如，2017年4月，山东省菏泽市郓城县公安局经侦大队原指导员曾凡锦在网上公开发布一份《抬棺决斗宣言》，约战山东高院前院长周玉华、淄博市中院院长王玮、郓城县检察院原检察长韩文进；称已买好棺材，要与约战对象生死决斗。比如，最高法"卷宗丢失"事件的主角王林清法官在视频中自述的那些被上级要求枉法判决、遭到报复陷害的离奇经历，以及后来由于受贿罪被带走调查。

另一方面体制外控辩互黑、辩审冲突越演越烈：司法人员指责律师哗众取宠，故意刁难法官，不尊重法官；但律师们认为，法官不自重，何以赢得尊重。在一个连公正都没有的法庭上，律师再尊重法官就是玷污法律。比如，2017年9月24日，一幅落款为"石景山鲁谷社区行政事务管理中心、石景山房屋征收中心、石景山司法局"的棚户区改造项目预警法治宣传标语牌——"拒绝黑心律师利诱，严格遵守拆迁规范"，在网上流传，标语口号雷倒了不少人。2020年6月16日，海口市中级人民法院在审理一起涉黑案件时，因辩护律师对合议庭质证方式提出异议，审判长在法庭上爆粗口并驱赶多位辩护律师事件引发关注。

煮豆燃豆萁，豆在釜中泣；本是同根生，相煎何太急？法治的成熟，各方必须都在法治的规则之内，任何一方以非法治的方式办案，都是对法治的伤害。例如，公安机关刑讯逼供、检察院为公安背书、司法擅断和不公，这些便是对法治最直接的伤害，且伤得最深！成熟法治的法官，示以公众的绝不是在法庭和公诉人穿一条裤子共同对付律师，而是摆正自己的位置，中立且公正的裁决案件。而当法官都无法自重、无法保持中立、无法保障公正时，再要求律师尊重法官，这不是让律师配合演戏么？

四、强化法律人对职业伦理的认同感

法律职业伦理，是指法官、检察官、律师等法律职业人员在其职务活动中与社会生活中所应遵循的行为规范的总和。法律职业伦理的功能：一是完善法学教育。当前法学教育普遍存在对法科生的人格涵养关注不足，导致一些法科生对于许多技术性的问题熟练且得心应手，培养的都是精致的利己主义者，但却忽略了公平正义的基本法律精神。因此，建立一套系统的法律职业伦理概念，并通过法学教育者传授给法科生，同时培养其实践能力，使这些学生日后跨入法律专业领域，能具备专业素养与品德操守，带动良好的司法风气。二是调和法律专业人员所面临的伦理冲突。一般个人在进行伦理选择或伦理判断时，往往会遭遇伦理冲突，具体表现为权威的冲突、角色的冲突以及利益的冲突。与一般人相比，法律职业人员遭遇的伦理冲突更为特殊，原因在于法律职业本身就是要解决价值冲突和利益矛盾。法律职业伦理作为法律人的外在行为规则，可以调和法律专业人员所面临的伦理冲突，帮助其作出正确的价值判断。三是维护司法尊严与确保法律专业人员的威信。法律专业人员作为司法制度运作的重要一环，社会公众对司法制度的信任，更多地体现为对法官、检察官、律师等个人的信任，若法律人不遵守伦理底线，因为自身不当行为而失信于社会，那么司法的尊严将受到贬损，进而危及整个社会秩序。

法律职业伦理基本准则是法律职业伦理规范体系的核心，居主导地位，是法律职业伦理区别于其他类型职业伦理的根本标志，又是各类法律职业在道德上的共性所在。它是法律职业伦理的基本尺度、基本纲领和基本要求，贯穿于法律职业伦理的一切领域，对所有法律职业伦理现象均有指导意义。通过分析现行法律规定及相关行业规范，笔者抽象出崇尚法律、依据事实、注重平等、追求正义、保守秘密、恪守诚信、讲究高效、从业清廉八大法律职业伦理基本准则。崇尚法律是法律职业的前提，依据事实是法律职业的责任，注重平等是法律职业的核心，追求正义是法律职业的理想，保守秘密是法律职业的纪律，恪守诚信是法律职业的良心，讲究高效是法律职业的态度，从业清廉是法律职业的信誉。

下面笔者就注重平等这一核心原则在法律职业伦理中的具体体现谈谈看法。

平等，是指公平地对待一切当事人的权利与义务。在法律上，平等准则又可以分为形式平等与实质平等。形式意义上的平等针对法律的普适性，是指所有人都受法律的约束，任何人，不管年龄、性别、民族、出身、财产、肤色、信仰、职业等个性因素都不享有法外特权。实质意义上的平等针对个案的特殊性，即权利义务的配置应当与公民个人的年龄、性别、民族、出身、信仰、财产、职业等个性化因素相对应，同等情况同等对待，不同情况不同对待。

就法律职业伦理上的平等而言，立法的过程必须贯彻平等原则。立法是对人们权利和义务的一种合理或平等的分配，它体现在程序和目标两个方面，因而产生了两个相应的原则——平等参与原则和人权原则。平等参与原则要求所有的社会成员都有机会参与立法过程并且作为平等的一员，以便充分地思考自己所遵守的规则。人权原则则为保障制定出来的法律的性质和内容符合平等原则，指明方向和确定范围。如果说平等参与原则所追求的是程序平等和形式平等的话，那么人权原则所追求的则是实质平等。执法过程中，行政主体应当在那些利益处于冲突状态的参与者各方之间保持一种超然的、不偏不倚的态度和地位，而不得对任何一方存有偏见和歧视。法律的实施是把平等由可能变为现实的过程，就是通过法官、检察官、律师等法律工作者的司法行为体现出程序正义，实现对公民利益的平等保障。法律职业人员在执业过程中不但要坚持法律上的平等，即同等情况同等对待这一形式正义的基本要求。优秀的法律职业人员还应进一步追求事实上的平等，应该在同等情况同等处理的基础上前进一步，做到不同情况区别对待，即在合法的前提下合情合理地处理所面对的纠纷。

在诉讼过程中，对于作为中立方的法官，注重平等要求其做到公正中立、平等地对待案件的每一方当事人。《法官职业道德基本准则》第13条规定："自觉遵守司法回避制度，审理案件保持中立公正的立场，平等对待当事人和其他诉讼参与人，不偏袒或歧视任何一方当事人，不私自单独会见当事人及其代理人、辩护人。"司法公正不仅要求法官作出一个公正的判决，还要求以人们看得见的方式实现公正。因此，法官要认真听取当事人的辩解与理由以及律师、其他诉讼参与人的意见，在法官评议、裁决理由、法律文书中作出有理有据的回应，或采纳或批驳，即做到裁判说理。最高人民法院开设"中国裁判文书网"逐步实现四级人民法院依法可以公开的生效裁判文书全部上网，增强裁判文书的说理性。

对检察官而言，注重平等表现为：依法尊重当事人的合法诉讼权利，尊重法官和律师，遵守法庭秩序，依法履行好国家赋予的职责。司法改革中要大力推进检务公开，建立不立案、不逮捕、不起诉不予提起抗诉决定书等检察机关终结性法律文书公开制度，增强法律文书的说理性。实现当事人通过网络实时查询举报、控告、申诉的受理流转和办案流程信息。健全公开审查、公开答复制度，对于在案件事实、适用法律方面存在较大争议或在当地有较大社会影响的拟作不起诉、不服检察机关处理决定的申诉案件，检察机关主动或依申请组织开展公开审查、公开答复。

注重平等要求律师公正对待当事人及其他律师。广大律师要遵守宪法法律，从内心深处信仰法治，自觉拥护宪法确立的根本政治制度；要忠于事实真相，履行辩护、代理职责，坚持用事实说话、以证据服人；要严守执业纪律，守住律师职业的底线和红线，遵守法庭、仲裁庭纪律，严守执业中知悉的国家秘密、商业秘密，保护当事人隐私；要坚持谨言慎行，依法、客观、公正、审慎地发表涉及案件的公开言论，不能进行误导性宣传、评论，更不能肆意炒作案件；不得进行不公平的竞争；律师有责任维护整个法律界的团结，有责任向相关机关报告任何不当职业行为，包括他们熟悉的其他律师或法官。

法官、检察官和律师的角色定位、职责分工虽然不同，但都是社会主义法治工作队伍的重要组成部分。律师对法官的尊重程度，体现了一个国家的法治发达程度；法官对律师的尊重程度，体现一个国家的司法公正程度。各方应彼此尊重、平等对待。司法人员要率先放下"官"的架子，真正把律师作为与自己平等的同行，尊重他们的人格和权利；律师要自觉维护司法人员在依法履职过程中的尊严，自觉遵守司法秩序，相互支持，相互监督，良性互动。

参考文献

［1］［美］博西格诺等著，邓子滨译：《法律之门》，华夏出版社 2002 年版。

［2］许身健：《法律职业伦理》，中国政法大学出版社 2019 年版。

［3］王进喜：《法律职业行为法》，中国人民大学出版社 2014 年版。

［4］郭哲主编：《法律职业伦理教程》，高等教育出版社 2018 年版。

［5］谢作幸："构建法官与律师良性互动关系 优化法律职业共同体结构"，载《人民法院报》2016 年 6 月 15 日，第 5 版。

新时代我国监察官法律职业伦理体系的构建设想[*]

印 波 黄伟庆[**]

内容摘要：随着我国监察体制的全面构建和《监察法》的正式颁布，监察官作为继法官、检察官之后出现的第三类负有特殊职责的公务员群体，其在职能定位上具有法律和政治的双重性。监察委的设立立足于特殊的时代要求，监察委与纪委之间存在业务协作，二者相互联系又有所区别。监察官承担着国家监察、监督的职能，应当遵循严格的职业道德标准，在日常行为中遵守具体的行为规范，同时还要具备高度的业务技能和法律素养。当下，我国监察官的法律职业伦理体系应当紧紧围绕时代要求、法治中国的建设要求，以及依法治国的总方针循序渐进地展开，从法律规范、监督制约、时代使命、服务群众四个方面，实现纵向和横向的双向立体化、层次化、多维度构建。

关键词：监察官；监察委；职业伦理；体系构建

一、引言

2016 年 12 月 25 日，十二届全国人大常委会第二十五次会议审议通过《关于在北京市、山西省、浙江省开展国家监察体制改革试点工作的决定》，这标志着国家监察体制改革正式拉开序幕。[1]2018 年 3 月 11 日，在第十三届全国人民代表大会第一次会议上，正式确定国家监察委员会是最高监察机关。3 月 20 日，第十三届全国人大一次会议表决通过了《中华人民共和国监察法》，以法律的形式确认了监察委员会作为一个与政府、人民检察院、法院并行的新型国家机关的法律地位，自此，"一府两院一委"的格局正式成型。

2018 年 9 月 7 日，十三届全国人大常委会立法规划正式公布，《中华人民共和国监察官法》被列为第二类立法项目之一（第二类立法是"需要抓紧工作、条件成熟时提请审

---

[*] 本文系国家社科基金项目《刑事司法业务考评对程序性法律后果的冲击与反制研究》（14CFX068）的阶段性成果。
[**] 印波，北京师范大学刑事法律科学研究院副教授；黄伟庆，北京师范大学法学院硕士研究生。
[1] 参见周长军："监察委员会调查职务犯罪的程序构造研究"，载《法学论坛》2018 年第 2 期。

议的法律草案"），《监察官法》将由国家监察委员会提请审议或作为牵头起草单位。一部自监察官制度正式实行以来与之相配套的法律规范呼之欲出。从法律职业共同体的角度出发，与制度体系、法律规范等相适应的监察官法律职业伦理体系亦亟需构建。[1]

二、监察官职业伦理的概念和特征

"监察官职业伦理是指监察官在履行监察职责过程中所应遵守的职务范围内外的伦理规范和道德准则。"[2]监察机关，即各级监察委员会，依据宪法和相关的法律规定，遵循特定目的和程序规范，对国家公职人员依法行使监督、调查、处置等职能，以实现对公权力及其行使者的普遍约束力，引导其依法履行公职，规范行使公权力。监察官作为监察机关日常工作的承担者和执行者，其自身的廉洁、自律、规范意识的强弱，不仅关乎监察官本人的工作质量和业务业绩，更关乎整个国家公权力监督权的有效行使和政治体制的前途命运。因此，监察官职业伦理不仅在于对其履行职务过程中的教育、惩戒功能，还应当包含对其日常生活行为的约束、规范和与其履行监察职权相适应的职业、社会道德意识培养。

根据监察官职业伦理的概念内涵，可以总结概括出监察官职业伦理的几个主要特征：其一，从规范对象上看，监察官职业伦理针对在国家各级监察委员会中代表国家和人民行使监察权的监察人员；其二，从规范效能上看，监察官职业伦理具有特定的目的性、履职的约束性、行为的引导性、价值的教育性和违规的惩罚性；其三，从规范范围上看，监察官职业伦理的作用范围不仅及于监察人员的履职过程，还体现在其履行公职职务之外的非职务活动中，涵盖了执行任务、生活导引等多个维度，既可以表现为职业规范、法律规范，还应当体现在不成文的道德规范中。

三、监察官的法律职业共同体地位

法律职业共同体概念系类比美国科学哲学家对于"科学共同体"的定义的产物，德国学者马克斯·韦伯依据各类法律职业在职业要求、内涵特征等方面的相似相通性而将它们整体视为一个"法律职业共同体"。法律职业共同体的首要特征是各类法律职业在法律领域内的同质性、专业性、共通性。相似的职业伦理是法律职业共同体的内在要求。与社会上其他职业相比，各类法律职业在作为谋生手段之外亦具有其内在的公共服务特性。法律职业共同体的现实内涵亦可以从法律职业的概念定位中寻求根源，冷罗生教授

---

[1] 参见童之伟："将监察体制改革全程纳入法治轨道之方略"，载《法学》2016年第12期。
[2] 刘志强："论我国监察官职业伦理构想"，载《法治论坛》2019年第1期。

在其著作《法律职业伦理》中将法律职业定义为:"法律职业者专门从事法律事务并以之为谋生手段,以维护法律秩序为其公益指向,具有自治性法律职业组织并形成垄断,它要求职业者受过专门的法律专业训练,具备娴熟的法律技能,受严格的法律职业伦理约束,这样的一种界定方能兼顾法律职业所具备的职业普遍性和自身特殊性。"[1]

在我国,监察官制度出现之前,法律职业共同体一般是指以法官、检察官、律师、公证员等为核心的法律职业人员所组成的特殊社会群体。近年来,随着我国监察体系的全面构建和《监察法》的正式颁布,监察官作为继法官、检察官之后出现的第三类负有特殊职责的公务员群体,肩负着对公职人员职务违法犯罪行为的监督调查任务,其在职能定位上具有双重性。首先,从监察对象上看,监察官的监督调查职能涉及所有行使公权力的公职人员,既包括普通公务员,也包括法官、检察官在内的特殊公务员,目的在于对全体公职人员的职务行为实现全覆盖、全方位的监督,规范公权力的行使,防止腐败违法、职务犯罪的发生,体现出肃清吏治、反腐防污的政治性;另外,从监督领域上看,监察官的监督调查职权指向公职人员的职务违法和贪污、受贿等职务犯罪行为,调查结束后需要移送检察机关审查起诉,从而实现监察程序与刑事诉讼程序的衔接。根据《监察法》第4条的规定,监察机关依照法律规定独立行使监察权,不受行政机关、社会团体和个人的干涉,在办理职务违法和职务犯罪案件时,应当与审判机关、检察机关、执法部门互相配合,互相制约,因此其在职责领域和运行机制上与司法程序密切相关,体现出严格司法、打击犯罪的司法法律性。当前,一个比较容易产生争议的问题是,监察官是否属于法律职业共同体?在此笔者提出如下观点:

(一)监察官的职业本质在于代表国家依法行使监察权

根据《监察法》第11条规定,监察委员会依照法律规定履行监督、调查、处置职责,具体包括:"①对公职人员开展廉政教育,对其依法履职、秉公用权、廉洁从政从业以及道德操守情况进行监督检查;②对涉嫌贪污贿赂、滥用职权、玩忽职守、权力寻租、利益输送、徇私舞弊以及浪费国家资财等职务违法和职务犯罪进行调查;③对违法的公职人员依法作出政务处分决定;对履行职责不力、失职失责的领导人员进行问责;对涉嫌职务犯罪的,将调查结果移送人民检察院依法审查、提起公诉;向监察对象所在单位提出监察建议。"监察机关作为与行政机关、法院、检察院并行的第四大国家机关,由人民代表大会产生,由它监督,对它负责。从权力根源上看,监察机关的产生依据是包括《宪法》在内的相关法律规定,同时与行政、司法机关一样,依据民主集中制的原则,代表国家权力机关依法行使监察权。[2]此外,从权力运行上看,监察官的监察权涵盖了从

---

[1] 参见冷罗生主编:《法律职业伦理》,北京师范大学出版社2014年版,第13页。
[2] 参见韩大元:"论国家监察体制改革中的若干宪法问题",载《法学评论》2017年第3期。

对监察对象的教育引导，到发现问题后的问责、移送、处置的全过程，监察权的行使需依照严格的法律程序规范，尽管《监察法》中的程序性规定较为宏观，许多内容需要扩充细化，然而这并不否定监察权行使的合法化、规范化要求，相关实施细则仍需出台。从性质上讲，监察权不同于司法权和以往的行政监察权，而是一种集党权与国权于一身的复合型权力，既有着同党的纪律检查权目标相一致的反腐功能，又有着与行政监察权、刑事侦查权相似的调查、处置功能，监督权的行使离不开调查与处置权能的发挥，没有了调查和处置，所谓监督就成了无源之水、无本之木，最终只能沦为权力空壳。[1]

（二）监察官具备履行国家公职和服务社会公众的双重性质

从职业性质的角度看，监察官代表国家依法履职，起着对国家公职人员的监督作用，旨在保障和促进公权力的合法行使。这一方面是对国家行政执法环境的净化与约束，有利于促进国家机器更加高效运转、发挥职能，保障社会经济、各行各业的平稳运行；另一方面，对公众自身来说，监察权的行使，在保障国家职权有序、合法行使的同时，也起着服务社会公众的作用。首先，国家监察体制改革将监察权定位为同行政权、司法权并行的一种新型权力，包括监督、调查、处置三项基本权能和包括谈话、讯问、询问、查询、冻结、调取、查封、扣押、搜查、勘验检查、鉴定、留置在内的十二项具体权能[2]，监察权构成了对公权力的监督与约束，这就对各级国家工作人员在日常履职的过程中形成一种警醒与敦促，使得国家工作人员尤其是那些与人民群众直接接触的相关业务人员时刻注意自身的工作态度和方式，在潜意识里产生一种无形的约束力；其次，从我国社会主义国家的权力本质上讲，国家权力的行使本身就是以服务于人民为中心，监察权的配置初衷从本质上亦应当是出于对人民权益的保障与服务。由此可见，监察官在依法履行公职，规范公权力行使的同时，也是服务社会公众的反映和体现。

（三）监察官的职业群体具备法律职业的同质性、专业性

尽管对于监察官的任职条件目前还没有出台相应标准，然而从专业性的角度看，监察官在履行公职，行使监督、调查、处置权的过程中，首先应当对何为职务违法行为、犯罪行为，以及各类违法、犯罪行为的客观表现形式、构成要件等有清晰的了解，这就要求监察官具备充足的法律专业知识与业务素质，尤其在对监察对象进行定性、调查、处置、移送的各个环节，必须严格依照相关程序法规，严格依法履职，对自身权力界限和履职规则有清晰的认知与把握，从而精准有效地将公权力置于笼中。因此，监察官与检察官、法官、律师等职业群体一样，需要具备丰富的法律专业知识与业务技能，体现

---

[1] 参见刘练军："监察官立法三问：资格要件、制度设计与实施空间"，载《浙江社会科学》2019年第3期。
[2] 参见陈瑞华："论监察委员会的调查权"，载《中国人民大学学报》2018年第4期。

出法律职业的同质性和专业性。当前,各级国家监察机关的现有工作人员,都是从原来的各级检察机关、审判机关等司法领域的专业人员抽调而来,尤其是将原有的检察机关的反贪部门工作人员直接转至监察机关。在证据调查、案件移送等各环节,监察程序与司法程序存在紧密的对接关系。这些都意味着监察官与检察官、法官、律师、公证员等主体一样,应当具有法律职业共同体地位,他们需要依据法治理念,追求公平正义,增进和维护公共利益。我国的《检察官法》《法官法》《律师法》《公证员职业道德基本准则》都有关于"忠实执行宪法和法律"的明确要求。《监察法》第3条明确规定:"各级监察委员会是行使国家监察职能的专责机关,依照本法对所有行使公权力的公职人员进行监察,调查职务违法和职务犯罪,开展廉政建设和反腐败工作,维护宪法和法律的尊严。"这意味着监察官与其他法律职业主体一样,同在宪法与法律的屋檐下开展法律工作。

四、监察官的历史渊源与法律本位

在我国,监察制度源远流长,早在西周时候,为了监督诸侯、维护统治,周天子就规定了"天子巡狩""诸侯述职"的监察方式。到了战国时期,执掌文献史籍的御史官具备一定的监察职能。至秦代,监察制度正式形成,秦始皇统一全国后在中央设置御史大夫,掌管天下文书和监察,监察制度遂为后世历代所沿用。虽各朝承担监察职能的具体机构名称及内部设置或有差异,然本质都是行使国家监察权,监督法律、法令的实施,维护国家法律、法令和法制的统一,参与并监督中央和地方司法机关对重大案件的审理活动。清朝颁行的《钦定台规》集秦汉以来监察立法之大成,是我国古代最具代表性的监察法典,也是世界监察制度史上少见的完整的监察法典。[1]我国古代监察制度的一个显著特点是,以皇帝牵头从中央到地方各级监察机构的垂直独立领导结构。这种监察体制形式使得监察权与行政权、司法权各自独立,以形成监察权对行政权、司法权的有效监督,防止各级官员渎职犯科、贪污受贿等问题的发生。然而,我国古代的监察制度说到底还是为皇权服务,是封建君主用来监督吏治、巩固权力的统治工具,监察权能否有效发挥往往取决于皇帝的个人素质、执政能力,具有极大的弊端和历史局限性。

结合历史来看,监察权的功能主要在于监督、制约行政权的行使,对司法权的监督也往往通过监督司法人员是否廉洁的角度间接起作用。此前,除了党的监督、人大监督、社会舆论监督外,国家机关中对行政权进行有效监督的主体是隶属于检察院的反贪局,但其作用的发挥还往往受制于检察长,且检察机关上下级之间在业务领导上联系较为薄

---

[1] 参见张晋藩:"中国古代的监察制度",载《人才资源开发》2019年第11期。

弱，没有形成上下一体、指挥有力的运行机制，监督权能难以得到充分发挥。因而，鉴于反腐力量过于分散、难以发挥作用等问题，在党的领导下，国家进行监察体制改革，建立各级国家监察委员会，整合原先的监察部、反贪局等监察、反腐机构，同纪律检查委员会协调配合、合署办公，以形成集中统一、高效有力的监督体制。无论从我国监察机关的历史渊源，还是设立目的上看，似乎政治性高于法律性，占据主导地位，因此便出现了监察官办案不受《刑事诉讼法》之类的程序性规范约束等论调。然而，究其根本，监察机关及监察官的法律性与政治性不可混同，应当厘定各自地位，回归法律本位，对此可以从三个角度进行分析：

（一）监察委设立的特殊时代要求

党的十九大提出要把"全面依法治国"作为新时代坚持和发展中国特色社会主义的基本方略之一，"习近平总书记在关于《中共中央关于全面推进依法治国若干重大问题的决定》的说明中，明确指出：'立足我国国情，从实际出发，坚持走中国特色社会主义法治道路……'。"[1]而监察机关的设立便是在这个时代背景之下走中国特色社会主义法治道路的重要体现，承担着新时期反腐倡廉、规范公权力运行的时代任务。《监察法》第4条第1款规定："监察委员会依照法律规定独立行使监察权，不受行政机关、社会团体和个人的干涉。"走中国特色社会主义法治道路必须坚持依法治国，因而，在这个背景下产生的监察机关及监察官尽管具有一定的政治性，但其运行机制必然要严格遵守相关法律法规，回归法律本位。

（二）监察委工作内容的客观需要

《监察法》第3条、第4条规定："各级监察委员会是行使国家监察职能的专责机关，依照本法对所有行使公权力的公职人员进行监察，调查职务违法和职务犯罪""监察机关办理职务违法和职务犯罪案件，应当与审判机关、检察机关、执法部门互相配合，互相制约。"监察机关及监察官的主要职责是调查职务违法和职务犯罪行为，在具体的案件办理过程中，除了严格依照《刑法》《监察法》等实体性法律规范开展工作外，还需要与司法机关、执法部门产生业务上的合作和对接，必然涉及职务犯罪刑事案件的交接、移送等事项，此时对程序性法律如《刑事诉讼法》等规范性文件的遵守程度，与案件的办理质量、履职程序是否合规息息相关。因此，监察机关和监察官的法律本位不仅取决于当前"依法治国"的时代要求，也是实际工作开展的客观需要。

---

[1] 参见张晋藩："察吏是治国之本——中国古代监察制度的历史镜鉴"，载《北京日报》2018年3月5日，第19版。

(三) 监察委和纪委的联系和区别

纪委（有时也称纪检委）是纪律检查委员会的简称，根据《中国共产党章程》的规定，党的纪律检查委员会的主要任务是：维护党的章程和其他党内法规，检查党的路线、方针、政策和决议的执行情况，协助党的委员会加强党风建设和组织协调反腐败工作。因此，从主要任务和监督对象上看，纪检委主要负责党的纪律检查，监督对象是党员和党组织，而监察委的主要任务是监督一切国家机关工作人员，以实现对所有行使公权力的公职人员监察全覆盖，规范国家公权力的行使。从组织属性上看，纪委属于党的组织机构之一，体现的是党权，而各级监察委员会作为国家机关之一，由各级人民代表大会产生，对其负责，受其监督，从本质上说是代表人民行使监察权，体现的是人民权力。此外，在纪委、监察委合署办公之后，二者密切配合、协调分工，纪委的主要职责往往在于检查党员干部的违纪行为，涉及职务违法和犯罪的案件一般通过监察委移送至司法机关或公安部门。因此，与纪委相比，虽然监察委也承担着一定的政治任务，但其根本职责在于依法代表人民行使监察权，以规范公权力的行使，主要体现的是国家机关的职能定位和法律性，这也是为什么监察委能够作为法律职业共同体之一而纪委不属于法律职业共同体的根本原因。

五、监察官法律职业伦理的基本框架

监察官承担着国家监察、监督的职能，应当遵循严格的职业道德标准，在日常行为中遵守具体的行为规范，同时还要具备高度的业务技能和法律素养。

（一）监察官的职业道德基本准则

法律追求公平和正义，但徒法不足以自行，执行和实施法律的人必须具备一定的道德品格与职业操守。与法官、检察官、律师、公证员一样，监察官这一职业群体亦须遵循一定的职业道德基本准则。监察官的职业道德准则应当包括：爱岗敬业，廉洁自律；严格履职，程序合法；忠于人民，服务社会。

爱岗敬业，廉洁自律。在从业态度上，监察官应当具有足够的职业热情；在从业纪律上，监察官应当确保自身的纯洁性与自律性。既然选择了监察官这一神圣而负有使命的职业岗位就应当不忘初心，始终怀有高度的工作热情，积极投入国家的监察事业。监察官承担的重要职责是监督公职人员规范行使权力，保证国家公职人员的清正廉洁，因此，监察官自身更应当"廉洁自律"，以身垂范。

依法履职，严格监督。监察官依法代表国家行使监督、调查、处置的权力，不仅在适用对象和具体案件上要依据实体法进行定性识别，而且要在行使职权的各个环节严格遵守程序法的规范，严格在法律制度的框架下行使监督权。监察权行使事关重大，因此监察官的责任重大。组织纪律事件、职务犯罪案件一旦被追究，往往意味着国家公职人员（包括普通国家工作人员和领导干部）要接受处分或是刑事处罚。因此，依法履职，严格监督是监察官在行使监察权的过程中所应遵循的基本准则。

忠于人民，服务社会。监察官代表国家对公职人员行使监察权，说到底是在代表人民行使监察权。监察官必须要有大局意识，履行社会责任。我国各级监察机关依照民主集中制的原则，由人民代表大会产生，对它负责，受它监督。监察机关作为肃清吏治、整顿政风的尚方宝剑，在国家的政治体系运转中发挥着重要作用，亦应当接受党的领导，在党的统一领导下，代表国家和人民行使权力。当然，监察官在代表国家和人民行使监察权的同时，要有服务社会的主观意识，才能更好地由内而外、发自内心地严格履职。

（二）监察官的日常行为基本规范

监察官的日常行为基本规范应当明确监察官的权利与义务，在此基础上划定监察官应当遵循的行为规范。我国的《检察官法》《法官法》《检察人员纪律处分条例》《人民法院工作人员处分条例》等法律法规对检察官、法官的权利和义务、行为标准、纪律处分等内容做了专门而详细的规定，严格划定了检察官、法官的日常行为标准与界限。同样，监察官作为法律职业共同体成员，法律亦应当对监察官的日常行为规范作出明确而具体的规定。监察官的日常行为基本规范应当包括日常履职行为和履职外的行为，对日常履职行为的规范表现在监察权的行使规范，以及对监察官以公职人员身份参加各类活动或履行各项任务时所应当遵循的制度规范。此外，监察官作为负有特定职责的国家公职人员，在日常履职行为之外亦应当时刻注意自身特定的国家公职人员身份，严格约束自己的行为，维护自身、单位及国家形象，以身示范，不能作出有损国家、集体和职业形象与荣誉的事。

我国现行《监察法》是站在监察机关整体的角度对监察权的行使和监察机关的运行做了详细规定，而未对监察官的相关履职要求和行为规范作出规定，因而，即将出台的《监察官法》势必会将这些内容纳入立法进程，在以后时机成熟时出台针对监察官群体的处分条例等法律法规进行严格规制。这些法律具体涵盖的内容应当包括职业素养、管理模式、选拔资格、职业保障、任职回避、惩戒、兼职、考核等方面，形成一套规范监察官队伍、约束监察官言行、保障监督权行使的完整体系，以确保将监察官的日常言行及活动范围严格控制在合理范围之内，有效地遏制监察官违法违纪，特别是违反监察职责和政治纪律的行为，真正将自身职责发挥到实处，确保监察权的有效、合法行使。

（三）监察官的业务技能和法律素养

监察官履职需要具备充足的法律专业知识，监察官在履行公职，行使监督、调查、处置权的过程中，首先应当对何为职务违法行为、犯罪行为，以及各类违法、犯罪行为的客观表现形式、构成要件等有清晰的了解，其次在对监察对象进行定性、调查、处置、移送的各个环节中，必须严格依照相关程序法规，不能有丝毫差错，严格依法履职，这就要求监察官不仅具备实体法律的知识，还要对相关的程序法了然于胸。我国《法官法》第12条和《检察官法》第12条就分别对法官、检察官的任职条件有专业知识及实践经验等方面的要求。因此，在监察官的职业准入上应当有所体现，比如规定通过法律职业资格考试及相关学历要求外，还要有一定年限的相关法律职业的从业实践经历。

除法律专业知识素养外，监察官在行使监督、调查、处置的职权时，亦体现出相应的业务技巧，因此，对监察官的业务培训亦须提上日程，定期进行，且要随着社会发展和技术进步而与时俱进，进行内容上的及时扩充与补足，与实际业务需求的不断提高相协调。在监察官的业务培训中，可综合运用包括自学式培训、专题讨论和案例式培训、专家教授讲座和远程课业学习等多元培训模式。监察官需要发挥自主能动性，通过自主地查阅资料、阅读文献、实际工作等形式有意识地能动式学习，以实现业务能力的提高。由于监察体制改革全面推行，监察官有义务通过各种方式迅速适应改革，提升自身的专业知识和业务水平。

六、构建新时代监察官法律职业伦理体系

习总书记在中国政法大学考察时强调："建设法治国家、法治政府、法治社会，实现科学立法、严格执法、公正司法、全民守法，都离不开一支高素质的法治工作队伍。法治人才培养上不去，法治领域不能人才辈出，全面依法治国就不可能做好。"而监察官法律职业伦理体系的构建便是打造高素质监察工作队伍的基本前提，职业伦理体系的构建可以为进一步开展监察工作、办理现实案件提供更好的指引与思路。当下，我国监察官的法律职业伦理体系构建应当紧紧围绕时代要求、法治中国的建设要求，以及依法治国的总方针循序渐进地展开，从法律规范、监督制约、时代使命、服务群众四个方面，实现纵向和横向的双向立体化、层次化、多维度构建。

（一）完善监察官法律职业伦理的法律规范机制

监察官的职业伦理构建，不仅在于自身职业道德素养的养成和约束，也体现在相应的法律实体规范之中。

其一，明确监察官的职业准入标准。当前，我国监察官主要来自原来的检察机关等司法部门，这是监察机构设立之初的权宜之计，随着时间的推移，监察官职业准入标准的建立势在必行。监察官与检察官、法官同属于法律职业共同体，具有高度的相似性，此外，由于监察官的职能属性，又体现出鲜明的个性和特色，政治性明显。因此，除了有专业知识及实践经验等方面的要求和相关学历要求外，还应当保证政治立场的坚定性和纯洁性。尽管当前的相关制度性文件并未将通过法律职业资格考试作为监察官入职的硬性条件，但鉴于监察权的行使的特殊性，必将关联到刑事、行政、民事等多个法律部门，需要具备充足的各类法律知识储备，这直接关乎监察权行使的精确性和公信力。再者，监察官从事相关法律工作，作为法律职业共同体中的一员，其专业门槛不应低于法官、检察官。

其二，完善监察官的考核评价体系。《监察法》第 14 条规定："国家实行监察官制度，依法确定监察官的等级设置、任免、考评和晋升等制度。"考核评价的目的是分出优劣高低，奖优惩劣是促进监察官群体职业伦理总体水平建设的有效方式。对表现优异的监察人员实施奖励机制，比如授予"道德模范""优秀先进个人""优秀干部"等光荣称号。将考核结果作为职级晋升的指标之一，可以提高监察人员工作的积极性，从精神上敦促监察官在办理案件的过程中更注重工作质量和效率，有助于监察工作的有效开展。对监察官的考核评价是对监察官职业伦理水准的量化与比较，不仅体现于业务水平的考核，还在于道德素质的评价。因此，对监察官的考核评价应当包括业务技能和道德素质两个维度，在这两个维度下加以细化考评，且自我认知与单位考核、公众评价应当并行，综合体现一个监察官的职业伦理水平。制度上，可以仿照《检察官法》及《法官法》，同时出台实施细则及内部考评规范文件，进行定期考核评价。此外，尽管监察机关是行使国家监察权的法定机关，但并非在监察机关内的工作人员都承担着代表国家行使监察权的职责，因此可以考虑参照法官、检察官的司法人员分类管理制度，以是否作为监察权的直接行使主体为标准，将监察机关的工作人员区分为监察官、监察辅助岗和内部管理岗等类型；除监察官之外，监察辅助和内部管理等岗位的工作人员不直接行使监察权，由此进一步明确不同岗位人员所担负的具体职责、入职条件、任免标准等相关事项，制定各类人员的具体考核指标。[1]

其三，建立监察官的惩戒教育机制。考核评价是在监察官正常履职的周期内进行的奖优惩劣机制，而对监察官的惩戒教育机制是在监察官违反纪律规范且尚未触犯法律时的处罚矫正措施。监察官在具体案件办理中所涉及的证据转换、认罪认罚从宽、检监衔接、律师介入、案件移送接等问题，都将直接关系到当事人及利益相关者的诸多基本权

---

[1] 参见曹志瑜："法律资格考试有助监察队伍职业化"，载《北京日报》2017 年 8 月 10 日，第 7 版。

利。一旦出现处理不当等情况，必将侵害当事人的合法权益，此时理应受到追责，以示惩戒。为此，可以规定专门的《监察人员纪律处分条例》规定具体的惩处梯度，并明确每种处罚梯度所对应的违纪行为的种类和程度。同时，还应当明确在调查中发现监察官存在违法犯罪行为后的移交、报告等衔接流程，以及纪律处分的变更、解除情形。

（二）科学合理地构建监察权的制约与监督体系

根据我国《监察法》第 8 条、第 9 条的规定，各级监察机关由本级人民代表大会产生，对本级人民代表大会及其常务委员会和上一级监察委员会负责，并接受其监督。此外，监察机关作为国家机关之一，亦应当接受党和人民、社会群众的监督。然而，这仅仅是观念意义上的监督，并未上升到法律制度的层面。同时，尽管《监察法》第 4 条规定："监察机关办理职务违法和职务犯罪案件，应当与审判机关、检察机关、执法部门互相配合，互相制约。"但具体的配合、制约机制并未加以明确。对监察权的有效制约与监督是保证监察官职业伦理构建的外在动因，应当包括厘清职权界限、规范履职程序、明确监督内容三个方面。

其一，厘清职权界限。一直以来，在我国由宪法规定所形成的国家机关体系架构中，监察权从属于行政权，行政监察与其他监督形式相结合，在一定程度上存在着监督职能边界不清、力度不足、监督盲区等问题。[1] 绝对的权力导致绝对的腐败，这是历史的定律，适用于任何机关和体制。在某种机关或体制试行之初，往往鉴于公众的关注和统治阶级的直接约束而在正轨上运行，然而如果缺乏有效明确的监督和制约机制，随着时间的推移往往会偏离正确航向，滋生腐败。监察机关有监督国家公职人员的权力，检察机关亦有在司法程序中监督有关公职人员的权力，纪律检查委员会在党员干部的工作纪律等方面亦有约束和处置的权力。在实际操作中，三者往往也呈现出相互制约和监督的趋势，然而并未有系统规范加以明确，因此，对于三者的监督机制有必要进一步研究与规范。通过程序上的厘清与界定，明确各机关、部门的具体职责和工作任务，防止权能交叉、业务乱序而出现相互推诿、效率低下等问题。同时，各机关、部门之间权力、职责的划定与厘清，也是相互间进行业务衔接、工作配合的必要前提。

其二，规范履职程序。当前，监察机关属于新成立的国家机关，全国各级监察委员会在行使职权时，相关履职程序尚待完善。同时由于监察机关与人民检察院、人民法院等机关在具体业务和工作的开展中存在密切联系，有关的衔接机制需要进一步出台相关制度性文件加以明确。其中，较为突出的问题表现在调查程序的实施、监检程序的衔接等方面。而监察机关的调查、处置程序规定的较为模糊，比如第 22 条第 4 款所规定的

---

[1] 参见任进："宪法视域下的国家监察体制改革"，载《行政管理改革》2017 年第 3 期。

"可能有其他妨碍调查行为",在实践中给予了监察机关较大的自由裁量权,一旦发现了问题,往往都会采取留置措施,从而缺乏对于采取留置措施的必要性审查,由此可能导致司法资源的浪费和监督权力的滥用。因此,对于《监察法》的有关条文应当出台具体的司法解释或实施细则加以明确,建立必要的程序性审查机制,确保监察权能的合理适用。此外,要强化沟通协调机制,尤其在与包括司法机关在内的其他相关国家机关开展业务往来时,要充分协调、配合、沟通,确保案件的办理效果,保证履职程序的合法性和合理性。

其三,明确监督内容。《监察法》对监察机关及其职责、监察范围和管辖、监察权限等内容做了全面的规定,然而较为笼统,且由于监察制度的初步构建而缺乏实践经验,在实际操作中产生出诸多问题。根据《监察法》的规定,监察机关的监督对象可谓包罗万象,凡是有些许公权力在手的国家公职人员都在监督范围内。然而正是由于这样广泛的规定,导致实践中一些往往看上去有些职权,而实际并非是在行使公权力的人也被采取了监察措施,造成监察权的滥化,既不利于发挥监察职能的有效发挥,也容易浪费监察资源。同时,对于已被确认纳入监督范围的监察对象,亦须全程跟踪案件进展,对具体个案中同一监察对象所涉及的不同问题应严格区分是否属于监察事项,防止监督权力越界行使而对当事人造成非法侵害。明确监督内容的边界范围需要监察官在实际办案的过程中严格遵守法律规定,严防职能越界、滥用监察权力,避免造成监督机制混乱无序。

孟德斯鸠曾说:"从事物的性质来说,要防止滥用权力,就必须以权力约束权力。"监察官手握监督大权,构成了国家公权力行使的有效监督,可谓是"位高权重",但拥有权力的同时也意味着责任重大。监督权从本质上讲也属于国家公权力,监督权本身亦需要有其他媒介进行监督。而对监督权加以监督的最有效也最合人心的主体便是人民群众,公民权利的充分发挥,对监察权的合法行使起着强有力的监督、制约作用。"强化对监察委员会自身的监督和防止改革过犹不及的较可靠办法,是创造和维持制约者与被制约者享有的政法综合权重比大致均衡的局面。"[1]值得注意的是,在我国,纪委和监察委合署办公,其要旨不仅在于便利工作上的沟通与配合,从二者具体权能上看,纪委与监察委亦可形成互相监督的运行机制,纪委所拥有的纪检权,与监察委所行使的监察权,二者之间在权能上可达到相互监督约束的实际效果,通过纪检权与监察权之间形成的良性动态平衡,可有效防止各自权力的过限行使,保证合法性。此外,人民群众的力量是无穷的,需要充分发挥人民群众监督、社会团体监督以及媒体舆论监督等外部监督形式,畅通举报途径,设置特邀社会监督员,增强曝光透明度,使权力在外界的阳光下高效、健康地行使。

---

[1] 参见童之伟:"对监察委员会自身的监督制约何以强化",载《法学评论》2017年第1期。

（三）把握新时代赋予监察官的内涵要素和使命

2019 年 7 月，经党中央批准，中纪委国家监委发《监察机关监督执法工作规定》，并发出通知，要求各级纪检监察机关和纪检监察干部牢固树立"四个意识"，坚定"四个自信"，自觉做到"两个维护"，坚持和加强党对国家监察工作的领导，认真遵照执行《规定》，确保国家监察权规范的正确行使。我国的监察机关是在新时期党和国家领导的反腐败斗争中应时而生的新型国家机关，体现出鲜明的时代性和政治性，承担着肃清吏治、反腐倡廉，规范公权力行使的时代任务和历史使命。这就要求监察机关在日常运转和工作的过程中，紧紧把握时代发展的历史阶段和党带领人民在国家建设过程中的政策导向，严格审视不同阶段的工作要求和任务目标。因此，在监察官的职业伦理体系的构建中，除法律职业的价值导向和业务要求外，亦应当把握时代赋予监察官的内涵要素和使命，与其他国家机关工作人员相比，更应当加强自身政治敏锐度和历史使命感，关注时代发展的脉络及党和国家政策的任务导向，并融入自身的职业伦理价值观当中。监察官的职业伦理价值观体现在三个层面。

第一，业务价值观。监察官的业务价值观是监察官岗位设置的基本价值要求。从监察官的入职上岗、业务培训到工作履职，监察官无不需要汲取法律知识、提高法律职业素养、增强业务能力、培养法律服务意识，这一过程是监察官职业素质养成的过程，也是监察官基本职业价值理念成型的过程。监察官在开展监察工作时，除了需要严格依照法律规定的界限范围行使职权，履行法定义务，同时还要理解个人业务与国家政策和时代要求之间的关联，将大局意识融入日常工作和行为当中，从而达到行为价值与伦理构建的动态平衡。用业务价值指导具体工作，从具体工作体现业务价值，最终实现职业伦理中基本价值观的构建。

第二，行为价值观。监察官的行为价值观即指检察官在日常生活及社会活动中所应当遵循的行为规范在意识形态上的价值体现。工作、业务是监察官这一法律职业群体的重要部分，但不是全部，在正常工作之外的日常生活与社会活动中，监察官亦需形成和完善自身的行为价值观。作为国家工作人员，监察官平时需要遵守基本国家机关人员的行为规范、纪律要求，避免因自身的不当言行影响国家、单位形象，损害国家机关公信力。同时，监察官职业岗位的特殊性又决定监察人员需要遵循更加严格的行为规范，与之相适应，行为价值观便是监察人员行为约束的内在动力与精神内核。监察官行为价值观的养成在于日常言行的点点滴滴，时刻不忘本职，忠于职守。

第三，社会价值观。社会价值观或者称时代价值观。我国的监察机关产生于特殊历史时期的特殊需要，从其诞生之日起就极具时代特性，与当前我国社会发展的历史阶段密切呼应。社会价值观是时代所赋予监察官的特殊社会使命感、职责特殊性，特定时期的职能需求在客观上要求监察官有这种责任担当与任务使命意识，要求监察人员在主观上意识到身上所肩负的时代重任，在主观上时刻强化能动意识和价值认同。监察官的社会价值观属于高位阶意识形态领域的自主认识，并非每个监察官从一开始就自动具备，需要通过后期的业务培训、思政学习、素质训练逐步养成，从而达到意识形态领域的高度自主性，形成一套从自身工作、任务职责到社会、国家、历史阶层循序过渡的意识形态综合体。

（四）立足权力监督服从法律服务群众的落脚点

构建新时代监察官法律职业伦理体系，无论是制度、体制的建立完善，还是道德观、价值理念的塑造，都是本着监察官作为法律职业共同体所应遵循的基本职业要求、业务规律、目标定位而进行。从监察机构的设立初衷、监察官作为国家机关工作人员和法律从业人员的身份要求来看，监察工作开展的基本目标就是要落脚在权力监督、法律遵循和服务群众三个方面。

权力监督是监察机关的基本任务和监察官日常工作的基本职责所在。人民群众最痛恨腐败现象，监察机关设立伊始，就是本着反腐倡廉、净化政风的基本目标，通过在全国范围内设立各级监察委员会，以实现对各级国家机关工作人员的全面监督，将国家公权力牢牢地约束在制度、规则、法律的框架内，杜绝腐败的滋生，彻底断绝权力滥用的恶源。具体来看，监察机关依法行使监察权，主要职能可概括为：①维护宪法和法律法规；②依法监察公职人员行使公权力的情况，调查职务违法和职务犯罪；③开展廉政建设和反腐败工作。是否能够有效监督国家公权力的行使，是对监察机关工作开展是否合格的根本考验，也是对监察官基本业务素养是否达标的丈量尺度。权力监督既是监察官的法定职权、工作标的，亦应当是监察官职业素养、业务水平养成所必然聚焦的基本点。监察官在日常工作、办理案件时需时时刻刻牢记自身的法定职权、职业目的，通过日复一日的反躬自省、自我提示来实现工作能力及业务成绩上的提升，监察官作为法律职业共同体的特有职业目标借此才得以最终实现。

法律遵循是监察人员办理案件、开展调查工作的必然要求。合法性原则不仅体现在监察人员对所办理案件的事实定性、处理建议等方面，也体现在整个案件办理活动中，无论是线索接收、监察立案、调查处置，还是后期移送审查起诉中的监检衔接，都要求监察人员严格依照相关实体法及程序法的规定，避免法律适用错误及程序规范失当。一个实体法律适用的错误或程序性法律遵循不严格，都会降低案件的办理质量，严重者甚至出现根本性错误，导致案件办理的重新洗牌及冤假错案的发生。同时，法律遵循还是考察一个监察官职业素养与业务水平高低的有效指标。如果一名监察官在日常工作及案件办理当中在法律遵循上经常性犯错或失当，则表明该监察官的法律知识储备不足或工作态度、工作能力等方面存在问题。因此，可以考虑将一名监察官在一定时期内法律遵循失当次数及失当程度纳入到对监察官的业务水平考核当中，以精准量化的形式对监察官定期加以考核。法律既是监察官职权的来源所在，也是监察官用以开展日常工作、实现职业目的的最主要依据。

服务群众是监察官作为法律职业共同体的必备理念。民主立法、执法为民，法律本身就带有服务性，作为法律从业人员，监察人员在工作中理应贯彻服务群众的职业理念。从另一个角度讲，国家在全国范围内设立各级监察机关，旨在对公权力的行使加以规范，本身就是在为人民群众提供便利与服务。群众服务是否达标、群众满意程度究竟如何，需要通过畅通反馈沟通渠道、建立考核评价标准的形式加以具体量化，以实现可比化可视化。监察人员的主要职责在于监督公权力、办理具体案件，在工作中可能不与人民群众产生直接接触，但服务群众应当是监察官法律职业伦理的终极目标。

七、结论

在我国，监察制度源远流长，监察机关及监察官作为监察权的行使主体，产生于特定的历史时期，肩负着独特的职责和使命，其根本定位在于法律本位。监察官的职业本质在于依据宪法和法律代表国家行使监察权，具备履行国家公职和服务社会公众的双重性质，监察官这一职业群体具备法律领域内的同质性、专业性，其法律职业共同体地位不容置疑，在具备法律性、专业性、社会服务性的同时，还体现出鲜明的政治性和时代性。监察官法律职业伦理体系的构建体现在监察制度整体构建的方方面面，既要在法律制度的层面明确监察官的准入门槛、加强职业伦理教育培训、建立考核评价标准和惩戒教育机制，还要在监察机关及监察权的运行中厘清权能界限、规范履职程序、明确监督内容，并建立有效的监督和制约机制，形成拥有纪检权、监督权、检察权的各机关之间的权能制约动态平衡，充分发挥人民群众监督、社会团体监督以及媒体舆论监督等外部监督形式，以保障监察权合理运行的生长土壤，从外部机制上促进监察官法律职业伦理体系的构建和完善。同时，鉴于监察机关的时代特点和政治使命，亦应当将政治修养和使命责任意识纳入监察官职业伦理价值观的建设当中，培育监察人员的业务价值观、行为价值观和社会价值观，最终落脚在服从法律、服务群众的根本点上，为监察官法律职业伦理体系的整体构建注入血液，赋予灵魂。

论我国律师保密制度的伦理冲突与规范

颜志伟 戴 威[**]

内容摘要：律师保密义务作为律师制度的重要组成部分，直接关系到律师行业的荣辱与兴衰。完善律师保密制度，有利于维护委托人合法权益，维护律师行业的整体利益，维护社会公平与正义。我国律师保密制度虽初具建制，但存有保密价值混同、保密制度义务化、救济措施缺失等缺陷，使律师保密义务的履行难免陷入伦理困境。本文理性立足于委托关系、职业伦理以及社会利益的视角，提出完善我国律师法的相关规定、建立我国"律师—委托人特免权"制度、确立保密原则的例外以及律师伦理冲突的终止委托机制等建议，规范和完善我国的律师保密制度。

关键词：中国律师；职业伦理；保密制度；伦理冲突；规范

律师执业，构建律师保密制度的初衷，是律师利用法律专业知识切实维护委托人的合法权益，不辜负委托人的合理信赖，这是保证委托人与律师之间能够充分坦率沟通的重要前提。司法实践中，律师保密制度的规范和落实尚不完善，律师职业共同体迫切需要完善并严格遵守律师保密义务，推动律师职业群体的法治化，进而推动我国司法体制的可持续发展。

一、我国律师保密制度的构建现状

当前，通过律师职业群体对保密义务的履行，可以从法律、部门规章和行业自律等层面，梳理出我国律师保密制度的构建现状。

（一）法律层面律师保密制度的构建

我国律师保密义务的立法状况比较单一，主要体现在 2017 年修订的《律师法》第 38

---

[*] 本文获河南省法学会律师学研究会 2020 年年会暨论文研讨会一等奖。
[**] 颜志伟，河南财经政法大学教授，研究方向为司法鉴定、刑法、医事法律；戴威，中国社会科学院研究生院在读法学博士，研究方向为刑法学。

条、2018 年修订的《刑事诉讼法》第 48 条的规定。

《律师法》第 38 条规定:"律师应当保守在执业活动中知悉的国家秘密、商业秘密,不得泄露当事人的隐私。律师对在执业活动中知悉的委托人和其他人不愿泄露的有关情况和信息,应当予以保密。但是,委托人或者其他人准备或者正在实施危害国家安全、公共安全以及严重危害他人人身安全的犯罪事实和信息除外。"

《刑事诉讼法》第 48 条规定:"辩护律师对在执业活动中知悉的委托人的有关情况和信息,有权予以保密。但是,辩护律师在执业活动中知悉委托人或者其他人,准备或者正在实施危害国家安全、公共安全以及严重危害他人人身安全的犯罪的,应当及时告知司法机关。"

(二) 部门规章层面律师保密制度的构建

部门规章中的律师保密规定主要涉及司法部《律师业务档案立卷归档办法》(1991 年颁布)第 23 条、《律师业务档案管理办法》(1991 年颁布)第 14 条、《律师和律师事务所违法行为处罚办法》(2010 年修订)第 13 条、《律师执业管理办法》(2016 年修订)第 43 条、《律师事务所管理办法》(2018 年修订)第 60 条。[1]

(三) 行业自律层面律师保密制度的构建

中华全国律师协会颁布的《律师职业道德和执业纪律规范》(2001 年修订)第 8 条、《律师执业行为规范》(2017 年修订)第 9 条、《律师办理刑事案件规范》(2017 年修订)第 256 条、《律师协会会员违规行为处分规则》(2017 年试行)第四章第三节,以及各地律师行业自律规范。

二、律师保密义务的界定与辨析

(一) 律师保密义务的定义

律师保密义务是指律师对其在执业过程中接触到的秘密事项不得泄露,或未经当事人许可不得泄露的义务。律师的保密义务是不能免除的,但法律规定的例外情形除外。律师在执业过程中,会知悉国家机密和当事人的一些个人隐私、商业秘密,其中可能包括当事人尚未被司法机关掌握或指控的犯罪事实或证据。

---

[1] 参见卢学英:《法律职业共同体引论》,法律出版社 2010 年版,第 89~96 页。

(二) 律师保密义务的特征

律师保密义务既是法定义务，又是职业道德义务和执业纪律义务，具有以下特征：首先，律师保密义务是一种与职务相关的义务，具有明显的职务特征，是和律师工作密切相关的，律师保密义务要求律师保守的是和其职业相关的秘密，即律师在履行职务过程中接触到的国家秘密、当事人的商业秘密或个人隐私。其次，律师保密义务的客体必须是秘密事项，既包括国家秘密，也包括当事人的商业秘密和个人隐私，只有对依法可以确认为秘密的事项，律师才负有保密义务。

此外，律师保密义务受多种规范的约束，除法定义务外，作为职业道德义务和执业纪律义务，律师保密义务还需接受律师职业道德规范的调整，受有关律师执业法律规范和律师执业纪律规范调整，如果律师违背保密义务，将要受到相应的纪律处分或法律惩罚。

(三) 律师保密义务客体辨析

根据我国《律师法》《律师执业行为规范》的相关规定，可以得出律师保密义务的客体可以分为四类，国家秘密、商业秘密、当事人的隐私、委托人和其他人不愿泄露的其他信息。但是，保密内容限定为"执业活动中知悉的"，而"执业活动中""知悉"都是比较模糊的概念，难以具体界定。2017年修订的《律师执业行为规范》也将原来的保密条款删除，照搬《律师法》的相应条款，导致行业规范和法律规定条文一样，没有进一步的细化规定。例如：《律师法》第38条规定中的"不得泄露当事人的隐私"，该"隐私"究竟指什么，至今仍存在很大争议。但是，法理界和业内学者比较认同的观点是三类隐私，即私人信息、私人活动和私人空间。

(四) 律师保密义务的例外

律师保密义务依法有绝对保密义务与相对保密义务之分。绝对保密义务，即在保密范围的所有秘密都应为当事人保守，不存在例外；相对保密义务，则是规定有些信息的位阶高于律师保密义务，虽然这些信息亦在保密范围内，但为了更高的利益，律师无需恪守保密义务。目前大多数国家采用的是相对保密义务。

我国《律师法》《律师执业行为规范》均规定"委托人或者其他人准备或者正在实施危害国家安全、公共安全以及严重危害他人人身安全的犯罪事实和信息除外"，意在对具有现实紧迫性的危害国家安全、公共安全、严重危害他人人身安全、财产安全的行为及时阻止，而对已经发生的危害行为则仍应保守秘密。

(五) 律师披露保密信息的限制

律师保密义务对律师职责的履行至关重要,一旦披露保密信息,对委托人法律权利及其与律师的信任关系伤害至深,因此对保密信息的披露应从以下方面严格限制:其一,律师必须首先采取合理措施,避免不得不披露保密信息的情形发生;其二,律师应当权衡事态的各项因素,只有在披露保密信息对促进委托人利益、维护社会公益或保护律师利益确实是必不可少而为之的情况下,才不得不披露该保密信息;其三,披露保密信息的范围,仅限于披露目的所必须,而不得披露与披露目的无关的其他信息;其四,披露的对象应该控制在尽可能小的范围内,原则上只在法庭上披露,对其中涉及商业秘密或个人隐私的,还应请求采取不公开审理方式,或采取其他有效措施补救披露对委托人造成的不利影响。

三、我国律师保密制度存在的缺陷

(一) 实践层面存在的缺陷

长期以来,我国律师保密制度在实践中存在的问题:一是律师对外披露案情缺乏规范。司法实践中,律师在代理活动中披露案情较为常见,例如律师为引起社会关注擅自将所代理的案件上传网络公开炒作;二是公权力对律师监管的边界不明确。在律师业务监管中,司法行政部门对律师案件质量评查活动是否违反律师保密原则,以及在金融监管领域制定的《律师事务所从事证券法律业务管理办法》《律师事务所证券法律业务执业规则(试行)》中的相关内容是否违反《律师法》规定,值得进一步商榷。

(二) 立法层面存在的缺陷

我国律师保密制度的立法和规范主要由法律、部门规章和行业自律三方面构成,总体而言,我国律师保密制度虽初具建制,但存有以下缺陷:[1]

其一,保密价值混同。我国律师保密制度将对委托人个人隐私保密与对商业秘密、国家机密保密等同视之,但基于委托关系而产生的诚信义务与基于他人、国家利益的保密义务看似相同,实则不同,前者维护的是职业伦理,而后者维护的是他人及国家利益。

其二,保密制度义务化。基于前述原因,我国律师保密规范用语多以"不得""应当""必须"等命令性措辞,导致律师保密具有明显的义务化倾向。但保密制度的本真面

---

[1] 参见李贵方:"保密是律师的义务也是权利",载《中国律师》2017年第9期。

貌则具有一体两面性,且更多体现为权利性外观。例如美国律师保密制度中的"律师—委托人特免权""律师工作成果原则"皆为权利性条款。

其三,行业自律性不足。律师保密义务实质上涉及的是职业伦理规范,应更多交由行业自律。而我国律师保密制度则倾向于行政化管制,在司法实践中易导致司法机关的公权力滥用。

其四,救济措施缺失。"无救济,则无权利"。在保密对象"失密"后,除对相关主体进行惩戒外,应更多体现为程序性救济措施的采取,如英美法中对于违反"律师—委托人特免权"而取得的证据否认其证据资格。但是,我国律师保密制度体系中,这类救济措施目前是缺失的。

四、律师保密制度的伦理冲突

(一) 律师职业伦理的界定

伦理是人与人之间交往的秩序、道理与准则。通常认为,职业就是人类在劳动过程中的分工现象,是特定的社会角色与定位。职业伦理就是处于社会特定角色的群体所需要的相互间交往及与其他角色的群体交往的道理与准则。因此,可以认为,律师职业伦理通常是指执业律师应当遵循的行为准则,即同律师职业活动紧密联系,具有自身职业特征的道德准则和规范。

道德与伦理不同,道德是为人处事的品行、修养,是一种对善恶进行判断的内心标准。法律职业道德是法律职业者在从业过程中应当如何处事的标准,是一般道德的具体表现形式。职业伦理这一概念具有职业差异性,既指向行为规则,又强调了职业特质。因此,将职业伦理与职业道德做出区分是必要的。[1]

(二) 律师保密制度的伦理困境

律师保密义务是律师基本的职业伦理规范,但是其在实施中却会面对种种伦理冲突,甚至影响到律师的职业行为。要解决这一问题就必须探究律师保密义务中存在的伦理冲突,从而寻求恰当的解决途径。

1. 尊重隐私的伦理冲突

保护当事人隐私是律师保密义务的重要内容,但在律师执业活动中却会面临职业伦理冲突。律师在执业过程中,必须全面了解有关案件情况,无疑会掌握当事人的一些隐

---

[1] 参见李妮桑:"英国律师职业特权规则研究",上海外国语大学 2019 年硕士学位论文。

私信息，律师还会了解到一些不被公众知晓甚至包括国家侦查机关、司法机关尚未掌握的犯罪事实。但作为律师，出于保守职业秘密义务的考虑，律师不能向公众公开这种对当事人不利的事实，从而在人性角度压抑了律师的"正义感"，甚至产生严重的律师职业伦理冲突。[1]

2. 履行义务的伦理冲突

作为律师，其有义务为自己的当事人进行辩护，也有义务保护当事人的隐私，这是作为律师的保密义务。律师职业伦理的核心价值主要体现在两个原则上，一是忠诚原则，强调的是律师的忠诚义务和维护委托人权益的责任；二是正义原则，强调的是律师的保障人权、维护社会正义的义务。律师的两难就在于他常常会因为自己履行义务而面临伦理冲突的困境。我国法律中规定了律师的保密义务，但同时又规定不得隐瞒事实，甚至还规定了必须肩负如实作证的义务。当委托人涉案情形复杂，律师在法律要求的保密义务和"不得隐瞒事实"的真实义务之间难以取舍时，对于这种两难的困境，出于职业伦理和执业安全的考虑，律师不得不选择拒绝为委托人辩护。

3. 职业道德与一般社会道德的伦理冲突

律师既要遵守职业道德规范，也要遵守一般社会道德规范。当律师在处理案件时，不可避免地受到职业道德和一般社会道德的约束，甚至在某些情形中出现了律师职业道德与一般社会道德的伦理冲突。律师为了当事人的利益，总是会向法庭出示对己方有利的证据，在法庭上陈述对当事人有利的辩护。律师的这种行为与大众的普遍道德思维相抵触，律师就会成为公众批评的对象。因此，许多律师坦言在执业中不受尊重，律师在执业过程中自身权利受到侵害的经验也印证，律师履行保密义务有时不得不面对严重的伦理冲突。

五、关于完善我国律师保密制度的建议

（一）明确"律师—委托人特免权"的基本性质

美国律师保密制度中，对于"律师—委托人特免权"的基本性质界定得很清楚，即"律师—委托人特免权"具有权利的属性。首先，"律师—委托人特免权"是委托人享有的基本权利，其旨在禁止律师向第三方披露有关委托人的信息。其次，"律师—委托人特免权"是律师享有的对于委托人沟通的内容予以作证豁免的权利。此项权利不仅包括刑事诉讼中免于就委托人涉嫌的犯罪行为向法庭作证的权利，也包括民事诉讼中拒绝提供

---

[1] 参见孙文俊："论律师职业伦理体系的构建"，载《中国律师》2017 年第 11 期。

对委托人不利证据与信息的权利。同时，还包括向政府有关部门拒绝提供委托人相关资料与隐密信息的权利。我国无论修改《律师法》还是其他相关法律，在确立"律师—委托人特免权"制度时需要对该项权利的本质给予清楚的认识，在此基础上的制度设置才能符合基本法理。[1]

（二）修改《刑事诉讼法》相关规定的建议

"律师—委托人特免权"是英美法律师制度中委托关系的基础，也是律师保密制度的核心。我国《律师法》中并未直接对"律师—委托人特免权"作出相关规定，相关内容散见于各法律规范之中。因而，严格而言，我国并没有完整意义上的"律师—委托人特免权"制度。我国新修订的《刑事诉讼法》第 48 条有类似的规定，有学者指出此项规定是律师保密的"权利化"，是对英美法中"律师—委托人特免权"的移植与借鉴。对此，建议适度借鉴美国"律师—委托人特免权"制度，将我国《刑事诉讼法》第 48 条增加一款内容，即"现任或曾任辩护律师者，除经委托人许可外，有权拒绝提供其在委托代理关系期间基于委托代理关系而获知的不利于委托人的证言，但法律另有规定的除外"。同时，将《刑事诉讼法》第 110 条第 1 款修改为"任何单位和个人发现有犯罪事实或者犯罪嫌疑人，有权利也有义务向公安机关、人民检察院或者人民法院报案或者举报，但本法另有规定的除外"。另外，将《刑事诉讼法》第 39 条增加一款内容，即"辩护律师与委托人之间的通讯不受监听、查看、复制、翻拍、删改、隐匿、毁弃"。应当突破《刑事诉讼法》第 193 条第 1 款的"亲属免证"范围，增设"律师免证"条款，具体设计为"经人民法院通知，证人没有正当理由不出庭作证的，人民法院可以强制其到庭，但被告人的配偶、父母、子女除外。与被告人曾有委托代理关系或者委托代理关系正在存续期间的律师，对于基于委托代理关系获知的信息也享有免予作证的权利"。此外，为避免上述条款成为"宣誓性"条款，应当规定对于违反这些条款而获得的证据被视为非法证据予以强制性排除。

（三）完善《律师法》相关规定的建议

由于"律师—委托人特免权"对于律师而言，对外是对除委托人之外的其他人的专有权利，对内是对委托人应当负有的义务，因而该项权利应当由《律师法》进行明确、系统地规定，而不是由单独的诉讼法分别规定。建议将我国《律师法》第 38 条增加一款，即"律师及其助理有权保守因现任或曾任执业活动而获悉的委托人及其他人的秘密，并负有谨慎保守的义务。但法律另有规定的除外"。并将第 37 条第 1 款修改为"律师在

---

[1] 参见刘译矾："论委托人与辩护律师的关系——以美国律师职业行为规范为切入的分析"，载《浙江工商大学学报》2018 年第 3 期。

执业活动中的人身及执业权利不受侵犯"。同时，在第 37 条中再增加两款，即"律师在执业活动中与委托人之间的保密通讯，不受监听、查看、复制、翻拍、删改、隐匿、毁弃；未经法律许可，不得扣押、检查、查阅、调阅律师事务所及律师个人因执业活动中保管或持有的保密性文件、资料以及其他物品。"

同时，对于 2016 年颁布的《关于推行法律顾问制度和公职律师公司律师制度的意见》所建立的公职律师与公司律师制度，鉴于公职律师与公司律师身份的双重性，如何解决这些群体保密伦理与自身职务间的矛盾已成为重大课题，亟待引起关注。应当在《律师法》中对公职律师、公司律师的身份加以明确界定，另应结合《公务员法》《公司法》《劳动法》《劳动合同法》《证券法》对其保密义务加以明确，从而完善我国公职律师与公司律师的保密制度构建。

此外，应将我国律师保密制度中的商业保密、国家安全保密与对委托人保密适度区分。对于前两者应当更多交予刑法、行政法以及国家保密法予以规制，而对委托人的保密更应凸显律师职业伦理的规范功能，凸显律师协会的自律价值。

（四）完善律师保密义务例外情形的建议

新修订的《律师法》规定"委托人或者其他人准备或者正在实施危害国家安全、公共安全以及严重危害他人人身安全的犯罪事实和信息"不得保密。对律师保密制度设置例外情形，不仅是正当的，也是必要的。律师保密原则的例外情形实际上就是法律允许律师可以泄密的范围，在此范围内律师对相关部门或司法机关提供委托人或公司内部的法律文件和相关信息，不能视为是对律师伦理道德原则的违反。[1]

（五）惩处违反律师保密义务行为的建议

泄露委托人的秘密给委托人造成的损失，律师应当承担相应的法律责任。完善惩处机制，对律师应当承担的责任可以从三个层次上加以规制：首先，律师协会和司法行政机关对违反保密义务的律师进行纪律惩戒；其次，律师应当承担民事责任，因律师泄露委托人的秘密而给委托人造成的物质损失和精神损失，律师应当承担相应的赔偿责任；再次，因泄露委托人秘密给委托人造成人身、财产等重要权利的丧失，例如造成委托人被杀身亡，律师应当承担刑事责任。

（六）建立律师执业伦理冲突终止委托机制的建议

解决律师保密伦理与律师违法风险的最佳途径是建立律师执业伦理冲突的委托终止

---

[1] 参见许身健：《法律职业伦理》，中国政法大学出版社 2019 年版，第 62~66 页。

机制。现行《律师法》第 32 条虽规定了律师终止委托机制，但对于因律师保密伦理冲突的终止委托机制尚缺乏规定，即对于律师在委托过程中发现继续委托将发生执业伦理冲突，亦即在保密原则的例外规定与对委托人的保密忠实义务之间出现冲突的情况尚缺乏规定。据此建议，应当修改《律师法》以及三大诉讼法，允许律师单方退出并终止委托关系，同时附加两项附随义务：一是告知义务。对于发现委托人利用律师实施危害国家安全、公共安全以及严重危害他人人身安全的犯罪行为，需向司法机关进行报告；而对于公职律师及公司律师，对发现有违反一般法律、法规以及侵害公共利益行为需向机构上级或监察委员会报告。二是守密维持义务。对于非告发义务的情形，律师不得随意告发或向社会公众披露，同时律师对前委托人的保密义务不以委托关系的终止而消灭。

结语

正如我国著名法学家江平教授所言"律师兴则国家兴"。律师制度是现代法治社会的重要组成部分，律师作为诉讼活动的主要参与者，既是当事人合法权益的维护者，又是社会法治和正义的实践者，这一群体具有双重的身份和独立的法律地位，故理应赋予其不同于其他诉讼主体的特权，以实现法律适时平衡利益的效果，维护社会的稳定和谐。因此，律师保密义务作为律师制度的重要组成部分，直接关系到律师行业的荣辱与兴衰。完善律师保密制度，有利于维护委托人合法权益，维护律师行业的整体利益，维护社会公平与正义。

参考文献

［1］王进喜："加强律师职业行为规范建设夯实法律职业共同体基础"，载《中国律师》2016 年第 12 期。

［2］吕红兵："进一步修订《律师法》推进律师协会改革"，载《中国司法》2019 年第 4 期。

［3］卢少锋、冯雷："论辩护律师的真实义务"，载《河南社会科学》2019 年第 12 期。

［4］陈瑞华："论辩护律师的忠诚义务"，载《吉林大学社会科学学报》2016 年第 3 期。

［5］陈学权："论辩护律师的法庭地位——以律师与法官的关系为视角"，载《法学杂志》2020 年第 1 期。

［6］曹振："我国律师保密权制度的不足及其完善"，载《湖北警官学院学报》2013 年第 11 期。

［7］许身健主编：《法律职业伦理论丛》，知识产权出版社 2015 年版。

［8］樊崇义："司法改革背景下的律师法修改"，载《人民法治》2018 年第 3 期。

［9］刘春梅："从义务到权利——刑事证人拒绝作证特权在我国的确立"，载《人民论坛》2016 年第 11 期。

［10］刘少军："保密与泄密：我国律师保密制度的完善——以'吹哨者运动'下的美国律师保密伦理危机为视角"，载《法学杂志》2019 年第 2 期。

［11］庄永生、王伟韬、赵力："对我国律师职业保密制度现状的若干思考"，载《中国司法》2017 年第 4 期。

论冤案防范的法治文化方法*

——以国家赔偿方式为抓手

黄鑫政**

内容摘要：法治文化具有方法指导意义，为冤案防范带去新思路。我国刑事冤案国家赔偿的方式过于单一，精神赔偿需要具体化、夯实。冤案防范的法治文化方法包括法治公墓制、冤案纪念馆、法治英雄纪念碑、冤案反思日等。法治公墓制度包含仪式、入墓对象、墓碑、入墓程序、冤案纪念日瞻仰缅怀活动等具体环节和内容。重视和实施冤案防范的法治文化方法，能震撼、感召公检法监工作人员和相关领导的内心，能培育司法文明、公民的法治信仰等，完善公民人格尊严救济的方式，扩展了人格尊严的时间之维，对刑讯逼供、枉法现象的预防有一定的作用。

关键词：法治墓地；冤案反思日；冤案纪念馆；精神赔偿方式；冤案防范

一、现状分析

（一）冤案防范的研究现状与不足

刑讯逼供、冤假错案的防范一直是刑事诉讼法的热门与难题。刑事程序人权的宪法保障[1]、刑事诉讼人权保障制度研究等也蔚为大观。[2]何家弘、陈永生[3]、宋英辉[4]、徐昕[5]、陈光中、赵琳琳等学者都有丰富的贡献。刑事界对刑讯逼供、冤案防范的研究，

---

* 本文为国家社会科学基金重点项目"提升司法公信力法治路径研究"（15AFX013）的阶段性成果。
** 黄鑫政（1992—），男，福建漳浦人，苏州大学王健法学院博士生，研究方向：刑事冤案预防及其赔偿方式、冤案防范的法治文化方法。

[1] 参见岳悍惟：《刑事程序人权的宪法保障》，法律出版社2010年版。
[2] 参见胡铭等：《错案是如何发生的——转型期中国式错案的程序逻辑》，浙江大学出版社2013年版。参见梅锦：《人格在定罪量刑中的运用探究》，法律出版社2017年版。
[3] 参见陈永生："我国刑事误判问题透视——以20起震惊全国的刑事冤案为样本的分析"，载《中国法学》2007年第3期。陈永生："论刑事错案的成因"，载《中外法学》2015年第3期。
[4] 参见宋英辉："刑事程序中被害人权利保障问题研究"，载《政法论坛》1993年第5期。
[5] 参见徐昕主编：《司法（第十辑）：错案、申冤与司法政策专号》，厦门大学出版社2016年版。

多瞄准、注重办案侦查取证等环节的改进，理所当然，也都是良策。这些也可以说是硬的方法的思考。但以法治文化方法，尤其是法治公墓这样的器物、仪式组成的综合体作为刑讯逼供、冤假案防范的方法还较少有被提及。冤案、刑讯逼供问题心理学的研究，较为接近法治文化的方法，都是刑讯逼供、冤案防范的"软的方法"的思考。软硬兼具会更好，我们需要更多的软方法、法治文化的思考。论及冤案赔偿，杨临萍法官是刑事赔偿、刑事冤案精神损害赔偿研究的核心人物，她的研究往往直击痛点重点。研究国家赔偿的学者、法官，很少有从刑事冤案角度出发研究国家赔偿的，因此难能可贵。将刑事冤案与国家赔偿挂钩起来的不多，其实这个连接点意义重大。毕竟只有想着预防（国家赔偿的方式也有预防冤案的功能）、善后，才能更好地不再主动发生。[1]

（二）法治文化的研究现状

关于法治文化的研究，已有不少成果。李德顺介绍了法治文化的核心、本质、基本构成、法治文化建设的任务。[2]刘斌区分法治文化的显性与隐性，具体地细分到了法治意识、精神、价值追求、法律制度、法律组织等。[3]王金霞将当下法治文化研究区分为作为领域或对象的法治文化、作为方法的法治文化和强调法治文化整体意蕴的法治文化概念及其研究进路。[4]法治文化的研究还属于很大的空白。各地法治文化研究会，如吉林省、四川省、张家港市等逐渐成立，是法治文化研究的一大好现象。法治文化的研究，还有李林[5]、刘作翔教授等的作品。《中国法治文化概论》[6]是法治文化研究集大成者，内容较为翔实、全面，是进行法治文化研究的重要参考书籍，能够提供启示和借鉴。该书上篇介绍了法治文化的要素、基本点、意义、核心内容、内涵外延、概念、源流及法治意识、信仰等，介绍了法治文化研究的现状、特点、存在的问题，提到"研究范畴"漫无边际、重头文章少、专业研究队伍尚未形成等问题。也提到公正司法是法治文化建设的核心环节、法治文化的基本特征和价值取向。还提到建设法治文化的路径，认为法治文化应成为法治中国建设的重要推手。中篇的法治组织文化提及仲裁、纪检、检察、司法行政、公安、人大、政府、法院文化。下篇介绍法治文化载体，除法治语言、文本之外，提及法治礼仪、法治器物、法意建筑，对此文论述研究的法治公墓都有启示、共鸣。法治文学、影视、新闻出版等都成为笔者的论述的启迪。但法治公墓、冤案纪念馆、法治人物纪念碑、冤案反思日作为国家刑事精神赔偿、冤案防范和刑讯逼供防范的方法，

---

[1] 参见杨临萍："新形势下刑事冤错案件赔偿的法治化进程"，载《中国审判》2014年第10期。
[2] 参见李德顺："法治文化论纲"，载《中国政法大学学报》2007年第1期。
[3] 参见刘斌："当代法治文化的理论构想"，载《中国政法大学学报》2007年第1期。
[4] 参见王金霞："论当代中国的法治文化概念"，载《中国政法大学学报》2014年第1期。
[5] 参见李林："中国语境下的文化与法治文化概念"，载《中国党政干部论坛》2012年第6期。
[6] 王运声、易孟林主编：《中国法治文化概论》，群众出版社2015年版。

在刑事诉讼界、法治文化界、宪法学界未有提及。这也是法治文化研究、宪法规定的公民人格尊严扩张和保护的一种创新。

当下，我国法治文化有良好的实践创新，比如宪法日、宪法宣誓制度，都是我国法治文化培育与创新极佳的例子，值得效仿。

刑讯逼供、冤案的出现，有多种因素组成，也是司法文明、法治文化欠缺的体现。我国法治起步较晚。"文革"期间又遭到严重破坏。法治文化、司法文明需要塑造。法治文化是一个较为宽泛的概念，包括法院文化、司法文明、宪法文化、检察文化等。国内对法治文化方法的研究的重视不够。近年各省市法治文化研究会逐渐建立，但仍未普及。法治文化广场也逐渐设立，但同样有待普及，以及加强实用意义。中国法治文化研究会有办《法治文化研究》，但影响力有待提升。专门的法治文化的期刊极少。法治文化研究的学者较少，甚至屈指可数。[1]在宪法上，我们已经逐渐重视宪法文化的塑造，比如宪法日和宪法宣誓制度的确立。刑事诉讼领域则不够重视法治文化的研究与塑造，这体现在刑讯逼供、冤案防范对策方法的思考上，长期而来，也导致了冤案防范方法的局限以及冤案防范的效果。类似的问题，也体现在下文提及的国家精神赔偿的方式与研究上。

（三）精神赔偿的现状与不足

国家赔偿的方式上，多停留在以金钱为主的方式，虽说有赔礼道歉等，但都不够务实具体。上官丕亮教授主编的《国家赔偿法述评》[2]做了很好的梳理。刘志远主编的书[3]对刑事国家赔偿做了较为详细的介绍，包括对精神赔偿的介绍。也提到精神损害中的一般人格权的问题。苑宁宁的书[4]带来冤案比较法的贡献，包括冤案赔偿的问题，他亦认为当下刑事国家赔偿的赔偿金额过低。魏刚提到精神损害赔偿的必要性包括了宪法和法律的要求，即宪法关于人格尊严的规定。[5]这个联系很有意义。陈春龙指出，现在的精神损害赔偿的规定比较原则、随意性大、操作性差。[6]书中，陈教授也提出《国家赔偿法》应该细化精神赔偿，[7]这是国家赔偿法修改的必然趋势。《国家赔偿案件中精神损害赔偿制度疑难问题实证研究》是少有的专门对国家精神损害赔偿进行研究的专著。作者

---

[1] 当然，法治文化研究与文化法治研究是迥异的。一般意义的文化法治不包含于一般意义的法治文化之中。所以，以中南大学周刚志教授为代表的文化法治研究有自己的特色、学科，不能纳在法治文化范畴。
[2] 参见上官丕亮主编：《国家赔偿法研究述评》，法律出版社2017年版。
[3] 参见刘志远主编：《中国刑事赔偿原理与实务》，中国人民公安大学出版社2011年版。
[4] 参见苑宁宁：《刑事冤案比较研究——一个国际的视角》，中国人民公安大学2016年版。
[5] 魏刚："对刑事赔偿中的精神损害赔偿的几点思考"，载孙华璞主编：《国家赔偿审判前沿：完善刑事赔偿制度研究》（第一卷），法律出版社2013年版，第415~416页。
[6] 陈春龙：《中国国家赔偿论》，中国社会科学出版社2015年版，第501页。
[7] 陈春龙：《中国国家赔偿论》，中国社会科学出版社2015年版，第482页。

们还统计了国家赔偿的案例[1]以及以五省市为样本的精神赔偿的情况[2]。学者对于国家赔偿、精神赔偿的研究侧重细节、操作的探讨，对于精神赔偿方式的思考稍有不够。这也是此文试图突破的地方。《国家赔偿精神损害赔偿实证研究》以五省一市为样本，总结我国精神赔偿中以金钱方式、赔礼道歉偶尔提及但不具体的问题。赔礼道歉未成为普遍做法。[3]

总之，国家赔偿之精神赔偿的研究，未明显突破局限于以金钱为媒介的赔偿方式，或者说，国家精神赔偿的方式，有待进一步扩充与夯实。

二、冤案防范的法治文化方法的概念与内容

冤案防范文化是比法治公墓制度更加广泛的一个概念，在此文，笔者将之定义为包括法治公墓制度、冤案反思日及其活动、冤案警示纪念馆及其活动的法治文化综合体，是冤案防范文化较为"狭义"的概念。冤案警示纪念馆包括冤死纪念馆及"冤而未被冤死"的冤案警示纪念馆。广义的法治公墓制度则包含其本身的墓、仪式以及冤死者警示纪念馆、冤案反思日等，与狭义的冤案防范文化重合度较高，重要区别就是法治公墓制度不包括没有冤死的案件的纪念馆、冤案反思日没有也不可能缅怀瞻仰冤而未死的受害者。鉴于此，此文为了行文方便，可能存在冤案防范的法治文化方法与法治公墓制度偶尔"混同"的情况，在此做个交代。

学者们已经提出不少冤假错案、刑讯逼供防范的方法与良策。笔者认为，冤案防范的法治文化方法同样重要，是一个必要的补充。一切问题的解决，"文化"上的改变总能够有所帮助。

（一）法治公墓制度

法治公墓，亦可以为法治墓地，是指政府、法院出面，为刑讯逼供、冤假错案的冤死者、因公殉职的公检法人员设立墓地，树立碑文，以表示对其尊重，此为主要内涵。甚至是建造冤案纪念馆、冤案反思纪念日，还有"入墓仪式"，即冤死者入墓前的仪式。这几种统合一起，构成了法治公墓制度。法治公墓制度，也可以称为法治墓地制度，是一个涵盖的内容较为丰富的概念与制度。法治公墓制度，包括墓地、墓碑与碑文、入墓对象及其确定、入墓仪式、行为主体、司法反思日的瞻仰等。

---

[1] 张文志等：《国家赔偿案件中精神损害赔偿制度疑难问题实证研究》，中国人民大学出版社2015年版，第160页之后，附录二。
[2] 浙江省高级人民法院课题组：《国家赔偿精神损害赔偿制度实证研究》，中国法制出版社2015年版，第178～198页，附件6。
[3] 浙江省高级人民法院课题组：《国家赔偿精神损害赔偿制度实证研究》，中国法制出版社2015年版，第6页。

（二）冤案警示纪念馆

冤案警示纪念馆，即将冤案的案情经过、判决书、冤者及其他相关照片、冤案得以改判的经过、法官或狱警公职人员错误的地方等展示出来。参考一般的博物馆，可以分为冤死者纪念警示区与冤案警示区（非冤致死）。非冤死警示区的案件可以选取较为典型的冤案，尤其是涉及刑讯逼供造成较大伤害，以及涉及冤案监禁刑期不短的案件，不可忽略，但是否愿意将自己受冤的经过展览，需经由受害者本人同意。这体现我们对公民人身自由、生命健康的尊重与重视。至于案件评选的主体与程序，有待进一步规定，但社会上普遍讨论的冤案，必然可以罗列其中。此为法治物态文化、司法文明的一部分。冤案警示纪念馆也应该装饰的大气、庄重一些，用款可由司法局划拨、地方政府划拨、国家赔偿划拨、世人捐赠等方式组成，免费供世人参观。律所、各机关可以定期组织学习参观。冤案警示纪念日或公权力反思日，公检法监部门组织纪念访问、学习警戒。冤案反思纪念馆可以建于法院、检察院、公安局、法治文化广场附近。此为特殊的地缘优势，又具有特殊的意义。冤案警示纪念馆同样可以作为普法的场所，教公民如何避免受到不公正调查、如何保护自身、如何救济自己等。

（三）错案、冤案反思日

错案、冤案反思日，由各冤案产生法院的当时法官、工作人员以及在职的法院领导到法治墓地上瞻仰、缅怀、默哀，同时到冤案警示纪念馆反思。这也是错案终身责任制执行的一种法治文化塑造方式。河南省高院把赵作海被无罪释放的5月9日定为全省法院"警示日"，每年的这一天全省法院都组织广大干警围绕这起案件深刻反思，并作为一项制度长期坚持下去。[1]这样的做法值得推广，也是错案冤案反思日的起源，或者说实践先例。法院警示日只是法院系统，由于冤案的造成往往涉及多个部门，比如检察院、政法委等，所以，取名冤案反思日甚至公权力反思日会更加合适。将检察院、政法委等都纳入到反思的主体范围来。此日的纪念活动针对公权力行使者具有预防与"惩罚"的作用。

（四）冤案受害者应该成为年度法治人物

许多年来，我国及许多省市每年会评选十大法治人物，但冤案受害者未曾被评选为十大法治人物。这是离谱的，冤案受害者用自身生命、人身自由的牺牲，推动了法治的巨大进步，间接保护了活着的以及将来的子孙万代公民，理应成为法治人物，甚至不是

---

[1] 陈春龙：《中国国家赔偿论》，中国社会科学出版社2015年版。

每年的,而是世纪的法治人物。获奖并不重要,重要的是我们对冤案的重视,对冤死者的感恩与临惜。

(五)设立法治英雄纪念碑

与人民英雄纪念碑一道,于天安门广场设立法治英雄纪念碑。体现国家对冤案的重视,以及对冤案受害者的同情、尊重。人民英雄纪念碑纪念的是革命、战争时期为国家稳定、为人民过上安详日子献身的民族英雄。法治英雄则是法治创设时期为人权进步、冤案防范捐躯的民族英雄。时代不同、场域不同,但性质同一。国家层面的荣誉、制度,影响较大。以宪法宣誓制度、南京大屠杀国家公祭日、宪法日为代表,这些举措取得良好、巨大的成效,深入人心,团结人民,是执政党国家治理能力、水平提升的体现。

三、冤案防范的法治文化方法的意义

(一)有利于冤案防范及司法文明的培育

法院、国家为冤死者树立碑文、设立墓地,举办入墓仪式,每年冤案反思日祭拜瞻仰,体现对冤死者的尊重、缅怀,警示司法工作人员,提高他们的责任感,为司法工作人员在办案过程中不犯故意错误提供基础。

从对冤案责任人的惩罚来说,革职、处分、判刑是硬的方法。而参加被害人入墓仪式、每年的缅怀悼念,是一种软的方法。硬的制度方法与软的文化、"攻心"的方法结合,对于冤案防范可能会有更好的效果。因为导致冤案的"成本"更重了。庞德说过,对人类行为的控制主要有三种基本的手段,一是法律,二是道德,三是宗教。[1]法治公墓制度对于冤案判决的控制既是法律上的,也是道德甚至是宗教上的。因为为死者送行几乎是人类共同的"宗教习惯"。

冤假错案时有发生,急需纠正,根治却并不容易,法治文化的建设是长久之计,也是最健康、副作用最小的方式。法治公墓制度的构建还能从本质上防止、减少刑讯逼供、枉法羁押等违法"法治"行为的发生。法治公墓的建设、入墓仪式的进行,震慑人心,能为有效约束防止冤假错案的发生贡献一份力量。[2]

法治公墓制度是物态文化,公墓群、冤案纪念馆具有长期的价值。有利于塑造司法文明,也培育公民对国家和司法的认同感。法治公墓制度是一种"软的"冤案防范方法,不像革职、判刑之类的常见的"硬的"冤案防范方法。

---

[1] [美]罗斯科·庞德著,沈宗灵译:《通过法律的社会控制》,商务印书馆2010年版。
[2] 参见黄鑫政:"法治公墓:祭奠法治英灵",载《岳麓法学评论》2017年第2期。

设立入墓仪式,让主办案件的人员参加,以及在冤案反思日的出席瞻仰,是对相关人员的一种"惩罚性措施",也是对没有过错的司法人员的一种警示。某种程度上说,巨大的冤案责任是冤案难以昭雪、平反阻力大的侧面原因,且冤案形成不一定是法官等工作人员的个人原因,因此,入墓仪式的活动出席、国家赔偿费的分担、冤案反思日活动的出席,是对冤案责任的温和惩罚方式,但并非无用,刑罚、惩罚的目的在于预防。参与入墓仪式以及每年的缅怀活动对当事法院工作人员具有惩罚性。长期徒刑、革职的方式是冤案难以昭雪的原因之一,冤案防范的法治文化方法能够提供微小的替代。

(二) 有利于冤死者人格尊严的弥补

在刑讯逼供过程中,受害人的人格尊严多受到侵犯。人格尊严是二维的概念,既是受害人自己认为、感知的合理的自尊,也是受害人在刑讯逼供者面前人的尊严。人格则可以理解为受害人作为普通生命个体不受侮辱、侵犯个人基本权利的权利。法治公墓、冤案警示纪念馆,是对冤案受害者的一种尊重,是对冤死者人格尊严的弥补、事后救济,是迟到的人格尊严,但不无意义。冤案受害者在被刑讯逼供、关押的过程中,人格尊严、人身自由、生命健康都会受到侵犯。通过法治墓地、冤案警示纪念馆等,扩展了冤死者的人格尊严。建立法治公墓是对聂树斌等法治受害者的"人权补偿",国家补偿受益者是其家人,建立公墓纪念是补偿聂树斌等法治受害者被剥夺的人格尊严,失去的健康生命权无法弥补,但人格尊严却可以。可以以此作为宪法人格尊严保护、研究的基点、突破口。

当下是法治的改革、"革命"时期,成为典型、为法治事业献身的人也值得被铭记,冤死者如孙志刚、呼格吉勒图、聂树斌等,用他们的生命促进了我们法治的进步,是我们的民族和国家英雄。他们间接保护了生者及子孙后代。他们是"法治烈士",正如革命时期的人民英雄一样,他们都是人民英雄,用自己的生命换回生者与子孙后代的安逸与幸福。

(三) 有利于国家赔偿方式的完善

我国目前的国家赔偿,甚至是世界各国家地区的刑事国家赔偿,虽说有提到恢复名誉、道歉等手段,但多以金钱补偿为主,精神赔偿最终也以赔偿金为方式,可以说不是真正的精神赔偿,只是物质财产赔偿,穿上精神赔偿面纱的一种方式。[1]人的性命、人格尊严,不应该用金钱衡量。金钱只是数字,永远替代不了宝贵的生命与人格尊严。又或者说,把对生命健康、自由的破坏赔偿与弥补诉诸金钱赔偿的方式,本身就是一种认识与价值上的不正确,是国家赔偿认识上、认错改正的态度认识上的不彻底、不健全。

---

[1] 已有国家赔偿法规定,精神损害国家赔偿的方式包括为受害人消除影响、恢复名誉、赔礼道歉,造成严重后果的,应当支付相应的精神损害抚慰金。参见《中华人民共和国家赔偿法》(注释本)。

金钱赔偿的悔过与改正的诚意不如精神赔偿。法治公墓、冤案警示纪念馆、冤案反思日对于刑事国家赔偿及其精神赔偿都是一种重要的补充，是真正的"精神赔偿"。细化精神赔偿也是一个很明显的方向，陈春龙教授就在自己的十大建议中提到细化精神赔偿。[1]

整个《国家赔偿法》，未出现人格尊严的字眼。国家赔偿的范围也只包括人身伤害，错误、超时的拘留与逮捕，不包括人格尊严的侵害。这是不完善、不完整的。可以说，《国家赔偿法》体现了立法的价值认同失误，即只看到了人身伤害与自由侵犯，未看到、未体现人格尊严的价值。这其中，有人格尊严研究与被重视的不足的原因，导致立法的不完善。有权利应该有救济，否则权利无从谈起。宪法规定了公民人格尊严不受侵犯，但没有规定人格尊严受侵害的解决办法、救济办法。《国家赔偿法》能起到该作用。公民被误进监狱、受刑讯逼供和错误宣判，人格尊严已经受到损害，应该给予赔偿。人格尊严怎么赔偿呢？和精神赔偿有些类似，或者说，人格尊严的侵害是可以包含在精神损害范畴内的。法治公墓、冤案纪念馆、冤案反思日的瞻仰缅怀，就是对冤者的人格尊严进行赔偿的几种方式。

（四）提高我国的法治指数和国际形象、地位

法治公墓制度体现人文关怀、民族精神、法治决心，这是法治精神的显性表现，让它真正成为我国的一张名片，成为体现我们中华民族精神、法治决心的一个独特窗口，成为我国人文关怀、民族精神、法治信念的符号。

世界正义工程进行评估测量的世界法治指数[2]中，我国的排名一直是比较低的，这无疑影响到了我国的国际影响力。以2016年为例，我国在113个国家中排名80。新加坡、英国、日本、美国、韩国分别排名第9、10、15、18、19，俄罗斯排名92。[3]该法治指数的指标包括基本权利、刑事司法、非正式司法、政府权力的限制、腐败问题、开放型政府、监管的落实、民事司法九个大指标。[4]法治文化的提升提高了国际软实力和地位。

总之，冤案防范的法治文化方法以有形的载体弥补精神损害赔偿的不足，警示后人不重蹈覆辙，重塑、加强人民对法治建设的信心，体现国家推进法治建设的决心，完善国家机关形象、夯实党的执政根基，同时能够拓宽人格尊严的时间之维、扩张人格尊严的分类，弥补受害者人格尊严，体现爱护同胞的公权力良心和华夏民族精神，弥补《国

---

[1] 参见陈春龙：《中国国家赔偿论》，中国社会科学出版社2015年版，第482页。

[2] 该指数得到广泛关注，尽管可能它有少许局限性，如是美国的机构主导的，但还是很中肯、很有借鉴意义。参见张保生、郑飞："世界法治指数对中国法治评估的借鉴意义"，载《法制与社会发展》2013年第6期。鲁楠："世界法治指数的缘起与流变"，载《环球法律评论》2017年第4期。孟涛："法治的测量：世界正义工程法治指数研究"，载《政治与法律》2015年第5期。

[3] "World Justice Project Rule of Law Index 2016"：载 https://worldjusticeproject.org/sites/default/files/documents/RoLI_Final-Digital_0.pdf，最后访问时间：2021年6月12日。

[4] 张保生、郑飞："世界法治指数对中国法治评估的借鉴意义"，载《法制与社会发展》2013年第6期。

家赔偿法》的不足，使国家赔偿的惩罚性与抚慰性、悔过职能得到彰显，为减少冤案的再发生起到积极作用。

四、可行性分析

法治公墓制度及冤案警示纪念馆具有可行性。首先，冤死者人数不多，场地可行。由于冤案信息收集较为困难，一般只能通过网络搜索已有的案例。目前笔者收集到的只有如下几位冤死者：聂树斌、呼格吉勒图、滕兴善、宋保民、魏清安、张文华、冤狱中病逝的林立峰[1]、"偷牛"被刑讯致死的赵文泰[2]、蒙冤被伤害致死的张现春[3]。所以，为这几位屈指可数的冤死者建立墓地，可谓简单，毕竟已知的冤死者不多。但不排除以后会有陆陆续续一些现在未明了的冤案浮出水面。冤案一直在发生，或者说不可能完全杜绝。这几乎是所有研究刑事司法的学者共同的观点。所以公墓制度的意义依旧很大，不会因为入墓人数少而失去意义。法治墓地可以与正常的墓地划拨一块，亦可以独自建造。

至于冤案纪念馆则有比较多的案例展览对象，冤而没死的案件比较多，如 1994 年的佘祥林案[4]、裴树唐、陈建阳、李化伟、杨明银、王俊超、羁押于 1999 年释放于 2010 年的赵作海、陈金昌……[5]、"郝金安、刘吉强、张绍友、徐辉、谭俊虎与兰永奎、黄家光、孙万刚、王本余、许金龙、许玉森、张美来、蔡金森、柯长桂"[6]始于 2006 年的念斌案[7]、张辉叔侄、于英生、张高平、杜培武、陈满等等，这些都是典型，且受害人刑期不短。在国家及各省市县建立冤案纪念馆，存在极大的意义。毕竟冤案是司法难题，持续存在。[8]具体到省市县的纪念馆，冤案受害人数已经不那么繁多。财政与土地都能供给，规模绝对小于各省市县博物馆的规模。

费用具有可行性，是国家赔偿金额的一部分。冤案纪念日、法治人物评选向冤案受害者倾斜、法治人物纪念碑等都相对较为容易，不再展开。

---

[1] 即陈夏影案。陈夏影被判无期徒刑；黄兴、林立峰被判死缓，2008 年林立峰狱中病逝。
[2] 参见刘斌主编：《20 世纪末平反冤假错案案例纪实》，珠海出版社 2001 年版，第 127～135 页。
[3] 参见刘斌主编：《20 世纪末平反冤假错案案例纪实》，珠海出版社 2001 年版，第 120～126 页。
[4] 2005 年宣判无罪，获赔 70 余万元。
[5] 参见黄士元："刑事错案形成的心理原因"，载《法学研究》2014 年第 3 期。
[6] 苑宁宁：《刑事冤案比较研究——一个国际的视角》，中国人民公安大学出版社 2016 年版，第 206～208 页。
[7] 2014 年无罪释放。
[8] 2015 年，最高院院长周强在最高人民法院工作报告中指出，2014 年全国各级人民法院按照审判监督程序再审改判刑事案件 1317 件，其中纠正了一批重大冤假错案。参见"周强：坚持公正司法，加强人权司法保障"，载 http://www.npc.gov.cn/npc/xinwen/2015-03/12/content_1924963.htm，最后访问时间：2018 年 4 月 1 日。

结语

冤案防范的法治文化方法几个建议的最终落实，需要公民建议、学者建议，或人大提案，或最高院、最高检等国家机构、领导带头推行，也寄希望于下一次《国家赔偿法》的修改。毕竟《国家赔偿法》立法到现在才 20 多年，也才经过两次修改，作为一个制度，它还处于青年时期，有变好的空间。冤案一直在发生，我们能做的，只有尽可能地预防。不论各领域的学术研究还是法治实践，对法治文化的重视都是必要的。但愿法治公墓制度能够在冤案防范界、国家赔偿的刑事赔偿界为司法人员、学者所重视。

司法文明研究者、人权法研究者、冤案防范研究者都来关注冤案国家赔偿问题，倡议立法研究者更多的关注《国家赔偿法》修改的问题。文章留下几个有待扩展细化的问题、议题：立法应该保持适当多的自然法成分，不能过度关注实证主义而忽略自然法根本，自然法在国家立法、司法中兴起意义重大，自然法也就是立法道德、司法道德；冤案防范的方法应该引入仪式、法治文化方法、法治公墓制度等新方式；我国《国家赔偿法》的历史时间跨度不大，但亦值得详细考究，包括重要领导人（如陶希晋）、学者（如江平、应松年、马怀德等）对《国家赔偿法》立法与修改的影响。

自媒体时代法官职业形象的新构建

郭 哲 陈紫荆 郭钰婷[*]

内容摘要： 自媒体技术的大量普及和应用，极大地扩展了公民的言论场域，使得网络监督变得无处不在。在自媒体平台全面渗透的聚焦下，司法工作变得更加公开透明，但是复杂的网络舆情也可能会对司法公信力以及法官职业形象造成负面影响。法院必须利用好自媒体这一媒介，塑造良好的法官职业形象。自媒体是法官职业形象传播的媒介，使得法官职业形象的传播速度更快、范围更广、受众更多。同时，自媒体对法官职业形象的塑造也是一把双刃剑。法官的形象变得更加个性和多元，但法官个人的不良行为会被自媒体舆情放大到影响整个法官群体的职业形象，甚至影响司法公信力。由于当前法官职业形象存在具有神秘感、缺乏公众认同感和信任感的问题。因此，要将法官职业形象与自媒体信息技术相融合，加强司法信息化建设，打造阳光的法官形象，加强法官群体内部规制，以实现自媒体时代法官职业形象的新构建。

关键词： 自媒体；网络舆论；法官职业形象；法官职业伦理

随着互联网行业的不断普及和发展，自媒体成为人们即时通信、获取信息和发布信息的新据点。自媒体与传统的信息传播媒介相比，具有传播速度更快，使用更便捷以及影响力加速扩大的特点，为法官的司法工作带来了机遇和挑战。一方面，自媒体的推广和应用拓宽了法官工作的方式和渠道，改变了法院内部信息交流和共享的方式，提高了司法资源的利用效率，也提升了法院的管理方式和水平；另一方面，由于自媒体在社会中的充盈和渗透，网络监督无处不在，信息传播极大地加强了人们的日常利益需求，在一定程度上提升了民众的法律意识，调动了民众参与和讨论法律案件和司法审判的积极性和主动性。在自媒体时代下，每个公民都能成为司法工作的监督员和评论者，使司法工作变得更加公开和透明。同时，网络主题的复杂性和多样性导致网络司法舆情的出现，在影响法官职业形象的同时，也给司法公信力带来了负面影响。2016年4月14日发生的

---

[*] 郭哲，女，长沙人，法学博士，湖南大学法学院副教授。主要从事法理学、法律职业伦理研究。陈紫荆，女，湖南益阳人，湖南大学2019级法律硕士。郭钰婷，女，长沙人，中南财经政法大学中韩新媒体学院2020级本科生。

聊城于欢案[1]，在 2017 年一审判决公布之后，对于法官的判决结果引发了众多网友激烈的讨论。基于我国传统法治文化和法律思维的影响，一审宣判于欢犯故意伤害罪并判处无期徒刑的结果，背离了民众心中的传统道德良知，这使得舆情愈演愈烈。对于法官的判决，自媒体平台上充斥着不满和负面的情绪。在这样的情况下，山东省高级人民法院决定公开审理并采用微博全程直播庭审过程的形式，二审判于欢属于防卫过当，构成故意伤害罪，改判有期徒刑 5 年。这次判决平稳了舆论，也受到了社会各界的普遍认同，符合公众心中的道德认知。这个案件也成为 2017 年推动中国法治进程十大案件之一，其中，自媒体舆情的推动作用不容小觑。自媒体既是使得这次案件成为社会热点的传播媒介，也是平息舆情的重要手段。自媒体时代舆情传播速度快，个案极易形成热点，引发广泛的关注。法官作为解决社会矛盾的裁判员，是站在舆论风口的人，代表审判权威的法槌，每一次落下都必须严格谨慎。在蓬勃发展的自媒体时代，法院和法官群体及法官个人如何适应时代的挑战，如何最大限度地发挥自媒体给司法工作带来正面的作用，以及树立良好的法官职业形象，促进司法为民，提升司法公信力，是当下亟待解决的重要问题。

一、自媒体与法官职业形象的关系

（一）自媒体是法官职业形象传播的媒介

1. 自媒体开拓法官职业形象传播的深度

随着互联网的不断普及，中国互联网和移动互联网的发展逐步成熟，在用网门槛不断降低的同时，互联网产品也出现在人们生活中的方方面面。与此同时，移动端用户不断增加，人们对于简单、快捷、趣味性的需求也随之增加，从碎片化阅读充斥到短视频文化的流行，中国的自媒体也飞速地发展起来。碎片化阅读是通过手机、平板等移动终端可以在任何时间地点进行阅读的方式，由于阅读时间和阅读内容的碎片化，在快节奏的现代生活中迅速流行起来。4G 时代的到来，让媒介足以承载更多的流量，在文字和图片已经不能满足人们获取信息的丰富度时，短视频也应运而生。在移动终端，这些文字、图片和短视频搭载的平台就是自媒体平台。关于自媒体的概念定义，目前公认比较权威的是美国学者 Chirs Willis 和 Shein Bowman 共同发表的 "We Media" 研究报告中的概念："We Media" 是普通民众经由互联网数字强化、同全球知识体系相连后，一种开始理解社会大众如何提供和分享他们自身的事实和新闻的途径。[2]自媒体的使用主体可以是个人，

---

[1] 参见吴晓蓉："'辱母杀人案'的网络舆论倾向与伦理情境分析"，载《哈尔滨学院学报》2018 年第 3 期。
[2] 参见耿凯丽："自媒体的概念与新特点"，载《新媒体研究》2017 年第 14 期。

也可以是官方机构。它不同于传统媒体的专业化,而是具有个性化的存在,人人都能成为信息的发出者和接受者。在传统的媒体中,信息的发布者多是权威的和专业的,人民群众多是作为信息接收者的存在,而自媒体的出现,使不同的人都可以成为新鲜事的发布者,可以通过文字、图片、短视频、直播等方式表现自身的个性。因此,在自媒体时代,不仅仅是法院官方可以发布关于法官的权威信息,民众也可以把自己对法官的印象发表出来。在自媒体当中,信息数据量非常大,每个网民都能成为信息的塑造者。职业形象的构成,一般包括文化修养、职业道德、言谈举止和个人素质。"法官的职业形象通过三个方面被公众所感知:衣着、语言、行为。这三个方面的内容都是法官职业形象给予当事人、社会公众最直接的感知。"[1]事实上,这三个方面也是法官遵守司法礼仪的体现,可以展现出法官的学识、风度、气度、教养、魅力等个人涵养。作为国家审判机关的一员,法官的一言一行都要体现法的精神和法的尊严。并且这些不仅仅只在法官庭审时展现出来,还体现在法官生活和工作的方方面面,共同构成一个完整的职业形象,也是法官职业伦理所不可缺少的部分。2019年1月,浙江省高级人民法院举办了"法官的一天"主题宣传活动,展现了宁波市江北人民法院周进军法官的普通的一天。[2]从庭审现场到生活方式,全面地展示了周法官生活和法官的职业形象。自媒体可以将法官的衣着状态、语言和行为展现在公众面前,能够塑造出完整的法官印象。同时,自媒体主体的多元化也使得法官职业形象的描述不再是官方媒体向大众展现出的权威性,而是可以变得更加真实、更加亲切、更加立体。

2. 自媒体扩大法官职业形象传播的受众

当前,我国用户量和影响力较大的自媒体平台包括微博、微信、新闻客户端等以文字和图片发表为主的平台,抖音、快手等短视频软件,以b站为代表等可以发布和上传自制视频影像的网站,还有虎牙、斗鱼等直播平台。随着科学技术的不断发展,5G时代也即将到来,新的自媒体平台肯定也会继续涌现。众多的自媒体平台意味着信息的受众变得更广。2019年第44次《中国互联网络发展状况统计报告》发布,截至2019年6月,统计显示我国网民规模达8.45亿人,我国手机网民规模达8.47亿,互联网普及率达到61.2%。[3]应用自媒体平台作为主要的信息传播工具,传播舆论的过程由传统媒体时代的单向性、互动性不强的方式转变为了交互性极强、传播频次非常高的方式。自媒体采取的是点到点、点到面的一对多、一对一、多对多、多对一的网状传播方式,在公众之间自主交叉传播,受众量大,信息传播的范围更加广泛。[4]对于法官职业形象的传播来

---

[1] 张庆:"从法官形象探究司法信任——透视法官职业形象",载《法制与社会》2009年第18期。
[2] 余宁:"法官的一天丨周进军的'前卫'与'孤独'",载微信公众号《浙江天平》2019年1月14日。
[3] 《2019中国互联网络发展状况统计报告》
[4] 参见亓璇、杨大明:"自媒体传播对武警部队执勤工作的主要影响及应对策略",载《科技传播》2018年第17期。

说，受众也变得更广。能够接收到法官职业形象这一信息的群众不仅有那些与法官打交道的人，更多普通的民众也可以通过自媒体平台看到法官这一职业所展现出来的形象和职业魅力。

正是因为自媒体时代的到来，民众可以积极主动地发表自己的看法和观点，打破了以往只有大众媒体舆论的格局，民众的声音越来越大，形成一种新的群众舆论的立场。正是由于自媒体平台这样的特点，使得法官职业形象的传播速度更快、范围更广、受众更多，法官的职业形象也更加深入人心。

(二) 自媒体是法官职业形象塑造的双刃剑

1. 自媒体塑造更加多元个性的法官职业形象

法官是法院的主体，法官履行职责的过程就是司法实践的过程，群众与法院的交流都通过法官来实现。因此，在一定程度上来说，法官的职业形象也代表着法院的整体形象和司法形象。对于法官的印象，也是民众对司法认知的感受的初印象，因此法官的言行和亲和力都会构成司法印象的基础。自媒体可以将法官的职业形象完整真实地展现在大众面前，也在一定程度上揭开了司法的神秘面纱，正能量的法官形象可以提高司法公信力。自媒体平台能够最大限度地展现出法官的职业形象，而法官群体的职业形象是由一个个法官的形象共同构成的。自媒体平台作为改变人们信息传递方式的桥梁，能够快速进入人们生活的原因就是能够展现每个普通人的观点，具有极强的个性化色彩。每一个法官都是具有灵魂和生命力的，表面化和模式化的报道只会让大众对法官职业形象的看法停留在没有个性的模糊的职业符号。相较于由传统媒体塑造出的"精英"和"施恩者"的社会强势角色的形象，法官个体的色彩通过自媒体平台得到更加全面的阐释。此外，自媒体平台还使得女性法官的独立存在价值和她们的处境得到了更多的关注。女法官的优势不是仅限于展现柔情和亲和力，她们的能力和智慧也应当得到体现，而不是片面化的形象刻画。但是，法官职业形象的个性化并不意味着法官个人可以使用自媒体将自己的言行完全暴露在公众的面前，法官职业形象最重要的任务还是展现司法的权威，慎言慎行、保持低调，是法官职业伦理的要求。

2. 自媒体放大法官个人行为对司法权威的影响

自媒体是一把双刃剑。公众可以通过自媒体平台，对法官的执业进行监督。2019年11月，一则"永州市法官在庭审期间睡觉"的新闻引发网络热议。[1]这一行为是在庭审直播时被网友发现的，涉事法官事后被停职调查。自媒体平台将法官执法的形象展现在大众面前，也是对法官群体负责，对司法公信力负责，对社会公众负责的方式。但正是

---

[1] 参见马涤明："法官庭审睡觉被停职：法官该不该带病出庭"，载《九江日报》2019年11月14日，第4版。

由于法官是司法形象的代言人,法官的一言一行在自媒体平台都很容易被无限地放大,不仅影响法官整体的职业形象,还会使司法公信力和法律权威受到影响。法官日常工作问题的曝光,会使法官的判决信服力,司法公信力遭到质疑,甚至会引发对司法工作人员的猜疑和不信任。此外,法官的职业伦理要求其不仅在工作中,在生活中的一言一行也必须符合法官职业形象的要求,即使每一个法官都有自己的个性,但法官身上仍然打着正义、公平和权威的标签。因此,我国法官在自媒体平台上展现风貌时也都是由法院作为账号认证和信息的发布者。

作为自媒体平台的使用者,发布和接收信息的可以是任何人。这样独特的信息传递模式虽然具有多元化和快速传播的特点。但是主体的自律性不足,发布信息的真实性难以鉴别,缺乏正能量也是需要注意的问题。加上自媒体软件发布信息简单,传播成本低,这些特点都使得造谣和谣言传播的成本大大降低。并且由于网络平台的开放性和隐蔽性,民众可以不顾及权威,大胆地发表自己对社会事件甚至是法律案件的看法。如果有人恶意运用自媒体平台抹黑法官,煽动网民情绪,而无法鉴别信息真假的民众极有可能成为传播的环节,随意地抨击和盲目地跟风,会使法官正面积极的职业形象遭受重创。

二、自媒体时代与传统法官职业形象的不同

(一)法官服饰的嬗变

服饰是承载着物质文明和精神文明的社会化产物。服饰作为一种视觉符号,不仅可以表现出人的身份、地位、情感,在其作为一个行业的制服时还可以明显地传达此人特定的工作身份。法官制服代表着法官的身份,是司法礼仪的应有之义,也是法官职业形象组成的重要部分,与法官的权威性密切相关。在封建社会,服饰也是阶级化的体现,不同的材质、款式和图腾等都代表了不同的阶级地位。在森严的统治秩序下,我国古代并没有独立的司法权,司法部门实际上是政府的组成部分。从服制上来看,中国古代司法官员的标志在于某些朝代可以通过官服上的"獬豸"。"主持监察、司法工作的官员御史和按察史等一律着獬豸袍,这是因为古代传说中能辨别是非曲直的神兽獬豸已然被纳入了符号化的职业装束中。"[1]在等级分明的官服制度下,法官服就是象征着法官权威和社会阶级的专制符号。

新中国成立后,我国法官制服经历了不同时期的演变过程。从建国初期的干部服,到1986年的军警服,再到21世纪初的西式制服和法官袍,这些都是传统媒体时代人们在

---

[1] 钟俊昆、曾晓林:"獬豸:图像象征的来源与意义",载《中华文化论坛》2015年第3期。

法庭中，或者在报纸杂志和电视中可以看到的法官服饰。早期的干部服，是由中山装改良而成的，这使得法官仿佛也成为有相似意识形态的群体。军警服的出现则具有浓厚的军事色彩，体现出强烈的威严性，同时造成一种缺失独立性的职业形象。西式制服和法官袍的出现使得法官制服出现排他性和专属性，开始成为极具法官职业形象特色的符号。红色的前襟和领口的法徽，红黄的配色和国旗的颜色相呼应；四粒法徽团的金色纽扣代表了四级人民法院独立行使审判权；黑色的法袍和西装，增强法官的威严感和神圣感。[1]新式的法官制服不仅简洁美观，还能塑造出法官严肃干练的职业形象。法袍不仅仅是一件外衣，它已经成为司法正义的重要器物，它使得法官职业成为维系社会公正的人格载体，承载着法律的神圣和意义[2]。

法官袍的出现也标志着我国司法文明发展进入新阶段。在 2000 年之后，法官袍经历了多次更新，加上自媒体时代的效应，把现行的法官制服形象深深镌刻在更多人的脑海里。2007 年的法官制服更新，除了在材质上有了进步，穿着更加舒适之外，最大的改变就是夏装上衣改为明亮的浅蓝色以及为女性法官增配了黑色西服裙。这一款法官服在具有时尚感的同时，也可以展现出法官群体尤其是女法官们积极向上的精神风貌。2017 年法官服又将夏装上衣改回了深灰色和同色的西裤西裙。灰色更加体现出法官的庄重和严肃，也维护了正义的司法形象。[3]由此可见，法官服饰作为法官群体给人的第一印象，最重要的还是体现出法官和司法的权威性，是塑造出整个法官职业形象的基础。法官服制的变迁，表明司法工作人员结构的优化，以及法官队伍的专业化和正规化。法官制服不是"形式主义"，在自媒体时代，人们可以通过自媒体平台的图片、视频以及直播的形式看到法官，一身兼具职业特色和美观大方的法官制服，将更好地传达和塑造法官的公正审判的职业形象，在法庭中也能够彰显法律的威严，强化法官的职业责任感。

（二）法官职业地位的变化

法官职业形象的塑造与法官在庭审中所扮演的角色、所代表的身份以及所处的地位息息相关。由于古代中国特有的政治体制和法律观念，"司法"成为"行政"所包含的核心内容之一，法官这一角色通常是由地方行政长官来担任，因此，传统的"法官"地位是不具有独立性的。首先，古代法官的审判权是依附于行政权的，"行政兼理司法"的模式，使得案件的审判成为行政官员执行政治意志，行使管理国家职能的一部分。并且由于行政官员必须要服从封建官僚体制的管理，不仅要按照法律的规定审判案件，还要听从上级的指挥，法官的审判权实则是非独立、不平等的。掌握最高审判权力的，实际也

---

[1] 参见张建伟："司法的外衣 制服与法袍"，载《中国法律评论》2017 年第 3 期。
[2] 参见吴志伟："法袍演进中的文化内涵"，载《人民法院报》2012 年 3 月 30 日，第 8 版。
[3] 参见刘宗珍："从法官服制变化看我国司法理念进步"，载《人民法院报》2019 年 7 月 30 日，第 2 版。

是掌握皇权的皇帝，皇帝会亲自主审重大的案件。[1]古代庭审，也是法官的一言堂，行政官员虽有等级之分，但在庭审之内，就具有最高的审判地位。其次，行政长官虽然是案件的裁决者，但是并不一定具有专业的法律知识和技能。司法是为了巩固王权的存在，任职司法官员不要求其学习律法，古时审判，官员多靠幕后法官"师爷"的辅佐。审案官员在庭审上的发言也难以直接运用法律条文，不具有规范性，而庭审中的话语也是法官身份构建的重要因素。古代审案的官员为当事人主持公道，背后深层的目的是维护社会秩序，巩固皇权。行政与司法的合一使得古代并没有形成所谓的"法官"群体，法官没有独立的职业地位，只是行政的附庸。

西方法律文化传入中国以来，经过曲折的探索和建设，我国法官的地位从传统的附属于行政，到今天，已经有了全新的面貌。"司法"与"行政"成为并列平等的概念，司法从行政中分离出来，法院拥有了独立的审判权。法官也是具有多元化色彩的角色，是党员、公务员和审判员的集合。作为党员，法官要坚持党的领导，走群众路线，司法为民，在群众中塑造良好的法官职业形象。作为公务员，法官也属于行政系统的一员，有时也会参与一些行政性工作，要承担一定的社会职能。作为审判员，法官是专业的法律人，在庭审中要做一个合格的主导者、倾听者和裁判者。现代庭审，是控辩双方和法官三者之间形成的三角格局，法官根据控辩双方的诉求，在法律规定的基础上做出判决。具有专业法律知识的法官组成的合议庭既体现出专业性，又保证了司法公正。现代庭审，法官的发言也规范化、模式化，符合法律的严谨和司法的权威特征。在新时代，法官地位所代表的职业形象应当是信仰法律，公正司法，守护司法权威的。

三、自媒体时代法官职业形象存在的问题

（一）法官职业形象具有神秘感

在我国传统的法律文化中，受"人治"思想的影响，审判人员历来在人们的心里一直都是以人情治理，不顾法律权威的。甚至法院在以前是"衙门"的形式，历来让人敬而远之。受到中国传统法律文化的影响，直至现在，人们还是常常容易产生厌诉的心理。大部分民众没有经历过诉讼，没有踏足过法院和法官接触，对法官的印象可能大多数停留在文艺作品中，比如"包青天"的形象。"铁面无私，清正廉洁，奉公守法。可以说，我国古代文学作品对法官形象的刻画就是以它为模板的，不管是正面的塑造如海瑞等人，

---

[1] 参见任家宽、王翠红、孟庆方："论中国古代司法文化特征——以'行政兼理司法模式'为例"，载《甘肃高师学报》2016年第10期。

还是反面批判如贾雨村之流，莫不能外。"[1]因此，民众对于法官具体形象的勾画，大多数可能都是通过想象和猜测形成的这种职业神秘感，这会导致民众对于法院和司法产生迷惑的印象，影响民众对于司法公信的认知。紧紧围绕着司法的神秘感，还来自于法官慎言的传统，法院往往是被动发声的一方，法官不会在公众面前谈论自己的审判，而是由媒体参与庭审自行发布信息，很容易片面地传播信息，甚至出现异化。法官是一个职业，也是和普通人一样的个体。法庭上的法官手持法槌，口中法言法语倒背如流，给人一种严肃感和距离感。而法官走下法庭的日常生活是什么模样，为人处世是什么性格，公众也无从得知。这就更为法官的职业形象蒙上了一层神秘的面纱。

（二）法官职业形象缺乏公众认同感

司法裁判必须得到公众认同，法律规范的有效性及其存在才是有意义的。法官是做出司法裁判的职业，公众对法官认同感也是树立司法权威的基础。认同是一个求同存异的过程，公众不仅要看到法官职业与其他职业的相似性，也要看到区别所在。而最容易获取公众认同感的途径就是对法官职业形象进行宣传普及。在互联网和大众媒体发达的时代，对于法官职业的宣传的途径和方式是多种多样的。近年来，有很多的影视作品和综艺节目等对各种各样的职业进行正面的宣传。比如2017年大火的《人民的名义》，为检察官权威形象在民众心中的塑造带来了十分积极正面的影响；综艺节目《令人心动的offer》，也全面且生动地展现了律师职业的方方面面，广受在职律师和公众的好评。许多影视作品在涉及司法时，也多是以律师和检察官的角度切入案件。更不用说涉及教师、警察、军人等特定职业人物的文艺作品，更是不胜枚举。通过这样以职业背景为主线的影视作品或者综艺节目等形式，都能够一定程度地增强公众对于特定职业群体的关注和认知，从而增强民众对其认同感。法官具有保证司法公正，坚持司法为民，为民众解决纠纷的职业特性，从这样的职业特性上来说，应该很容易成为公众的关注点。但是，目前在各大媒体和文艺作品中，法官出现的频率较为稀少。2018年播出的《阳光下的法庭》是由最高人民法院影视中心出品的，从法官视角展现司法公正的电视连续剧，但是并没有引起公众的广泛关注。因此，法官需要通过全方位的宣传，通过案件进行自我形象的展示，增强民众对法官职业形象的认同感。

（三）法官职业形象缺失信任感

法官的职业形象是整个法官群体在社会公众中的印象，不单单是某个法官个人的形象，而是代表审判机关的整体形象，但是法官个人的形象会直接或间接影响到整个法官群体的统一形象。法官是人民群众利益诉求的裁决者，随着网络自媒体的不断发展，法

---

[1] 刘安华、雷海峰："从包公到《大法官》——古今法官形象差异及意义探析"，载《重庆科技学院学报（社会科学版）》2010年第10期。

官作为解决者必定会承受一些或多或少的舆论非议。与此同时，法官群体中确实存在一些法官审判不公的现象，比如 2006 年轰动一时的"南京彭宇案",[1] 也会影响到民众对于法官判决的信任。在此案中，一审判决的说理和表述不当的问题，导致该案件被误读和放大，造成严重的负面舆论影响，法院对于偏离事实真相的报道也没有积极有效地采取应对措施。这个案件带来的影响不仅仅是公众对法官判决的不信任，还对社会主流道德产生了负面的影响。由此可见，法官在公众心目中建立信任感的重要性和艰巨性。此外，由于法律人与普通民众之间在法律理念上存在的差异，也成为群众与法官之间建立信任感的代沟。大部分公众对于一个案件的解决结果是否合理，是用自己心中的道德审判，是否合情才是他们的判断标准。在一些影响重大的个案上，尽管法官的裁判结论完全符合法律规范和法理，但是公众对裁判结果总是存在种种质疑，从而导致对于法官职业的廉洁性和对于司法公信力的质疑。问题的根源所在可能还是司法从业者和普通民众在司法理念和法律理解上的差异。

四、自媒体时代法官职业形象存在问题之原因探析

（一）法院自身的原因

1. 法院对舆论危机的应对不足

自媒体时代，人人皆媒体，在信息传播的同时，也极易形成热点和舆论。许多法律案件也成为人们议论的焦点，而法官的判决是焦点中必不可少的部分，人们对于法官做出的决断评价，直接影响着法官的形象和司法公信力。此外，由于法官职业的威严性，人们对于法官也存在着强烈的关注，任何法官的个人行为在自媒体平台上都能够被广泛地传播和放大。由于自媒体平台上的信息有可以转发和分享的特性，经过多次的互动传播，法官的言行或者判决结果，很快演变成舆论压力和热点危机。在这种多变的环境下，法院的处理是否恰当会直接影响其自身的权威性。就目前而言，法院在处理舆论危机事件时，应对还有不足。法官队伍缺少对于舆情的敏感性和引导意识，面对各类信息舆论，缺乏处理经验，导致司法机关常常处于被动局面，让舆情影响司法。或是面对舆情束手无策，处理信息滞后，没有掌握自媒体传播的规律，错过引导舆情的最佳时机。不是尽快积极澄清，公开透明地处理和解决，而是推诿责任，立场前后不一，无疑会使舆情危机失控，严重影响司法和机关的公信力。此外，法院还缺乏对于危机事件的预警。通过搜集和处理信息能够及时有效地掌握舆论危机事件的发生规律，进行高效的针对性的处

---

[1] 参见傅郁林："彭宇案现象的多维度解析"，载《人民法院报》2014 年 7 月 27 日，第 2 版。

理。由于缺乏预警机制，导致法院在处理舆情危机时难以组织和协调。

2. 法院内部信息化建设有待完善

在互联网技术飞速发展，自媒体日益渗透的今天，法院信息化的建设和运用显得尤为重要。虽然司法机关已经认识到利用自媒体平台和互联网技术提升在司法工作中的重要性，例如进行庭审直播和线上庭审等，但是相比较于自媒体时代信息传播日新月异的发展，法院内部的分工和机制建设还是有待健全。自媒体是法官职业形象塑造的利器，很多行业和组织都有建立专业的部门，健全合理的机制。但目前，法院尚未设立专门的部门或机构负责舆情分析与引导。能够把法官正面阳光的职业形象展现出来的事迹得不到广泛的宣传，同时，在遇到重大舆情事件时，组织机构的上传下达导致事务繁琐，错过应对的最佳时机。关于法院的信息化建设还存在一些突出的问题。一方面是法院内部网络机构建设的不足。很多法院或者法官群体已经认识到了这一问题，并着手在自媒体平台上进行建设推广，但忽略了法院内部信息平台的日常使用。在许多法院的官方网站上，信息更新不及时，普通民众浏览和获取信息也极其不便，缺少信息之间的交流和分享。除此之外，法院的信息技术运用水平也较低。由于法官队伍内部缺少相关熟练掌握网络安全技术的人才，法院工作人员由于技术方面的不成熟，难以对信息进行深入地筛选和分析。对于信息的获取和收集也缺乏敏锐性，或者发布毫无价值的信息，对法官职业形象的塑造起不到任何帮助。

3. 法官个人的职业伦理修养水平不一

法官的职业伦理是成为法官的一门必修课，法官与法官之间这门功课的学习水平也是有高下之分的。那些影响法官职业形象塑造的负面新闻，是法官职业形象塑造道路上的绊脚石，这往往是因为个别法官自身的职业伦理修养不足所造成的。我国对于法官职业伦理的研究才刚刚发展起来，对于职业伦理教育和培训也刚刚起步。在法官的选拔和培训中，往往更重视专业性和审判实务，以及法官作为公务员的思想政治教育水平。许多法官对于法律职业伦理是没有进行系统化的学习的，流于形式的学习也不能使法官深刻地理解法官职业伦理的特殊性和意义，这就导致法官个体之间职业伦理修养水平不一。而法官的职业伦理，主要体现在法官的言行中，这都是展露在公众眼前的。作为掌握司法权力的正义使者，其自身的职业伦理修养会影响到案件的审判，会影响到法官职业形象的塑造，甚至会影响到司法权威和法治建设。提升法官的职业伦理修养，是自媒体时代构建法官职业形象的必要条件。

(二) 自媒体平台及用户的原因

1. 网民法律素养参差不齐

网民作为自媒体平台的使用者，信息传播的发布者及接收者，其构成的年龄、性别、文化程度、职业、兴趣爱好等等，都会影响到信息传播的效果。关于法官职业形象，网民的法律素养决定了其认知的差异。目前，我国网民整体的法律知识比较薄弱。法律知识作为一种职业技能，只能在高等教育中进行系统化的学习。对于没有接受过法学教育的大多数网民来说，在义务教育过程中，学校重视文化知识的教育而缺少对法律常识的宣传，在互联网平台上，也缺乏及时有效的法律知识普及。正是由于知识储备的欠缺，网民的法律观念也较为模糊，难以区分法与道德，缺少维权意识等。甚至部分网民缺失对法律规范的信仰，不尊重法律，蔑视法律，自然也不会对法官有好的印象。由于法律素养的参差，加上司法机关对自媒体平台的舆论缺乏引导，容易造成偏激的言论，恶意嘲讽和跟风。这种恶意和偏激的言论，会导致民众对法官丧失信任，难以认同。提高全民的法律素养，是我国法治化进程的艰巨任务，但也是必行之路。

2. 虚假信息混淆民众视听

作为信息传播的载体，自媒体平台碎片化的承载形式，导致一条信息的发布通常难以展现事件的原貌，也就给了虚假信息萌芽和生长的空间。司法信息发布不畅通，法院的被动发声，都会导致司法信息的碎片化和片面化。在信息不断传播和发散的过程中，其表达的原意也自然而然地被曲解，如果被有心人利用，最终将会形成网络谣言。加上自媒体平台人人都能成为信息发布者的特性，虚假的信息容易被捏造，并且难以辨别，以至于大众对事情的真相难以进行理性的判断。网络民众中那些沉默的大多数，即使不发表自己的观点，也能将自己认可甚至难以判断真假的信息进行分享，在这种情况下，三人成虎，虚假的信息和谣言传播速度快、范围广，还具有极强的煽动性，一旦发酵就会成为危害性更大的舆论危机，从而混淆民众的视听，导致法官职业形象遭受重创，司法公信力下降。

五、自媒体时代构建我国法官职业形象的途径

（一）以信息化促和谐，坚持司法为民

司法为民是我国具有时代特色的现代司法理念，其具体要求是法官在适用法律过程中实现平等、公平、正义等价值目标，让司法服务于人民大众。[1]如今，自媒体时代的到来，给法院、法官和民众的关系带来了新的挑战，面对全新的网络信息传播环境，三者都应该进行适当地适应和调整，保持沟通，建立合作共赢的局面。首先要加强互联网法院的建设，打造一支精良的互联网审判队伍。当前，我国不少城市都成立了互联网法

---

[1] 参见郭哲主编：《法律职业伦理教程》，高等教育出版社2018年版。

院,充分依托互联网技术,充分实现起诉、立案、举证、开庭、裁判、执行全流程在线化。互联网法院是司法主动适应互联网发展趋势的一项制度创新,实现了便民诉讼,充分节约了司法资源。2018年9月3日,最高人民法院审判委员会第1747次会议审议通过了《最高人民法院关于互联网法院审理案件若干问题的规定》,体现出国家对杭州互联网法院创新实践的重视。最高院配合中央网信办等有关部门,还在北京、广州、浙江等多地多次开展深入调研,并决定设立北京、广州互联网法院。假以时日,在符合创办互联网法院的条件时,这种模式一定会深入更多的城市。民众通过互联网法院,维护利益的途径变得更加便捷和高效,与法官互动的方式也和传统模式的不同,是树立法官职业形象的重要部分。

(二)巧用官方自媒体,打造阳光形象

互联网的发展,使得当前法院通过网络有了许多向公众展现司法形象的渠道。再加上众多自媒体平台的出现,成为公众发表信息和反馈意见的重要通道。要打造阳光的法官职业形象,首先可以设立新型的民众互动平台,自媒体的交互性有利于及时收集民意、汇集民智。很多法院设立了自己的官方公众号,包括司法公开和一些便民服务的内容,甚至可以直接在对话框里发送自己想查询的内容,会有工作人员进行人工回复。这样的形式充分便利了公众获取法律资讯,拓宽了寻求法律帮助的途径,也提高了司法效率。其次,可以利用新兴的自媒体直播平台。直播庭审已经不是新鲜事了,将法官审判的庭审场面真实生动地呈现在公众的视野,也大大拉近了普通民众与司法的距离。最近引起广泛关注的是多家法院与线上拍卖平台在电商平台上"直播带货",进行司法拍卖。"以浙江省宁波市中级人民法院为例,在短短1个多小时的直播拍卖里,该院拍卖标的成交额即突破亿元。"[1]法官在人们的心中一直保持端正严肃的形象,这是法官职业的属性要求,但这样的法官直播却不失严肃,又更添活泼,不仅有利于法院更好地处置涉案资产,解决执行难的问题,还能够增进法官与人民群众之间的良性互动,提高公众对法院工作的认可度和满意度。此外,还可以通过拍摄一些法官普法的情景剧短视频发布在短视频平台,在实现法律常识普及的同时,也让民众看到更多法官的工作,打破神秘的面纱。司法工作者放下正襟危坐的传统形象,以平易近人的方式与民众互动,是塑造新时代法官阳光正面形象的积极尝试。

但值得注意的是,法官个人如果在自媒体平台,以法官的职业身份发布一些言论或者一些损害法官形象的图片和视频,是绝对不允许的。自媒体平台的舆论影响力超乎想象的大,一旦因为某些法官自身的行为导致法官职业形象被抹黑,会对法官群体的形象

---

[1] 史洪举:"'法官直播带货'是助推执行攻坚的有益尝试",载《人民法院报》2019年12月18日,第2版。

乃至司法公信力造成很大的打击。并且，根据法官的职业伦理要求，法官司法职务之外的所有活动，都是要自我约束，维护司法形象。因此，自媒体平台的利用要以官方法院机构为发布主体，才能显示司法的权威性以及增强司法公信力，也是防止法官职业阳光形象被破坏的方式。

（三）善用大数据分析，加强内部规制

大数据平台信息数量庞大且处理速度很快，通过大数据的信息收集，可以让人民法院从海量的信息数据中获取到全面的信息，大数据的应用不仅对于法院日常审判工作起到越来越重要的作用，也对法院内部的管理和规制有积极影响。在法院内部，对于法官的内部规制至关重要，它是法官法律职业伦理实施机制的保障，也是司法公正的保护线。人民法院是国家的审判机关，全国各级法院是一个层级分明的系统，在这个系统中，法官的数量数以万计，构建法官职业形象是每个法官的职业伦理要求。大数据系统像一张无形的网，通过与大数据相连接，法官可以看到全国各地其他法院的法官的办案情况。见贤思齐，法官在看到公正合理的审判时可以学习；见不贤而内自省也，法官看到其他个别不利于维护法官职业形象的行为可以自我反省，自我提升。自媒体平台也是人们参与讨论司法的主要渠道，网络舆情成为当下民情的集中反映，通过大数据分析的优势，法官在充分认识和把握网络舆情时，能够更好地理解民意，强化群众观念。"法官在工作的过程中，法官的言行举止，都会对身边的当事人和其他公众带来示范的作用，这种作用会潜移默化地影响其他人，从法官辐射到其他的公众，从而带动整个法官职业群体的提升，更对整个社会产生积极的影响，带来积极正面的效果，促进社会文明的不断进步和发展。"[1]

作为法官，坚守职业伦理，树立良好的职业形象是从事法官职业的应有之义。要提高每一位法官的职业伦理修养，需要国家、法院、法官和社会的共同努力。首先，要加强法官职业化的建设。在法官的遴选制度方面，改进我国法官员额制，完善法官的考核评价和准入标准。法官队伍中能力不足，不能遵守法官职业伦理的人员可以进行必要的削减，同时对法官的任免也要更加严格。[2]此外，我国法律职业伦理的构建尚未完成，法官的职业伦理也没有一套规范化的准则体系，制定一部具体的、有实践性的法官伦理准则也尤为重要。其次，法院要加强对法官的职业伦理教育。法官的职业伦理学习不是简单的学习文本知识就可以提高的，关键在于理解和实践。因此，法院要拒绝流于形式的培训，也要杜绝只重视实务技能和思想政治教育的风气，认真地规划好法律职业伦理的业内教育，营造遵守法官职业伦理的良好氛围。再次，作为法官，要认真加强自身的

---

[1] 刘欣："论我国法官职业伦理之德性建构"，载《江汉大学学报（社会科学版）》2019年第4期。
[2] 参见庞晓林："法官员额制浅析"，载《法制博览》2019年第26期。

职业伦理修养，将职业伦理内化为心中的道德素质，成为一种习惯和自觉的行为。在业外行为中也要保持谨慎的态度，不断自省，及时修正不当的行为。最后，社会的监督也能够促进法官职业伦理的建设。在这个民众的声音被放大的自媒体时代，民意无疑是检测法官是否具有良好的职业伦理修养最重要的方式。

结语

自媒体作为信息发展的新兴产物，其产生和发展必然会对司法审判工作起到一定的作用，借助自媒体进行司法革新也是时代发展的趋势，同时，作为司法审判工作的执行者，法官的职业形象塑造也迎来了机遇和挑战。如何抓住机遇，打造良好的法官职业形象是正在进行的工作。同时，面对自媒体可能带来的网络舆情风险和挑战，也要努力去规避。在巧用新型互联网平台的模式下，法官保证司法公正，坚持司法为民，确保司法廉洁等，一定会在公众面前树立新时代不失公正严肃，又具亲和力的法官职业形象。

参考文献

［1］吴晓蓉："'辱母杀人案'的网络舆论倾向与伦理情境分析"，载《哈尔滨学院学报》2018 年第 3 期。

［2］耿凯丽："自媒体的概念与新特点"，载《新媒体研究》2017 年第 14 期。

［3］张庆："从法官形象探究司法信任——透视法官职业形象"，载《法制与社会》2009 年第 18 期。

［4］余宁："法官的一天｜周进军的'前卫'与'孤独'"，载微信公众号《浙江天平》2019 年 1 月 14 日。

［5］《2019 中国互联网络发展状况统计报告》

［6］亓璇、杨大明："自媒体传播对武警部队执勤工作的主要影响及应对策略"，载《科技传播》2018 年第 17 期。

［7］马涤明："法官庭审睡觉被停职：法官该不该带病出庭"，载《九江日报》2019 年 11 月 14 日，第 4 版。

［8］钟俊昆、曾晓林："獬豸：图像象征的来源与意义"，载《中华文化论坛》2015 年第 3 期。

［9］张建伟："司法的外衣 制服与法袍"，载《中国法律评论》2017 年第 3 期。

［10］吴志伟："法袍演进中的文化内涵"，载《人民法院报》2012 年 03 月 30 日，第 8 版。

［11］刘宗珍："从法官服制变化看我国司法理念进步"，载《人民法院报》2019 年 7

月 30 日，第 2 版。

［12］任家宽、王翠红、孟庆方："论中国古代司法文化特征——以'行政兼理司法模式'为例"，载《甘肃高师学报》2016 年第 10 期。

［13］刘安华、雷海峰："从包公到《大法官》——古今法官形象差异及意义探析"，载《重庆科技学院学报（社会科学版）》2010 年第 10 期。

［14］傅郁林："彭宇案现象的多维度解析"，载《人民法院报》2014 年 7 月 27 日，第 2 版。

［15］郭哲主编：《法律职业伦理教程》，高等教育出版社 2018 年版。

［16］史洪举："'法官直播带货'是助推执行攻坚的有益尝试"，载《人民法院报》2019 年 12 月 18 日，第 2 版。

［17］刘欣："论我国法官职业伦理之德性建构"，载《江汉大学学报（社会科学版）》2019 年第 4 期。

［18］庞晓林："法官员额制浅析"，载《法制博览》2019 年第 26 期。

域外传真

　　了解域外法律职业的基本状况，把握域外法律职业前沿的问题，是我国发展法律职业、完善法律职业伦理规则必不可少的手段。因此，法律职业伦理学科研究的深入，必须以开放的心态、开阔的视野、审慎的目光聚焦到域外法律职业及法律职业伦理的最新发展上。本单元的四篇文章从不同的侧面体现了这一研究进路。郭晓飞副教授的《美国法律职业伦理教育的争议与技艺》通过梳理美国法律职业伦理教育的争议，从中展开对我国法律职业伦理教育的深思。陈宜教授、胡晓雨硕士生的《日本律师制度探究》一文对日本律师制度进行了全面的介绍，其中不乏可供我国参考的侧面。王进喜教授的译文《当律师没有获得全部利润时：非律师所有权，法律服务近用和职业主义》围绕法律职业对外部所有权人开放这一富有争议的问题展开讨论，而这一问题的研讨正是目前我国的法律职业极为关注的。陈子文硕士生、杨惠蕊硕士生的译文《在线争议解决的设计方案》为我们展现了在线争议解决（ODR）设计的分析框架，并在总结ODR经验的基础上对未来进行了展望。

美国法律职业伦理教育的争议与技艺

郭晓飞 *

内容摘要：美国法律职业伦理教育所面临的一个最大的质疑就是美德是否可教，另外一个反对的声音就是以法律科学为名排斥伦理教育，这两种反对的声音都和法学教育的"去道德化"有关，哪怕是法律职业伦理教育也是先把职业伦理规则化、立法化，然后变成一种可教的知识。然而这样的模式遭到了批评，而职业伦理教育的技艺的提升内在于这种争议当中。把良好的判断作为职业伦理教育的核心，需要诊所实践教育和教室里理论反思的结合，专门的职业伦理教育课也需要普遍渗透方法的补充，由此，带来的启发就是法律职业伦理教育不能重复法教义学的模式。

关键词：美德；去道德化；好的判断；普遍渗透法

在西方历史上，无论是古希腊还是中世纪，都非常重视伦理教育，美国早期的大学教育也强调塑造学生的品格，教书育人似乎是不言自明的道理，只是现代以来强调技术教育和价值中立，伦理教育才逐渐在大学的课程中被边缘化。在二十世纪相当长的时期中，一个显著的现象是实践中律师协会不断正式地强调职业责任的重要性，而法学院的法律职业伦理教育却裹足不前，这个落差一直持续到1974年，一个分水岭的事件——水门事件横空出世，法律职业伦理教育才掀开了新的篇章。在律师界，水门事件也可以称作"律师门"（Lawyergate），大量的律师参与到妨害司法的行为当中，在公众舆论中律师界遭遇了严重的信任危机。美国律师协会作出规定，在美国律师协会得到认证的法学院，必须开设法律职业伦理的必修课程。在律师资格考试当中，将法律职业伦理单独测试，如果通不过这门考试，即使其他科目分数再高也无法拿到律师资格。[1]美国律师协会针对特定教学课程作出要求，这在历史上还是第一次。在强调学术自由、教授治校的学术界，也引来了极大的不满，但是牢骚归牢骚，全美各家在美国律师协会认证的法学院都齐刷刷地开设了法律职业伦理的必修课。或许，没有哪个法学院可以承担得起"抵制法律职业伦理教育"的恶名，这个课程非常"政治正确"。然而，分析"水门事件"与开设

---

* 郭晓飞，法学博士，中国政法大学副教授。
〔1〕 王进喜：《美国律师职业行为规则理论与实践》，中国人民公安大学出版社2005年版，第9～10页。

法律职业伦理必修课之间的关系,也不得不让人怀疑课程开设成为一种"危机公关"的行为,或明或暗的争议一直困扰着讲授法律职业伦理的学者,以至于产生出一种所谓的"正当性焦虑",即:尽管美国律师协会以一种"粗暴"的要求绕过了争议,法律职业伦理课在法学院里的生存,是需要在学术上论证和辩护的,而本文也将阐明,讲授职业伦理的技艺,也内在于这种关于正当性的争议中。

一、美德可教吗?

法律职业伦理教育所面临的一个最大的质疑就是美德是否可教?这个疑问在西方哲学史上源远流长,可以追溯到柏拉图在《美诺篇》中美诺向苏格拉底提的一个问题:"请你告诉我,苏格拉底,美德能教吗?或者说美德是通过实践得来的吗?或者说美德既不是通过教诲也不是通过实践得来的,而是一种天性或别的什么东西?"[1]哲学家笔下的"美德是否可教"主要讨论的是形而上的问题,例如什么是美德,美德是否是一种知识,像苏格拉底就认为如果美德是一种知识就是可教的,如果美德不是一种知识就是不可教的。到底有没有拥有美德的老师可以把自身的善传递给别人,还是说这种东西根本上是不能传递和接受的。[2]这样的讨论对于法律职业伦理教育来说既切题又不切题,说切题是因为毕竟法律职业伦理成为法学院的必修课是因为"水门事件"造成对律师的信任危机,希望课程的开设与行为的改善可以密切相关;说不切题是因为,美国的法律职业伦理已经体现为具体的规则,类似于已经被"知识化",美国律师资格考试中职业伦理考试采取的客观题的方式,也证明了职业伦理被"可操作化"了。例如,如何处理利益冲突的问题已经变得和一般的法律规则的讲授没有任何区别,所以泛泛而谈美德是否可以教已经有些审错了题。何况,"一个好律师能否是个好人"的普遍追问呈现出有些情况下职业伦理和美德的张力,律师明知自己当事人违法犯罪仍然可以做程序上的无罪辩护,而大众伦理不能接受这种为"坏人"开脱的行为。职业伦理提供了一种正当化的说辞来为这种"去美德化"的行为进行正当化论证,缓解律师的伦理焦虑。也就是说,职业伦理有时候教的就不是美德。

哲学上的"美德是否可教"体现在生活中呈现为一种常识性的质疑:难道说"水门事件"中的妨碍司法的律师不知道他们的所作所为是违反规则的吗,这是知识的问题吗?这可能是"知行分离"的问题,而这个问题不是课堂教育所能解决的。著名学者型法官波斯纳就认为在课堂上灌输伦理教人做好人徒劳无益。[3]还有很多类似的质疑,基本上

---

[1] [古希腊]柏拉图著,王晓朝译:《柏拉图全集》(第2卷),人民出版社2003年版,第491页。
[2] [古希腊]柏拉图著,王晓朝译:《柏拉图全集》(第2卷),人民出版社2003年版,第492~534页。
[3] Richard A. Posner, The Deprofessionalization of Legal Teaching and Scholarship, 91 Mich. L. Rev. 1921, 1924 (1993)

认为人们的道德教育很可能在幼年时候已经成型，所谓的"从小看大，三岁知老"，等到一个人成为法学院里的学生，已经很难在伦理上有大的改变。著名的法律职业伦理研究的学者黛博拉·L.罗德认为这些质疑既夸大了职业伦理教育的目标又低估了它的影响力，夸大了教育目标指的是职业伦理教育的老师很少有人说这个课的目标就是"让人变成好人"，而职业伦理课能促成学生对职业行为规则的意识，让学生知道行为的边界在哪里。职业责任教育的核心是学会反思性判断，学生在课堂上会学着思考，自己想过什么样的生活，这个职业是什么样子的，如何促进一个更公正的社会。对一些学生来说，这是唯一的机会去思考自己的工作、公共服务、客户利益和社会责任的关系，而理想主义曾经是这些学生们来到法学院学习的原因。也有一些关于伦理教育的经验研究证实，在刚成年时接受到的教育对个人的道德观和策略的转变也会产生显著影响。对具体情境下不同价值观的选择是学生进入法学院之前很少思考的，而设计良好的课程可以推进这方面的能力。[1] 人们往往相信幼年期的道德教育对于人格形成的重要性，即使这个命题是真实的，我们也可以试着想象，刚刚开始学习法律的学生，尽管在年龄上或许他们已经成年，却是法律职业后备军中嗷嗷待哺的幼年，法律职业伦理意识或许就在这里得以萌生，这也是笔者倾向于在法学院一年级就开设法律职业伦理课程的原因。

认为家庭教育更多地塑造了伦理品格，可能也会有一种排斥效应。二十世纪中叶一个著名的法律伦理学家亨利·德林克（Henry Drinker）曾经声称美国律师界所面临的最大的伦理问题来自"俄国出生的犹太人"，他们加入美国律师行业以后大量的违反职业规则，原因就是他们早年的家庭教育没有体现美国价值。解决这个问题的关键就在于把这些人排斥在法律职业之外。[2] 这样的思路让人回想起历史上美国法律职业对女性、有色种族、某些宗教信徒、低下阶层的排斥，仿佛法学教育要被"贵族阶层"所垄断，他们才是在道德上"正确"的人，因为他们受过"正确"价值观的熏陶。今天已经没有人敢于严肃地提出这样的观点，但是类似的思维却依然存在。

还有一种常见的质疑是，大学课堂很难作为职业伦理教育的理想场所，因为伦理品格需要在实践中磨砺出来，执业实践的具体语境在很大程度上塑造了一个人的行为。笔者并不否认实践的重要性，同行们的所作所为在很大程度上确实影响了新入职者的行为品性，下文在职业伦理教育的技艺部分也会讨论诊所教育的重要性。可是，如果只是强调法律人在具体执业的时候再来进行职业伦理的养成，其实是有难度的。对实践重要性的强调其来有自天然正当，可是也不可否认实践的"务实""紧迫感""形格势禁"，强

---

[1] Deborah L. Rhode, Teaching Professional Responsibility and Legal Ethics Article, 51 St. Louis U. L. J. 1043, 1044 – 1051 (2007).

[2] Russell G. Pearce, Legal Ethics Must Be the Heart of the Law School Curriculum, 26 J. Legal Prof. 159, 162 (2001 – 2002).

调"把事情办成"的一面恰恰很难提供反思性判断的训练,大学课堂上的"纸上谈兵""凌空蹈虚""站着说话不腰疼",可能恰恰在另外一个层面上提供了反思的空间,为伦理的反身性思考的培养提供了养料。其实如果仅仅满足于做一个挣钱的成功律师,师傅带徒弟式的作坊式教育可能胜过法学院所有的课堂教育,大学法学院的教育模式一定有实践所不能替代的功能。

二、以法律科学为名排斥伦理教育

有学者认为以下这种思想造成了法学界对于法律职业伦理教育的敌意:法学是一门科学,要跟价值伦理问题进行区隔,似乎伦理教育是一种说教,同宗教类似。主导美国法学院的案例教学法和前哈佛法学院院长兰德尔视法律为科学的观点相关。兰德尔把上诉审法院的案件作为原材料,认为可以从这里提炼法律的原则。他还认为法律图书馆对于法律研习者而言,就相当于化学家和物理学家的实验室,动物学家有关博物学的博物馆,植物学家的植物园。这种科学观认为科学重视的是事实而非价值,法律科学的建构过程恰恰是以蔑视价值判断为基础的。如今美国法学界很少有学者认为自己是法律科学家,但是兰德尔科学主义的思想仍然影响深远。法律实证主义仍然强调法律是什么,而不是法律应该是什么,对实在法和道德进行区隔。法经济学也强调事实和价值的区分,即使承认法律包含价值判断的政策分析学者也常常"工具主义"地看待法律,假设某种价值是值得追求的,而法学院教育着重在于强调法律是否提供了实现这些目标的有效手段。总之,无论是旧式的兰德尔科学思想,还是正走红的法经济学,还是以政策分析为基础的法律工具主义,都对法律问题和伦理问题进行了区隔。一些学者认为法律职业伦理很无趣根本不值得聪明的头脑进行研究,还有学者认为道德指导等于道德说教,老师把自己的价值观强加于学生,并且惩罚异议分子。还有学者说,假如有学生在传统的课堂上提出伦理考量会被认为是和正在讨论的法律问题不相干。[1]如果用一种理论的视角来观察,法学界对伦理课的排斥基本上是休谟以来"事实"与"价值"两分思想的产物,无论是分析实证主义的逻辑实证,还是法社会学的经验实证,都是试图在"科学"的场域中争得一席之地,"纯粹法学"不是要声称"脱离了任何意识形态的考虑"吗?[2]霍姆斯在《法律的道路》一文中说"假如我们把所有具有道德意味的词从法律中删去,而采用那些能够表达未受其他领域污染的法律概念的词,结果会比现在好些。"[3]自然法学

---

[1] Russell G. Pearce, Teaching Ethics Seriously Legal Ethics as the Most Important subject in law school, 29 Loy. U. Chi. L. J. 719, 728–730 (1998)
[2] [英]韦恩·莫里森著,李桂林等译:《法理学:从古希腊到后现代》,武汉大学出版社2003年版,第324页。
[3] 强世功:《法律的现代性剧场:哈特与富勒论战》,法律出版社2006年版。

的衰落和整个伦理教育的衰落不是同一个过程吗？职业伦理课和传统的伦理教育其实也好像是两个物种。

这就有趣了，整个法律界"去道德化"的过程真的是无远弗届，连法律职业伦理也未能幸免。已经有学者感叹美国律协所制定的示范文本与道德渐行渐远，第一个版本还叫"职业道德"，随后一个版本叫"职业责任"，后来又叫"职业行为"，几乎完全成了法律的一部分，导入立法的形式，试图去除"自然语言"，而价值观上也着重强调律师对委托人的忠诚，成为"冷漠的中立者"，淡化社会责任。[1]吊诡的是，恰恰是法律职业伦理的规则化、法律化、去道德化，才似乎变成了一种类似于其他部门法一样的知识，才成了可以教的，那几乎就等于在说，法律职业伦理不是伦理，所以证成了法律职业伦理课在法学院的存在。

然而，法律职业伦理研究者满足于这样的正当化论证吗？于是乎，法律职业伦理教育的争议和法律职业伦理教育的技艺就要结合起来一起谈了。

三、好的判断——通过实践和课堂的双重塑造

哈佛大学教授玛丽·安·格林顿注意到在律师协会的一些《示范规则》中，删除了"对""错""好""坏""良心""品德"这些字眼，而代之以像"审慎""恰当""容许"等字眼。[2]所以，有学者认为应该扩展法律职业伦理领域的内容，教授一般的伦理理论和政治理论，例如讨论对抗制本身的正当性问题、讨论社会契约理论，研讨《联邦党人文集》，从而让学生检视自己在法律职业中的角色，思考为何做出某种道德决定，把伦理考量作为生活的一个常规的存在，并拥有一个比律协的行为规则更大的伦理视角。[3]这个方法把通识教育和职业伦理教育熔为一炉，是一种针对当下职业伦理教育弊病的宏观应对方案。这种方案看到了只是在职业主义范围内教授职业伦理的偏狭，职业伦理从始至终都不可能逃离政治或者体制的大语境，就如同很难想象今天中国的医疗伦理可以不考虑"以药养医"的机制，探讨医患关系的紧张必须在职业伦理之内和之外同时展开，顺理成章地，思考中国的律师伦理也必须思考我们的司法管理机制，我们不能把法学界通行的法教义学方法原封不动的搬到职业伦理的研究和教学中，否则一定是干涩无味，"姥姥不疼，舅舅不爱"。

学者安索尼·T. 克罗曼在名著《迷失的律师：法律职业理想的衰落》一书中提到19

---

[1] 李学尧："非道德性：现代法律职业伦理的困境"，载《中国法学》2010年第1期。
[2] [美]玛丽·安·格伦顿著，沈国琴、胡鸿雁译：《法律人统治下的国度：法律职业危机如何改变美国社会》，中国政法大学出版社2010年版，第79页。
[3] Gabriel Lerner, How teaching political and ethical theory could help solve two of the legal profession's biggest problems, 19 Geo. J. Legal Ethics 781, 790–793 (2006)

世纪律师政治家理想，展示了杰出律师随时准备为了公共利益牺牲个人的私利。同时律师的杰出能力不仅是一种睿智的技巧，更是一种性格品质。其中最突出的实践智慧是谨慎："当我们认为一个人作出了良好的判断时，不仅仅是指他有渊博的知识和敏锐的智力，而且意味着其在思考过程中所表现出的沉着冷静，以及对他所处的环境要求其考虑的各种利益给予同等的同情心。"[1]作者认为律师的良好的判断能力是一种性格特征，在实践中训练出来一种同情加超然的一种能力，同情维系着忠诚于当事人，而超然又在节制这样的情感，关心公共性，不至于沦为当事人所"雇佣的枪"，被当事人"指哪儿打哪儿"，这样一种概括和律师职业伦理要平衡当事人利益和公共利益极为相关，所以研究职业伦理的学者接过了这个话头，把好的判断作为法律职业伦理教育的核心目标。

著名法律职业伦理学者戴维·鲁本教授和迈克尔·米勒教授指出，现在的法律职业行为规则把苏格拉底的问题，一个人应该怎么活着，变成了一个法律问题，这样做是法律允许的吗？他们认为应该改变这个局面，培养好的判断的能力是法律职业教育的核心。而这个实践智慧不能靠公式来获得，必须按照亚里士多德的教诲，在实践中磨砺并且学会反身性思考，实践中磨砺需要法律诊所教育，而反身性思考需要教室里的思辨。大家对职业伦理教育的不满意就是因为我们没有强调良好判断能力的重要性。法律职业伦理相关规则掌握得再好也可能在实践中跌跤，原因是没有良好的判断能力。律协所制定的规则是"去道德化"的，于是这带来一个"非意图的后果"，就是削弱了自我治理的机制，假如把伦理准则纳入到管理律师的立法当中的话，可能也削弱了准则本身的重要性。正是这种去道德化的准则大行其道，好的判断能力的培养才显得更加重要。作者不同意克罗曼所说的法学院的苏格拉底式的教学方法可以自动培养良好的道德，因为根据这种方法，老师要求学生悬置自己不成熟的道德判断，却没有告诉学生什么是成熟的道德判断。法律诊所的实践教育加教室里的批判性反思，就是一种用理论反思实践，又用实践批判理论的过程。[2]法律职业伦理教育界曾一度认为诊所的实践教育是唯一的伦理教育模式，只有实践中形成良好的习惯才能避免纯粹的说教，然而理论反思同样不可能被实践替代，戴维·鲁本教授和迈克尔·米勒教授在文章中提到了一些具体事例来论证两者的不可或缺。

作为实践不可或缺的例子是，美国法律职业伦理学界经常讨论刑辩律师三个所谓最难的伦理问题，这个问题由弗里德曼提出：①当你知道某个证人正要作伪证的时候，你是否应该支持该证人的立场（假如证言对自己当事人有利）？②在你明知某个控方证人准

---

[1] [美]安索尼·T. 克罗曼著，田风常译：《迷失的律师：法律职业理想的衰落》，法律出版社2010年版，第17页。
[2] David Luban, Michael Millemann, Good Judgment: Ethics Teaching in Dark Times, 9 GEO. J. LEGAL ETHICS 31, 31–64 (1995)

确无误且诚实可信的情况下，你是否应该为了使该证人显得犯了错误或正在撒谎而仔细盘问该证人？③你明知某项法律建议可能会诱使你的委托人作出伪证的情况下，你是否应该向你的委托人提供该项建议？[1]然而在法律诊所的实践中，同学们却发现这根本不是刑事辩护中最难的问题，而是辩诉交易中的勤勉问题。同学们发现自己做的辩诉交易比律师们做的要好，原因是学生肯付出更多的时间，大量的辩诉交易并不是需要更艰深的法律论辩，而只是需要更多的勤勉，勤勉就是称职。而政府指派的法律援助律师常常做不到这一点。[2]

作为理论不可或缺的例子是一个政治避难的案件，一个诊所学生发现之前的判例对自己的当事人不利，就故意隐瞒了，法官没有看出来，做出了有利于当事人的判决。诊所的同学都笑了，认为这是很幸运的逃离。但是也有学生指出，这不符合职业伦理，因为职业伦理要求不应该隐瞒不利于自己当事人的先前的判例。大部分同学都认为不能这么理解。看来辩护的需求有可能造成过度热忱，的确使得伦理反思很困难。[3]这里其实说的是在现实中同学们也是入戏太深，很难有超脱的反身性思考。现实所需要的赢者为王，在诊所中同样可能存在，而有时候恰恰需要对实践的暂时抽离，来反思如何形成职业伦理上的最佳判断。

四、专设职业伦理课与普遍性渗透伦理教育的双管齐下

美国法学界还有一种质疑法律职业伦理教育的说法，就是法律职业主义的传统以及在各个法学学科中的教学已经保证了法律职业伦理的教授，例如声称苏格拉底的教学方法已经保证了道德判断力的培养，就没有必要专设法律职业伦理课了。实证研究发现，普遍渗透的伦理教学早已在各个学科贯彻的观念，可能是一个幻象。应该放弃开设专门的法律职业伦理课和在各个法学学科教育中全面渗透伦理教育非此即彼的做法，而选择双管齐下。

黛博拉·L. 罗德教授为这种普遍式渗透的伦理教育进行了论证。首先，在法学各学科教育中渗透职业伦理教育是因为各门课当中都包含了职业伦理问题，当这些因素出现在课堂上的时候，同学们可以从不同学科的老师那里听到更多元的观点。这部分地回应

---

[1] [美]门罗·弗里德曼著，吴洪淇译：《对抗制下的法律职业伦理》，中国人民大学出版社2017年版，第3页。
[2] David Luban, Michael Millemann, Good Judgment: Ethics Teaching in Dark Times, 9 GEO. J. LEGAL ETHICS 31, 67 (1995).
[3] David Luban, Michael Millemann, Good Judgment: Ethics Teaching in Dark Times, 9 GEO. J. LEGAL ETHICS 31, 85 (1995) 美国律师职业行为规则规定律师不得明知有不利于其委托人并且对方律师没有发现的法律根据，而不向裁判庭公开该法律。因为法律根据跟事实根据不一样，不属于委托人。参见王进喜：《美国律师职业行为规则理论与实践》，中国人民公安大学出版社2005年版，第152页。

了指责法律职业伦理老师强加自己价值判断的说法。职业伦理教育不仅要提高伦理意识而且要提高伦理判断的能力，所以需要更多的课堂提供持续的锻炼道德反身性思考的机会。其次，普遍渗透的方法也弥补了一些专设职业伦理课的局限。随着职业伦理的规则化，职业伦理课变成了对白纸黑字规则的讲授，甚至是为了应对律师资格考试，僵化的模式需要全面渗透的伦理教育来激活。专门的职业伦理课设计得再好，时间也有限，也不可能呈现更多专业领域的道德困境的解决。当然这种渗透的方法也被怀疑可能造成不系统，有些伦理议题讲得过多，而另外一些讲得又不够，而且如果说伦理教育是每个人的责任就等于说人人都没有责任。如果给予一定程度的监管有可能会危及学术自由和教授自治。尽管有这些成本，但是法学教师们责无旁贷，因为如果教育者在自己的课堂中有意识或无意识地拒绝对职业伦理的讨论，可能会鼓励学生们将来在执业的时候也这么做。在一个组织里面，一个人不道德行为的主要原因就是假设道德责任不在我这里而在其他方。一种普遍性渗透的伦理教育即使没有采用完善的教育方法，仍然可以促使学生对伦理议题持续关注，并且在其他学术或者实践语境里进行更深入地探索。之前强调职业伦理教育的人可能夸大了职业伦理教育的效果，又缩小了职业伦理教育的范围。一门单独的伦理课并不能灌输诚信，确保美德，或者避免法律职业堕落为纯粹的商业。单一的道德课程是有局限的，但是普遍渗透的伦理教学可能会使得我们更接近目标。普遍性地进行伦理渗透教育，或许就会让伦理持续性的存在。[1]这是一种很巧妙的转换，在以往的争论中，持有法学院各学科都在渗透伦理判断的教育这个观点，是一种反对专门的职业伦理教育的托词，事实上，伦理教育的渗透性远远不足。黛博拉·L.罗德教授化腐朽为神奇，在支持专门性地开展职业伦理课程的基础上，要求法学院兑现自己的伦理承诺，在各个法学学科里全面渗透伦理教育，这样就把专门课程和全面渗透互斥的理解转换为互相补充的理解，学生们在其他课程上听到老师也在讲授伦理议题就会对专门的职业伦理课增加好感，而专门的职业伦理课上的思维方法也可以带到具体某个部门法的伦理议题讨论中。相得益彰，珠联璧合。

五、一些启发

美国法学界对于法律职业伦理教育的质疑有时候本身就是矛盾的，例如一方面强调法律职业伦理教育根本不能保证学生伦理的提升，是一种陈词滥调；另一方面又说职业伦理教师强加了自己的价值观，仿佛这样一种强制性灌输自身的价值观本身就是不道德。既然陈词滥调是无效的，那强加价值观也就是无效的。第三种质疑的声音更是加入了这

---

[1] Deborah L. Rhode, Ethics by the pervasive method, 42 J. Legal Educ. 31, 50–56 (1992)

种不协调的大合唱,说职业伦理教师在课堂上经常说一些两难的道德困境,根本就没有确定性,让学生无所适从,道德冥想根本不可能带来法律人所需要的确定性,而完全按照律师协会职业行为规则讲授律师资格考试所需要的客观题的知识,又是一种干巴巴的没意思的教条。上述美国职业伦理教育领域的学者对于这些问题的讨论给我们提出了一些值得思考的问题:中国语境下法学界对于法律职业伦理教育有哪些质疑,我国很多学者对于职业伦理的理解仍然是泛泛的思想道德之类的东西,为了纠偏,强调职业伦理已经是规则化的类似于法条的规范,是有价值的。但是,需要反思的是美国法学界对于职业伦理"规则化"的批判是否值得汲取,我们的职业伦理教学完全要以规则为导向吗?围绕着国家统一法律职业资格考试中的相关条文而展开吗?这样的教学完全有可能产生悖论,就是当学生们被驱赶着上法律职业伦理必修课的时候,反而失去了对这门学科的兴趣,从而连带失去了对职业伦理判断的敏感性。[1]与此相关的问题是,法律职业伦理所强调的实践性,与诊所教育结合是必须强调的,但是如果想要成为法学界值得尊重的学科,也不能离开理论的精细研磨。当下,法律职业伦理的研究者一大任务是要把这门研究学科化,这在以学科为中心的学界非常重要,但是为了强调纯粹,可能会使得比较缺乏传统的该领域去全面接续美国的研究,毕竟美国在这个领域有很多的研究。但是从争论中我们也可以看到,尽管得到了学术界更多的尊重,法律职业伦理的学术地位仍然处在挣扎的过程当中,远没有稳固树立。在主流学术杂志上的发文数量,还远远不能跟传统学科相提并论。何况,没有任何一个中国的学科可以完全延续美国的传统,本土的问题意识还是非常重要的,因为法律职业伦理从来都是和本国的司法机制紧密相连。因此,在中国语境下,立志于法律职业伦理研究的学者急于增强这个学科的纯粹性未必是最佳选择。在中国,研究这个领域的学者主要来自于法理学界和刑事诉讼法学界,也出产了一些虽然不多但是有品质的研究,如果接下来的任务是追求纯粹的法律职业伦理,很可能会促成干涩品质的形成,别忘记,本论文所揭示的,正是法律追求纯粹,才要跟道德脱离关系,才形成了法学界对于伦理话语的"本能"抵制,才造成了美国法律职业伦理规则的"去道德化",一个"去道德化"的职业伦理教育或许难以避免,但,还是不要太彻底,太纯粹。

---

[1] 对于美国法律职业伦理课开设导致悖论的分析可参见 Ronald M. Pipkin, Law School Instruction in Professional Responsibility: A Curricular Paradox, Am. B. Found. Res. J. 247, 275 (1979)

日本律师制度探究

陈 宜　胡晓雨 *

中国政法大学法学院、中国政法大学律师学研究中心、中国政法大学法学教育研究与评估中心举办的"第一届卓越法律人学术论坛——日本律师业和律师职业伦理研讨",邀请北京天达共和律师事务所合伙人张和伏律师、日本西村朝日律师事务北京代表处代表中岛亚津莎律师、志贺正帅律师出席论坛,并做专题演讲。论坛以"日本律师业现状和律师职业伦理"为主题,围绕日本律师的起源及现状、自治原则、职业伦理、惩戒制度、日本律师的教育及律师资格的取得等议题展开了深入探讨,并在会议纪要的基础上形成本文,感谢三位律师同意分享他们的发言资料。张律师曾在日本工作生活十余年,他认为研究学习外国法时,可以从日本法的研究入手。首先,中国的法律体系跟日本的法律体系同属大陆法体系,日本法律制度的有些做法可以直接加以借鉴;其次,日本法吸收西方的东西特别快,其现行宪法、刑诉法、民诉法包括律师法在很大程度上都受到了西方法学家的影响,体现了两大法系的融合;最后,日本法学界包括法学家、律师对法律的研究非常的严谨。他们的文章或著作里有三分之一到三分之二或者更多都是备注,通过备注可以了解文章引自何处,通过阅读日本学者的著作可以找到欧美学者的文章,是研究的捷径。

一、日本律师的起源及现状

(一)起源于明治时期的日本律师

日本学者普遍认为日本律师最早产生于明治时期。日本明治政府在明治五年(1872年)制定了"司法职务定制"制度,首次规定了民事诉讼代理人的"代言人"职务。其实关于日本律师的起源还有另一种说法,就是江户时代的"公事师"。告状的人集中到东京来打官司,但是他们不会写诉状,当时在东京开客栈的人就会告诉他们应该怎么写,

---

* 陈宜,中国政法大学教授;胡晓雨,中国政法大学2019级硕士研究生。

应该去找谁，慢慢发展成帮人写诉状，但是这些开客栈的人不能像律师一样去代理，所以也有人认为律师最早产生于日本的江户时代。但从制度上来讲，产生了真正的律师制度，应该是"代言人"职务。

明治九年（1876年），日本公布了"代言人规则"，规定了代言人职务条件：①要经过地方行政长官组织的考试。该考试由地方上的行政长官（市长、镇长等）而不是司法部门的长官来出题考试。本身不懂法的人组织代言人考试，导致考试水平粗糙、低下；②由司法卿（类似于现在的司法大臣、司法部长）发许可状；③存在执业地域限制，代言人只能在许可的地区代理。

明治十三年（1880年），日本对"代言人规则"进行修改：①形成了全国统一考试，但只是律师的考试，并不包括法官检察官，后来才出现统一的司法考试；②取消了执业地域限制；③建立了"代言人组合"，即律师协会的前身。

明治十四年（1881年），在实施的刑法和治罪法中，首次导入了西方刑事审判中的辩护制度，刑事辩护制度的确立，标志着日本律师制度进入了相对完善的阶段。

明治二十三年（1890年）颁布的民诉法和刑诉法中，首次使用了律师的名称，并具体地规定了律师职务的范围。

（二）第一部律师法的诞生

明治二十六年（1893年），日本历史上第一部律师法颁布（通常将其称为"旧旧律师法"）。这部律师法有以下特点：①把律师分为两类，一般律师和大审院律师；②规定了律师资格的取得条件，即须为20岁以上的男性并且要通过考试，比"代言人"的要求提高很多；③将"代言人组合"改成了律师协会（辩护士协会），律师协会的地位得到了确认；④在"旧旧律师法"出现之前，律师是受裁判所内的检察官监督[1]。"旧旧律师法"出台后，就把这个权力转移给了地方的检察长。因为当时检察院已经从裁判所内独立出来，由检察院来行使对律师的检察监督权。

"旧旧律师法"持续了40年，期间做了三次修改。第一次修改是在明治三十三年（1900年），取消了一般律师和大审院律师的差别分类。第二次修改是在大正七年（1918年），实行了裁判官、检察官及律师的统一考试，不包括公证员，这一制度一直延续至今，比中国早了几十年。第三次修改是在大正十二年（1923年），修改的原因在于律师数量增加以后，律师团体内部出现了派系斗争。为了解决这个问题，第三次修改时就规定如果一个地域里的律师超过200人，经100人以上同意可分割为两个以上律师协会。日本现行的律师法不允许在同一个司法管辖区内成立两家律师协会，但是有个特例，即在现

---

[1] 在明治时期，虽然法官、检察官、律师在职务的分类上不同，但是他们的人事制度都在裁判所里，裁判所下设检事局，对律师协会和律师进行监督。

行律师法实施之前，既有的律师协会允许继续存在。目前为止只有东京有三个律师协会，分别叫东京律师协会、第一律师协会和第二律师协会。

（三）第二部律师法时代

第二部律师法产生于昭和八年（1933年），通常被称为"旧律师法"，与"旧旧律师法"相隔了40年。"旧律师法"有几个重大的变化：①除了家事裁判等简易裁判以外，禁止律师以外的其他人从事法律代理事务，这与中国有所不同。在日本的民事代理中，必须是具有法律知识、经过考试有资格的律师才能代理案件，这也是日本现行律师法第72条的雏形。不仅如此，甚至在对律师的惩戒中，出借律师名义也是律师惩戒很重要的事由之一。在日本，律师是很受社会尊敬的，律师被称为"先生"，先生是一种非常尊重的称谓，能够称为先生的只有几类人：老师、医生、律师以及德高望重的老议员。②取消性别限制，女性也可从事律师职业。③增加司法研修制度。律师除了要通过司法考试以外，还要参加一年半以上的研修。由裁判所下设司法研修所，研修制度一直延续了几十年。法科大学院出现以后，因为有了专门的两年到三年的司法培训，研修制度时间被缩短。日本律师的素质比较高，也跟这种实务性的研究有关，司法研修的内容是非常具体、非常实务性的。④不再由检察长而是由司法大臣行使对律师及律师协会的监督权。

（四）现行律师法颁布

日本二战战败以后，自1946年起就开始制定宪法，在新宪法实施的同时，还通过了裁判所法和检察厅法，但律师法却迟迟未制定出来。原因在于律师自治原则这个最大的争议。1946年，律师法修改委员会成立，有律师认为律师的使命是维护人权，伸张社会正义，律师要实现使命，必须摆脱行政权力，不能由行政长官来对律师进行监督和指导。现行律师法从1946年启动修改，直到1949年经过众议院的多数投票才通过，确立了律师自治原则。

（五）日本律师人数及律师事务所规模

截至2018年3月31日，日本共有律师40 066名。从规模上看，第一是西村朝日法律事务所，大约有500多人，跟第二名相差近100人。日本有"四大所"，分别是西村朝日法律事务所、安德森·毛利·友常法律事务所、长岛·大野·常松法律事务所、森·滨田松本法律事务所。在日本的律所里面，60%是一个人的律师事务所，3至5人的律所又占了15%，真正规模达百人的所只有几十家，而且有一万多律师都集中在东京。

(六）与律师相邻的职业

日本除了有律师以外，还有司法书士、行政书士、税理士等。比如企业设立手续、章程起草可以由司法书士或行政书士来做，他们的收费标准较律师低，考试也相对容易。与会计师、司法书士、行政书士、税理士等相邻职业相比，律师行业是唯一完全自治的，没有一个特定的监督机构。日本的辩理士（相当于中国的专利代理人）要受到专利局的监督，税理士受到国税厅的监督，司法书士、土地家屋调查士受到日本法务省（相当于司法部）的监督，行政书士归总务省管理，公证会计师归经营厅管理，社会保险劳务士归厚生省管理。

会计师、律师等可以在一起工作，但是有关律师业务必须由律师来做。比如行政书士，专门办理行政手续，但是禁止他们做律师的业务。比如你要成立一个公司或者买房办理手续，没有必要找律师，因为律师收费太贵，就可以找行政书士办注册登记或者写章程。志贺律师说日本的律师资格其实是包含专利代理人和税理士资格的，也就是律师可以去当专利代理人，也可以去当税理士。

（七）日本律师国际化

关于日本律所的国际化问题，在20世纪90年代，日本只有长岛·大野·长松法律事务所在英国设立了分所，但是没多久又撤回。所以在20世纪90年代初，日本律所没有走向国际市场。日本律所走向国际市场的第一步是到中国。在中国改革开放以后，随着日本企业进入中国市场，现在有十几家日本的律师事务所在北京、上海等地设立分所。到了21世纪，随着日本企业开始转入东南亚市场，日本律所也开始在越南、新加坡等地设立分所。另外日本还有外辩制度，就是在日本律所里会有外国律师，这是很早就有的一项制度。同时日本律所对外国律师的开放也是很严谨，要求很严格的。

日本也允许由外国律师事务所和日本律师事务所设立联合事务所。2002年日本实行了律所法人化，在此之前律所一般不具有法人资格，相当于工会组合。律所法人化最大的特点就是允许设立分所。最开始时，日本律所对于在国外设立分所没有限制，但在国内不允许设立分所。2002年以后，具有法人资格的律师事务所可以在国内设立分所，这使得律所的规模逐渐扩大。日本允许外国律师在日本设立律师事务所，条件是这个律师必须取得日本的外辩资格，取得资格以后可以以外辩律师的名义，设立外国律师事务所，对于律所的名称没有限制，可以以外辩律师的名字命名，也可以使用其他名称。

二、日本律师自治原则

1946年9月，司法省成立了主要由律师组成的律师法修改准备委员会，提出了律师自治的具体提议，包括：①成立日本律师联合会、确认日本联合会及律师协会为法人，由司法省备案律师名册移交日本律师联合会管理；②废除司法大臣对律师及律师协会的监督权；③废除对律师惩戒的裁判制度，赋予日本律师联合会和律师协会惩戒权。但直到1949年5月30日晚10点，众议院才以三分之二多数票通过了律师法修正案，律师自治原则才得以在法律上确认。而律师法最终通过的原因在于日本国会中律师出身的议员占了很大一部分。

律师自治原则，反映在四个方面：律师资格授予及律师注册、律师惩戒、律师财政以及律师协会加入的强制性。律师必须加入地方律师协会，地方律师协会和律师必须加入日本律师联合会。日本曾经有人向日本高院提起诉讼，认为强制加入律师协会的规定违反了宪法第26条所规定的公民就业自主权。但是日本高院否定了这种观点，高院认为律师职业跟一般公众职业不一样，其维护社会正义是一种公共职务。同时法律规定律师不能加入两个律师协会。此外，日本律师自治还有很重要的一点，那就是日本律师协会的财政完全由律师会费来支配。

律师自治也并非完全自由放任。一方面日本律师法第49条规定最高裁判所有请求报告和委托调查的权利。最高裁判所可以请求日本律师联合会就它履行的职务进行报告，以及要求日本律师联合会对地方律师协会和律师进行调查。最高裁判所的权限只限于这两个方面，一是对工作情况的报告，二是对律师和律师协会进行调查的权利，但这不是监督权。另一方面是对律师的监督管理完全交给律师协会来进行。需要注意的是，日本律师法第58条第1款规定了国民享有对律师惩戒的请求权。任何人只要认为律师有应受惩戒的情况出现时，就可以向律师协会提供相关资料和证据，在此基础上请求对律师进行调查。第2款规定律师协会认为律师有惩戒事由出现，或者出现了第1款情形即有人举报的情况下，必须让所属的纲纪委员会对其进行调查。

三、日本律师的管理制度

日本律师的使命是维护基本人权，实现社会正义，这就要求律师必须要完全独立自治而不受国家权力的影响，否则就不能起到一个社会平衡的作用。因为律师维护的是国民的基本人权，维护社会正义，所以确定了自治原则。但这种自治并不是律师个人的自治，而是由律师组成的组织即律师协会来行使自治权，通过对律师进行指导、联络、监督来发挥它的作用，来帮助律师实现使命。这就涉及律师协会对律师的管理，通过律师管理来实现律师的使命，通过律师管理来履行律师的自治，通过履行律师自治权来实现律师管理。

日本各地区只要有地方裁判所，就有一家律师协会。大概分为 8 个大地区，一共有 52 家律师协会。法律还规定了律师协会联合会，但它不是一级管理机构和监督机构，只是由地区内几家律师协会联合起来举办活动的组织，不是律师法中规定的律师管理主体。律师职能规定在律师协会的会则里，会则的具体内容由律师法规定，并且须经日本律师联合会的认可。

日本律师联合会的职能跟地方律师协会职能基本相近，但从实务角度来讲，对于律师的管理、监督、联络等基本上是由各个地方律师协会进行。日本律师联合会的主要功能是对各地的律师协会进行管理、监督、指导。日本律师联合会内设三个委员会，分别是法定委员会（资格审查会、惩戒委员会、纲纪委员会）、常设委员会（维护人权委员会、司法研修委员会、选举管理委员会）以及特别委员会（公害对策、环境保护委员会、国际交流委员会等）。

日本律师每年注册一次，但是会费是每个月交一次，律协组织的活动律师可以自由选择参加。

四、日本律师的职业伦理

日本律师的职业道德和职业伦理，不由法律加以规定，是每个律师所持有的道德观念。1990 年日本律师联合会宣布的律师伦理，一直是律师的道德标准。但它仅仅是以大会宣言的形式而非会则的形式存在。根据律师法规定，只有律师协会的会则才对律师有约束力。即使律师伦理获得了大部分律师的认可，但是真要依据以宣言方式出现的伦理来惩戒律师，惩戒依据并不充分。基于这样的情况和背景，律师协会在 2004 年以律师协会会则的方式，在现有的律师伦理的基础上，重新制定了《律师职务基本规程》。规程共有 82 条，主要内容分为前言和具体条款，具体条款里包括伦理即目标性的规定和行为规范即义务性的规定。两者的区别就在于违反目标性规定并不一定违反会则，但违反义务性规定就必然违反会则。规程的具体内容包括自由与独立、诚信、律师自治、不得接受介绍费、利益冲突以及禁止出借名义等。律师伦理的内容与绝大多数律师的价值观一致，所以获得了律师们的广泛认可。

志贺律师认为，尽管法科大学院设置了律师伦理的课程，但大家都不会太重视。最重要的是当上律师之后，自然而然地就学会这种价值观念，不需要特意地去学习。可能也涉及一个共同意识的问题，周围的人都这么做，律所的前辈也会教你怎么做，自己自然而然就知道什么能做什么不能做。中岛律师认为，律师职务基本规程的大部分内容对于日本律师来说都是理所当然要遵守的。

五、日本律师的惩戒制度

日本律师的惩戒制度是公众参与的律师监督制度，承担了律师行业的净化功能，是律师自治非常重要的一部分。日本现行律师法实施以后，对律师的惩戒权归到律师协会，惩戒制度的主要目的更多的是维护律师自治制度。如果律师行业享受自治，但是不受任何的监督，也没有自我净化功能的话，就会丧失公众对律师的信赖，甚至会影响律师自治制度的稳定性，所以日本律师联合会非常重视惩戒制度，每年花很多财力和精力来维护惩戒制度。

日本律师惩戒制度的主要内容包括：

（一）惩戒要求、惩戒事由

如果没有超过三年的除斥期间，任何人都可以向律师所属地方律师协会要求惩戒。惩戒事由包括：①违反律师法或律师协会会则；②损害其所属律师协会的秩序或信誉；③其他有损律师声誉的行为。值得关注的是惩戒事由不仅仅局限于律师执业过程中的行为，即便是纯属于律师私生活上的行为，也会成为惩戒事由。例如律师与出租车司机发生争论并动手打人，或者欠缴居住的公寓物业费，都可以成为律师惩戒的事由。中岛律师说，目前日本律师被惩戒事由最多的是出借律师名义，以及年龄特别高的律师不交会费。

（二）惩戒流程

一般涉及律师协会内部的两个委员会，纲纪委员会和惩戒委员会。纲纪委员会，负责初步调查，不会做出惩戒决议；惩戒委员会，负责进一步调查和作出惩戒决议。律师协会接到惩戒要求后，首先由纲纪委员会初步调查惩戒要求，判断是否提交惩戒委员会审查。惩戒委员会一旦作出惩戒决议，律师协会必须对律师做出惩戒。做出惩戒后，律师协会需要通过各种途径对外公告，包括在律师协会的报纸杂志（《自由与正义》）上公告。公布以后，如果对纲纪委员会或惩戒委员会的决议不服，惩戒当事人可以向日本律师联合会提出异议。

（三）现行惩戒制度实务操作情况

根据日本律师协会统计的数据，2017年的惩戒要求数量为2864件，其中1245件被纲纪委员会确定为"不要求惩戒委员会进行审查",将近一半的惩戒要求在纲纪委员会的审查环节被淘汰,最后惩戒处分率大约为3.7%。惩戒率低的主要原因在于实务中惩戒要求大多数属于故意寻事,多是来自民事诉讼对方的惩戒要求,例如答辩状的表述没有律师风范,或者是在民事诉讼的质证中的态度比较恶劣等。日本律师惩戒要求的门槛特别低,因此会产生大量的惩戒要求,但是真正需要进行惩戒的相对较少,导致惩戒处分率较低。惩戒要求的申请数量特别多,这也是纲纪委员会的意义所在。如果惩戒委员会对这些要求全部一一审理的话,远远超过惩戒委员会的承受能力。所以先由纲纪委员会作初步审查,剔除明显不符合审查要求的惩戒要求,把真正符合审查要求的惩戒提交给惩戒委员会。大部分惩戒要求在一年之内会得到纲纪委员会或者惩戒委员会的决议。

律师协会做出惩戒处分后,需要通过各种途径对外公告,包括公布在网站上,任何人都可以搜索,哪位律师受到过惩戒处分以及惩戒的内容。但并非所有受到惩戒处分的律师都是因为职业道德问题,存在因惩戒申请方的无理要求,或由于律师协会的好恶而实施的有意图的惩戒,也存在律师为了委托人努力工作却不幸受到惩戒处分的情况,因此需要自行判断。

（四）惩戒的救济

日本律师惩戒的救济渠道是如果律师对地方律师协会做出的惩戒决议不服,可以先向日本律师联合会申请复议,对复议决定不服的话,可以向法院起诉。但基本上法院不会撤销律师协会做出的惩戒决议。另外关于日本惩戒委员会的组成,通常有15个人,其中律师8人,法官、检察官各2人,还有3人是学者。虽然惩戒委员会的组成人员有法官和检察官,但他们没有决定权。而且惩戒委员会所作出的决定,律师协会或者是日本律师联合会都不能轻易推翻。所以惩戒委所作出的决定基本上就是最终决定,但是这个决定的做出也是很慎重的。

志贺律师说：因为日本实行律师自治,所有的问题都是在律师协会内部来解决,而不会走诉讼途径,就像利益冲突,在日本这是律师惩戒的一个事由,但不是诉讼事由。

六、日本律师的教育制度

日本从1949年到2011年实行的是"旧司法考试"制度。"旧司法考试"没有报考资格限制,一般大学毕业或在学2年以上的人都可以报考。2006年司法改革之后实行"新司法考试"制度,新司法考试的报考资格原则要求须法科大学院毕业,在例外情况下,通过预备考试也可以报考司法考试。通过司法考试,只意味着具有当法官、检察官、律师所需的知识和应用其知识的能力。考试通过后要参加司法修习所的进修,进修时间从两年缩短到一年半,现在是一年,最后参加毕业考试,通过毕业考试之后,才能获得从事法律职业的执业证照,可以选择做法官、检察官或律师。

(一) 旧司法考试

旧司法考试的合格率约3%,合格人数在1500人左右。因为合格率特别低,有的人就会付出他所有的青春来准备考试,导致考试合格的平均年龄在30岁左右。旧司法考试每年举行一次,5月份参加客观题考试,通过客观题考试后有资格参加7月份的主观题考试,通过主观题后有资格参加最后的口头考试。主观题是决定胜负的所在,因为口头考试的合格率是90%,意味着只要不犯特别大的错误,基本上都能通过。根据司法考试合格率排行前十的大学数据统计,东京大学排行第一,排第二位的是中央大学。因为中央大学是1885年成立的一个私立法律学校,由18位法律专家为了培养律师和法律专家专门创立的学校,对法律教育投入的精力比较大,所以通过率也相对较高。

旧司法考试于2011年结束,结束的理由是当时的日本法学界以及政府机关认为旧司法考试造成了法科法学部本科教育空洞化。所谓空洞化,简单来说就是因为大学的课程跟司法考试之间的差距比较大,所以法科法学部的学生们付出大量的时间和精力准备司法考试。还有一个问题就是司法考试评分的老师们认为每个答卷写的内容都差不多,因为大部分学生都会去上补习学校,而补习学校作为一种经营机构,主要目的就是为了提高合格率,导致学生像考试机器一样,只会把背诵的东西写出来,而不会动脑思考。所以法律专家认为法学教育需要提高水平,这大概也是司法改革的一个理由。

(二) 新司法考试

通过司法改革,日本从2006年开始实行新司法考试。新司法考试和旧司法考试最大的区别就在于它有报考资格的限制。法科大学院毕业或者预备考试合格的人,才能报名新司法考试。新司法考试还有一个限制,就是五年之内只能参加三次考试,2014年以后改为五年之内可以参加五次。考试形式也有区别,在每年的五月份,新司法考试的客观题和主观题一起进行,并且取消了口头考试。题目的形式也跟旧司法考试不一样。旧司法考试和新司法考试还存在一个时间交叉的问题。在这个交叉时间段内(2006—2011),考生可以自由选择参加旧或新司法考试,但是参加旧司法考试的次数也被算在新司法考试的次数之内。

新司法考试的合格率大概是20%~30%,每年合格者是1500~2000人左右。但这并不意味着新司法考试比旧司法考试简单,只不过新司法考试的报考资格是有限制的。其实,在司法改革之初政府的目标合格率是70%~80%,但现在远远未达到这一目标。

（三）法科大学院

法科大学院毕业是报考新司法考试的资格之一，法科大学院是参考美国 Law School 制度的一个教育模式。从 2004 年开始，全国各大学在学校内设立法科大学院。当时法务省认为全国有 20～30 所法科大学院就已足够，但 2004 年全国有 74 所法科大学院，原因在于批准法科大学院设立的机构类似于中国的教育部而不是法务省。这就导致 74 所法科大学院里有的根本不具备培养法律专家的资源和实力，最终造成了剧烈的淘汰，目前还在招生的法科大学院只有 35 所。

法科大学院的教育和大学有所区别。学院的教员由法官、检察官、律师以及大学教授来担任，这种授课形式能让学生在早期就接触实务操作经验。课程分为两种：一种是两年的已修者课程，另一种是三年的未修者课程，未修者课程是针对没有学过法律的人设置的，最初目的是想把律师的门户开放给别的领域的人。可是目前报名未修者课程的学生，大多数是没有考上已修者课程的法学部的学生。另一方面就是法科大学院的一个班级差不多只有 30～40 个人，教授可以一边讲课一边和学生讨论，这与一般的大学教育也是有所区别的。法科大学院存在的一个问题是学费高昂，另一个问题就是新司法考试的通过率远远没有达到一开始宣传的 70%～80%，导致报名积极性下降。

据日本时事通信社 2019 年 3 月报道，日本内阁会议作出决定，日本将改革律师培养制度。改革的内容包括，设立 3 年修完大学法学系课程后升入法律系大学院的"律师培养专业"，以及同意大学院在校生报考司法考试等。新的"律师培养专业"力争于 2020 年度在大学内设立，在校生可以报考司法考试争取从 2023 年的司法考试开始适用。新的规定出台后，法学大学院的在校生修完所规定的课程学分，1 年以内有望修满学分的情况下也会获得报考司法考试的资格。不过，即便考试合格了，要成为"司法修习生"，还需要成功从大学院毕业。[1]

（四）预备考试

预备考试被认为是法科大学院最大的威胁。因为法科大学院的学费很高昂，所以专门为那些没有时间没有金钱的人设立了一个例外性的渠道，即预备考试。预备考试合格率和以前的旧司法考试一样，都在 3% 左右。考试的形式，也和旧司法考试很相像，分客观题、主观题以及口头考试三部分，但是客观题里面增加了一般教养科目，包括英语、国语、古文、化学、物理、数学等，这也是预备考试合格率低的一个原因。

---

[1] "日本将改革司法考试制度 新设律师快速培养渠道"，载 http://japan.people.com.cn/n1/2019/0312/c35421-30972121.html，最后访问时间：2019 年 3 月 24 日。

（五）司法培训

通过司法考试的人都要参加司法培训，组织司法培训的机关叫司法修习所，位于日本的埼玉县和光市，修习所属于日本最高裁判所的研修机关之一。参加司法培训的人即司法进修生具有准公务员的身份，每个月大概有人民币 13 000 元的工资。对于司法进修生的工资曾经也存在一些争议，导致有段时间工资制度被废止，现在这一制度又得以恢复。

培训时间由两年改为一年半，在新司法考试的制度下只有一年，具体内容分为理论学习和实践培训。实践培训包括法院（民事）培训、法院（刑事）培训、检察院培训、律所培训、选择培训各两个月，剩下两个月就回司法修习所进行理论学习。实践培训是很重要的，可以让每个人在选择自己将来从事的职业之前，接触到三种法律专家的工作内容。培训结束后要参加毕业考试（二回试验），通过后就可以拿到执业证。但其实司法进修生不是可以自由选择职业的。如果想当法官，在培训期间的成绩必须足够优异。如果想当检察官，必须要有检察官的灵感。

七、日本律师面临的问题

（一）法科大学院制度有将来吗？

因为司法考试合格率的下降，导致报名法科大学院的人从七万多减少到八千人，而且法务省还在继续控制司法考试合格人数。他们认为法科大学院培养出来的学生素质不到位，只能把司法考试人数控制在1500人左右。而且预备考试也对法科大学院构成一个威胁。根据统计数据显示，2019年司法考试的1502名合格者中，排行前五的法科大学院合格人数分别是152、134、126、109、106人，而预备考试合格者有315人。这意味着法科大学院的存在意义开始遭到质疑，预备考试成为一种捷径，而且律所招聘的人有60%左右都是通过预备考试的人。

（二）律师行业竞争激烈

根据数据显示，日本2010年地方裁判所的民事诉讼案件有227 439件，2016年减少到148 016件，可是律师人数在不断增加，2010年有28 789名律师，2016年增加到37 680名律师，就出现了"案少人多"这样一种现象。另一个现象就是律师现在不再是最受欢迎的职业，法官和检察官备受青睐。法官检察官的收入水平虽然比不上律师，但属于"铁饭碗"，所以大家现在都更倾向于法官和检察官。现在还出现了 In - house lawyer（法律顾问），这也是目前大家比较倾向的一个职业，他们的工资由企业来决定，虽然不是特别高，但很稳定。这也是有些年轻进修学生的一个选择。在律师人数不断增加，律所不是特别多的情况下，就出现了"立即独立"和"檐律"这些新现象。"立即独立"是指毕业之后找不到律所工作的人，自己去开设律所。"檐律"是指找认识的律师借律所的一部分办公。也有人因为律师执业以后要交高昂的会费，所以在毕业进修之后选择不注册。根据2011年的统计数据，大概2000人的毕业生中，有400人放弃了注册。

总的来说，日本的律师历史比较长，制度也有很多优点，但是在司法改革之后，律师界稍微有点混乱，现在又处于需要再次改革的一个阶段。律师行业也面临着竞争激烈等一些问题，需要后期不断完善。

当律师没有获得全部利润时:
非律师所有权,法律服务近用和职业主义

Nick Robinson *著 王进喜**译

导言

在美国,面对法律援助预算的停滞不前或者下降,[1]以及可以感知到的公益帮助的有限性,[2]用放松规制的方法来解决民事法律服务中近用司法的缺口问题,变得具有吸引力了。人们的建议包括就违法执业问题放松限制,[3]以及创建新类别的要求资格条件

---

* 哈佛大学法学院法律职业项目研究人员。我感谢 David Wilkins、Amy Chua、Jed Rubenfeld、Robert A. Kagan、Vic Khanna、Mark Wu、Carole Silver、Marc Galanter、Scott Cummings、Robert Gordon、Cass Sunstein、John Flood、David Grewal、Drew Days III、Dennis Curtis、Ian Ayres、Dave Trubek、Laurel Terry、Vince Morabito、Stephen Mark、Tahlia Gordon、Henry Hansmann、Richard Abel、John Morley、Susan Rose – Ackerman、Avrom Sherr、John Fabian Witt、Issa Kohler – Hausmann、William Alford、Intisar Rabb、Daniel Nagin 和 James Greiner 就本文展开的讨论和有价值的反馈。本文也受益于在哈佛大学法学院、耶鲁大学法学院、加州大学戴维斯分校、法律与社会年会(Minneapolis)演讲时获得的反馈。(C) 2016, Nick Robinson.
** 王进喜,中国政法大学教授,"2011 计划"司法文明协同创新中心教授。
  2016 年度中华全国律师协会重点研究课题"律师管理体制比较研究"及中国法学会委托项目"完善律师执业保障与律师管理体制机制研究"成果。
〔1〕为法律服务公司——该公司帮助资助美国各州民事法律援助项目——提供的资金,从 1994 年到 2013 年,按实值计算,已经减少了近乎一半,跌至 3.4 亿美元。*Funding History*, LEGAL SERVICES CORPORATION, http://www.lsc.gov/congress/funding/funding – history [http://perma.cc/E4CU – M27P](最后访问时间:2015 年 8 月 29 日);DEBORAH L. RHODE, ACCESS TO JUSTICE 186 (2004)(指出大多数帮助"民事和刑事事务中"的穷人的项目,"在资源方面都极度匮乏")。
〔2〕关于对某些这样的限制的概述,see Scott Cummings, *The Politics of Pro Bono*, 52 UCLAL. REV. 1, 115 – 144 (2004)(详细叙述了美国公益服务制度化的历史,并指出了由受制于私人商业利益的律师提供免费法律服务所具有的局限性)。
〔3〕*See, e.g.*, RHODE, *supra* note 1, at 87 – 91(主张允许其他职业人员,例如会计师,在某些领域从事法律执业活动,并要为他人颁照和发证,使其可以从事其他法律活动);Gillian Hadfield, *Legal Barriers to Innovation: The Growing Economic Cost of Professional Control over Corporate Legal Markets*, 60 STANFORD L. REV. 1689, 1709 – 11 (2008)(主张非律师提供者可以足够地提供许多法律服务);CLIFFORD WINSTON, ROBERT W. GRANDALL, & VIKRAM MAHESHRI, FIRST THING WE DO, LET'S DEREGULATE ALL THE LAWYERS 83 (2011)(主张就美国的大多数法律服务采用认证体制而不是颁照体制)。

更少的法律服务提供者，例如持照律师助理。[1]也许最突出和最具有争议性的放松规制的方法，是允许非律师人员对法律服务有所有权。自由化的倡导者主张，非律师人员带来的外界资本和专门知识，将使得法律服务更能使人们负担得起，更具有可靠性，从而将提高近用司法。这一观点已经被公民社会、[2]无数的法律学者[3]所接受，并且是Jacoby & Meyers 律师事务所就对非律师人员所有权的限制在纽约联邦法院提起的法律诉讼的关键主张。[4]另一方面，反对非律师人员所有权的人，包括美国律师协会，宣称法律职业对外部所有权人开放将削弱律师的独立性和职业主义，这将给所有委托人带来不利后果，包括那些所获服务不足的人群。[5]

尽管这两个方面的交锋非常激烈，但这几乎完全是理论上的，就像纽约州律师协会非律师人员所有权专责小组最近指出的那样，"就非律师人员所有权就是缺乏有意义的经验数据……"在一定程度上是因为这种数据的匮乏，该专责小组建议不允许外部所有者。[6]然

---

[1] 值得注意的是，2012 年华盛顿州引入了持照"法律技术人员"，以增加对民事法律服务的近用。关于这一方针及导致这一方针的历史的概述，see Brooks Holland, *The Washington State Limited License Legal Technician Practice Rule*：*A National First in Access to Justice*, 82 MISS. L. J. 75, 77 (2013)；see also RHODE, *supra* note 1, at 15（指出研究过这一问题的"几乎所有专家学者和委员会"都建议非律师专业人员扮演更多的角色）.

[2] TESTIMONY TO THE TASK FORCE TO EXPAND ACCESS TO CIVIL LEGAL AID SERVICES ON ALLOWING INNOVATION TO MEET UNMET LEGAL NEEDS, RESPONSIVE L. (Sept. 27, 2013), http：//responsivelaw. org/files/Responsive_Law_-_NY_Task_Force_2013. pdf [http：//perma. cc/8LBP-G5V2]（主张非律师人员所有权将增加近用法律服务）.

[3] 关于非律师人员所有权将增加近用法律服务的观点的一个早期例子（尽管是两个加拿大人提出的），see Robert G. Evans and Alan D. Wolfson, *Cui Bono – Who Benefits from Improved Access to Legal Services*, in LAWYERS AND THE CONSUMER INTEREST：REGULATING THE MARKET FOR LEGAL SERVICES 3, 24 - 26 (Robert G. Evans & Michael J. Trebilcock eds., 1982). 作为美国律师协会审议跨行业执业问题的前奏，几位知名学者撰文支持非律师人员所有权，尽管主要基于效率，而不是基于近用法律服务。See, e. g., Larry Ribstein, *Ethical Rules, Agency Costs, and Law Firm Structure*, 84 VA. L. REV. 1707, 1721 - 25 (1998)；Edward Adams & John Matheson, *Law Firms on the Big Board?：A Proposal for Nonlawyer Investment in Law Firms*, 86 CAL. L. REV. 1 (1998). 最近，出现了许多以近用法律服务为根据主张非律师人员所有权的文章，See, e. g., Renee Newman Knake, *Democratizing the Delivery of Legal Services*, 73 OHIO ST. L. J. 1 (2012)（以第一修正案和近用司法为由，主张非律师人员所有权）；Gillian Hadfield, *The Cost of Law：Promoting Access to Justice Through the (Un) corporate Practice of Law*, 38 INT'L REV. L. & ECON. 43 (2013)（主张废除美国在公司法律执业活动上的限制能够大大提高近用司法）；Cassandra Burke Robertson, *Private Ordering in the Market for Legal Services*, 94 BOSTON UNIV. L. REV. 179 - 180 (2014)（主张对非律师人员所有权的限制减少了近用司法，应当以违宪为由宣布其无效）.

[4] See *infra* note 203.

[5] 参见下述二（三）；纽约州律师协会两次审议并拒绝非律师人员所有权做法。See N. Y. ST. BAR. ASS'N SPECIAL COMM. ON THE L. GOVERNING FIRM STRUCTURE OPERATION, PRESERVING THE CORE VALUES OF THE AMERICAN LEGAL PROFESSION：THE PLACE OF MULTIDISCIPLINARY PRACTICE IN THE LAW GOVERNING LAWYERS, Ch. 12, § 5 (2000)（描述了外部投资会如何削弱律师的独立性）；N. Y. ST. BAR ASS'N, REPORT OF THE TASKFORCE ON NONLAWYER OWNERSHIP 73 - 76 (2012) [hereinafter NYSBA REPORT]（引述的关切之一是非律师人员所有权可能会削弱职业主义）.

[6] *Id.* at 17. 该报告接着说，"……我们并不知道对其他司法辖区已经确立的非律师人员所有权形式进行的任何经验研究。这给专责小组研究该问题的能力带来了严重限制，因为它难以评估过去的经验". *Id.* at 72.

而,非律师人员所有权不再是抽象的。澳大利亚大多数州在 21 世纪早期就允许其存在。[1]英国的英格兰和威尔士从 2011 年起就允许其存在。[2]由于进行了这些规制变革,这两个国家出现了提供法律服务的新型主体,包括在证券交易所上市的律师事务所,[3]大型保险公司所有的律师事务所,[4]以及因其杂货店而更为人所知的品牌所提供的法律服务。[5]面对澳大利亚和英国律师事务所的压力,新加坡最近允许了非律师人员少数所有权,[6]英国在欧盟中的会员国身份,可能最终迫使其他欧洲国家也开放它们的法律服务市场。[7]

---

[1] 开始于新南威尔士,澳大利亚不同的州在 2001 年开始允许非律师人员所有权。See Christine Parker, *Peering Over the Ethical Precipice: Incorporation, Listing and the Ethical Responsibilities of Law Firms*, U. MELBOURNE LEGAL STUD. RES. PAPER No. 339, at 5 – 6 (2008).

[2] *Alternative Business Structures*, L. SOC'Y (Jul. 22, 2013), http://www.lawsociety.org.uk/advice/practice – notes/alternative – business – structures/ [http://perma.cc/FN2C – G8JG](指出替代性商业结构,或者"ABS",在 2011 年开始得到批准)[hereinafter *Alternative Business Structures*].

[3] 2007 年,澳大利亚 Slater & Gordon 律师事务所因为成了历史上第一个上市律师事务所而成为头条。Peter Lattman, *Slater & Gordon: The World's First Publicly Law Frim*, WALL STREET J. L. BLOG (May 22, 2007), http://blogs.wsj.com/law/2007/05/22/slater – gordon – the – worlds – first – publicly – traded – law – firm/ [http://perma.cc/3Q2L – X8CR].

[4] 参见下述二(一)1。

[5] 关于 Co – operative 法律服务的描述,参见下述二(一)2,该法律服务是 Co – operative 集团的一部分,该集团在英国经营着受到大众欢迎的食品杂货连锁店。

[6] John Hyde, *Singapore Embraces ABSs to 'Keep Pace' With Rivals*, L. SOC'Y GAZETTE (Jan. 28, 2014), http://www.lawgazette.co.uk/5039611.article?utm_source=dispatch&utm_medium=email&utm_campaign=GAZ280114 [http://perma.cc/D52M – YMVQ]; COMMITTEE TO REVIEW THE REGULATORY FRAMEWORK OF THE SINGAPORE LEGAL SERVICES SECTOR, FINAL REPORT 6, 38 (2014), https://www.mlaw.gov.sg/content/dam/minlaw/corp/News/Final%20Report%20of%20the%20Committee%20to%20Review%20the%20Reg%20Framework%20of%20the%20Spore%20Legal%20Sector.pdf [https://perma.cc/3DWM – GDK8](发现澳大利亚和英国新的 ABS 模式已经给新加坡的规制结构造成了"压力",因为来自这些司法辖区的律师事务所寻求以与其总部类似的形式进行登记)。

[7] Jacob Weberstaedt, *English Alternative Business Structures and the European Single Market*, 21 INT'L J. LEGAL PROF. 103, 109 (2014)(指出英国在欧盟的成员国资格,将导致整个欧盟就非律师人员所有权采用类似的规则);西班牙、意大利和丹麦已经允许非律师人员少数所有权。PANTEIA, EVALUATION OF THE LEGAL FRAMEWORK FOR THE FREE MOVEMENT OF LAWYERS: FINAL REPORT 205 – 06 (2012), http://ec.europa.eu/internal_market/qualifications/docs/studies/2013 – lawyers/report_en.pdf [http://perma.cc/23MY – 4TQH](列举了允许部分非律师人员所有权的欧洲国家)。

与此同时，除了美国的规制机构外，[1]加拿大，[2]以及香港，[3]都在积极考虑是否允许非律师人员就法律服务机构有所有权。

本文将帮助填充规制者当前所面临的知识鸿沟，即对非律师人员所有权的影响进行迄今为止最为广泛的经验研究。它特别关注了非律师人员所有权对穷人和中等收入人群的民事法律服务所产生的影响。为此，它进行了定性的案例研究，并利用了来自英国、澳大利亚以及美国（在美国，非律师人员所有权通常是受到禁止的，但是在线法律服务和社会保障残障代理中，存在与之非常类似的做法）的其他可得的经验数据。

第一部分简要描述了非律师人员所有权在英国和澳大利亚是如何运作的。接着，他列举了那些主张法律服务实体非律师人员所有权将提高近用法律服务或者削弱职业主义的人提出的最常见的理由。此后他主张，这场辩论的双方都至少在三个方面没有准确评价其可能的影响。首先，他们的主张经常是过于抽象。他们的主张不仅不能立足于经验，而且他们通常忽视背景性因素（具体而言包括非律师所有权人的类型、有关的法律领域、不同司法辖区之间的规制和经济差异）会如何对非律师人员所有权产生影响。其次，尽管非律师人员所有权推动了新的商业模式出现，就像其倡导者所预计的那样，但是出于文献中没有充分探讨的原因，在大多数法律领域，这些创新不可能大大提高近用法律服务。最后，尽管非律师人员所有权可能不会导致某些人所提出的梦魇般的情况，[4]在某些背景下，它能够产生新的利益冲突，破坏律师的公共精神和职业标准，这常常采用的

---

[1] NYSBA REPORT, *supra* note 8, at 2（建议在没有迫切需求、变革压力或者经验数据的情况下，纽约不要采用非律师人员所有权）; James Podgers, *ABA Ethics Opinion Sparks Renewed Debate Over Nonlawyer Ownership of Law Firms*, ABA JOURNAL (Dec. 1, 2013, 9：30 AM), http：//www.abajournal.com/magazine/article/aba_ethics_opinion_sparks_renewed_debate_over_nonlawyer_ownership_of_law_fi/ [http：//perma.cc/4ZFN－WZEB]（描述了美国律师协会道德和职业责任常设委员会发布意见允许律师事务所与来自其他司法辖区的非律师所有的律师事务所分享律师费后，所造成的论争）; Daniel Fisher, *North Carolina Bill Would Let Non－Lawyers Invest in Law Firms*, FORBES (Mar.11, 2011 8：22 AM), http：//www.forbes.com/sites/danielfisher/2011/03/11/north－carolina－bill－would－let－non－lawyers－invest－in－law－firms/ [http：//perma.cc/3REW－3Y6J]（描述了北卡罗来纳州制定的允许非律师人员购买律师事务所最高49%的股份的立法）.

[2] CBA LEGAL FUTURES INITIATIVE, FUTURES：TRANSFORMING THE DELIVERY OF 法律服务 IN CANADA 68 (2014), cbafutures.org/CBA/media/mediafiles/PDF/Reports/Futures－Final－eng.pdf? ext=.pdf [http：//perma.cc/4M4R－WBX9]（建议加拿大律师协会允许替代性商业结构）.

[3] Kathleen Hall, *Hong Kong Ponders ABS Model*, L.SOC'Y GAZETTE (Sept.13, 2013), http：//www.lawgazette.co.uk/practice/hong－kong－ponders－abs－model/5037620.article http：//perma.cc/J5PU－RR5W].

[4] 对于一些人而言，非律师人员所有权这一理念已经造成了实际的噩梦。
　　在来作这次发言的路上，我也一直在做噩梦。五年前，美国律师协会就处于快速下滑中……在遍览［美国律师协会的会议］之后，没有找到关于公益的项目，代理的危机没有人注意……没有人担心司法的独立性……
　　LAWRENCE FOX, WRITTEN REMARKS OF LAWRENCE J.FOX TO THE ABA COMMISSION ON MULTIDISCIPLINARY PRACTICE (Feb.1999), http：//www.americanbar.org/groups/professional_responsibility/commission_multidisciplinary_practice/fox1.html [http：//perma.cc/6M4L－ECUJ].

是即使是批评者也没有料到的方式。

第二部分通过来自英国、澳大利亚和美国的关于非律师人员所有权的可得数据和案例研究，阐述了这些观点。第三部分使用了这些国别研究来支持并详述了第一部分提出的关于非律师人员所有权的可能影响的观点。第四部分在结束时探讨了本文在近用法律服务和规制方面的某些影响。虑及非律师人员所有权对近用法律服务的影响是存在疑问的，它主张诸如非律师人员所有权这样的放松规制方法会导致注意力分散，相反，其他提高近用法律服务的战略应当优先，特别是加强和扩大法律援助。即使非律师人员所有权可能不会带来重大的近用法律服务之益，虑及当前的自由化趋势，这样的所有权做法有可能继续蔓延扩大。针对非律师人员所有权所引发的关于职业主义的关切，以及为了最大化它所能带来的任何近用法律服务之益，本文建议采用多元利益相关者程序来调适什么时候以及如何允许非律师人员所有权，以权衡其在不同背景下的得失。

尽管对法律职业的规制常常有利于律师而不是公众，[1]存在这样的危险，即新的规制体制过于支持放松管制或者竞争意识形态，将会掩盖新的危险，或者不当摒弃值得支持的旧的价值观。像非律师人员所有权这样的改革带来了这样的可能性，即会在委托人利益与拥有商业企业的非律师人员的潜在多样化和不同的利益之间形成新的冲突。随着新的群体会从法律服务中取得利润，规制可能变得不是那么容易被法律职业内部的利益所俘获，但是更容易被法律职业之外的主体所俘获。更一般地说，通过更像是市场中的其他服务，法律职业面临着这样的风险，即失去公共精神，而正是这种公共精神吸引着致力于社会的人们加入法律职业队伍，支持着其在法律制度内以及更广大的范围内促进公共精神理想的能力。[2]这些关切不应当导致立即抛弃非律师人员所有权，而是要继续分析可得的证据，评估关于不同背景下不同类型的非律师人员所有权的优劣的观点。

一、非律师人员对法律服务实体的所有权

（一）拆分法律服务实体所有权

像任何企业一样，对法律服务实体的所有权可以被视为一束权利和职责。这些权利

---

[1] 就也许是对美国律师自我规制最为广泛的批判，see RICHARD ABEL, AM. LAW (1991).
[2] *See* Robert Gordon, *The Independence of Lawyers*, 68 B. U. L. REV. 1, 9, 32 (1988)（主张许多人被吸引加入法律职业，是因为其独立、共治和激发思考的环境，或者其以天下为公的目标）；David Wilkins, *Partner Shmartner! EEOC v. Sidley Austin Brown & Wood*, 120 HARV. L. REV. 1264, 1273 – 77 (2007)（详细说明了"职业独特性悖论"，也就是说，随着律师事务所在越来越努力地以其他类型的商业为模型塑造自己来提高效率，它们在失去自己的职业独特性，而正是这一点证成了其职业的自我规制，并在一开始吸引了才俊们加入了律师事务所）.

和职责可以拆分并分配给不同的所有权人。例如，一个当事人可以主张企业所产生的利润，而另一个当事人可能主张对该企业的管理权。在实践中，如果一个人就企业有重大利润权，他通常将希望取得对它的控制权，但是这两种类型的权利可以分开，例如上市公司中的无表决权股票。[1]

提供法律服务的商业企业在其所有权方面有着进一步的复杂性。只有律师被允许从事法律执业活动，因此提供法律服务的企业必须通过律师来提供法律服务。然而，律师在他们所出售的法律服务方面，并没有不受限制的权利。[2]相反，像其他执照行业一样，他们在有条件地使用着国家通常通过一个或者多个规制者赋予的权利。这些规制者不仅确定着成为一名律师所需要具备的条件，而且在律师违反特定职业规则的情况下，例如对法院撒谎，或者侵占委托人的资金，能够撤销律师执业权。[3]

很重要的是，法律服务规制者在传统上限制了律师成为非律师人员分享利润或者管理商业实体的商业企业的一部分的能力。[4]这些限制在很大程度上立足于这样的前提，即非律师人员可能不当地影响法律服务，即要么要求增加利润，要么对提供法律服务人员所要承担的职责缺乏理解。[5]

英国[6]和澳大利亚[7]最近进行的改革，已经放宽或者终结了这些对律师与非律师人员商业关系的限制，因此为法律服务实体的所有权结构敞开了新的可能性。例如，在这两个国家，非律师人员现在都可以作为合伙人加入律师事务所，律师事务所可以成为上市公司，或者法律服务可以由更大的商业企业与其他非法律服务或者产品一道提供。[8]尽管律师以前只能将他们的律师事务所出售给其他律师，这些其他律师自己接着必须成为该律师事务所的一部分，在这种更为自由的环境中，律师能够将他们的律师事务所或者其中一部分出售给律师或者非律师人员，无论他们是积极的管理者还是消极的投资者。[9]

---

[1] HENRY HANSMANN, THE OWNERSHIP OF ENTERPRISE 12 (2000)（指出如果那些有控制权的人如果没有权利来取得剩余收益，他们就没有什么动机来形成利润）。

[2] See, e.g., MODEL RULES OF PROF'L CONDUCT (2009) [hereinafter MODEL RULES]（列举了律师为了避免受到惩戒或者被取消律师资格而必须遵守的规则）。

[3] See, e.g., MODEL RULES R. 8.5 (2009)（授权惩戒机构处罚律师）。

[4] See, e.g., MODEL RULES R. 5.4 (2009)（宣称律师不应当与非律师人员分享律师费，或者在非律师人员所有或者能够拥有或者控制律师的职业判断的组织中执业）。

[5] 参见下述一（二）。

[6] See Legal Services Act 2007, c. 29 (U.K.); Alternative Business Structures, supra note 11.

[7] See Parker, supra note 10.

[8] 参见下述二（一）至（二）。

[9] Id.

表1：出售法律服务的实体不同类型的所有权人和雇员的可能权利和职责

	共享利润	控制企业	转移权利	一般责任	法律服务控制	职业责任
律师所有权人	X	X	X	X	X	X
非律师所有权人	X	X	X	X		
律师雇员					X	X

在允许非律师人员所有权的司法辖区，政府和规制者已经明确规定，对实际从事法律执业活动的权利的控制权，仍然由执照法律职业人员掌握，即使可以更为广泛地分享企业的利润权。为了做到这一点，采用非律师人员所有权做法的司法辖区要求律师负责确保非律师人员所有的法律服务企业遵守职业行为规则。英格兰和威尔士要求法律服务机构要有合规性人员（compliance officer），[1]在澳大利亚新南威尔士这样的司法辖区，法律执业者董事扮演着类似的角色。[2]如果商业企业或者其中的人员违反了职业行为规则，这些合规性律师负有纠正这些不良行为的职责，如果商业企业不纠正其不良行为，可能会受到惩戒，或者在未来被禁止提供法律服务。[3]在昆士兰，法律执业者董事还管理实体的法律服务，[4]而在英格兰和威尔士，提供法律服务的企业的管理者之一必须是律师。[5]此外，在任何实体中工作的所有律师，必须遵守职业行为规则，如果他们不遵守职业行为规则，则可能受到惩戒。[6]无论是通过强制性的合规性人员，律师参与法律服务管理，还是继续由个人承担职业责任，都是由持照法律职业人员来承担主要责任，以确保非法律人员可能有所有权的法律服务企业不会违反职业规则。[7]

尽管非律师人员所有权允许律师和非律师人员共享利润权，关于是否采用这样的所有权的争论，经常是两极分化的。支持者宣称，非律师人员所有权将改变法律服务，增

---

[1] SOLICITORS REGULATION AUTHORITY, SRA AUTHORISATION RULES FOR LEGAL SERVICES BODIES AND LICENSABLE BODIES 2011, Rule 8.5 [hereinafter SRA AUTHORISATION RULES].

[2] Legal Services Commission, OBLIGATIONS OF LPDS (Nov. 2013), http://www.lsc.qld.gov.au/compliance/incorporated－legal－practices/obligations－of－legal－practitioner－directors [perma.cc/G87J－FBX5].

[3] See SRA AUTHORISATION RULES, supra note 32, at R.8.5（认定合规性人员必须采取所有合理措施，以确保合规，并报告任何不合规情况）; Legal Profession Act 2004（NSW）s 141（2）（Austl.）（说法律执业者董事必须采取所有合理措施来纠正该法律服务机构所雇用的法律执业者的不检行为）; id. § 153（列举了最高法院可以据以取消公司化法律服务机构的资格的法律执业者的行为）.

[4] Legal Profession Act 2004（NSW）s 140（Austl.）.

[5] Alternative Business Structures, supra note 11, § 5.1（指出所有的ABS必须要有一名管理人员是英格兰和威尔士或者欧洲的被认可的法律职业人员）.

[6] Legal Profession Act 2004（NSW）s 143（1）（a）（Austl.）.

[7] 就像John Flood所指出的那样，像英国《2007年法律服务法》这样的改革，可能表面上看似乎开放了职业，但是它们也对其进行了再规制，促进了法律职业内某些主体的利益，例如大型律师事务所的利益。John Flood, The Re－Landscaping of the Legal Profession: Large Law Firms and Professional Re－regulation, 59 CURRENT SOC. 507（2011）; see also Legal Services Act 2007, c.29（U.K.）.

加在程序上对司法的近用,而反对者则宣称这种转型将削弱职业主义。下面两个部分简要说明支持这些立场的人的最为常见的观点。

(二)非律师人员所有权与关于近用法律服务的传统观点

在澳大利亚、英国和美国,获得法律服务是一项长期的挑战。这些国家进行的研究都表明,可能会有大量的人会因为律师的帮助而受益,但是并没有雇请律师,因为他们要么负担不起律师费,要么不知道律师会如何帮助他们。[1]2009年法律服务公司在美国进行的一项调查发现,就其资助项目所服务的每个民事法律问题的委托人而言,都有另一个潜在的委托人因为资源不足而被拒绝了。[2]

著名的法律学者——例如美国的 Gillian Hadfield——以及诸如英国的规制者主张,非律师人员所有权将通过提高获得法律服务,帮助解决这一问题。[3]他们主要是这样支持这一主张的,即认为外部资本将创造新的规模效益,刺激创新,形成新的规模效益和品牌,这些都有益于那些需要法律服务的人。

为自然人提供法律服务的律师事务所通常很小,是由单独执业者或者少数律师形成

---

[1] BDRC CONT'L, LEGAL SERVICES BENCHMARKING REPORT 15 (2012), https://research.le-galservices-board.org.uk/wp-content/media/2012-Individual-consumers-legal-needs-report.pdf [perma.cc/H79R-ESVF](发现在英国,工人阶级和失业者在面对法律问题时,更可能不采取行动) [hereinafter BDRC CONT'L]; CHRISTINE COUMARELOS ET AL., LEGAL AUSTRALIA-WIDE SURVEY LEGAL NEED IN AUSTRALIA 142 (2012), http://www.lawfoundation.net.au/ljf/site/templates/LAW_AUS/$file/LAW_Survey_Australia.pdf [perma.cc/AKA7-NFT4](发现在澳大利亚,那些一开始要解决某个法律问题的人中,有30%最终没有进一步推进,这可能是因为缺乏资金); see also AM. BAR ASS'N, LEGAL NEEDS AND CIVIL JUST.: A SURVEY OF AMERICANS MAJOR FINDINGS FROM THE COMPREHENSIVE LEGAL NEEDS STUDY 28 (1994), http://www.americanbar.org/content/dam/aba/migrated/legalservices/downloads/sclaid/legalneedstudy.authcheckdam.pdf [perma.cc/H9EJ-DHSY] [hereinafter ABA LEGAL NEEDS](指出"担心成本"是低收入被调查者不使用民事司法制度的主要原因之一,)。关于对在15个不同国家20年来进行的26个大规模法律需求调查的综述,see PASCOE PLEASANCE & NIGEL J. BALMER, HOW PEOPLE RESOLVE 'LEGAL' PROBLEMS 4 (2014)(研究结论之一是,成本是聘请律师的主要障碍)。

[2] LEGAL SERV. CORP., DOCUMENTING THE JUSTICE GAP IN AMERICA: THE CURRENT UNMET CIVIL LEGAL NEEDS OF LOW INCOME AMERICANS 1 (2009), http://www.lsc.gov/sites/default/files/LSC/pdfs/documenting_the_justice_gap_in_america_2009.pdf [http://perma.cc/WC94-KGFG](最后访问时间:2015年10月31日)。

[3] Gillian Hadfield, Innovating to Improve Access: Changing the Way Courts Regulate Legal Markets, 143 DAEDALUS 1, 83 (2014)(发现在美国近用司法的最大障碍也许是对法律市场的过于限制的规制方法,包括禁止非律师人员所有权); MKT. INTELLIGENCE UNIT DEPT. OF CONSTITUTIONAL AFFAIRS, GOVERNMENT CONCLUSIONS: COMPETITION AND REGULATION IN THE LEGAL SERVICES MARKET, Jul. 2003, at 47 (UK), http://webarchive.nationalarchives.gov.uk/+/http://www.dca.gov.uk/consult/general/oftreptconc.htm#part5 [http://perma.cc/7MX5-T74D] [hereinafter MARKET INTELLIGENCE UNIT](以竞争和效率为根据在英国倡导非律师人员所有权)。

的合伙所组成的。[1]批评者宣称，这种形式的法律服务是低效率的，因为每个律师或者小型法律服务机构独立投资于办公场所、行政管理系统、广告并就常规性法律问题寻求解决方案。[2]他们主张，外部资本使得法律服务企业能够实现更大的规模效益，使得他们能够更多地投资于技术、行政管理系统，并研究出提供法律服务更为有效的方式。[3]这种更大的规模也使得律师事务所中的律师进一步在不同法律领域实现专业化。[4]

非律师人员所有权被认为不仅能够解决感知到的律师事务所资金不足的问题，也能够解决招募和留住高价值雇员的问题。法学院通常并不在管理、技术、营销或者对于经营许多法律服务企业而言至关重要的其他领域提供训练。非律师人员所有权允许律师事务所向有着法律职业难以轻易获得的技能的非律师人员提供股权（而不仅仅是薪水），从而有可能形成更具有创新性或者更具有效率的法律服务。[5]在某些情况下，投资者所有权也可能改善领导层换届，如果管理层也不再像是大多数律师事务所的管理合伙人那样是律师事务所的重要的共同所有者，换掉管理不佳的管理层通常会更容易。

提供多种类型的服务——包括法律服务——的企业，也可能形成新的效率。[6]例如，顾客可能更方便地从一个公司获得银行和法律服务，提供这些多元服务的公司可能因分摊管理费用而能够节省资金。

最后，外界投资可能使法律服务提供者规模化，使其品牌得到更好的认可，从而使消费者能够在法律服务市场中更为高效地畅游。如果因为提供其他服务已经出名的品牌开始提供法律服务，消费者能够获得使用其关于更大品牌的质量的感觉，作为它们提供

---

[1] 关于对美国律师界两个半球理论——那些为大型组织（例如公司）服务的律师和那些为大多数自然人消费者服务的律师——的经典描述，see JOHN P. HEINZ, ROBERT L. NELSON, REBECCA L. SANDEFUR, & EDWARD O. LAUMANN, URBAN LAWYERS: THE NEW SOCIAL STRUCTURE OF THE BAR (2005).

[2] Hadfield, *supra* note 6, at 49 – 50.

[3] *See id.*; SIR DAVID CLEMENTI, REVIEW OF THE REGULATORY FRAMEWORK FOR LEGAL SERVICES IN ENGLAND AND WALES 115, 139 (2004) [hereinafter CLEMENTI REPORT].

[4] Hadfield, *supra* note 6, at 52；传统律师事务所确实能够通过银行贷款或者保留利润来进行扩张，然而，贷款常常有着很高的利率，必须要由律师事务所来偿还，并且许多合伙人可能不想为了扩张而放弃利润分配。

[5] *See* Steven Mark & Tahlia Gordon, *Innovations in Regulation—Responding to a Changing Legal Services Market*, 22 GEO. J. LEGAL ETHICS 501, 531 (2009)（指出上市的律师事务所能够更为有效率地进行组织，雇员的薪酬能够与律师事务所的成败更好地联系在一起）；Ribstein, *supra* note 6, at 1723（评论说律师事务所使用律师锦标赛模式，可能是因为缺少用其他来回报雇员的选项，但是管理和经济权利之承诺是与职位任期结合在一起的）；Stephen Gillers, *A Profession If You Can Keep It: How Information Technology and Fading Borders Are Reshaping the Law Marketplace and What We Should Do About It*, 63 HASTINGS L. J. 953, 1010 (2012)（主张非律师人员所有权将使得这些律师事务所能够吸引到其他才华横溢的职业人员）.

[6] *See* Interview 10, in Cambridge, Mass. (Feb. 4, 2014) [hereinafter Interview 10]. 这一访谈以及本文所引述的其他访谈，是在达成保密谅解后进行的，因此，不包括有关人员的姓名。相反，我就这些访谈进行了编号。每个编号对应一个访谈对象。期刊工作人员审阅了每个访谈的笔记，以确保表述的准确性。访谈笔记笔者已经存档。Interview 10 (Feb. 4, 2014).

的法律服务的质量的表象。[1]对保护其更大品牌之声誉的关切,也可能创造额外的激励,使得法律服务企业提供高质量产品。

(三) 非律师人员所有权与关于职业主义的传统观点

对非律师人员所有权的批评,也许在美国最为发达。在美国,这样的所有权曾被审议并被规制者反复拒斥。[2]著名的批评者包括美国律师协会、纽约州律师协会非律师人员所有权专责小组中的决策者,以及法律职业中 Lawrence Fox 这样直言不讳的成员。[3]值得注意的是,少数学者公开直言反对非律师人员所有权,尽管有些人表达了谨慎关注。[4]批评非律师人员所有权的人宣称,其近用法律服务之益并未得到证实,[5]它将会破坏职业主义,[6]给委托人(包括低收入人群)和整个社会带来高得不合理的成本。非律师人员所有权被认为会因为促进商业化、造成更多的利益冲突、增加非律师人员处于能够削弱职业标准的地位的可能性,而削弱职业主义。

反对非律师人员所有权的人主张,律师及其律师事务所受教化,不同于非律师人员所有的目标。就像 Anthony Kronman 的"律师政治家"那样,在这种说法中,法律职业人员要工作谋生,但是也要促进鼓励致力于法律的公共精神理想。[7]这些批评者称,非律师所有权人,特别是投资所有权人,寻求的仅仅是最大化其投资的收益,因为与在律师事务所工作的律师不同,他们本人并不投入到企业的劳动中去。[8]投资者所有的律师事务所可能完全关注于提高利润,而不顾及公共利益,这不仅会危害社会,而且会削弱法律职业正当性的历史渊源之一。[9]非律师所有权人也更不可能作为制衡国家或者公司权力的

---

[1] Hadfield, *supra* note 6, at 49 – 50. 例如,如果 Walmart 开始提供法律服务,消费者会使用他们关于 Walmart 的品牌的体验,作为他们可能得到的法律服务的质量的表象。
[2] 参见下述三(三)。
[3] *See generally* NYSBA REPORT, *supra* note 8, at 3; ABA COMMISSION ON MULTI – DISCIPLINARY PRAC., REP., ABA (1999), http://www.americanbar.org/groups/professional_responsibility/commission_multidiscipli-nary_practice/mdpreport.html [http://perma.cc/UQZ5 – RPSG] [hereinafter ABA COMMISSION]; Fox, *supra* note 20.
[4] Robertson, *supra* note 6, at 180 – 81(宣称"没有什么旁观者试图为公司做法之学说进行辩护",并引述了许多有所偏袒的辩护。尽管这样的宽泛说法可能很有力,因为律师界的许多人反对非律师人员所有权,说学术文献中支持非律师人员所有权的占绝对优势才是准确的。)。
[5] *See* NYSBA REPORT, *supra* note 8, at 72(指出就非律师人员所有权的影响缺乏经验数据)。
[6] *See id.* at 73 – 74(表达了这样的担心,即非律师人员所有权将会破坏职业主义)。
[7] ANTHONY KRONMAN, THE LOST LAWYER: FAILING IDEALS OF THE LEGAL PROFESSION (1995).
[8] *See* Benedict Sheehy, *From Law Firm to Stock Exchange Listed Law Practice: An Examination of Institutional and Regulatory Reform*, 20 INT'L J. LEGAL PROF., 3, 7 (2013).
[9] *See id.*(指出对非律师人员所有权的主要担心之一是,这些企业将"完全关注于提高其成员的经济利益,而不顾及公共利益")。

独立力量。[1]尽管这些批评者通常都承认,近些年来法律已经变得越来越像商业,律师自己越来越仅为利润所驱策,他们想要保护法律职业余下的价值体系免受进一步沉沦。[2]

非律师人员所有权带来了这样的可能性,即律师陷于他们对投资者的职责与他们对其委托人或者司法制度的职责之间的冲突。[3]例如,Shine Lawyers——澳大利亚一家上市律师事务所——在其向潜在投资者的招股说明书中明确说,他们的职责首先是对法院,然后是对委托人,然后才是股东。[4]采用这种顺序的这些职责,也可见于澳大利亚法律。[5]这一例子表明,对这一冲突可能有规制解决方案,但是它也表明非律师人员所有权给法律职业造成了不同于以往的利益冲突。在非律师人员所有权之前,采取促进律师事务所经济利益的行动可能符合律师的自身利益,但是如果它们与委托人的利益相冲突,职业责任感或者律师事务所的文化可能就会调和这样的行动。在一个非律师人员所有权的世界里,投资者可能试图给律师在内的律师事务所创造新的要求,以将商业利益置于首位。

尽管对非律师人员所有权的许多批评针对的是非律师所有权人,其他批评则更为具体地指向了让多种雇员——常常提供的是多种服务——处于同一个律师事务所所带来的危险。一些人主张,非律师管理人和其他雇员可能更违反法律职业道德,这不是因为律师有着超众的品德,而是因为律师受过训练并且要责无旁贷地注意利益冲突,重视保密,以及维护其他职业规则。[6]随着法律和非法律工作在律师事务所内越来越整合和纠结在一起,雇员更可能会非法执业或者了解公司不同部门的委托人秘密信息。[7]

(四) 迈向非律师人员所有权的新理解

非律师人员所有权论战中的参与者提出了两个彼此紧张——如果不是必然冲突——的主张:①非律师人员所有权将大大提高近用法律服务;以及②这样的所有权将会对职业主义产生消极影响。尽管论战的双方都有所启发,非律师人员所有权的实际影响有可

---

[1] See Fox, *supra* note 20(指出为非律师人员所有的公司工作的律师将更不可能办理死刑案件或者其他引人注目的、充满争议的公益事务)。

[2] See Adams & Matheson, *supra* note 6, at 23.

[3] Arthur J. Ciampi, *Non-Lawyer Investment in Law Firms: Evolution or Revolution*? 247 N. Y. L. J. 3 (2012)(称非律师人员所有权将把律师置于其委托人的最大利益与必须对其非律师合伙人负责之间的冲突)。

[4] SHINE LAWYERS, PROSPECTUS 40 (2013), https://www.shine.com.au/wp-content/uploads/2013/10/shine_corporate_limited_prospectus.pdf [https://perma.cc/XWG8-YX8K] ("Shine 对法院负有首要职责,然后才是对其委托人的职责。这些职责先于 Shine 对股东的职责。")[hereinafter SHINE PROSPECTUS]。

[5] *Legal Profession Act* 2004 (NSW) ss 161-163 (Austl.)(指出立法优先于公司章程,并允许与《法律职业法》关联的条例取代《公司法》的运作)。

[6] ABA COMMISSION, *supra* note 50 ("委员会特别留意到,主要观点支持……保留与法律职业的核心价值关切相关的那些禁止性规定,具体而言,这些核心价值就是判断上的职业独立性,保护委托人的秘密信息,通过避免利益冲突忠诚于委托人。")。

[7] Adams & Matheson, *supra* note 6, at 21.

能相当不同于这两种传统说法,这至少体现在三个方面,这一部分对此简要说明,然后我在第三部分对此加以详细阐述,这种阐述得到了第二部分国别研究的支持。

首先,关于非律师人员所有权的辩论常常过于抽象。不应当认为非律师人员所有权在每种背景下都有着同样的影响——非律师所有权人是谁、什么样的法律领域或者所在司法辖区,都很重要。与外部投资者或者在市场还提供其他服务的所有权人所有的法律服务事务所相比,消费者或者工人所有的法律服务事务所有可能会有不同的动机,有着不同的潜在利益冲突。与其他法律服务领域相比,一些法律服务领域可能会吸引更多的非律师投资者,因为它们被认为更具有营利性、更容易标准化或者规模化。有着比较大的资本和法律服务市场的国家会出现更多的、各种类型的非律师人员所有权。与此同时,非律师人员所有权可能多多少少还取决于允许它存在的规制的具体规定,与此同时司法辖区的其他职业规则也可能影响它是否能够形成,以及如何形成。对这些变量加以描述,有助于预测非律师人员所有权在不同情况下所产生的影响。例如,非律师人员所有权可能对这种所有权受到高度规制的相对较小的司法辖区的移民法律服务领域不会有什么影响,但是,在大的司法辖区的人身伤害领域,在大型商业综合企业进入市场的情况下,它可能有变革性影响,需要规制者加以注意。

其次,即使非律师人员所有权可能给法律服务带来更多的创新、更多的竞争和更大的规模效益,也有理由怀疑这些变革是否会为穷人和中等收入人群带来对法律服务的显著近用。非律师人员所有权人有可能被吸引到相对容易商业化、预期回报很高的法律领域,例如人身伤害。然而,这些有利可图的领域不太可能存在近用法律服务的需要,因为存在已久的附条件收费或者风险代理费做法。更一般地说,许多法律工作领域可能难以规模化或者商品化,例如家庭或者移民法的某些方面,在很大程度上要求根据委托人的具体情况量体裁衣,这意味着非律师人员所有权将不太可能发生在这些领域或者带来的近用法律服务之益并不清晰。即使商品化是可能的,有着民事法律需求的人经常资源很少,而法律问题却很复杂。在这样的背景下,非律师人员所有权不可能为这些人提供重要的新的法律选项,因为他们仍然付不起法律服务费用。最后,文化或者心理障碍可能导致一些人抵制购买某项类型的法律服务。换言之,在法律服务市场,可能没有放松规制的拥护者所提出的那么多价格弹性。

最后,那些以削弱职业主义为由反对非律师人员所有权的人,其观点常常失于过宽或者过窄。许多非律师人员所有的律师事务所在经营方式上,有可能在相当程度上类似于律师所有的律师事务所,或者至少不可能引发任何新的严重的职业主义关切。但是,这并不意味着非律师人员所有权不会带来新的职业主义关切。委托人利益和非律师所有权人的利益在有些时候有可能发生冲突,这给律师带来了新的压力。在非律师所有人有其他明确的商业利益的情况下,这些冲突似乎最可能发生,例如在市场上提供多种其他服务的大型公司。[1]在某些情况下,非律师人员所有权可能还会破坏法律职业的公共精神理想,使得这些律师事务所的律师更不可能参与公益活动或者成本风险更大但是可能具有更广泛的社会效益的案件。最后,虽然有些人主张非律师人员所有权将会提高法律服务质量,这一结果并不明显,在某些情况下,投资者的压力会削弱职业标准。

二、国别研究

为了说明第一部分结束时给出的观点,这一部分的三个国别研究探讨了在贫穷和中等收入人群民事法律服务方面,非律师人员所有权对近用法律服务和职业主义的影响。[2]尽管非律师人员所有权可能对其他群体有近用法律服务之益,恰恰是贫穷和中等收入人群常常被完全排除在法律服务之外,因而成为近用法律服务之益的倡导者的首要关注点。[3]

在所研究的三个国家中,可得的法律服务定量数据是有限的。就民事法律服务的价格,这些司法辖区都没有可靠的系统数据,尽管英格兰和威尔士开始收集某些这样的信息。[4]考虑到这些限制,在本文所审视的这些国家,首先做的是确定非律师人员在法律服务上是否有重大投资。如果在某个领域没有重大非律师人员所有权,则这种所有权不可能对近用法律服务或者职业主义有重大影响。在有重大非律师人员所有权的领域,本文对那些——至少在一定程度上——为贫穷和中等收入人群提供服务的企业的非律师人员所有权的特定的突出方面进行了定性研究。这些案例研究集中讨论了似乎是非律师人员所有权激发的法律服务的新模式,因为本研究认为这种类型的创新最可能导致近用法律服务的重大收益,或者引发新的职业主义关切。[5]数据是从公共渠道收集的,来源包括对规制者和政府部门的特别请求,以及通过机构审查委员会[institutional review board(IRB)]所批准的与关键参与者的访谈。[6]

考虑到可得到的数据的有限性,以及法律市场运转的复杂性,这一研究应当被视为

---

[1] 也许关于这种冲突最明显的例子,尽管是在刑事背景下,是一个提供刑事辩护服务并且也运营着监狱的公司。See, e. g., MODEL RULES R. 1.8 (a) ("律师不得同委托人达成商业交易或者在明知的情况下取得不利于委托人的所有权、占有权、担保或者其他财产利益……")。
[2] 本文探讨了非律师人员所有权如何可以通过增减对相关法律选项的了解、降低价格或者在同样或更低价格基础上提高服务质量,来为这一人群提高法律服务近用。
[3] See, e. g., RHODE, supra note 1, at 187(概述了美国为提高民事法律服务近用付出的努力,以及提议的日程)。
[4] 就英国2012年度产权转让、离婚和遗嘱服务的价格,收集有数据。See BDRC CONTINENTAL, supra note 39.
[5] See CLAYTON M. CHRISTENSON, THE INNOVATOR'S DILEMMA (2011)(描述了打破性的技术如何能够导致大规模的新的效益收益,从而削弱早期的商业模式)。
[6] 为了掌握更为完整的看法——这包括少数观点和相反的观点——作者访谈了非律师人员所有的法律服务提供者的管理人员、竞争者、规制者、律师协会代表、学者和那些在为服务不足的人群提供服务的非营利性组织的人员。笔者最初选择访谈对象时,是通过关于非律师人员所有权的公开信息进行的,然后采用了一种滚雪球式的访谈遴选方法。

一个关于非律师所有权的初步研究,以说明非律师人员所有权对近用法律服务和职业主义的影响,这需要进一步研究来加以补充。但是,可得的证据确实使我们能够就非律师人员所有权最为可能的影响提出言之成理的观点。关注具体例子,也迫使论战各方更为仔细地提出和限定其主张,并从可能与之矛盾的证据的角度,重新审视其规范忠信。[1]

(一) 英国

一些背景知识有助于了解过去几年来在英国——具体而言是在英格兰和威尔士——发生的关于法律服务市场的重大规制变革。尽管在某些司法辖区,仅仅有一种类型的法律职业人员,即律师,在英格兰和威尔士,存在8种类型的持照法律职业人员:出庭律师、事务律师、公证人、产权转让人、法律行政官(legal executives)(律师助理的一种类型)、专利律师、商标律师和成本律师(他们能够确定法院审理的案件的法律成本)。[2]虽然出庭律师、事务律师和公证人这样的分工历史悠久,其他类型的持照法律职业人员起源更为新近,创设这些职业,在一定程度上是为了提供让人们更能负担得起的服务,即允许人们专门从事某些法律执业领域,而不像事务律师或者出庭律师那样受那么多的训练。[3]

至少从 Margaret Thatcher 政府开始,在英国就在强有力地推动放松对法律服务的规制。[4]2004 年,David Clementi 爵士的报告——这是建立在英国竞争管理机构以前的研究基础上的[5]——建议就法律职业进行一系列规制变革。[6]这些建议最终导致国会通过了《2007 年法律服务法》。

该法的实施带来了两个主要变化。第一个涉及的是规制机构。该法分立了协会的主

---

[1] 特别是,案例研究能够用来向我们展现"不熟悉的情况,这会激起初步性的伦理判断,从而可能会动摇当我们审视其各个要素之间的关系时加给它们的规范信念之网"。David Thacher, *The Normative Case Study*, 111 AM. J. SOC. 1631, 1669 (2006).
[2] See Approved Regulators, LEGAL SERV. BD., http://www.legalservicesboard.org.uk/can_we_help/approved_regulators/index.htm [https://perma.cc/NF5M-MGUP] (last visited Oct. 31, 2015) (这八种类型的持照法律职业人员,每种都有其自己的规制者。两个会计师协会也被授权就特定的遗嘱活动为会计人员颁发执照,但是目前还没有这么做)。
[3] 某些这样的其他职业人员也将非持照人员已经从事的角色正式化了。关于这些持照法律职业人员的起源的简史, see LEGAL SERV. INST., THE REGULATION OF LEGAL SERVICES: RESERVED LEGAL ACTIVITIES—HISTORY AND RATIONALE (Aug. 2010), http://stephenmayson.files.word-press.com/2013/08/mayson-marley-2010-reserved-legal-activities-history-and-rationale.pdf [https://perma.cc/D5AB-YZE2?type=source].
[4] 关于对 20 世纪 80 年代和 90 年代对英国法律职业改革历史的出色描述, see RICHARD ABEL, ENGLISH LAWYERS BETWEEN MARKET AND STATE: THE POLITICS OF PROFESSIONALISM (2003).
[5] 公平交易办公室 2001 年的一份报告指出法律职业中缺乏竞争,并主张这种做法需要进行改革。See OFFICE OF FAIR TRADING, COMPETITION IN PROFESSIONS (2001), http://www.oft.gov.uk/shared_oft/reports/professional_bodies/oft328.pdf [https://perma.cc/F33B-3DTL].
[6] See CLEMENTI REPORT, *supra* note 44.

张职能和惩戒职能,即创设了独立的法律监察专员来解决消费者不满。[1]它还分立了律师协会的主张职能和规制职能,例如创设了事务律师规制局(SRA)作为事务律师协会的独立规制部门。[2]为了监督英格兰和威尔士8种法律职业人员的独立的一线规制者,该法创建了法律服务理事会(LSB)作为"元规制者"。[3]其次,《法律服务法》允许法律行业执业机构[Legal Disciplinary Practices(LDP)]和替代性商业结构(ABS)。[4] LDP——第一个是在2009年取得执照的——允许不同类型的法律职业人员一起拥有和管理律师事务所(例如,事务律师和出庭律师可以一起在LDP中执业,而在以前他们必须在不同的律师事务所执业)。[5] ABS是在2011年开始颁照的,可以完全由非律师人员所有,除了法律服务还可以提供非法律服务。[6]

进行这些改革,是为了增加竞争,使市场对消费者更友好,并为那些得不到法律服务的人提高法律服务的近用。[7]尽管迄今为止大多数取得执照的ABS仅仅是采用了新的形式的传统律师事务所,许多是有着新的商业模式的法律服务的新主体。[8]这些改革也引起了外国投资者的注意。上市的澳大利亚律师事务所Slater & Gordon在2012年成为一个ABS,随后在全国购买了几家人身伤害和通用服务律师事务所,以成为一个主要市场参与者。[9] LegalZoom——美国一家在线法律服务提供者——也取得了ABS执照,并宣布与一家英国的大型律师事务所网络形成了伙伴关系。[10]

说清楚法律服务实体非律师人员所有权做法在英格兰和威尔士的影响是具有挑战性

---

[1] See Legal Services Act 2007, c. 29, § 115 (UK).

[2] See How We Work, SOLIC. REG. AUTHORITY, http://www.sra.org.uk/sra/how-we-work.page [https://perma.cc/7KDS-GWZ2] (last visited Oct. 31, 2015).

[3] See Approved Regulators, LEGAL SERV. BD., http://www.legalservicesboard.org.uk/can_we_help/approved_regulators/index.htm [https://perma.cc/NF5M-MGUP](最后访问时间:2015年10月31日)。

[4] See Legal Services Act 2007, c. 29, § 5 (UK)(规定了ABS的法律根据); see also Legal Disciplinary Practice, L. SOC'Y (Apr. 6, 2011), http://www.lawsociety.org.uk/advice/practice-notes/legal-disciplinary-practice/#ldp2 [perma.cc/GV65-8LHG](说明了LDP的法律根据)[hereinafter Legal Disciplinary Practice]。

[5] See Legal Disciplinary Practice, supra note 79.

[6] See generally Alternative Business Structures, supra note 11(描述了ABS是如何运作的)。

[7] See MARKET INTELLIGENCE UNIT, supra note 41; see also CLEMENTI REPORT, supra note 44, at 105.

[8] 截至2014年,大约1/3的得到许可的ABS事务所都是新进入者,其他的则是已经存在的律师事务所转换成的ABS。SOLIC. REG. AUTHORITY, RESEARCH ON ALTERNATIVE BUSINESS STRUCTURES: FINDINGS WITH SURVEYS OF ABSSs AND APPLICANTS THAT WITHDREW FROM THE LICENSING PROCESS 10 (2014) [hereinafter SOLICITORS REGULATORY AUTHORITY]。

[9] 截至2014年,Slater & Gordon在18个办事处有逾1200名员工。See Neil Rose, Slater & Gordon Completes Panonne Acquisition and Hints at Yet More to Come, LEGALFUTURES (Feb. 17, 2014), http://www.legalfutures.co.uk/latest-news/slater-gordon-completes-pannone-acquisition-hints-yet-come [https://perma.cc/8JFN-QZP2] [hereinafter Rose, Slater & Gordon Completes Panonne Acquisition]。

[10] See John Hyde, LegalZoom Enters Market with ABS License, L. SOC'Y GAZETTE (Jan. 7, 2015), http://www.lawgazette.co.uk/practice/legalzoom-enters-market-with-abs-licence/5045879.fullarticle [https://perma.cc/8WQC-3RDS]。

的。这不仅是因为 ABS 在 2011 年后期才开始取得执照,〔1〕而且因为在《法律服务法》通过后不久,2008 年金融危机减少了对法律服务的需求,特别是在某些领域,诸如房地产。〔2〕由于预算压力的增加和长期的紧缩趋势,政府在 2013 年 4 月对法律援助制度进行了大幅削减(在人均法律援助费用上,英国在传统上比大多数其他国家花费更多)。〔3〕这些削减了支付给法律援助律师的费用,排除了许多对家庭法、住房、雇佣、福利、债务和移民事务方面的法律援助,并就受益人制定了居住地标准,以及更为严格的最低财产标准。〔4〕由于法律援助传统上是通过政府与私人律师签约进行的,这些削减给整个法律服务市场的薪水造成了下行压力。〔5〕

尽管发生了这一动荡,可得的数据确实使我们能够看清楚替代性商业结构已经进入了哪些市场,还没有进入哪些市场。截至 2014 年 8 月,已有超过 360 家 ABS,其中大多数是由事务律师规制局颁发的执照。〔6〕SRA 许可的 ABS 事务所过度集中于特定法律领域,特别是人身伤害,在该领域中,2012—2013 年度 ABS 事务所占 33.53% 的市场份额。

---

〔1〕 Neil Rose, *Future of Law*: *Big Brands and Alternative Business Structures*, GUARDIAN(Oct. 12, 2012), http://www.theguardian.com/law/2012/oct/12/brands – alternative – business – structures[http://perma.cc/MF38 – 32G3][hereinafter Rose, *Future of Law*].

〔2〕 *See* PASCOE PLEASENCE, NIGEL J. BALMER & RICHARD MOORHEAD, A TIME OF CHANGE: SOLICITORS' FIRMS IN ENGLAND AND WALES 2 – 3 (2011), https://research.legalservicesboard.org.uk/wp – content/media/time – of – change – report.pdf[https://perma.cc/K2KZ – WLV3](详述了进入危机后在法律服务需求方面的总体衰落,特别是围绕房地产和遗嘱)。

〔3〕 *See* John Flood & Avis Whyte, *What's Wrong with Legal Aid*? *Lessons from Outside the UK*, 25 CIV. JUST. Q. 80, 84 (2006). 关于对法律援助制度的削减, see Owen Bowcott, *Labour Peer Condemns Legal Aid Cuts*, GUARDIAN(May 2, 2012), http://www.theguardian.com/law/2012/may/02/labour – peer – legal – aid – cuts_[https://perma.cc/9YLB – 5SXU][hereinafter *Labour Peer*].

〔4〕 *See Labour Peer*, *supra* note 88.

〔5〕 2014 年 1 月,英国的出庭律师在历史上第一次罢工抗议这些变革,说明了这种削减给法律制度和法律职业造成的可以感知的严重问题。Owen Bowcott, *Barristers and Solicitors Walk out Over Cuts to Legal Aid Fees*, GUARDIAN (Jan. 5, 2014), http://www.theguardian.com/law/2014/jan/05/barristers – solicitors – walkout – legal – aid – cuts[http://perma.cc/Q7V6 – CRST].

〔6〕 Nick Hilborne, *SRA Now Licensing More Than 300 ABSs*, LEGALFUTURES(Aug. 6, 2014), http://www.legalfutures.co.uk/latest – news/sra – now – licensing – more – than – 300 – abss[http://perma.cc/GSR7 – 8F3R].

表 2：2012 年 10 月至 2013 年 9 月期间，事务律师规制局规制的
不同法律领域中 ABS 的市场参与度[1]

	领域内的 ABS 市场份额（%）	领域内的 ABS 数量	其该领域业务所占比重 >50% 的 ABS 数量
儿童	3.47%	33	0
消费者	19.77%	6	0
刑事	2.87%	34	7
债务催收	3.73%	46	3
雇用	6.07%	94	5
家庭/婚姻	5.27%	76	5
知识产权	2.46%	16	1
房东/租户	3.45%	57	2
诉讼（其他）	4.26%	112	18
精神健康[2]	23.49%	6	1
非诉讼（其他）	16.80%	64	5
人身伤害	33.53%	102	53
遗产管理	4.78%	67	0
房地产（商业）	3.19%	73	0
房地产（住宅）	3.03%	78	2
社会福利	11.96%	5	0
遗嘱信托税收筹划	3.35%	89	7

在人身伤害之后，ABS 最大的收入份额在消费者法、社会福利法和精神健康法领域，尽管每个这样的领域实际的 ABS 数量都相对较少。[3] 消费者法包括产品责任案件，精神健康法包括精神健康医疗事故，社会福利法包括残障权益，因此这些法律服务可能是由比较大的人身伤害律师事务所提供的。[4] 上述表格排除了公司法、金融建议、民权自由

---

[1] SOLICITORS REGULATORY AUTHORITY, supra note 83, at 12, supplemented with data provided in email correspondence with SRA (June 13, 2014).
[2] "非诉讼（其他）"是个兜底性的类别，包括在它们进行自我报告时不能完全纳入其他类别的工作。并不清楚律师事务所会把什么类型的工作放到这一类别中。Email from CBT to author (June 13, 2014) (on file with author).
[3] 这一工作仅仅在一个 ABS 中所占比例超过了 50%。Id.
[4] Id.; Nick Hilborne, ABSs Capture a Third of Personal Injury Market, SRA Research Reveals, LEGALFUTURES (June 12, 2014), http://www.legalfutures.co.uk/latest-news/abss-capture-third-personal-injury-market-sra-research-reveals [http://perma.cc/LP6G-8F6J].

和移民,是因为在这些类别中,ABS 的市场份额不到 2%。[1]

下面两部分内容更为详细地讨论 ABS 对英国这两个法律领域的最初影响:人身伤害和家庭法。这些例子既说明了 ABS 事务所是如何让这些领域发生转变的,但是也说明这些转变并不必然会带来法律服务近用方面的改善,并会带来一些职业主义的关切。

1. 人身伤害和保险业

取得 ABS 执照的律师事务所蜂拥而入人身伤害市场,形成了新的创新,带来了新型投资者,形成了更大的规模效益。[2] 然而,到目前为止,法律服务近用之益是令人怀疑的,一些这样的 ABS 也可能造成新型利益冲突,并帮助主体绕过职业规制。

非律师人员所有权在人身伤害领域的快速增长,并不特别令人惊讶。人身伤害市场在历史上就很大,并且至少在近些年来,超多利润使得它成为外界投资人的明确目标。[3] 人身伤害律师事务所也要求资本密集型的前期投入成本,一方面是用来通过广告劝诱索赔,另一方面是接着筛选这些索赔。[4]

英国独有的规制原因也可能刺激了非律师人员的投资。2013 年 4 月,在 Rupert Jackson 法官向司法部提交的报告中建议禁止介绍费后,政府禁止了介绍费。[5] 这一禁止,以及它所带来的不祥预感,可能加快了 ABS 对人身伤害市场的进入。大型保险公司通过将发生交通该事故的顾客介绍给人身伤害律师而赚钱。[6] 为了不失去这一丰厚的收入来源,保险公司已经投资于它们自己的律师事务所,这样他们就能够在不收费的情况下把案件

---

[1] 事务律师规制局给笔者的电子邮件(2014 年 6 月 13 日)(on file with author)。
[2] 这部分讨论的 Quindell 是一个有着新的商业模式、外界投资者和更大的规模经济的律师事务所的例子。*Infra* note 117.
[3] 以前的研究发现,更有成效的律师事务所最可能在人身伤害市场中运营。LEGAL SERV. BOARD, EVALUATION: CHANGES IN COMPETITION IN DIFFERENT LEGAL MARKETS 6 (Oct. 2013), https://research. legalservicesboard. org. uk/w (on file with author) u 2015) ls, gler mentions. Is this what the author intended to cite back to? r that it comes from the same sop – content/media/Changes – in – competition – in – market – segments – REPORT. pdf [https://perma. cc/Q56V – 37YL] [hereinafter LSB 2013]. 这一领域在 2011 年达到了 18 亿英镑,或者占英国事务律师全部营业额的 12%。*Id.* at 4.
[4] 需要在广告上进行更多投资,导致了 2013 年禁止介绍费之前,英国索赔管理公司的增长。LONDON ECON., ACCESS TO JUSTICE: LEARNING FROM LONG TERM EXPERIENCES IN THE PERSONAL INJURY LEGAL SERVICES MARKET 17 (2014), https://research. legalservicesboard. org. uk/wp – content/media/Access – to – Justice – Learning – from – PI. pdf [http://perma. cc/Q56V – 37YL] [hereinafter LEARNING FROM LONG TERM EXPERIENCES].
[5] RUPERT JACKSON, REVIEW OF CIVIL LITIGATION COSTS: FINAL REPORT 203-206 (Dec. 2009), https://www. judiciary. gov. uk/wp – content/uploads/JCO/Documents/Reports/jackson – final – report – 140110. pdf [https://perma. cc/JE44 – 6XRQ]; *Claims Management Company Regulations*, *Guidance and Legislation*, MINISTRY OF JUSTICE (Jan. 23, 2015), http://www. justice. gov. uk/claims – regulation/information – for – businesses/referral – fees – ban – inpersonal – injury – cases [https://perma. cc/A4JP – 4UPW? type = source] (详细说明了《2012 年法律援助、犯罪者量刑和处罚法》第 56 条在 2013 年 4 月造成的禁止) [hereinafter MINISTRY OF JUSTICE].
[6] 在禁止介绍费之前,超过 15% 的人身伤害事务律师事务所通过介绍获得了 50% 的业务。LSB 2013, *supra* note 98, at 53.

介绍给这些律师事务所，但是仍能够从随后的利润中获益。[1]与此同时，大型人身伤害律师事务所，例如 Slater & Gordon 购买了有着公认品牌的律师事务所，并投资于广告，以确保在介绍费被禁止后有稳定的委托人供给。[2]

许多律师批评保险公司通过设立它们自己的法律服务机构，绕过了关于介绍费的限制，就像英国一位著名的人身伤害律师所指出的那样。

介绍费禁令至少从表面上看，持一种原则性立场，即向一个受了伤的人销售代理权是令人厌恶的。允许那些介绍人现在拥有事务律师事务所而不是由事务律师的事务所向其直接支付介绍费，并得出结论认为这更好，这似乎是对该问题的一个奇怪的解决方案。[3]

确实，除了对介绍费的一般性"厌恶"，Jackson 报告批评介绍制度说，它并没有帮助消费者就其索赔找到最有质量的律师，而是将他们引向了能为介绍者支付最高价格的律师。[4]与此类似，消费者被引向一个 ABS，是因为他们的保险公司对其有所有权，这种介绍似乎仅仅是出于保险公司的金钱利益，而不是因为这种介绍为消费者的最大利益所必需。

Quindell 这个在伦敦证券交易所的另类投资市场（AIM）上市的 ABS，也绕过了介绍费禁令，即使它并不是由保险公司所有的。[5]相反，Quindell 出售索赔管理服务。[6]它的代理人员负责电话热线，而这是顾客在交通事故后呼叫保险公司时的第一个联络点。[7]代理人员接着就索赔告知保险公司，但是也向顾客提供一揽子其他服务，包括路边帮助、车辆修理、汽车租赁、康复医疗支持和法律服务。[8]由于 Quindell 的代理人员是顾客的第一个联络点，把他们推荐给其法律服务部门在技术上并不是受到禁止的介绍行为。[9]这

---

[1] See Neil Rose, *ABS – Owning Insurers Sign up to Code on Handling Legal Work for Policy Holders*, LEGALFUTURES (Feb. 14, 2014), http：//www.legalfutures.co.uk/latest－news/abs－owning－insurers－sign－code－handling－legal－work－policyholders [https：//perma.cc/TL5Q－4CEL？type＝source] [hereinafter Rose, *ABS – Owning Insurers*].

[2] See Interview 1, in London, Eng. (Jan. 9, 2014) [hereinafter Interview 1].

[3] Email 21 (Apr. 7, 2014) (on file with the author and with Geo. J. Legal Ethics).

[4] JACKSON, *supra* note 100, at 203－206. 重要的是，该报告也批评介绍费提高了整个人身伤害诉讼程序的价格，因为它增加了更多的参与者和成本。Id.

[5] Rory Gallivan, *Quindell Mulls U. S. Listing After Move to London Premium List Blocked*, WALL STREET J. (June 11, 2014), http：//online.wsj.com/articles/quindell－mulls－u－s－listing－after－move－to－london－premium－list－blocked－1402498223 [http：//perma.cc/5UJ3－QY2G].

[6] QUINDELL, QUINDELL PORTFOLIO PLC INVESTOR TEACH－IN & TRADING UPDATE 21 (2013)（描述了 Quindell 如何就联络点的第一次损失通知支付费用）. Quindell 也通过直接的顾客外联和其他中介获得了很大一部分委托人。

[7] Id.

[8] Id.

[9] Id.；*see also* Neil Rose, *Quindell Targets Huge Staff Growth and Higher Value Cases*, LEGALFUTURES (June 19, 2014), http：//www.legalfutures.co.uk/latest－news/quindell－targets－huge－staff－growth－higher－value－cases [https：//perma.cc/Y2GN－SQ3S？type＝source] [hereinafter Rose, *Quindell Targets Huge Staff Growth*].

一战略是有利可图的,这将 Quindell 所报告的收入从 2012 年的 1.63 亿英镑(其中利润是 0.52 亿英镑)增长到 2013 年的 3.80 亿英镑(其中利润是 1.37 亿英镑)。[1]一些人已经质疑该公司是否在破坏介绍费禁令,[2]或者同样的公司既为人身伤害委托人提供医学证据,又为委托人提供法律代理,是否造成了利益冲突。[3]关于 Quindell 的商业战略的一个特别关键的报告(是由一家卖空其股票的公司撰写的)导致 Quindell 的股票在 2014 年 4 月的一天几乎失去一半的市值,或者大约是 10 亿英镑。[4]

让那些它们为其提供保险的人在对第三方保险公司的索赔中胜诉,尽管符合保险公司或者它们签约的诸如 Quindell 这样的公司的短期利益,但是降低索赔的成本,是符合整个保险业的利益的。这引发了这样的问题,即让保险商拥有人身伤害律师事务所是否存在固有的利益冲突,即使它们并不办理案件来反对拥有它们的保险商。[5]在禁止介绍费之前,一些人身伤害律师事务所已经与保险公司签署了大宗业务合同,为律师事务所提供案件,这也许意味着这些律师事务所要小心翼翼,不能对保险业过于咄咄逼人。[6]然而,这样的做法仍然在保险公司与人身伤害律师事务所之间造成了某些疏远。

2014 年 2 月,许多有着 ABS 的大型保险公司签署了一个自愿性的行为守则。[7]他们在守则中约定的事项包括:它们以及接受它们介绍的顾客的任何一方,只要有可能,都要通过政府和利益相关方批准的一家索赔门户网站来就其顾客的索赔进行和解,并且要采用

---

[1] Stephen Joseph, *Investor Relations*, QUINDELL (Sept. 14, 2015), http://www.quindell.com/investors/ [https://perma.cc/5NRP-BYLL].

[2] Richard Moorhead, Lawyer Watch, *After Referral Fees—Ethical Personal Injury Practice*? LAWYER-WATCH (Mar. 21, 2014), http://lawyerwatch.wordpress.com/2014/03/21/after-referral-fees-ethical-personal-injury-practice/ [https://perma.cc/BJD8-QKMN?type_source](指出(像 Quindell 这样的)理赔服务的首份通知的效果就是绕过了介绍费禁令)。

[3] Interview 18, in London, Eng. (July 7, 2014).

[4] 尽管这一报告似乎是由一家做空 Quindell 的股票的美国贸易公司作出的,市场的反应可能表明人们对它们的商业模式感到比较大的不安。Neil Rose, *Quindell Launches Legal Action Over 'Shorting Attack*,' LEGALFUTURES (April 25, 2014), http://www.legalfutures.co.uk/latest-news/quindell-launches-legal-action-shorting-attack [https://perma.cc/8J6U-GYND?type=source] [hereinafter Rose, *Quindell Launches Legal Action*].

[5] 就保险公司所有的 ABS 针对拥有它们的保险公司提起人身伤害案件,并没有绝对禁止。然而,《事务律师规制局手册》规定的一套原则,所有的事务律师都必须遵循。原则 3 规定,"你必须不得允许你的独立性受到损害",原则 4 规定,"你必须为每个委托人的最大利益行事"。这两个原则似乎都禁止事务律师代表他们的委托人反对拥有他们的律师事务所的公司。SOLIC. REG. AUTH., *SRA Principles* 2011 (2011), http://www.sra.org.uk/solicitors/handbook/handbookprinciples/content.page [http://perma.cc/66J7-VREV].

[6] Interview 17, in London, Eng. (July 3, 2014).

[7] ASS'N OF BRITISH INSURERS, SUPPORT FOR CUSTOMERS WITH ROAD TRAFFIC INJURIES: THE ABI CODE (July 1, 2015), https://www.abi.org.uk/media/Files/Documents/Publications/Public/2014/personal%20injury/Customers%20with%20Road%20Traffic%20Injuries%20The%20ABI%20Code.ashx [https://perma.cc/B7P7-YYCQ]; Rose, *ABS-Owning Insurers*, supra note 102.

一种不会不合理地增加承担责任的保险商的法律成本的方式。[1]这样的行为守则引发了这样的关切,即保险业在积极主动地试图将其 ABS 的法律业务塑造为要尽可能使得保险公司的成本降低,这也许会/也许不会促进那些受到伤害的人的最大利益。

更一般地说,保险公司在传统上一直在游说制定条例来限制在人身伤害案件中支付的赔偿数额,而人身伤害律师在游说制定条例来允许更多的赔偿。[2]让保险公司占领了大部分的人身伤害领域,打破了这种政治平衡,会在未来导致更有利于保险公司的条例。

尽管保险公司所有的 ABS 造成了许多潜在的严重利益冲突,ABS 在人身伤害市场的法律服务近用之益尚待证实。[3]事实上,从 2011—2012 年度到 2014—2015 年度,英国的人身伤害索赔在下降。[4]这一最近的下降是汽车事故索赔所带领的,这种索赔占全部人身伤害索赔的3/4,这些索赔从 2011—2012 年度的 828 489 起,下降为 2014—2015 年度的 761 878 起,减少了大约 8%。[5]很重要的是,从 2011—2012 年度到 2014—2015 年度,医疗过失索赔增长了 35%(在 2014—2015 年度是 18 258 起),对雇主的索赔增长了 18%(在 2014—2015 年度是 103 401 起)。[6]尽管这一数据表明 ABS 进入市场未能遏制整个人身伤害索赔数量的下降,特别是交通事故索赔,如果没有进一步的信息,不可能就 ABS 的影响进行推测。最近交通事故索赔的下降和医疗过失和对雇主索赔的增长,可能是 ABS 的出现所造成的,但是也可能是最近对介绍费的禁止、人身伤害领域更为广泛的改革、交通事故的数量变化、[7]英国听力丧失索赔的最近增长[8]或者其他因素所造成的。

---

[1] ASS'N OF BRITISH INSURERS, *supra* note 117, at § 22(i); Rose, *ABS – Owning Insurers*, *supra* note 102. 在行为守则中,签署者还januarjanuar此达成一致,即使客户意识到它们在提及它们与其 ABS 的关系,也不要迫使客户提出索赔,或者将委托人介绍给第三方。ASS'N OF BRITISH INSURERS, *supra*, note 117, at § § 15 – 16.

[2] 人身伤害律师协会代表英国人身伤害律师进行了多次游说活动。*See Parliamentary Room*, ASS'N OF PERS. INJ. L., http://www.apil.org.uk/parliamentary – room [http://perma.cc/P5QT – D82Y](最后访问时间:2015 年 10 月 9 日)。英国保险商协会为英国保险业进行了游说活动。*See About Us*, ASS'N OF BRITISH INSURERS, https://www.abi.org.uk/About [http://perma.cc/9MWW – DQ6H](最后访问时间:2015 年 10 月 31 日)。

[3] LEARNING FROM LONG TERM EXPERIENCES, *supra* note 99, at 38("清楚的是,ABS 已经对人身伤害市场造成很大影响。然而,还不可能评估这是否导致了司法近用的增长。")。

[4] 在英国,所有就人身伤害事务被索赔的当事人,都必须在政府的损害赔偿支付机构——它在特定的赔偿和人身伤害案件中负责追回社会保障和全国医疗服务成本——进行登记。*Collection*, COMP. RECOVERY UNIT, https://www.gov.uk/government/collections/cru [https://perma.cc/E2QU – UPCE](最后访问时间:2015 年 6 月 8 日)[hereinafter COMP. RECOVERY UNIT DATA];人身伤害索赔的数据来自于该损害赔偿支付机构网站的 excel 文档。

[5] *Id*.

[6] *Id*. 关于什么可能造成不同类别的人身伤害索赔的相关趋势的更为详细的讨论,*see* LEARNING FROM LONG TERM EXPERIENCES, *supra* note 99, at 25 – 28.

[7] 近些年来,英国的道路伤害和死亡在稳步下降(从 2006 年起,平均每年下降 4.7%,包括 2012 年和 2013 年)。*See Reported Accidents, Vehicles & Casualties*, DEPT. FOR TRANSPORT, https://www.gov.uk/government/statistical – data – sets/ras40 – reported – accidents – vehicles – and – casualties [https://perma.cc/YY6G – YFRZ](最后访问时间:2015 年 9 月 24 日)(点击表 RAS40001 的链接)。

[8] Mark Sands, *25% of UK Workforce at Risk of Noise Induced Hearing Loss*, POST, May 27, 2014(指出自 2014 年引入 Jackson 委员会的改革以来,听觉丧失索赔增长了 40%)。

然而，还有其他理由认为 ABS 可能对人身伤害事务中的法律服务近用没有重大的直接影响。在 2010—2011 年度，在颁发 ABS 执照之前，那些在英格兰和威尔士提起人身伤害索赔事务的人中，97% 报告说他们并没有向其事务律师支付律师费，因为事务律师是由他们的保险公司付费的，签订的是不胜诉不收费合同，或者是通过法律援助、工会或者其他渠道提供的。[1]考虑到这一市场的性质，能提起人身伤害索赔的人员数量上的大的变动，似乎更可能是由附条件收费结构上的变化或者保险行业内就他们何时应当进行赔偿所进行的计算所驱动的，而不是因为 ABS 的出现所造成的。

2. 家庭法与 CO‐OPERATIVE 法律服务

Co‐operative 法律服务是 Co‐operative 集团的一部分，该集团创建于 1863 年，为其 800 万个会员所拥有，在全国有 3500 家零售网点。[2]Co‐operative 因其杂货店、药房、银行、殡葬服务和农业服务特别出名。2006 年，Co‐operative 开始为其会员提供法律服务，2012 年他们取得了 ABS 执照，为一般公众提供这些服务。[3]Co‐operative 法律服务是向多种多样的顾客提供各种民事法律服务的 ABS 的最突出的例子。许多观察者，包括那些 Co‐operative 内部的人，[4]都将 Co‐operative 法律服务视为通过规模效益和范围提供法律服务近用的一个路径。然而，并不清楚的是，Co‐operative 到底在多大程度上能够实际提高法律服务近用，它的更大的商业模式也有待于证实。

2014 年，Co‐operative 法律服务有员工 342 人，年度营业额 0.23 亿英镑。[5]它的主要工作领域是遗嘱、人身伤害和家庭法。[6]Co‐operative 的丧葬、金融和其他部门能够将委托人介绍给它的法律服务部门，Co‐operative 法律服务在 Co‐operative 集团的杂货连锁店大做广告。[7]Co‐operative 法律服务的主要办事处在伦敦、曼彻斯特和布鲁塞尔，但是它们通过电话为许多顾客服务。[8]它们宣称，通过投资于基础设施和质量控制系统，它们能够在更便宜的价格基础上提供更好的服务。[9]

---

[1] LEARNING FROM LONG TERM EXPERIENCES, *supra* note 99, at 31 – 32.
[2] *About Us*, THE CO‐OPERATIVE. GRP., [http://www.co‐operative.coop/corporate/aboutus/ http://perma.cc/72KU‐AT6D] (last visited Oct. 9, 2015); *Who We Are*, THE CO‐OPERATIVE. GRP., http://www.co‐operative.coop/corporate/aboutus/an‐introduction/ [http://perma.cc/Z3S8‐J2YL]（最后访问时间：2015 年 10 月 9 日）.
[3] *See Supermarket Sweep*: *The cold wind of competition sweeps the legal services market*, ECONOMIST, Apr. 27, 2013, at 54.
[4] *See* Interview 10, *supra* note 47.
[5] *Id.*; THE CO‐OPERATIVE. GRP., ANNUAL REPORT 19 (2014), http://www.co‐operative.coop/Corporate/PDFs/Annual‐Report/2014/Co‐operative‐Group‐Annual‐Report‐2014.pdf [http://perma.cc/NGZ9‐5NHH] [hereinafter THE CO‐OPERATIVE GRP.].
[6] THE CO‐OPERATIVE. GRP., *supra* note 130, at 19.
[7] Interview 10, *supra* note 47; THE CO‐OPERATIVE. GRP., *supra* note 130, at 16 – 17.
[8] THE CO‐OPERATIVE. GRP., *supra* note 130, at 19.
[9] Interview 10, *supra* note 47.

Co－operative 是独一无二的，因为它是会员所有的，并且致力于更大的社会使命。Co－operative宣称它并不是要从法律服务中获取利润，因为它们的兴趣是为他们的会员和整个社会提供"社会福利"。[1]几个帮助建设Co－operative法律服务的资深律师来自于法律职业的社会福利领域，当时是2010年初，宣布了法律援助的大幅削减。[2]他们来到这里在一定程度上是因为他们认为 Co－operative 是一个可行的平台，可以通过一个可信的品牌为中产阶级以及不再能够获得法律援助的低收入人群提供低成本法律服务。[3]

就家庭法而言，这样的社会使命感尤其如此。尽管法律援助以前能够提供给那些在大多数私人家庭法律事务——包括离婚和监护权争夺——中达到收入要求的人，在2013年4月法律援助削减后，只能在涉及家庭暴力、强迫性婚姻或者儿童诱拐的法律事务中提供。[4]在这种范围缩小的情况下，2014年，Co－operative 法律服务成为英国最大的家庭法律援助提供者，在全国已经赢得了78个政府合同。[5]它们在履行这些合同时，使用的是律师巡回团队，在 Co－operative 的23个银行分支机构的共享办公场所。[6]它们还有3个全国性的家庭法律援助联系电话中的1个。[7]除了这些政府合同外，Co－operative 还按照固定费率为公众提供家庭法律服务。一些人还表达了这样的希望，即 Co－operative 将能够在足够低的价格基础上提供这些服务，以便有意义地减缓法律援助削减所造成的法律服务近用需求。[8]

然而，尽管 Co－operative 是最大的家庭法服务提供者之一，它并不能遏制2013年法律援助削减造成的英国家庭法院没有代理律师的当事人的数量大规模增长。在2011年到2014年上半年，双方均无代理律师的私人家庭法律争端所占百分比翻了一番，双方具有代理律师的案件的百分比，从49%下降到了25.8%。

---

[1] Id. ; Co－Operative Group Values and Principles, CO－OPERATIVE. GRP. , http：//www. co－operative. coop/corporate/aboutus/The－Co－operative－Group－Values－and－Principles/ [http：//perma. cc/J3LJ－PRNF]（最后访问时间：2015年10月9日）（指出"社会责任"和"对社群的关切"是其核心价值观和原则）.

[2] See Interview 10, supra note 47.

[3] Id.

[4] Q&A：Legal Aid Changes, BBC NEWS (March 20, 2013), http：//www. bbc. com/news/uk－21668005 [http：//perma. cc/4JQ2－77AP].

[5] Interview 10, supra note 47.

[6] Id.

[7] Co－operative Launches 'Massive Expansion' of Family Legal Aid Service, SOLIC. J. , (April 23, 2013), http：//www. solicitorsjournal. com/news/management/business－development/co－op－launches－%E2%80%98 massive－expansion%E2%80%99－family－legal－aid－service [http：//perma. cc/RPS3－5RWZ].

[8] Interview 10, supra note 47.

表3：英国私人家庭法律争端中有代理律师的当事人所占百分比[1]

	双方当事人	仅申请者	仅被申请者	双方当事人均没有
2011	49.0	29.9	10.0	11.1
2012	46.1	31.4	10.3	12.2
2013	35.0	37.4	9.3	18.3
2014（上半年）	25.8	37.4	9.7	27.1

恰恰因为像 Co‑operative 法律服务这样的新的 ABS 并不能够填补法律援助缺陷所造成的空缺，并不意味着它们不能够帮助减轻法律援助削减所带来的影响，或者它们在未来不能发挥更大的作用。[2] 然而，近些年来，到目前为止，英国家庭法律争端中近用律师代理方面发生变化的主要推动因素，并不是诸如 Co‑operative 法律服务这样的 ABS 的兴起，而是法律援助的削减。像人身伤害那样，ABS 在家庭法代理中的出现，似乎顶多是一个小插曲，对整个法律服务近用的影响并不清晰。

（二）澳大利亚

像英国一样，澳大利亚的竞争主管机关（该机关在该国执行反不正当竞争法）在该国倡导采用非律师人员所有权方面扮演了关键角色。[3] 在这一压力之下，并且律师协会的规制者没有提供什么输入，21 世纪早期，新南威尔士政府采纳了一套改革方案，允许公司化法律服务机构（Incorporated Legal Practice（ILP））和跨行业合伙（Multi‑Disciplinary Partnership（MDP））。[4] ILP 和 MDP 分别是能够提供法律服务以及几乎任何其他非法

---

[1] 这一数据来自于 U. K. MINISTRY JUST. COURT STATISTICS（QUARTERLY）: APRIL TO JUNE MAIN TABLES, tbl 2.4（2014），https://www.gov.uk/government/statistics/court‑statistics‑quarterly‑april‑to‑june‑2014 [https://perma.cc/3KMD‑S8W5]．私人家庭法争端的数量在 2014 年也开始下降（与 2013 年相比下降了 14%），这也许表明缺少代理仍然在阻却人们到法院寻求救济。Id.

[2] 报告说他们在过去 2 年中得到了家庭法律服务的调查对象的数量所代表的金钱价值，在 2011 年到 2014 年期间，从 57% 增长到 63%。家庭法律服务市场中固定收费也从 12% 增长到了 45%。LEGAL SERVICES CONSUMER PANEL, TRACKER SURVEY 3（2014）（U. K.），http://www.legalservicesconsumerpanel.org.uk/ourwork/CWI/documents/2014% 20Tracker% 20Briefing% 201 _ Changingmarket.pdf [http://perma.cc/TE6H‑GU7C]．ABS 进入市场可能刺激了这些变革。然而，这些变化也可能是正值法律援助削减时竞争日益激烈的市场造成的。据报道，ABS，包括 Co‑operative 在内，仅占家庭法律服务市场的 5%，因此尽管它们有可能促进了某些这样的变化，但是它们似乎不可能是唯一造成这些变化的。Supra tbl. 2.

[3] See Georgina Cowdroy & Steven Mark, Incorporated Legal Practices –‑ A New Era in the Provision of Legal Services in the State of New South Wales, 22 PENN ST. INT'L L. REV. 671, 673–75（2004）.

[4] Id.；Legal Profession Amendment Act 2000（NSW）（Austl.）；id. at pt. 2.6. 关于各州是什么时候允许公司化法律执业机构的简史，see Parker, supra note 10, at 5–6.

律服务的公司和合伙,[1]都允许非律师人员进行不受限制的投资。[2]大约在同一时间,澳大利亚的各个州都进行了类似的改革。[3]

每个 ILP 或者 MDP 都有指定的法律执业者董事或者合伙人,管理事务所的法律服务,并确保遵守职业义务。[4]律师事务所还必须创建并贯彻自己的"适当的管理制度"来确保遵守职业规则。[5]然而,与英格兰和威尔士的 ABS 不同的是,澳大利亚的 ILP 和 MDP 并不是必须获得法律规制者颁发的执照。[6]最高法院可以因为违反了某些行为规则而取消它们的资格。[7]换言之,这是一种登记而不是颁照程序。

尽管英国在允许非律师人员所有权后出现了重大外部投资,类似改革对相对较小的澳大利亚法律服务市场的影响相对较小。在澳大利亚的法律场景中,ILP 已经相当常见,MDP 略有逊色,但是除了少数突出的例子外,实际外部所有权仍然很罕见。相反,采用这些形式,在很大程度上是因为明显的税收和继承上的好处。[8]确实,绝大多数 ILP 是单独执业者,其他 ILP 大多数是按照传统律师事务所的路子组织的。[9]

1. 人身伤害与集团诉讼:三个律师事务所的故事

尽管非律师所有权人还没有蜂拥而入澳大利亚法律服务市场,三个律师事务所,包括两个人身伤害律师事务所,现在已经在澳大利亚证券交易所上市。[10]这两个上市人身

---

[1] *Legal Profession Act* 2004(NSW)s 135(1)(Austl.)。公司化法律执业机构不得办理管理投资计划。Id. at s 135(2)。

[2] *Practice Structures*, THE LAW SOCIETY OF NEW SOUTH WALES, http://www.lawsociety.com.au/ForSolicitors/practisinglawinnsw/practicestructures/index.htm[http://perma.cc/84PM-D84B? type =live](最后访问时间:2015 年 10 月 7 日)(说任何公司都可以成为公司化法律执业机构,因此包括那些非律师人员所有的公司)。

[3] 只有南澳大利亚州仍禁止法律服务中的非律师人员所有权。*Alternative Business Structures: Lessons From Other Jurisdictions*, GAZETTE 5(Fall 2012), http://lawsocietygazette.ca/wp-content/uploads/2013/01/gazette-2012-03-fall.pdf[https://perma.cc/6Q2Q-XF87? type =source]。

[4] *Legal Profession Act* 2004(NSW)ss 140, 169(Austl.)。

[5] Id. at § 140; Sheehy, *supra* note 55, at 16-18。

[6] Sheehy, *supra* note 55, at 16。

[7] *Legal Profession Act* 2004(NSW)s 153(Austl.)。

[8] Parker, *supra* note 10, at 12(公司化法律执业机构按照公司税率征税,并且与传统的合伙相比,可以说更容易将公司化法律执业机构的股份转让给更年轻的同事)。

[9] See, e.g., VICTORIA LEGAL SERV. BOARD & COMMISSIONER ANN. REP. 58(2013), http://lsbc.vic.gov.au/documents/Report-Legal_Services_Board_and_Commissioner_annual_report-2013.pdf[https://perma.cc/YK96-A8UL? type =source](在维多利亚州,2013 年有 921 个公司化法律执业机构,其中 715 个是单独执业者)。在新南威尔士,截至 2014 年,仅仅有 85 个公司化法律执业机构有 10 或者 10 个以上的律师。Email 20(Mar. 25, 2014)(on file with the author)。从这些律师事务所的网站来看,没有一个提供的服务在根本上有别于传统律师事务所提供的服务,尽管其中的两个——Slater & Gordon 和 Shine Lawyers——是上市公司。

[10] Slater & Gordon Limited(SGH)(listed May 21, 2007), ASX, http://www.asx.com.au/asx/research/company.do#!/SGH[perma.cc/Q73K-GDNK](最后访问时间:2015 年 12 月 23 日);ILH Group Limited(ILH)(2007 年 8 月 17 日上市), ASX, http://www.asx.com.au/asx/research/company.do#!/ILH[perma.cc/FH83-FQKZ](最后访问时间:2015 年 12 月 23 日);Shine Corporate Ltd(SHJ)(2013 年 5 月 25 日上市), ASX, http://www.asx.com.au/asx/research/company.do#!/SHJ[perma.cc/PVS8-QFJQ](最后访问时间:2015 年 12 月 23 日)。

伤害律师事务所——Slater & Gordon 和 Shine Lawyers——是该国最大的三个人身伤害律师事务所中的两个。[1]另一个大型人身伤害律师事务所 Maurice Blackburn 还没有上市，继续为律师所有。对这三个人身伤害律师事务所进行的比较表明，尽管在澳大利亚背景下，上市可能不会造成显而易见的新的利益冲突，但是它能够更为微妙地破坏律师事务所的公共精神理想。这样一个比较也令人产生了这样的怀疑，即外部所有权是否必然会实现大的规模效益，或者这样的规模最终是否能够改进法律服务近用。

2013 年，澳大利亚的人身伤害市场估计在 5.50 亿到 7.00 亿澳元之间。[2]澳大利亚不允许风险代理费，[3]但是各州有各种类型的附条件收费制度。例如，维多利亚和昆士兰允许胜诉律师的小时费率有 25% 的增长，但是新南威尔士并不允许类似的胜诉"附加费"。[4]财力雄厚的律师事务所更适合提出附条件的不胜诉不收费安排，21 世纪早期进行的侵权改革，包括了对人身伤害案件中所允许的广告类型进行的限制，这常常有利于已经建立的品牌。[5]这一环境导致了人身伤害市场的整合，截至 2013 年，三个最大的主体是 Slater & Gordon（占市场份额的 20%~25%）、Maurice Blackburn（所占市场份额刚刚到 10%）和 Shine Lawyers（所占市场份额几乎是 10%）。[6]

Slater & Gordon 于 1935 年成立于墨尔本，当它在 2007 年成为澳大利亚第一家在证券交易所上市的律师事务所时，已经是一家知名的人身伤害律师事务所。[7]当时它在 15 个办事处有 400 名员工，[8]年收入为 5500 万澳元，[9]估计占有 10% 的人身伤害市场。[10]然

---

[1] SLATER & GORDON ANNUAL REPORT 2014, SLATER & GORDON 9 (2014), https://media.slatergordon.com.au/annual–report–2014.pdf [https://perma.cc/WP3J–R37T] [hereinafter SLATER ANNUAL REPORT].

[2] Id.

[3] MAURICE BLACKBURN LAWYERS, RESPONSE TO THE ACCESS TO JUST. ARRANGEMENTS ISSUE PAPER 3, 4 (Aug. 7, 2013), http://www.pc.gov.au/__data/assets/pdf_file/0007/129337/sub059–access–justice.pdf [http://perma.cc/NE8F–GZZ4].

[4] Id. at 4. 不被允许"胜诉附加费"导致律师事务所抱怨说，在新南威尔士，他们不能为那些在其他州能够代理的案件提供法律服务。

[5] SHINE PROSPECTUS, supra note 60, at 10（"侵权改革也带来了机会，特别是在收购那些没有制度来应对复杂的规制变革的较小的法律服务机构方面。"）。

[6] SHINE PROSPECTUS, supra note 60, at 10（估计 Shine 在人身伤害市场有 10% 的份额）；SLATER ANNUAL REPORT, supra note 157, at 9（估计 Slater 在人身伤害市场有 25% 的份额）；Telephone Interview 16（June 11, 2014）（指出 Maurice Blackburn 在人身伤害市场的份额略大于 Shine 的份额）[hereinafter Interview 16]。

[7] SLATER & GORDON, PROSPECTUS 10 (2007), https://media.slatergordon.com.au/prospectus.pdf [http://perma.cc/B7JE–4HR5] [hereinafter SLATER PROSPECTUS].

[8] Id.

[9] Id., at 10. 根据其管理团队的说法，Slater 寻求上市而不是私募股份，是因为这能够带来更多的资金，使得合并更容易，并允许建设更好的管理制度。Andrew Grech & Kirsten Morrison, Slater & Gordon: The Listing Experience, 22 GEO. J. LEGAL ETHICS 535, 536–537 (2009).

[10] SLATER PROSPECTUS, supra note 163, at 23.

而，在一定程度上通过一系列的收购，[1]到了2014年，它在澳大利亚的收入已达到2.34亿美元，在全国七个地点雇有1200个人，此外在英国它也有广泛的业务。[2]它在广告上花费颇多，2014年在澳大利亚有75%的品牌知名度。[3]Slater & Gordon 现在也是最大的家庭法服务提供者，并计划扩张成为一个一般通用的消费者律师事务所。[4]

虽然Slater & Gordon 在上市后能够迅速发展，它在上市之前已经开始扩张了。[5]与此类似，Shine Lawyers 已经有遍及全国的办事处，在2013年上市之前已经有了显著发展。[6] Maurice Blackburn，该国第二大人身伤害律师事务所，没有上市。从2005年到2013年，它以与Slater 类似的速率，扩张到27个办事处和800名员工。[7]然而，这种增长主要是内部性的，上市的律师事务所在收购其他律师事务所方面可能有优势，因为它们常常能够为信赖的合伙人慷慨地提供股权。

一些学者曾主张，能够获得投资者的资本使得像Slater & Gordon 这样的律师事务所实现足够大的规模，这样它将能够从事更多的公益工作，为风险较大的集团诉讼提供资金，而这可能会促进公共利益。[8]然而不清楚的是，投资者资本是否为这些目标所必需，这些资本甚至可能有害于这些目标。Shine Lawyers（仅仅是最近才上市）和 Maurice Blackburn（还没有上市）在公益工作方面都比 Slater & Gordon 更为有名。[9]与此同时，Maurice Blackburn 和 Slater & Gordon 到目前为止，是澳大利亚代理原告集团诉讼的两家最大的律师事务所，其中 Maurice Blackburn 宣称其是最大的。[10]第三方诉讼垫资者（与事务律

---

[1] 关于对这些收购的概述，see Our History, Slater & Gordon, [perma. cc/E4JR – LQC6]（最后访问时间：2015年12月19日）.
[2] SLATER & GORDON, ANNUAL REPORT 2 (2014).
[3] Id. at 11. 2004年（在Slater 上市之前），一项调查发现，该律师事务所有60%的全国品牌知名度。SLATER PROSPECTUS, supra note 163, at 24.
[4] Chris Merit, Slater & Gordon's Three – Part Plan Comes Together, THE AUSTRALIAN (Nov. 1, 2013), http://www.theaustralian.com.au/business/legal – affairs/slater – gordons – three – part – plan – comes – together/story – e6frg97x – 1226750779555? nk = cfce80ad96b8b743ccae5984fd1d6c42 [http://perma.cc/E35K – T8WN].
[5] SLATER PROSPECTUS, supra note 163, at 10.
[6] Interview 16, supra note 162; SHINE PROSPECTUS, supra note 60, at 8 – 9, 14 – 15.
[7] MAURICE BLACKBURN LAWYERS, RESPONSE TO ACCESS TO JUSTICE ARRANGEMENTS ISSUES PAPER 1 (Nov. 2013), http://www.pc.gov.au/inquiries/completed/access – justice/submissions/submissions – test/submission – counter/sub059 – access – justice.pdf [http://perma.cc/V7LG – L6R4] [hereinafter MAURICE BLACKBURN RESPONSE].
[8] Sheehy, supra note 55, at 24（"随着其经济能力得到了诉讼垫资者的补充而加强，Slater 已经能够更为有效地对大型跨国公司提起诉讼。"）.
[9] Interview 15, in Cambridge, Mass. (Apr. 18, 2014); Interview 16, supra note 162（澳大利亚市场的这两个独立观察者都指出，在公益工作方面，Maurice Blackburn 和 Shine Lawyers 比 Slater & Gordon 有更好的威望）.
[10] MAURICE BLACKBURN RESPONSE, supra note 173, at 17; VINCE MORABITO, AN EMPIRICAL STUDY OF AUST. 'S CLASS ACTION REGIMES FIRST REP. 28 (2009), http://globalclassactions.stanford.edu/sites/default/files/documents/Australia_Empirical_Morabito_2009_Dec.pdf [http://perma.cc/D3BR – TPMG]（发现Slater & Gordon（49起案件）和 Maurice Blackburn（33起案件）参与了1993年到2009年期间的大多数集团诉讼）.

师不同的是，它们能够在澳大利亚收取风险代理费）为这两个律师事务所的很大比例的集团诉讼提供了融资。[1]这些第三方诉讼垫资者青睐证券集团诉讼，不太可能为消费者和产品责任集团诉讼垫资，这些案件必须由律师事务所自己直接垫资。[2]与 Maurice Blackburn 相比，Slater & Gordon 也许更不可能直接承担这些诉讼的成本，因为它必须对市场负责，而不是对事务所的合伙人负责。[3]例如，当 Slater & Gordon 在 2012 年在一个大的消费者药物集团诉讼中败诉后，导致了该事务所在该年度 10.5% 的利润损失。[4]这种非常公开的败绩，使得其主席向市场保证说，其余的大多数集团诉讼都是由第三方诉讼垫资者提供资金的。[5]

确实，对澳大利亚非律师人员所有权提出批评的人主张，上市使得律师事务所的文化要适应投资者的期待。Maurice Blackburn 的主席宣布其所在的律师事务所准备仍然不上市，宣称它并不"……想损及[其]工作的质量……如果你是一家上市公司，那么你就不得不根据市场预测来发展"。[6]为了满足这些预测，一些人主张上市的律师事务所并不承办风险比较大的案件（例如消费者集团诉讼大案），避免办理公益案件（特别是有争议的案件），甚至可能给他们的律师施加压力来和解案件，以实现财务上的目标（尽管这样的主张还没有得到证实）。[7]

即使在澳大利亚律师事务所上市并没有像英国的其他类型的非律师人员所有权那样造成同样类型的明显的利益冲突，例如拥有人身伤害律师事务所的保险公司，[8]澳大利亚的经验确实表明，上市会破坏这些律师事务所的一些公共精神。这会减少本会从公益服务或者某些种类的集团诉讼中受益的特定群体的法律服务近用。Maurice Blackburn 和 Shine Lawyers（在它上市之前）的快速成长，也使人们怀疑非律师人员所有权是否为实现

---

[1] 关于澳大利亚诉讼垫资者的发展背后的原因的综述，see generally Samuel Issacharoff, *Litigation Funding and the Problem of Agency Cost in Representative Actions*, 63 DEPAUL L. REV. 561（2014）.

[2] Interview 16, *supra* note 162（关于集团诉讼的专家学者指出，第三方诉讼垫资者更可能资助公司集团诉讼）; *see also* Samuel Issacharoff & Thad Eagles, *The Australian Alternative: A View from Abroad of Recent Developments in Securities Class Actions*, 38 U. N. S. W. L. J. 179, 180（"第三方垫资者制度显然不适合于消费者集体诉讼，因为受到伤害的人员众多，垫资者需要联系他们，提起有价值的索赔却利润微薄，第三方垫资者发现不可接受。"）.

[3] Interview 16, *supra* note 162（主张由于 Slater 是一家上市公司，它不可能去承办风险更大的案件）.

[4] Stephanie Quine, *Failed Vioxx Action Hits Slaters' Profit*, LAW. WKLY（Aug. 28, 2012）, http: //www.lawyersweekly.com.au/news/failed – vioxx – action – hits – slater – profit［http: //perma.cc/8GCQ – LNCH］.

[5] *Id.*（据报道，Slater & Gordon 的管理主管 Andrew Grech 说，尽管"很令人失望，我认为需要强调指出的重要的事情是，这仅仅是一次性的情况而已，当然不表明我们未来的案件都是这样。在集团诉讼领域，大多数案件现在是由第三方诉讼垫资者所提供资金的。"）.

[6] Jessica Seah, *Slater & Gordon Goes Global*, ASIAN LAW.（May 27, 2013）, http: //practicesource.com/asian – lawyer – website – publishes – feature – slater – gordon/［http: //perma.cc/3RD5 – DUUC］（引用了 Maurice Blackburn 的主席 Steve Walsh 的话）.

[7] Interview 27（Aug. 17, 2014）.

[8] *See* COMP. RECOVERY UNIT DATA, *supra* note 121.

大规模效益所必需，即使它可能在这些律师事务所收购其他律师事务所方面带来竞争优势。最后，一些人表达了这样的关切，即非律师人员所有权导致了澳大利亚人身伤害市场不健康的整合，导致消费者的选择权的减少，而没有必然提高服务质量或者降低这些服务的价格。[1]

（三）美国

美国50个州都禁止法律服务实体非律师人员所有权，尽管华盛顿特区允许非律师人员少数所有权，这主要是为了给那些有着非律师游说者担任合伙人的律师事务所提供方便。[2]面对来自会计师事务所的可以感知到的竞争，美国律师协会在20世纪90年代后期认真考虑了允许跨行业执业，这包括非律师人员所有权，但是这在律师界坚定的抵制中被抛弃了，它们对其危险性的怀疑，在安然丑闻之后得到了加强。[3]2012年，美国律师协会的道德委员会拒绝就允许有限非律师人员所有权提出建议。[4]同一年，纽约州律师协会专责小组审议并且拒绝了关于非律师人员所有权的建议。[5]

与英国和澳大利亚不同的是，美国的竞争主管机构联邦贸易委员会（FTC）并没有积极地推动非律师人员所有权，这在一定程度上是因为美国的联邦主义造成的障碍。[6]

---

[1] Cristin Schmitz, *PI Bar Warns of Fallout if ABS Comes*, THE LAW. WKLY, Aug. 29, 2014（引述了Charles Gluckstein的评论，即他是如何认为澳大利亚已经变成了"［人身伤害］垄断市场"的）.

[2] Catherine Ho, *Can Someone Who is Not a Lawyer Own Part of a Law Frim? In D.C., Yes*, WASH. POST (Apr. 8, 2012), http：//www.washingtonpost.com/business/capitalbusiness/can-someone-who-is-not-a-lawyer-own-part-of-a-law-firm-in-dc-yes/2012/04/06/gIQAnrvd4S_story.html [http：//perma.cc/2SVD-4ZER].

[3] 20世纪90年代和21世纪早期美国所考虑的跨行业执业建议，所允许的是非律师合伙人，而不是消极投资。Laurel S. Terry, *The Work of the ABA Commission on Multi-Disciplinary Practice*, in MULTI-DISCIPLINARY PRACTICES & PARTNERSHIPS：LAW., CONSULTANTS & CLIENTS 2-1, 2-19 (Stephen J. McGarry ed., 2002), http：//www.personal.psu.edu/faculty/l/s/lst3/McGarry% 20Mutlidisciplinary% 20Ch2.PDF [http：//perma.cc/JNU2-VFVC]（描述了美国律师协会审议跨行业执业问题的过程和发生的争论）. 关于进一步的阅读, see generally Commission on Multi-Disciplinary Practice, ABA, http：//www.americanbar.org/groups/professional_responsibility/commission_multidisciplinary_practice.html [http：//perma.cc/QK2N-XL7N]（提供了关于跨行业执业的美国律师协会报告、争论和决议）.

[4] James Podgers, *Summer Job：Ethics 20/20 Commission Shelves Nonlawyer Ownership, Focuses on Other Proposals*, ABAJ. (June 1, 2012), http：//www.abajournal.com/magazine/article/summer_job_ethics_20_20_commission_shelves_nonlawyer_ownership/ [http：//perma.cc/2QX7-PTW4].

[5] NYSBA REPORT, *supra* note 8, at 6, 69-79.

[6] 最高法院已经判定，《谢尔曼法》并不适用于"州行为"。Parker v. Brown, 317 U.S. 341, 350-52 (1943). 这在理论上允许私人商业主体给州主体施加压力来限制竞争，即去影响州贯彻州"清晰说明和明确表达"并"积极监督"的市场限制. Cal. Retail Liquor Dealers Ass'n v. Midcal Aluminum, Inc., 445 U.S.97, 105 (1978)（引用了 City of Lafayette v. La. Power & Light Co., 435 U.S. 389, 410（简单多数意见案件）.

Jacoby & Meyers 这个大品牌的人身伤害和消费者律师事务所,[1]曾在纽约的联邦法院提起诉讼,诉称禁止非律师人员所有权是违宪的,限制了近用民事法律制度。[2]该律师事务所诉称,它并不能像非律师所有的竞争者——例如 LegalZoom——那样获得资本使其能够大笔投资于技术和广告。[3]Jacoby & Meyers 宣称,诉讼就是要"去除目前妨害其从外界投资的能力的枷锁,确保美国律师事务所能够在全球舞台上进行竞争"。[4]

尽管法律服务实体非律师人员所有权本身受到禁止,这一部分探讨美国两个很类似的领域的例子:在线法律服务(特别是 LegalZoom 公司提供的法律服务)和社会保障残障代理(特别是 Binder & Binder 公司提供的法律服务)。

1. 在线法律服务和 LEGALZOOM

LegalZoom 是一家在线法律服务公司,它提供了一个非律师人员所有的公司在法律服务市场实现创新、大规模投入于技术和广告,并实现了很大规模效益的例子。[5]然而,并不清楚的是它以及像它这样的其他公司在多大程度上为贫穷和中等收入人群提高了法律服务近用。它已经能够在禁止非律师人员所有权的规制环境中实现其增长,而在英国或者澳大利亚,类似的在线法律服务公司还没有形成,尽管如果取消了对非律师人员所有权的禁止,LegalZoom 可能能够提供更为出色的服务。

LegalZoom 是由一小群法学院毕业生于 2001 年在加利福尼亚成立的。[6]2011 年,LegalZoom 的顾客投下了大约 490 000 个订单,加利福尼亚州新成立的有限责任公司,有

---

[1] Jacoby & Meyers 很有名,是大型"特许律师事务所"之一,在 20 世纪 80 年代和 90 年代,人们曾认为这些律师事务所将因其全国性品牌和规模效益而改变美国的法律服务。*See, e. g.*, Carroll Seron, *Managing Entrepreneurial Lega Services: The Transformation of Small – Firm Practice*, in LAWYERS' IDEALS/LAWYERS' PRACTICES: TRANSFORMATIONS IN THE AMERICAN LEGAL PROFESSION 63, 68 (Robert L. Nelson, David M. Trubek & Rayman L. Solomon eds., 1992); JERRY VAN HOY, FRANCHISE LAW FIRMS AND THE TRANSFORMATION OF PERSONAL LEGAL SERVICES 4 – 5 (1997).

[2] Complaint for Declaratory and Injunctive Relief, Jacoby & Meyers L. Offices vs. Presiding Justices of the First, Second, Third, and Fourth Departments, Appellate Division of the S. Ct. of the State of N. Y., 2, 4 (S. D. N. Y. May 18, 2011), http://online.wsj.com/public/resources/documents/JacobyMeyerssuit.pdf [http://perma.cc/44LY – 2AEY]. 一名纽约地区法官最初驳回了诉讼,但是 2013 年巡回法院将该案发回地区法院重审。David Glovin & Don Jeffrey, *Jacoby & Meyers Wins Round in Nonlawyer Investor Dispute*, BLOOMBERG (Jan. 9, 2013), http://www.bloomberg.com/news/2013 – 01 – 09/jacoby – meyers – wins – round – in – nonlawyer – investor – dispute.html [http://perma.cc/2XKQ – 2HPT].

[3] Interview 11, in Cambridge, Mass. (Feb. 7, 2014).

[4] Glovin & Jeffrey, *supra* note 192.

[5] 例如,2011 年,LegalZoom 大约有 1.5 亿美元的经营费用,其中销售和营销 0.42 亿,技术开发 810 万。LegalZoom. com, Inc. (Form S – 1) (May 10, 2012), http://www.sec.gov/Archives/edgar/data/1286139/000104746912005763/a2209299zs – 1.htm [http://perma.cc/7EVY – QRQJ] [hereinafter LegalZoom SEC filing]. 它为其管理团队以及营销和技术开发的关键雇员提供了基于股权的酬报。*Id.* at 39.

[6] Daniel Fisher, *Entrepreneurs Versus Lawyers*, FORBES (Oct. 5, 2011), http://www.forbes.com/forbes/2011/1024/entrepreneurs – lawyers – suh – legalzoom – automate – daniel – fisher.html [http://perma.cc/LXY2 – 56W9].

20% 在成立时使用了它们的在线法律平台。[1]截至 2014 年，LegalZoom 的员工已超过 800 人，收入超过 2 亿美元，在美国 42 个州提供法律计划。[2]今天，它的管理团队几乎都是由非律师人员组成的，该公司有许多私人股权投资者。[3]

LegalZoom 主要为小型企业和自然人提供法律服务。它们在固定费率基础上提供自我导引的法律文件制作服务，例如公司登记或者创写遗嘱。它们还在固定费率基础上为它们的顾客提供法律计划。例如，2014 年，它们每个月收取 15 美元，就可以让一个人就"遗产规划、合同和其他新的法律事务"与律师交谈。[4]尽管 LegalZoom 有自己的律师员工来制作引导性表格，供其顾客用于制作客制化的法律文件，公司与一批第三方律师事务所签约，来为其法律计划客户提供服务。[5]这些律师事务所有专门律师通过电话或者在线与 LegalZoom 的顾客一起工作。这些律师事务所——而不是 LegalZoom——的律师对他们的建议负责，签约律师事务所的合伙人负责遴选、培训和监督为 LegalZoom 的顾客服务的律师。[6]在每次与顾客互动后，LegalZoom 都调查顾客对其律师的体验。[7]由于顾客并不必然能够确定他们得到的法律服务的质量，LegalZoom 还雇请了第三方律师事务所进行"神秘购物"或者扮作客户，即用模拟的法律问题给 LegalZoom 所述的律师打电话。[8]基于这些来源的输入，接着分析律师的工作，与签约的律师事务所讨论他们的工作表现。[9]

LegalZoom 的商业模式面临着法律挑战。诉讼当事人诉称，由于非律师人员拥有公司的股权，它在法律上被禁止提供法律服务，因此其服务等于是非法执业。在 LegalZoom 的网页下面，有一个免责声明，其部分内容是：

LegalZoom 在你的具体指示下，提供对独立律师的近用和自助服务。我们不是律师事务所，也不能替代律师或者律师事务所。我们不能就可能的法律权利、救济、辩护、选项、形式或者战略的选择提供任何建议、解释、意见或者提议。[10]

在网站其他地方显示的使用条件明确规定，"因我们之间的关系的任何方面所发生的

---

[1] LegalZoom SEC filing, *supra* note 195, at 36.
[2] Telephone Interview 14 (Apr. 15, 2014) [hereinafter Interview 14].
[3] 2014 年，位于欧洲的私人股份公司 Permira 在 LegalZoom 投资 2 亿美元，这样 Permira 就有能力任命董事会的大多数。*Permira Funds Complete Acquisition of More than $ 200 Million of LegalZoom Equity*, LEGALZOOM (Feb. 14, 2014), https：//www.legalzoom.com/press/press-releases/permira-funds-complete-acquisition-of-more-than-200-million-of-legalzoom-equity [http：//perma.cc/9G6X-DE9X].
[4] *Last Will and Testament Pricing*, LEGAL ZOOM, http：//www.legalzoom.com/legal-wills/wills-pricing.html [http：//perma.cc/8KZH-Q22P] (最后访问时间：2015 年 10 月 17 日).
[5] Interview 14, *supra* note 198.
[6] Id.
[7] Id.
[8] Id.
[9] Id.
[10] LEGALZOOM, http：//legalzoom.com [http：//perma.cc/7332-SA3N] (最后访问时间：2015 年 9 月 11 日).

索赔"将通过有约束力的仲裁来解决。[1]它还具体说明"根据这些条款进行的仲裁将在个案基础上进行；不允许进行集团仲裁或者集团诉讼"。[2]

目前为止，就诉称其服务相当于非法执业的法律诉讼，LegalZoom 要么胜诉了，要么和解了。[3]重要的是，根据美国最高法院最近的法律理论，阿拉斯加最高法院在 *LegalZoom. com v. Jonathan McIllwain*[4]案件中认定 LegalZoom 的仲裁条款，包括禁止集团诉讼，是可执行的。[5]在没有了可以任由原告（及其律师）所左右的集团诉讼的经济激励下，在未来可能对 LegalZoom 提起诉讼的当事人就更少了，即使他们起诉了，在他们胜诉的情况下，他们的胜利也将更为有限。[6]随着 LegalZoom 和其他类似公司的继续扩张，以及越来越多的顾客要依赖于他们，法院甚至立法机关也越来越难以禁止他们的商业模式。

如果取消了对非律师人员所有权的禁止，LegalZoom 不仅面临的诉讼会更少，而且它将不再必须与外部律师的合作，而是可以直接雇用律师来为其顾客提供服务。这将提高该公司对为其顾客服务的律师的控制，这可能使得该公司能够在更低价格基础上提供更好的服务。

但是，迄今为止，LegalZoom 和诸如此类的公司对法律服务近用的影响并无明确记载。据说它们已经给价格造成了压力，因此有可能提高了对法律服务的近用。[7]然而，像 LegalZoom 这样的公司主要针对的是小型企业和中上阶级。[8]换言之，这些人有能力知

---

[1] *Terms of Use*, LEGALZOOM, https：//www. legalzoom. com/legal/general - terms/terms - of - use ［http：//perma. cc/8S95 - VB25］（最后访问时间：2015 年 9 月 11 日）.

[2] *Id.*

[3] Interview 14, *supra* note 198; Terry Carter, *LegalZoom Business Model OK'ed by South Carolina Supreme Court*, ABA JOURNAL（Apr. 25, 2014）, http：//www. abajournal. com/news/article/legalzoom_business_model_okd_by_south_carolina_supreme_court/［http：//perma. cc/9R7Z - FCQX］.

[4] LegalZoom. com v. Jonathan McIllwain, 429 S. W. 3d 261, 261（Ark. 2013）.

[5] 阿拉斯加法院很大程度上依据的是美国最高法院在 Buckeye Check Cashing Inc. v. Cardegna, 546 U. S. 440（2006）和 AT&T Mobility v. Concepcion, 563 U. S. 333（2011）案件中的判决。在 *Cardegna* 案件中，美国最高法院判定，根据《联邦仲裁法》，仲裁条款的合法性只能由仲裁员来确定，除非该条款本身受到质疑（例如，该合同是通过欺诈手段达成的）。在 *AT&T* 案件中，美国最高法院判定，《联邦仲裁法》优先于对集团性内的仲裁加以禁止的合同加以取缔的州法。阿拉斯加最高法院判定，美国最高法院的这一思路禁止州法院审理原告提出的异议，但是确实将该案件移送了其非法执业委员会。在 American Express Co. v. Italian Colors Restaurant, 133 S. Ct. 2304（2013）案件中，美国最高法院进一步继续了这一判例思路，在五比三的判决中判定，根据《联邦仲裁法》，法院不得判定放弃集团仲裁的合同无效，理由是自然人原告就联邦制定法索赔进行仲裁的成本，超过了可能取得的赔偿。

[6] *But see* Terry Carter, *LegalZoom Hits a Legal Hurdle in North Carolina*, ABA JOURNAL（May 19, 2014）, http：//www. abajournal. com/news/article/legalzoom_hits_a_hurdle_in_north_carolina［http：//perma. cc/T782 - N75C］（最后访问时间：2015 年 10 月 17 日）（指出北卡罗来纳法官延长了一个判例的生命，在该判例中，被北卡罗来纳律师协会诉称 LegalZoom 的服务相当于非法执业）.

[7] Interview 14, *supra* note 198.

[8] *Id.*

道他们有法律问题,有资源和理智在互联网上寻找答案并付钱。

撰写遗嘱提供了一个例子,既说明了评估像 LegalZoom 这样的公司对法律服务的近用的影响有多难,也说明了有理由认为这种影响可能是有限的。许多人,甚至是有着最微薄资产的人,会得益于有一份遗嘱(或者至少其家庭或者继承人会因此受益)。人们可能推测,像 LegalZoom 这样的提供遗嘱撰写服务的网站的风行,将通过拉低价格和通过广告提升人们对遗嘱需要的意识,而提高有遗嘱的人的数量。[1]然而,Harris Interactive 进行的定期调查发现,在过去十年中,立有遗嘱的美国人的数量仍然相对没有变化。[2]根据该调查,2004 年是 42%,2007 年是 45%,2009 是 35%,2011 年是 43%。[3]至少来自一个州的遗嘱检验法院的数据支持该结论。2002 年,在马萨诸塞州遗嘱检验法院提起的案件中,大约 32% 涉及没有遗嘱的死者。[4]几乎在 10 年后的 2011 年,这一比率实际上没有变化,是 32%。[5]

尽管调查和马萨诸塞州遗嘱检验法院的数据表明,在没有遗嘱的人员的数量上没有什么变化,这并不意味着像 LegalZoom 这样的公司并没有带来积极的法律服务近用之益。也许如果没有 LegalZoom 和与之类似的公司,在马萨诸塞州或者其他地方有遗嘱的人的数量将会大大减少,然而这一数量仍然保持相对稳定。[6]然而,这种公司的出现并没有能

---

[1] 在美国市场提供遗嘱撰写服务的其他知名在线法律服务公司,包括 rocketlawyer. com 和 nolo. com。

[2] *Lawyers. com Survey Reveals Drop in Estate Planning*, LAWYERS. COM (Feb. 25, 2010), http://press - room. lawyers. com/2010 - will - survey - press - release. html [http://perma. cc/YT67 - JUAH] [hereinafter *Lawyers. com Survey Reveals Drop*](最后访问时间:2015 年 10 月 17 日);Jenny Greenhough, *57% of Americans Don't Have a Will Are You One of Them? Estate Planning Results Announced*, EVERYDAY LAW BLOG, (Mar. 31, 2011), http://blog. rocketlawyer. com/2011 - wills - estate - planning - survey - 95235 [http://perma. cc/Q5ZX - BW8K]。

[3] *Lawyers. com Survey Reveals Drop*, supra note 216.

[4] 重要的是,尽管调查数据并没有告诉我们有多少美国人应当有遗嘱,遗嘱检验法院的数据更能说明问题。因为在死者有某些财产,他们没有采取其他形式的遗产规划(或者这些规划不足)的情况下,死者的继承人会到遗嘱法院,这样他们可能会从有一个遗嘱中受益。就像下表所显示的那样,在马萨诸塞,在 2002 年 6 月 30 日指 2011 年 6 月 30 日期间,在死者没有遗嘱的情况下,在遗嘱法院提起的案件的数量没有什么变化。(注:2008 年和 2010 年的数据没有找到。2011 年后,马萨诸塞不再追踪在遗嘱法院其诉讼时是否有遗嘱)。Interview 14, supra note 198.

时间 遗嘱数量	2002	2003	2004	2005	2006	2007	2009	2011
提起的案件	19552	21420	22152	21979	21384	21244	20322	20645
提起的有遗嘱案件	13279	14488	14800	14756	14264	14345	13758	14226
提起的没有遗嘱的案件	6273	6932	7352	7223	7120	6899	6564	6419
提起的没有遗嘱的案件所占百分比	32.1	32.4	33.2	32.9	33.3	32.5	32.3	31.1

[5] Id.

[6] 例如,也许在这一期间律师费率增长了。诸如 LegalZoom 这样的公司能够在一定程度上填补这造成的法律服务近用空缺。或者,或许像 LegalZoom 这样的公司仅仅是其他已经存在的遗嘱撰写资源的替代品,例如关于你如何撰写你自己的遗嘱的书籍。

够显著提高有遗嘱的人员的数量,相较于更为传统律师事务所所撰写的遗嘱的质量,LegalZoom 的遗嘱的质量也没有得到确切记载。[1] 总体来看,像 LegalZoom 这样的公司对法律服务近用产生了什么样的影响,以及它们的战略在多大程度上首先依赖于采用非律师人员所有权的司法辖区,还并不清楚。

2. 社会保障残障代理和 INDER & BINDER

2014 年,大约 840 万美国人获得了社会保障残障帮助。[2] 当申请这一帮助时,申请者可以自行代理,或者是通过律师或者注册的非律师代理人进行代理。残障者代理人,无论他们是否是律师,经常是按照风险代理方式收费的,由社会保障管理局〔Social Security Administration(SSA)〕将返还申请者的金额的 25%——最多 6000 美元支付给代理人。[3] 2013 年,SSA 向这些残障者代理人支付了大约 12 亿美元。[4] 几个残障代理服务机构都是非律师人员所有的。非律师人员所有的代理机构常常依靠的是非律师代理人,而律师事务所常常依靠律师来代理申请者。因此,难以分清是非律师人员所有权还是非律师代理人造成了事务所之前的差异。然而,这一领域的经验提供了另外一个这样的例子,即非律师人员所有权可能会使某些公司规模化,但是并不必然显著提高法律服务近用。这一领域的非律师人员所有权也可能会强化和正式化可能有损于职业做法标准的行为。

Binder & Binder 是美国社会保障残障代理最大的提供者之一。[5] Binder 在 1975 年创设时是一家律师事务所,但是在 2005 年公司化。[6] 公众并不知道 Binder 是否在 2005 年开始接受非律师投资,但是据报道,在 2010 年风险投资公司 H. I. G. 购买了该公司的主要股票。[7] Binder 的全部收入份额中,SSA 支付给代理人的收入,从 2005 年的 3.25% 增长到 2010 年的 6%(或者大约 8800 万美元)。[8]

---

[1] 可得的数据也并没有告诉我们 LegalZoom 帮助其顾客所制作的遗嘱的质量如何。一项关于英国遗嘱撰写服务的调查发现,在线自我完成的遗嘱明显更有可能被判定不合法或者不能满足委托人的愿望。IFF Research, *Understanding the Consumer Experience of Will – Writing Services* 56 (2011), http://www.legalservicesboard.org.uk/what_we_do/Research/Publications/pdf/lsb_will_writing_report_final.pdf [http://perma.cc/5MR3 – EXZ2].

[2] SOCIAL SECURITY ADMINISTRATION, MONTHLY STATISTICAL SNAPSHOT JUNE 2014 (July 2014), http://www.ssa.gov/policy/docs/quickfacts/stat_snapshot/ [http://perma.cc/H7WR – KRVE].

[3] GN 03940.003 *Fee Agreement Evaluation*, SOCIAL SECURITY ADMINISTRATION, https://secure.ssa.gov/poms.nsf/lnx/0203940003#a3 [http://perma.cc/5TY9 – M5MW](最后访问时间:2015 年 9 月 11 日).

[4] *Statistics to Title II Direct Payments to Claimant Representatives*, SOCIAL SECURITY ADMINISTRATION, http://www.ssa.gov/representation/statistics.htm#2013 [http://perma.cc/37KV – UJU3](最后访问时间:2015 年 9 月 11 日).

[5] Damian Paletta & Dionne Searcey, *Two Lawyers Strike Gold in Social Security Disability System*, WALL ST. J. (Dec. 22, 2011), http://online.wsj.com/news/articles/SB10001424052970203518404577096663-2862007046 [http://perma.cc/HMP7 – 5V9E].

[6] *Binder & Binder—The National Social Security Disability Advocates (NY)*, N. Y. DEP'T OF ST. DIVISION OF INCORPORATIONS (Aug. 2014), https://appext20.dos.ny.gov/corp_public/ [http://perma.cc/FHB4 – E67M].

[7] Paletta & Searcey, *supra* note 225.

[8] *Id.*

Binder 通过投资于广告和营销，成功地扩大了其顾客基础，但是残障代理中流行风险代理费，这意味着大多数有着有力索赔主张的委托人甚至可能在 Binder 扩张之前就已经能够获得免费代理。在扩大其客户流量时，Binder 可能会找到更多的具有更高风险但是有效索赔的人。另一方面，Binder 可能提供更低质量的代理，造成更多的索赔败诉，但是因为其交易量很高，仍有足够的案件胜诉，因此它们的商业模式仍然有利可图。确实，某些残障代理律师抱怨说，Binder 强调底线的流水线做法，已经恶化了该领域的标准，并"感染了律师事务所"来规格化有害的做法并全国推广，例如代理人在听证之前，并不会见委托人。[1]Binder 还受到投诉，指责它们违反道德，例如没有按照法律的要求与 SSA 共享对其委托人不利的证据。[2]

尽管有这些指摘，Binder 有可能在它们有非律师投资者之前，就从事某些更具有争议性的商业做法。此外，代理残障申请者的律师所有的律师事务所，也因其受到怀疑的策略而受到了批评。[3]最后，非律师人员所有权可能会使 Binder 这样的事务所更为有效地扩张其商业模式，但是可能并不会形成一些人宣称助长了对该领域的职业标准的削弱的策略。

三、迈向对非律师人员所有权的全新理解

所有权规则的变化，并没有直接触动律师在提供法律服务方面的垄断。然而，它们确实有助于确定律师所属的是什么类型的商业生态系统，以及法律职业在多大程度上融入了或者脱离了市场的其他部分。那些倡导通过允许非律师人员所有权实现进一步融合的人，常常认为这将降低价格，提高法律服务的近用和质量。那些反对进一步融合的人则担心它将会削弱道德和职业独特性，并造成新的利益冲突。本文研究的国家和案例表明，尽管这两种主张都有某些价值，它们也都错过了非律师人员所有权有可能影响的关键成分。

---

〔1〕 Telephone Interview 22（Aug. 8, 2014）（执业者指出，"非律师所带来的不同的风气，感染了律师事务所……在 20 年前，你要去参加听证了却还没有会见委托人，这是不可想象的，即现在不仅仅是 Binder & Binder 在这么做，许多律师也在这么做"）.

〔2〕 Id.

〔3〕 See Paletta & Searcey, supra note 225; U. S. SENATE COMM. ON HOMELAND SEC. AND GOV'T AFFAIRS, HOW SOME LEGAL, MEDICAL, AND JUDICIAL PROFESSIONALS ABUSED SOCIAL SECURITY DISABILITY PROGRAMS FOR THE COUNTRY'S MOST VULNERABLE: A CASE STUDY OF THE CONN LAW FIRM (2013), http://www.coburn.senate.gov/public/index.cfm?a=Files.Serve&File=id=0d1ad28a-fd8a-4aca-93bd-c7bf9543af36 [http://perma.cc/4J2R-D3GP].

(一) 背景的重要性：各种变量的分类

非律师人员所有权所采用的实际规模和形式，常常受到非律师人员所有权论争中常常被忽视或者被低估的变量的影响。这些变量包括非律师所有权人的类型，有关的法律服务领域，所处的规制环境，非律师人员所有权和更广泛的职业，以及司法辖区的法律服务和资本市场的性质。更仔细地考虑这些变量，有助于规制者更好地预测非律师人员所有权在不同背景下可能产生的影响，从而使他们能够更好地施以适当规制。

1. 所有权变量

并不是各种法律服务实体的非律师所有权人都是一样的。法律服务企业可能是上市的，由私人外界投资者所有的，工作者所有的，消费者所有的，政府所有的，或者还提供其他商品或者服务的公司所有的。不同类型的所有权会对提供法律服务的企业造成不同的压力。[1]例如，像Slater & Gordon这样的上市律师事务所也许更可能作出决定来迎合更广泛的公共投资者，无论这是意味着关注实现预期目标还是避免消极宣传。[2]消费者所有的律师事务所，例如英国的Co - Operative法律服务，或者非营利性组织所有的律师事务所，可能能够更好地践行社会使命。[3]还提供其他服务的公司也许更可能将所提供的法律服务调适为用于提高该公司核心业务的底线，从而有可能造成更多的利益冲突。[4]私人股权投资可能特别会受到诸如LegalZoom这样的公司的吸引，这些公司宣示的是法律服务中能够导致短期或者中期高额利润的技术或者其他创新的前景。[5]最近，在英格兰和威尔士，市政府已经开办了它们自己的律师事务所，来为其自己并在收费基础上为其他当地政府和非盈利性组织提供法律服务。[6]这些新的政府所有的企业能够促进公共利益，即能够为政府国库产生利润，或者能够更好地服务于公共委托人，但是它们也可能带来新的利益冲突，为政府律师活动带来不令人欢迎的商业取向。哪种类型的法律服务所有权在未来会取得主导地位，将对可能会形成什么类型的利益冲突、法律职业的公共精神

---

[1] HANSMANN, supra note 23（描述了为什么在不同国家背景下，不同的产业可能更适合于特定类型的所有权人）。

[2] 参见前述二（三）1。

[3] 参见前述二（一）2；澳大利亚的Salvos Legal是一个由非营利性组织救世军所有的律师事务所的例子，其利润将被用于资助法律援助律师事务所。See About Us, SALVOS LEGAL, http：//www.salvoslegal.com.au/about_us［http：//perma.cc/J3A7 - DRNU］（最后访问时间：2015年9月11日）。

[4] 例如，进入法律服务市场的保险公司也许更可能把法律服务视为其核心保险业务的副产品，核心业务的利益仍然是首要的。就英国这种可能的情况，参见下述二（一）1。

[5] 像LegalZoom这样的在线法律平台已经有私人投资。参见前述二（三）1；Binder & Binder也有了私人股权投资，尽管它对技术的依赖更少。参见前述二（三）2。

[6] John Hyde, SRA Approves First Council ABS, L. SOC.'Y GAZETTE (Aug. 6, 2014), http：//www.lawgazette.co.uk/law/sra - approves - first - council - abs/5042566.article［http：//perma.cc/444P - 43R2］（最后访问时间：2015年10月11日）。

取向、非律师人员所有权对法律服务近用的最终影响，产生重要的影响。

2. 法律领域变量

实际上，在非律师人员所有权论争中没有被充分注意到的是，与其他法律服务领域相比，某些法律服务领域更可能出现非律师人员所有权。特别是，非律师投资者似乎更可能出现在适合于规模效益且其他非律师成本可能很高（例如广告、行政管理或者技术）的法律领域中，这样，非律师人员所有权的影响应当根据有关的法律服务领域进行不同的审视，某些领域可能会被改造——带来潜在的法律服务近用之益和职业主义关切——其他的则受到轻微影响。

值得注意的是，在英国和澳大利亚，人身伤害领域的非律师人员投资极多。[1]这种投资可能是因为人身伤害领域在历史上有着更高的广告成本、大笔的利润和常常最终和解的相对常规和高流量的案件。[2]与此同时，诸如刑事法或者移民这样的领域，非律师人员所有权做法则少得多，[3]这也许是因为委托人寻求更为个性化的关照，特定律师的相对技能对于案件的结果而言，可能更为重要。

3. 法律职业规制中的变量

一个司法辖区的更广泛的法律服务规制环境也会影响非律师人员所有权的发展。在英国，对介绍费——这曾经被保险公司视为重要的收入来源——的最新禁止，使得保险公司开始购买附属自己的人身伤害律师事务所。[4]澳大利亚对风险代理费的禁止，以及各个州关于附条件收费的规定各有不同，可能有利于更大的人身伤害律师事务所，使得它们能够在这种更为复杂的规章制度中前行，并在更多案件类型基础上分散风险。[5]

非律师人员所有权本身所受到的规制也决定着其流行程度。在澳大利亚，非律师人员所有的法律企业仅仅需要在适当的规制者那里进行登记，而在英格兰和威尔士，它们必须取得执照。[6]英格兰和威尔士这种更为繁琐的颁照要求，有可能减少非律师人员所有权做法发生的数量。[7]另一方面，在澳大利亚，律师必须管理非律师人员所拥有的企业，而在英格兰和威尔士，律师仅仅是必须成为管理团队的一部分。[8]这种更为严格的要求可能会抑制一些非律师投资者进入法律市场。

---

[1] 参见前述二（一）1，二（二）1。

[2] Nora Freeman Engstrom, *Sunlight and Settlement Mills*, 86 N. Y. U. L. REV. 805, 810 (2011)（描述了美国的调解机构如何使用极其多的非律师人员来调解常规的人身伤害事务）。

[3] 参见前述二（一）。

[4] 参见前述二（一）1。

[5] 参见前述二（二）2。

[6] 参见前述二（二）。

[7] Compare VICTORIA LEGAL SERVICES BOARD *supra* note 155（在维多利亚州，2013 年有 921 个公司化法律执业机构，这允许存在非律师人员所有权，即使这种类型的所有权相对较小），*with* Hilborne, *supra* note 91（截至 2014 年 8 月，在整个英格兰和威尔士有大约 360 个 ABS）。

[8] *Legal Profession Act* 2004（NSW）（Austl.），*supra* note 34；*Alternative Business Structures*，*supra* note 11.

4. 资本和法律服务市场中的变量

最后，一个国家的资本和法律服务市场规模有助于确定在一个司法辖区预料会出现的非律师人员所有权的数量和类型。像澳大利亚这样的国家，没有发达的私募股权市场，法律服务市场相对较小，与人口几乎是其三倍且有更广泛的潜在投资者的英国相比，出现的非律师人员所有权做法要少得多。[1]尽管规制环境通常禁止非律师人员所有权做法，与英国或者澳大利亚相比，美国在在线法律服务公司的投资更多，有更多这样的公司崛起，在一定程度上是因为美国的资本市场更为强大，法律服务市场显然更大，为规模化的在线法律服务创造了更为适宜的环境。[2]

如果更多的司法辖区完全或者在一定程度上允许非律师人员所有权，人们就会看到越来越多的像 Slater & Gordon 这样的跨国法律服务公司。[3]它们的出现，可能会消除非律师人员所有权出现早期显然存在的跨国之间的差异，因为这些跨国公司能够进入不同国家的法律服务和资本市场，使得他们能在各个司法辖区更为统一地将其服务规模化。然而，在法律这样的领域中，在一个司法辖区形成的模式常常不能被另一个司法辖区直接采用，这是因为在法律和法律服务的规制方面，存在国与国之间以及国内司法辖区之间的重大差别。这意味着相对市场的规模，以及其中可得的资本，将有可能继续对每个司法辖区非律师人员所有的提供法律服务的企业的规模和多样性形成有意义的约束。

(二) 新的商业模式，但是令人生疑的近用之益

国别研究为这样的观点提供了支持，即非律师人员所有权能够——在某些情况下确实——导致法律服务的创新，更大的规模效益和范围，以及新的薪酬结构。[4]然而，也许与直觉相反，没有什么证据表明这些变化大大改善了穷人和中等收入人群对民事法律

---

[1] Interview 14, *supra* note 198. In 2009 – 2012, 根据世界银行，澳大利亚上市公司的市场资本总额是 1.3 万亿美元，英国是 3 万亿美元。*Market Capitalization of Listed Companies*（*Current US*），THEWORLD BANK, http://data.worldbank.org/indicator/CM.MKT.LCAP.CD [http://perma.cc/HST4 – LGBN]（最后访问时间：2015 年 10 月 5 日）. 据估计，澳大利亚法律服务市场在 2011 年的收入大约是 199 亿美元。*Research and Markets: Legal Services Industry in Australia Expected to Increase to a Value of* $ 26.4 *Billion by the End Of* 2016, BUSINESS WIRE (Dec. 12, 2012), http://www.busin-esswire.com/news/home/20121212006378/en/Research – Markets – Legal – Services – Industry – Australia – Expected#. U9twwagzgXw [http://perma.cc/DHR4 – FTH4]（英镑已经转化为美元）. 英国事务律师市场（没有计算出庭律师、产权转让人或者法律市场的其他部分你）在 2012 年的收入大约是 314 亿美元。*Evaluation: Changes in Competition in Different Legal Markets*, LEGAL SERV. BD. 4 (Oct. 2013), https://research.legalservicesboard.org.uk/wp – content/media/Changes – in – competition – in – market – segments – REPORT.pdf [https://perma.cc/NTN9 – R3FE].
[2] 美国市场资本总额，在 2009 到 2012 年间，平均是 18.7 万亿美元。World Bank, *supra* note 246；2012 年美国法律服务市场为 GDP 贡献了大约 2250 亿美元。*Value Added by Industry*, BUREAU OF ECON. ANALYSIS (Jan. 23, 2014), http://www.bea.gov/industry/gdpbyind_data.htm [http://perma.cc/9CYK – 5FGY].
[3] *See* Rose, *Slater & Gordon Completes Panonne Acquisition*, *supra* note 84.
[4] 参见前述二。

服务的近用。这些研究结果可能在一定程度上是数据的有限性造成的，但是至少有四个原因使我们认为为什么这样的所有权有可能不会导致一些支持者所提出的那种显著的法律服务近用之益。

首先，需要民事法律服务的人常常没有什么资源，因此市场不可能为他们提供这些服务，即使允许了非律师人员所有权。[1]例如，破产的租户面对驱逐，非律师人员所有权可能提供不了多少新的选项，因为他们恰恰是因为没有钱来支付法律服务。在英国削减了法律援助后，在以前双方当事人都有代理律师的私人家庭法律争端中，只有25%双方都有代理律师。[2]这表明法律市场，即使是放松了规制，也不可能解决穷人和中等收入人群的法律需求问题，这些人要么不能要么不会去花钱来购买他们所需要的法律服务。

其次，几个法律服务领域，例如人身伤害和社会保障残障代理，出现的非律师人员投资最多，将可能不会出现法律服务近用的相应增长。在这些领域，委托人对成本因素更不敏感，因为他们的律师主要是通过附条件收费或者风险代理费协议来付款的，或者是由保险公司付款的。[3]相反，人身伤害或者社会保障残障代理提供者之间的竞争，更可能集中在找到一开始就有可靠的诉求的人员方面。

第三，非律师人员的投资在某些法律服务市场领域不会发生，因为许多法律服务难以标准化或者规模化。许多法律工作是复杂的，需要有经验的执业者的个性化关注，这些执业常常收取很高的费率。即使许多法律问题可能有着相对统一的救济方法，也需要有经验的执业者在个案基础上确定委托人所面临的法律问题，此后才能量体裁衣，形成适当的解决方案。[4]与传统的工作者所有的合伙模式相比，非律师人员所有权并不能更显然具有效率地克服这一挑战。确实，如果律师的注意力是服务的主要输入，其他资本

---

[1] See PLEASANCE & BALMER, supra note 39, at 100 – 101（指出，在英格兰和威尔士的法律服务需求调查中，被调查者更可能就严重问题联系律师，在社会弱势和法律能力之间存在明显关联）。
[2] See MINISTRY OF JUSTICE, supra note 100.
[3] 关于对英格兰和威尔士附条件收费制度的规制框架的概述，see, LEARNING FROM LONG TERM EXPERIENCES, supra note 99, at 14 – 16；澳大利亚也在很大程度上允许了附条件收费制度。See, LAW COUNCIL OF AUSTRALIA, REGULATION OF THIRD PARTY LITIGATION FUNDING IN AUSTRALIA 10 n. 25 (2011), https：//www. lawcouncil. asn. au/lawcouncil/images/LCA – PDF/a – z – docs/RegulationofthirdpartylitigationfundinginAustralia. pdf [PERMA. CC/M8FD – YRTA].
[4] 在这方面，法律服务可能是Baumol所说的成本病的一个例子，或者是这种说法的一个例子，即在劳动生产率增长很少或者没有增长的行业中，薪酬仍然按照劳动生产率已经增长的行业相应的速率来增长。这使得这些患上了Baumol所称的成本病的行业——例如医疗和教育——所生产的商品或者服务相对更为昂贵。See William J. Baumol, Health Care, Education and the Cost Disease: A Looming Crisis for Public Choice, 77 PUB. CHOICE 17 (1993).

成本很低，则工作者所有的模式要优于投资者所有模式。[1]

最后，一些可能能够从法律服务中获益的人，有可能抗拒购买这些服务，即使他们有能力这么做。这要么是因为他们并不认为他们需要法律服务，要么是因为文化或者心理障碍。[2]例如，即使制作遗嘱的价格下降了，许多人仍然不会购买，因为他们并不想要考虑自己的死亡问题，或者并不认为需要一个遗嘱。[3]换言之，对于某些民事法律服务市场而言，不像放松规制的主张者所认为的那样，存在许多价格弹性。

（三）对职业主义的独特挑战

非律师人员所有权将显著提高法律服务近用这一观点背后的主张，在很大程度上没有得到可得证据的证实，那些以削弱职业主义为由反对非律师人员所有权的人常常作出过于一概而论的断言。看看关于商业化和公共精神的担忧。尽管非律师人员所有权当然会给法律服务企业带来提高利润的新的压力，许多律师事务所的律师可能已经主要是靠这一欲望所驱动的。此外，某些非律师人员所有权形式，例如与律师所有的律师事务所相比，消费者所有的律师事务所，也许实际上更可能去实现公共精神使命。[4]此外，尽管非律师人员所有权的批评者会过于一概而论或者高估其影响，在某些背景下，非律师人员所有权能够改变提供法律服务的方式，而这种方式会有损于消费者、公众或者更为广泛的法律制度。

1. 利益冲突

传统律师事务所的利益并不总是与其委托人的利益一致，但是提供法律服务的企业也还有其他商业利益，更可能与其委托人有着发生冲突和潜在对抗的利益。[5]例如，因为英国的保险公司在减少对索赔者的赔偿额方面有其利益，有人担心它们在取得原告人

---

[1] 例如，Hansmann主张，与某些投资者所有的企业相比，工人所有的企业可能能够更好地克服监督挑战。See Henry Hansmann, *When Does Worker Ownership Work? ESOPs, Law Firms, Codetermination, and Economic Democracy*, 99 YALE L. J. 1749, 1761 – 62 (1989 – 1990). *But see*, Andrew von Nordenflycht, *Does the Emergence of Publicly Traded Professional Service Firms Undermine the Theory of the Professional Partnership? A Cross – Industry Historical Analysis*, 1 J. PROF. & ORG. 1 (2014)（主张所提出的合伙相对于公共所有权的好处，在很大程度上是虚无缥缈的）.

[2] *See* Rebecca L. Sandefur, *Money Isn't Everything: Understanding Moderate Income Households' Use of Lawyers' Services*, in MIDDLE INCOME ACCESS TO JUSTICE 244 (Trebilcock, Duggan, & Sossin eds. 2012)（指出尽管律师的成本是解释人们为什么不去找律师解决法律问题的一个因素，其他因素，例如人们认为什么是法律问题，也很重要）.

[3] 参见前述二（三）2（观察到在美国和马萨诸塞，有遗嘱的人的数量没有什么变化）.

[4] *See, e. g.*, Co – Operative Legal Services in the UK, 参见前述二（一）1。与此类似，英国的工会已经开始投资于其自己的律师事务所，尽管这在很大程度上可能是在介绍费禁令出现后多会失去的介绍费。*Leeds Firm Breaks New Ground with Trade Union ABS*, LEGALFUTURES (Dec. 23, 2013), http://www.legalfutures.co.uk/latest – news/leeds – firm – breaks – new – ground – trade – union – abs [http://perma.cc/H3B8 – FRNU].

[5] 就像Susan Shapiro所指出的那样，就受托者而言，一个主要的利益冲突来源是其组织的多样性和发展。SUSAN P. SHAPIRO, TANGLED LOYALTIES: CONFLICTS OF INTEREST IN LEGAL PRACTICE 5 (2002).

身伤害律师事务所时会有利益冲突。[1]这些"被俘获的"律师事务所可能要么去改变具体案件的结果，要么去改变整个规制环境，以有益于保险行业，但是并不必然有益于其委托人。

在政府将与法律制度有关的职能——例如监狱或者缓刑管理——外包的情况下，产生利益冲突的可能性更大。这些利益冲突会令人怀疑司法制度的适正性，以很现实——虽然有时难以测量——的方式损害公众的信任。Capita 是一家大型商业程序外包商，与英国政府有许多合同，最近进入了法律服务市场，购买了一家律师事务所。[2]在购买该律师事务所之前，Capita 将帮助英国运营英国的移民驱逐程序，[3]并单独运营着政府评估诉讼当事人获得法律援助的权利的一个热线电话。[4]尽管也许没有直接的利益冲突，那些法律援助方面的积极分子已经表达了这样的担忧，即那些担心其移民身份合法性的移民因为担心 Capita 接着会驱逐他们，而不敢拨打法律援助热线。[5]这种利益冲突在 Capita 开始其 ABS 之前就已经存在，但是就其附属的律师事务所而言，在未来会发生类似的利益冲突，特别是如果它开始提供法律援助的话。

提供外包的公共服务的公司的雇员，常常并不像政府雇员那样同样负有不去促进自己（或者他们的公司）的经济利益的职责。[6]在这样的背景下，非律师人员所有权造成了假公济私的新的可能性。例如，签约提供法律援助的律师可能将委托人介绍给他们公司其他的服务部门，无论这是否符合委托人的最大利益。或者，与政府部门——例如美国的社会保障管理局——签约的公司，可能试图使用它的内幕知识来促进那些它在该部门所代理的人的利益。[7]

---

[1] 参见前述二（一）1。
[2] Michael Cross, *Capita Enters Legal Services Market with Optima Acquisition*, L. SOC. 'Y GAZETTE（Sept 16, 2013），http：//www.lawgazette.co.uk/practice/capita-enters-legal-services-market-with-optima-acquisition/5037679.article［http：//perma.cc/X68S-893G］.
[3] *Capita Gets Contract to Find 174, 000 Illegal Immigrants*, BBC NEWS（Sept. 18, 2012），http：//www.bbc.com/news/uk-politics-19637409［http：//perma.cc/9EMZ-3P5R］.
[4] *Capita Acquires FirstAssist*, CAPITA（Sept. 30, 2010），http：//www.capita.co.uk/news-and-opinion/news/2010/september/capita-acquires-firstassist-services-holdings-ltd.aspx［http：//perma.cc/F2NS-7JCL］.
[5] Interview 3, in London, Eng. （Jan. 10, 2014）.
[6] See generally Kathleen Clark, *Ethics for an Outsourced Government*（Washington University in St. Louis Legal Studies Research Paper No. 11-05-03, 2011），http：//ssrn.com/abstract=1840629［http：//perma.cc/5U4A-NVEZ］（描述了在美国背景下，外包的雇员并不像政府雇员那样面对着同样的道德标准）。
[7] 例如，2006 年，SSA 给了社会安全残障顾问这家大型社会保障代理公司一个合同，来研究残障确定程序中，职业专长的价值。*Experts to Study the Value of Vocational Expertise at All Adjudicative Levels of the Disability Determination Process*, FED. BUS. OPPORTUNITIES, https：//www.fbo.gov/index?s=opportunity&mode=form&tab=core&id=7f5130f6fe72ddabc923fad66c1f5ece［https：//perma.cc/BC9H-NSXV］（最后访问时间：2015 年 10 月 5 日）. Maximus——已经开始办理社会保障代理业务——也是 SSA 的主要合同商，特别是就其工作培训和安置项目而言。Charles T. Hall, *Maximus also has conflict*, SOCIAL SECURITY NEWS（Jan. 27, 2006），http：//socsecnews.blogspot.com/search?q=maximus+conflict.［http：//perma.cc/4DX6-HJYU］.

某些潜在的利益冲突，可能破坏公众信任，或者对法律制度有潜在的长期不利影响，但是非常朦胧而难以规制。Walmart是美国最大的雇主之一，常常因其雇用做法受到批评。[1]如果Walmart在美国开始提供法律服务，包括雇用法，一些人可能质疑它们是否存在利益冲突，即使它们店里的律师从不会去直接代理反对Walmart的委托人。人们也许会说，Walmart在塑造美国雇用法以有利于公司方面是有利益的，因此如果它们开始就雇用索赔代理大量的工人，它就会有麻烦。至少，这可能导致一些人对司法制度的适正性和公平性更乏信任。然而，这样的潜在冲突的模糊性，使得规制者难以明确禁止Walmart——而不是其他零售商——进入雇用法方面的法律服务市场。

最后，非律师人员所有权不仅会造成新的利益冲突，而且会被用于绕过职业规制，特别是对于提供多种服务的企业而言。例如，英格兰和威尔士的保险公司，它们曾经将受到伤害的顾客介绍给人身伤害律师事务所，已经收购了这些同样的律师事务所，这在一定程度上是为了绕过对介绍费的新的禁令。[2]与此类似，非律师人员所有权可以被用来绕过其他规制，例如关于广告或者收费方式的限制（特别是在非律师人员可以达成风险代理费协议，但是律师不能够这么做的情况下，例如在澳大利亚）。如果人们认为这些职业规则服务于某个目的，这样的行为应当引起规制者和公众的关切。

2. 削弱公共精神理想

律师可能不像医生或者神职人员那样具有利他主义的身份，但是大多数律师会承认，追逐利润不应当是这些职业人员的唯一目标，赚钱也不应当成为确定什么是"好律师"或者"好律师事务所"的主要标准。[3]许多律师珍视促进法治、帮助有需要的人、充任对政府或者公司权力的制衡力量、提供称职的帮助和其他社会价值。[4]非律师人员所有权，特别是追求利润的投资者的所有权，至少会以两种路径颠覆这种公共精神理想。

首先，有着外部投资者的法律服务提供者有可能过于关注企业在投资界内的声望。未能达到预期的经济目标，会导致股票价格的滑落或者失去所需要的私募股权投资者。[5]这种关于声望的关切可能使得这些企业更可能关注于实现投资者的目标，就像澳大利亚上市

---

[1] Dave Jamieson, *Feds Charge Walmart With Breaking Labor Law in Black Friday Strikes*, HUFFINGTON POST (Jan 15, 2014), http://www.huffingtonpost.com/2014/01/15/walmart-complaint_n_4604069.html [http://perma.cc/GM2R-8KBD]（详细说明了联邦政府就所称的违反劳动法对Walmart提起的诉讼）。

[2] 参见前述二（一）1。

[3] 就像R. H. Tawney所写的那样，"就像成功的医生那样，[职业人员]可能会变得富有。但是其职业的意义，无论是对他们自己还是对于公众而言，并不是他们挣了钱，而是他们带来了健康、安全、知识、良好的政府或者良法……" R. H. TAWNEY, THE ACQUISITIVE SOCIETY 94 (1920).

[4] 例如，兰德公司对美国集团诉讼的研究发现，"原告律师有时似乎是受经济动机驱动的，有时是为了纠正所感到的错误，有时是为二者所驱动的。" DEBORAH R HENSLER ET AL., CLASS ACTION DILEMMAS: PURSUING PUBLIC GOALS FOR PRIVATE GAIN 401 (1999).

[5] 参见前述二（一）1（在不利的市场报告作出后，Quindell的股票价值在一天之内显然跌了一半）。

律师事务所所宣称的那样,[1]而这是以更具有公共精神的目标——例如能够促进公共利益的公益工作或者更具有风险的集团诉讼——为代价的。重要的是,律师雇员或者律师共同所有权人可能会改变其行为,变得更不具有公共精神,这并不是非律师所有权人的命令直接造成的,而是他们仅仅认为这种改变将有助于提高其律师事务所在投资界的声望。

其次,还提供其他服务的公司出于担心损害其公司的更大的品牌,也许不太可能为不得人心的委托人提供法律服务。[2]例如,在英国,Co-operative 集团的管理层最初担心 Co-operative 法律服务有某类委托人,例如殴打其妻子的男人,其加盟最终可能会使他们的更大品牌受到影响。[3]这一潜在问题已经被证明太过于假设,因为 Co-operative 法律服务把自己营销为提供服务以更友好地解决争端,因而吸引到的可能受到公众诋毁的委托人更少一些。[4]但是这个例子仍然引起了这样的担忧,即不得人心的委托人——已经面对着来自许多律师事务所的歧视——可能被进一步边缘化,在少数提供者对舆论高度敏感的市场中,选择会更少。

3. 职业标准

非律师人员所有权的拥护者宣称,允许外部所有权将提高法律服务质量,因为这些所有权人将会热切地去建立为人称道的法律品牌,并且在贯彻质量控制体系方面有着优势。[5]非律师人员所有权有时可能会改进职业标准,但是并不清楚是否会总是这样,甚或在大多数情况下是这样。在其他情况下,非律师人员所有权可能会导致整个事务所系统化地采用破坏法律服务的质量的更令人怀疑的商业做法,试图创造效率,他们的工作文化更难以为律师所有权可能带来的职业标准所调和。[6]例如,Binder & Binder 就被指责在社会保障残障代理中在全国采用了标准化的有问题的成本降低做法。[7]

截至目前,非律师人员所有权对消费者关于法律服务的投诉的影响很模糊。一些来自英国的证据表明,与非 ABS 律师事务所相比,ABS 律师事务所受到的委托人投诉更多,但是对于英国的法律监察专员而言,ABS 造成的许多正式投诉和普通的事务律师事务所

---

[1] 参见前述二(三)1 (Slater & Gordon 的首席执行官让投资者放心,在未来大多数集团诉讼将由外界资助者来提供资助)。

[2] Lawrence Fox 曾警告说,提供其他服务的公司也许不太可能为那些对于公众或者有关公司而言不受欢迎的人提供法律服务。Fox, supra note 20 ("我们能够期望 Arthur Andersen 对死刑代理采取容忍的态度吗? 或者 Sears 会对其律师雇员支持法律服务公司——穷人消费者投诉的资助者——而感到高兴吗?")。

[3] Interview 10, supra note 47.

[4] See id. (另一个全国性法律服务提供者指出,不得人心的委托人给他们的品牌带来了潜在挑战)。

[5] Hadfield, supra note 6, at 49-50.

[6] Parker, supra note 10, at 4 (主张论者所担心的来自于非律师人员所有权的道德危险,实际上是"被正式化和增强的对法律执业活动的现行道德压力")。

[7] See supra II. C. 2 (指出 Binder 率先搞的投诉的标准化处理,在听证之前,并不与委托人会晤)。

造成的正式投诉是一样多的。[1]所记录的最初投诉数量比较高,可能是因为某些ABS初次运营,或者是因为它们在征求和追踪最初投诉方面做得更好。在澳大利亚,至少一项研究表明,已经成为ILP的律师事务所的顾客此后向规制者提出的投诉更少了。[2]虽然这可能是ILP需要贯彻其自己的"适当管理制度"而不是非律师人员所有权所造成的结果,在澳大利亚,后者仍然相对罕见。[3]至少迄今为止,来自英国和澳大利亚的证据表明,非律师人员所有权对消费者投诉并没有很大影响。考虑到这种不确定的影响,那些对提高法律服务质量感兴趣的人,敦促进行其他介入可能更为明智,例如以实体为本的规制,要求所有法律服务提供者购买不当执业保险,或者创设独立的监察专员来听取投诉。

(四)需要更多的数据与技术的潜在影响

国别研究表明,为了评估非律师人员所有权的影响,需要改进关于法律服务的数据收集工作。[4]特别是,规制者应当进一步追踪常用法律服务的成本、法律服务需求、这些法律服务是如何使用的,以及解决法律争议的不同路径。[5]针对具体领域的研究还应当定期审视具体法律服务(例如人身伤害、移民、遗嘱、产权转让或者家庭法)非市场的运转情况。

尽管就非律师人员所有权的影响还有许多没有得到回答的问题,也许最大的影响涉及的是技术在法律服务日益重要的角色。[6]在未来,法律职业人员可能需要依赖于技术,以及相应的组织结构,无论是从内部还是通过其他方式,律师都不能高效率地为自己提供这些。如果这是真的,则非律师人员所有权将会给法律服务带来显然的好处。不过,我们并不能确定未来就注定是这样的。律师可能会找到途径,来就这些技术和组织需求

---

[1] 根据2013年度LSB报告,相对于每个移送法律监察专员的投诉而言,ABS形成的营业额是4300万英镑,而普通的事务律师事务所相对每个投诉的营业额是4500万英镑,二者类似。LSB 2013, supra note 98, at 7, 78.

[2] Christine Parker, Tahlia Gordon & Steve Mark, *Regulating Law firm Ethics Management: An Empirical Assessment of an Innovation in in Regulation of the Legal Service Profession in New South Wales*, 37 J. L. & SOC'Y 466 (2010)(说明公司化法律执业机构在进行了自我评估程序以建立它们自己的适当管理制度后,投诉数量有了在统计学上有意义的减少)。

[3] 其他人主张,在澳大利亚,外界投资的潜在危险并没有得到足够的规制。Alperhan Babacan, Amalia Di Iorio, &Adrian Meade, *The (In) effective Regulation of Incorporated Legal Practices: an Australian Case Study*, 20 INT'L J. LEGAL PROF. 315 (2013)(主张澳大利亚对公司化法律执业机构的规制并没有充分解决好非律师人员所有者和管理人带来的新的压力)。

[4] 参见前述二。英格兰和威尔士在收集相关数据方面走得最远。

[5] LEARNING FROM LONG TERM EXPERIENCES, supra note 99, at 47(在英国背景下提出了类似的建议)。

[6] RICHARD SUSSKIND, THE END OF LAWYERS? RETHINKING THE NATURE OF LEGAL SERVICES (2008)(推测了技术在法律服务中可能扮演的变革性角色);Gillers, supra note 46(主张职业规制应当利用转变法律服务的技术变革);John O. McGinnis & Russell G. Pearce, *The Great Disruption: How Machine Intelligence Will Transform the Role of Lawyers in the Delivery of Legal Services*, 82 FORDHAM L. REV. 3041 (2014)(描述了技术——特别是机器职能——如何可能会在未来扰动法律服务市场)。

进行有效的外包或者采购,就像他们当前就法律数据库或者在线广告所做的那样。[1]或者,就像 LegalZoom 那样,律师及其服务可以变成公司提供的外包产品。最后,最为程序化的法律服务——技术可能能够对高效提供这种服务提供最大的帮助——可能最终根本不再被视为法律执业活动;无论是律师还是非律师人员,都能够在不同的组织和所有权背景下提供这些服务。

四、非律师人员所有权与"新法律职业主义"

不应当孤立地看法律服务实体非律师人员所有权的兴起。这么思考是有用的,即那些从事传统法律工作的人正在受到至少四种力量的控制或者组织:①市场的需求;②他们从事工作所在的组织的结构和科层;③法律职业;④政府。[2]尽管律师总是必须对市场压力做出回应,值得注意的是,律师一方面要融入越来越像是其他类型的商业组织的律师事务所,另一方面他们与经济的其他部分的关系也变得越来越像其他服务业。[3]例如,在一些司法辖区已经发生的取消对广告的禁止,[4]废除律师强制性固定收费标准,[5]以及越来越多的消费者意识到他们的法律选项,已经使得律师越来越要回应传统市场力量。在一些司法辖区,法律服务中有限责任企业[6]以及非律师人员所有的法律服务公司的兴起,使得律师越来越像其他领域的人一样嵌入了组织。律师协会规制权的衰落,法律职业外部新的规制者的崛起,无论这些新的规制者是独立的专员、专业化的规制者还是竞争规制者,都目睹了政府在一步一步蚕食法律职业的自我规制权。[7]其他职业,例如医生、会计师、教师和建筑师,都看到了类似的转向——见证了其职业与整个经济和更多的各

---

[1] 例如,律师事务所将订阅诸如 Westlaw 的法律数据库或者诸如 lawyers.com 这样的案件介绍网络。
[2] Eliot Freidson——职业社会学的奠基人之一——主张,消费者控制着市场中的工作是如何组织的,科层制控制着组织内的工作,行业内的其他成员控制着职业内的工作。See ELIOT FREIDSON, PROFESSIONALISM: THE THIRD LOGIC 12 (2001).
[3] See STEPHEN BRINT, IN THE AGE OF EXPERTS: THE CHANGING ROLE OF PROFESSIONALS IN POLITICS AND PUBLIC LIFE (1994)(提出职业变得市场化和商业化了,因此其修辞上的正当性从社会信托关系转向了专门知识)。
[4] 关于美国放松对律师广告限制的简史,see DEBORAH L. RHODE AND DAVID LUBAN, LEGAL ETHICS 622 – 25 (1995).
[5] 在 Goldfarb v. Virginia State Bar, 421 U. S. 773 (1979) 案件中,美国最高法院判定,律师从事的是"贸易或者商业",律师协会规定最低收费标准,违反了反托拉斯规制。
[6] 关于有限责任合伙自 20 世纪 90 年代从美国开始传播开来的历史,see ALAN R. BROMBERG AND LARRY E. RIBSTEIN, LIMITED LIABILITY PARTNERSHIPS, THE REVISED UNIFORM PARTNERSHIP ACT, AND THE UNIFORM LIMITED PARTNERSHIP ACT (2001) 3 – 15 (2012).
[7] 例如在英国,规制权已经从律师协会转移给了诸如法律服务理事会、法律专员和事务律师规制局这样的独立的规制者。参见前述二(一)。

种各样的组织形式的融合，以及更多的外部规制。[1]确实，这种更为广泛的趋势已经使得一些人得出结论说我们正在目睹着"新职业主义"的诞生，[2]这引发了关于诸如医疗和教育这样的领域是否应当"公司化"的论战。[3]

这些转变并不意味着职业正在消失或者变得不那么重要，即使他们可能在变得不是那么地独具特色。职业颁照和称职性，以及这些所传递出来的讯息，只是在诸如美国这样的国家变得越来越突出。[4]在今天这样的"密布法律"的世界里，难以想象在可以预见的未来法律职业将不会继续扮演重要和广泛的角色。[5]法律职业所面临的这些愈发广泛的趋势——非律师人员所有权是其中的一个关键因素——引发了这样的问题，即如何理解和管理这些变革。尽管在这里不可能系统地罗列出这样一个解析性或者规范性日程，就法律服务近用论争和如何才能最好地规制法律服务以在法律职业更广泛的转向中应对非律师人员所有权，本文提供了许多重要的发现。

（一）法律服务近用影响

允许法律服务实体非律师人员所有权常常被视为相对廉价的规制介入，从而提高法律服务近用。然而，到目前为止，非律师人员所有权的法律服务近用之益似乎是有问题的。至少，可得的证据应当提醒我们不要把非律师人员所有权视为得到更多证实的近用战略——例如法律援助——的替代者。

一般而言，放松规制战略在提高法律服务近用方面，有着很复杂的记录。就像也许是对关于法律服务规制的文献所进行的最全面的审查所指出的那样，"总的来看，理论文献在很大程度上在强烈建议政策制定者从自我规制转向放松规制。另一方面，有限的经

---

[1] See Julia Evetts, *A New Professionalism? Challenges and Opportunities* 59 CURRENT SOC. 406, 412 – 14 (July 2011)（描述了职业如何越来越强调质量控制、标准化和其他管理和治理控制形式）.

[2] *Id.* at 412; *see also* Sigrid Quack & Elke Schubler, *Dynamics of Regulation and the Transformation of Professional Service Firms: National and Transnational Developments*, in OXFORD HANDBOOK OF PROFESSIONAL SERVICE FIRMS（forthcoming 2016）（on file with author）（描述了竞争政策的提出、公司形式的自由化、转向更多的公共监督以及各国越来越多地卷入跨国事务，如何已经导致各国更像是对跨国公司那样对职业服务公司进行规制）.

[3] 就最近关于医疗公司化的讨论，see *Sunday Dialogue: Medicine as a Business*, N.Y. TIMES (Feb. 8, 2014), http://www.nytimes.com/2014/02/09/opinion/sunday/sunday-dialogue-medicine-as-a-business.html [http://perma.cc/54SB-LH2C]；就一个关于教育公司化的观点，see Paul Nevins, *Shall We Corporatize Public Education Too?*, SALON (Oct. 5, 2012), http://open.salon.com/blog/paul_nevins/2012/10/05/shall_we_corporatize_public_education_too [http://perma.cc/H7JU-ZU8Z].

[4] 事实上，与以往相比，可以说职业在组织着工作生活。在美国，在2008年，一个行业中29%的劳动力需要持照（而在20世纪50年代，这一比例不足5%）。尽管并不是所有这些行业都可以被视为"职业"，许多将被视为职业。Morris M. Kleiner & Alan B. Krueger, *Analyzing the Extent and Influence of Occupational Licensing on the Labor Market*, 331 J. LAB. & ECON. S173, S175 – S176 (2013).

[5] 就像 Gillian Hadfield 所论的那样，"我们生活在一个密布法律的世界里，人们在很大程度上在黑暗中行进"。Hadfield, *supra* note 6, at 43.

验证据并不总是支持这样的强大的理论预测。"[1]这并不意味着这些放松规制战略不值得施行,而是对关于它们的影响的预期应当加以适当调和。例如,几项研究表明,更多的广告导致了更低的法律服务价格。[2]FTC 在 1980 年在美国进行的一项众所周知的研究发现,其调查的五项法律服务中,对律师广告限制更少的州与有更多限制的州相比,平均价格更便宜。[3]然而,该报告也发现,在同一个州,与那些不做广告的律师事务所相比,就人身伤害服务做广告的律师事务所实际上收取的风险代理费更高。[4]Stewart Macaulay 在考察和质疑 FTC 报告的结果时认为,即使律师广告确实在一定程度上降低了法律服务的价格,"我们也必须关注,关于律师广告的在很大程度上是象征性的论证,可能会使我们的关注点从法律服务近用和平等这些更为迫切的问题转移开来。"[5]

其他的规制解决方案,例如与传统律师相比培训要求更少的新的——更加百花齐放的——法律职业人员类型,也可能比非律师人员所有权更能增加法律服务近用。例如,在澳大利亚和英国,有限的证据表明,与事务律师相比,持照产权转让人在显然更低的价格基础上转移财产,[6]尽管英国对特定地区的一个更为细腻的研究表明,在该地区产权转让人进入了市场,但是并没有产生更为模棱两可的结果。[7]不论证据如何,创造法律职业人员的新类别,让他们从事某类法律活动,都要求有充分的市场。2008 年,英国的经济和房屋市场处于低迷时期,产权转让人尤其受到了打击,减少了愿意进入产权转让行业的人员的数量。[8]尽管长远来看住房市场可能会为执业者提供足够大的市场,使他们投入而成为产权转让人(而不需要承担成为事务律师的额外成本),其他的法律市场可能并不稳健,不足以支持自己的专业法律执业者。

---

[1] Frank H. Stephen, James H. Love & Neil Rickman, *Regulation of the Legal Profession*, in REGULATION AND ECONOMICS 647, 670 (Roger J. Van Den Bergh & Alessio M. Pacces eds. 2012).

[2] Id. at 658.

[3] JACOBS, WILLIAM W. ET AL., F. T. C., IMPROVING ACCESS TO LEGAL SERVICES: THE CASE FOR REMOVING RESTRICTIONS ON TRUTHFUL ADVERTISING 79 (1984)(发现"平均来看,在有更多限制的州,与那些限制更少的州相比,律师就最为简单的法律服务收取更高的价格。")。

[4] See id. at 125.

[5] Stewart Macaulay, *Lawyer Advertising*: "Yes, but...", 75 (Inst. for Legal Studies, Working Papers No. 2, 1986)(on file with the G. J. Legal Ethics).

[6] BDRC CONT'L, *supra* note 39, at 86(指出,在英国,与持照的产权转让人相比,事务律师就产权转让收费更高,平均来看,是 1,300 英镑对 785 英镑);NSW GOVERNMENT SUBMISSION, PRODUCTIVITY COMMISSION REVIEW OF NATIONAL COMPETITION POLICY ARRANGEMENTS 10 (2005),http://www.pc.gov.au/_data/assets/pdf_file/0020/47342/sub099.pdf [http://perma.cc/3YDN-2VDA](指出,在新南威尔士,在消除了法律职业对产权转让的垄断后,在 1994 到 1996 年间,产权转让费降低了 17%)。

[7] Stephen, Love, & Rickman, *supra* note 296, at 656(指出在 90 年代早期英国对产权转让人的研究结果"应当使人对这样的假设保持警惕,即多个职业组织必然有利于顾客")。

[8] 在 2007 年到 2011 年间,学习成为产权转让人的学生的数量从 1930 人减少为 497 人。COUNCIL FOR LICENSED CONVEYANCERS, ANNUAL ACCOUNTS 25 (2011),http://www.clc-uk.org/pdf_files/corporate_docs/Annual_Report_2011.pdf [http://perma.cc/F2NJ-CRXK]。

大量的理论文献认为非法执业（UPL）规定过于宽泛，其贯彻抬高了价格，限制了对法律服务的近用。[1]尽管没有进行什么经验研究来支持这一提法，[2]限制 UPL 规定的范围在直觉上作为一种法律服务近用战略有其价值。然而，什么样的服务应当规制，什么样的服务不应当规制，并不总是显而易见的。例如，在英国，撰写遗嘱并不是保留的法律活动，某些倡导更宽松的 UPL 的限制的人可能会欢迎一个更为开放的市场。英国法律服务理事会（LSB）根据研究和消费者反馈在敦促政府——目前还没有成功——将撰写遗嘱作为法律活动来加以规制。[3]LSB 主张，某些撰写遗嘱公司使用了与其消费者不对称的权利和信息来出售有缺陷的、不必要的和昂贵的遗嘱，削弱了公众对撰写遗嘱市场的信任。[4]这一经验类似于美国对"信托机构"的批评，这些信托机构以过高的价格将创造信托的非定制化的文件出售给了老年人。[5]

除了律师费转移和共享外，[6]替代放松规制来提高民事法律服务近用的两个主要方式是公益服务和法律援助。公益服务已经在法律服务中扮演了重要角色，在可能的情况下应当加以扩大，但是从量和类型角度看它也有明显的局限性。[7]在允许非律师人员所有权的规制体制下，公益服务也可能面临着新的压力，因为投资所有人将影响律师，让他们去从事不那么具有公益性的活动，或者不那么存在争议的公益性活动，以增加利润。虑及公益服务的局限性，提高法律援助可能是显著扩大法律服务近用的最好选项。

确实，在法律服务近用方面最显著的变化，并不是规制上的任何转向或者公益活动所造成的，而是英国法律援助削减造成的，这导致了家庭法院当事人自行代理的显著增

---

[1] See, e. g., ABEL, supra note 21, at 127 – 141 (1991); RHODE, supra note 1, at 87 – 91.

[2] Stephen, Love, & Rickman, supra note 296, at 655 (指出"经济学家就职业垄断权的影响没有做什么经验评估工作").

[3] LEGAL SERV. BD., SECTIONS 24 AND 26 INVESTIGATIONS: WILL – WRITING, ESTATE ADMINISTRATION AND PROBATE ACTIVITIES 14 – 16 (2013), http: //www. legalservicesboard. org. uk/Projects/pdf/20130211_ final_ reports. pdf [http: //perma. cc/6TCL – MPCK].

[4] LSB 并没有提议说撰写遗嘱只能由事务律师来做，而是诸如律师助理这样的其他持照法律职业人员也可以来从事该工作。Id. at 24.

[5] See, e. g., Angela M. Vallario, *Living Trusts in the Unauthorized Practice of Law: A Good Thing Gone Bad*, 59 (3) MD. L. REV. 595, 608 (2000) 描述了信托机构如何会欺骗毫无戒备心的老人购买并不会实现他们的目标的信托。

[6] 集团诉讼和风险代理费是两种律师费分担或者转移形式，能够提高当事人提起案件的能力，特别是在针对大型企业的金钱损害赔偿的案件中。关于最近限制集团诉讼和支持就公司条款进行有约束力的仲裁的美国最高法院诉讼的综述，see LAURENCE TRIBE AND JOSHUA MATZ, UNCERTAIN JUSTICE: THE ROBERTS COURT AND THE CONSTITUTION 282 – 299 (2014).

[7] See Cummings, supra note 2, at 115 – 144.

长。[1]虑及最近英国法律援助预算的大规模削减和美国[2]、澳大利亚[3]法律援助预算的衰减或者停止,倡导在法律援助上重新进行投入可能不是一个现实的战略。然而,代之以规制变革或者大大增加公益帮助,以解决法律服务近用之需,似乎更加遥不可及。如果用于改进法律服务近用的规制战略似乎在很大程度上被用尽了,则提高政府投入可能也会变得更为现实。最近在美国、英国和澳大利亚进行的调查表明,在许多情况下,政府通过提供法律援助在长远看实际上节省了金钱,这可能进一步促进这样的投入。[4]最后,在民事法律服务的政府法律援助所花费的钱相对较少,使得显著增加法律援助预算更能说得通。[5]

重要的是,增加在法律援助上的公共投入,并不必须要投入到"传统"法律援助中,即由公共雇用的法律援助律师自始至终来引导委托人处理法律问题。在适当情况下,政府的介入也可以包括由非律师人员提供的法律帮助和建议,[6]"分类定价"的法律帮助,[7]提供自助法律信息,以及公共法律耗费保险。[8]这样的计划应当针对的是穷人和中产阶级。

---

[1] 参见前述二(一)2。
[2] *Funding History*, supra note 1.
[3] 1997年,总理Howard的政府发起了对联邦法律援助资助的大规模削减。尽管澳大利亚各州就某些这样的削减进行了补救,法律援助委员会还是削减了民事法律援助项目。PRICE WATERHOUSE COOPERS, LEGAL AID FUNDING: CURRENT CHALLENGES AND THE OPPORTUNITIES OF COOPERATIVE FEDERALISM 19, 57 (2009); CMTY LAW AUSTRALIA, UNAFFORDABLE AND OUT OF REACH: THE PROBLEM OF ACCESS TO THE AUSTRALIAN LEGAL SYSTEM 9 (2012).
[4] 关于美国、英国、澳大利亚和加拿大的法律援助节约了成本的案例综述,see GRAHAM COOKSON & FREDA MOLD, THE BUSINESS CASE FOR SOCIAL WELFARE ADVICE SERVICES (July/Aug. 2014), http://www.lowcommission.org.uk/dyn/1405934416347/LowC ommissionPullout.pdf [http://perma.cc/P2PF-ZKAF]; BOSTON BAR ASS'N, INVESTING IN JUSTICE: AROADMAP TO COST EFFECTIVE FUNDING OF CIVIL LEGAL AID IN MASSACHUSETTS 4-5 (2014)(指出独立的咨询公司的研究结果表明,在某些类别的案件中,政府在民事法律援助上每投入1美元,将节约2到5美元)。
[5] *Funding History*, supra note 1; RHODE, supra note 1, at 187(指出美国联邦在民事法律援助上的花费增加三倍才会是10亿美元。十年后事实依旧如此)。
[6] 几项研究已经表明,至少在某些情况下,非律师人员能够像律师一样有效,甚至更好。在英国,其法律援助方案长期依赖于非律师人员。*See, e.g.*, Richard Moorhead, Alan Paterson, &Avrom Sherr, *Contesting Professionalism: Legal Aid and Nonlawyers in England and Wales*, 37 (4) L. & SOC'Y REV. 765, 794-96 (2003)(在关于英国法律援助制度的研究中发现,与律师的相比,非律师人员表现达到了更高的标准,但是非律师人员在同样的案件中花费的时间更多,因而成本很高,这可能是因为合同激励造成的); HAZEL GENN &YVETTE GENN, THE EFFECTIVENESS OF REPRESENTATION AT TRIBUNALS, REPORT TO THE LORD CHANCELLOR 245-46 (1989)(发现在美国的裁判系统中,在成功代理委托人方面,经验和专门知识比作为一名律师更为重要); HERBERT KRITZER, LEGAL ADVOCACY: LAWYERS AND NONLAWYERS AT WORK (1998)(在探讨的美国四个案例研究中,在三个中发现非律师人员的帮助像律师帮助一样有效)。
[7] 关于分类定价的法律帮助的文献研究综述,see Molly M. Jennings & D. James Greiner, *The Evolution of Unbundling in Litigation Matters: Three Case Studies and a Literature Review*, 89 DENV. U. L. REV. 825 (2012).
[8] 关于在加拿大建立公助的可选择退出的法律耗费保险方案的建议,see Sujit Choudhry, Michael Trebilcock, & James Wilson, *Growing Leal Aid Ontario into the Middle Class: A Proposal for Public Legal Insurance*, in MIDDLE INCOME ACCESS TO JUSTICE (Michael Trebilcock, Anthony Duggan, & Lorne Sossin eds. 2012).

在法律服务实体采纳了非律师人员所有权的情况下,它应当调适为能够最大化其法律服务近用之益。这可以通过鼓励消费者所有权或者其他类型的非律师人员所有权来实现,因为这些更可能提高法律服务近用。一些司法辖区还可以选择向非律师人员所有的律师事务所征税,来贴补政府法律援助预算。在传统上,公益法律服务的一个理由是,律师应当向那些付不起律师费的人提供法律服务,以换取他们垄断法律服务所带来的利益。[1]由于非律师所有权人与律师所有权人不同的是,他们不能提供公益法律服务,应当要求他们就能够从这一垄断获益而做出金钱上的贡献。最后,司法辖区可以鼓励非律师人员所有的公司设立为福利公司,明确说明董事们在其决策中不仅必须考虑利润最大化,还必须考虑如何提高法律服务近用。考虑到福利公司较为松散的报告标准,采用这一形式当然不能保证这些企业会促进法律服务近用。[2]然而,这样的组织形式可能会鼓励这些公司更以公共精神为宗旨,将会保护确实从事了广泛具有社会意识的工作的法律服务公司不会受到股东诉称公司没有专注于利润最大化的起诉。[3]

(二) 规制影响

本文仅仅探讨了就贫穷和中等收入人群民事法律服务而言,非律师人员所有权对近用司法和职业主义的影响。[4]也就是说,本文中提出的案例研究和其他证据,确实表明需要对非律师人员所有权进行仔细规制。与其他类型相比,某些类型的非律师人员所有的企业更是如此。例如,非律师人员所有权本身并不必然造成重大的新的利益冲突。与律师所有的律师事务所相比,上市律师事务所可能不会有更多的冲突。相反,就那些不仅提供法律服务,还有其他商业利益的企业而言,似乎更可能发生新的利益冲突。即使是这样的企业,也仅仅是一部分最可能形成新的冲突。

考虑到这样的背景,规制者不应当将所有类型的非律师人员所有权等量齐观。在利益冲突的可能性或者感知到的利益冲突很高的情况下,采用非律师人员所有权做法的司法辖区应当禁止这样的所有权,或者至少进行严格规制。如果发生利益冲突的可能性更

---

[1] Deborah L. Rhode, *Cultures of Commitment: Pro Bono for Lawyers and Law Students*, 67 FORDHAM L. REV. 2415, 2419 (1999).
[2] 它甚至可能削弱董事的责任,因为他们能够责备在试图服务于公司的多个目标时的不良绩效。*See* J. Haskell Murray, *Choose Your Own Master: Social Enterprise, Certifications, and Benefit Corporations Statutes* 2 AM. U. BUS. L. REV. 1, 33 (2012).
[3] *Id.* at 16(指出美国的现行法律有可能已经就追求社会目标提供了免受股东诉讼的保护,但是福利公司确实进一步澄清了这种保护)。
[4] 需要指出的是,它并没有研究非律师人员所有权如何影响了法律市场的其他部分(例如刑事和公司领域),它会如何影响其他委托人(例如上中产阶级、公司或者政府),它会如何影响法律服务市场的波动性,法律职业人员对其工作的满意度,或者其他相关因素。例如,John Morley 主张投资者所有权将会使得最近的律师事务所的倒闭更不可能发生。*See* John Morley, *Why Law Firms Collapse: The Fragility of Worker Ownership* (Aug. 2014)(未刊手稿)(on file with author)。

难以把握，或者法律职业的公共精神理想、职业标准或者其他价值可能被破坏，规制者应当就何时以及如何介入运用其选择权，使用可得的证据权衡不同类型的非律师人员所有权的利弊得失。

司法辖区可能会采用不同的方法来规制非律师人员所有权。它们可以制定直接进行限制的规则，例如非律师人员只能拥有法律服务事务所的少数所有权或者只能拥有非投票性股份。[1]他们可能仅在某些法律领域——或者全部法律领域——允许非律师人员所有权，或者可以禁止也从事其他类型的服务的企业提供法律服务。它们可以有更为细致的颁照要求，潜在的非律师所有人必须提交如何克服潜在利益冲突的计划来进行审批。或者它们可以仅就特定领域（例如刑事法）或者特定类型的所有者要求持照。这里的关键，不是要经受每个可能的规制，权衡其各自的优劣（某些可能是合乎情理的，某些是不明智的，其他的则要求更多的规制能力）。相反，它仅仅是说，在就非律师人员所有权设计规制体制时，规制者面临着大量选择，其中许多可以说是有理有据的。

虑及有大量的规制选项，而为就此作出选择而进行的经验研究却很有限，作出这些决定的规制者是谁，就变得愈加重要。在过去，学术文献专注于律师捕获对其自己的规制来促进他们自己的利益问题。[2]这种类型的规制俘获的例子，也许可见于关于非律师人员所有权的论战。例如，在完全拒斥非律师人员所有权时，纽约州律师协会非律师人员所有权专责小组——完全是由律师人员组成的——指出没有充分的经验证据来知道非律师人员所有权的影响，"不值得冒着影响我们职业的核心价值的风险来允许非律师人员持有律师事务所股权利益。"[3]专责小组表达的这种强烈警告，以及对实验的全然拒斥，可以被视为一种保护主义的决定，以确保律师所有权人不会不得不与非律师所有权人就利润或者声望展开竞争。

对着非律师人员所有权的到来，有人担心现在能够从法律服务中获得利润的新的外部主体也可能试图俘获法律职业的规制。例如，Clementi 报告在将非律师人员所有权引入英国方面起了作用。[4]在建议英国政府全盘照收时，David Clementi 主张，"[在关于非律师人员所有权的论争中，]由那些寻求限制做法的正当性的人承担证明负担。"[5]与纽约州律师协会专责小组面对的证明负担（该小组面对的是支持维持现状的不清晰的证据）相比，这是一个很不同的证明负担。也许并不令人惊讶，Clementi 并不是一名律师，而是

---

[1] 例如，新加坡最近采用了非律师人员少数所有权做法。Hyde, *supra* note 15.
[2] *See, e. g.*, ABEL, *supra* note 21, at 44–48（主张律师使用职业意识形态来获得市场控制）；WINSTON ET AL., *supra* note 3, at 24–56, 82–91（2011）（宣称因为颁照制度，律师攫取了高价地租）.
[3] NYSBA REPORT, *supra* note 8, at 73.
[4] *See also* E. Leigh Dance, *The U. K. Legal services Act: What Impacts Loom for Global Law Frim Competition?*, 34 L. PRAC. 28, 35（2008）.
[5] CLEMENTI REPORT, *supra* note 44, at 132.

哈佛大学商学院的毕业生，他因为参与英国将政府公司私有化的运动而声名显赫。在他撰写报告的时候，他是一家大型保险公司的主席。[1]现在，法律服务理事会的领导人是Richard Moriarty，他并不是律师，而是在加入 LSB 之前有竞争背景，是 Morgan Stanley 所有的一家私人供水公司的规制主任。[2]

没有理由认为这些规制者——无论是律师协会成员还是竞争倡导者——在非律师人员所有权问题上的有分歧的立场不是发自内心的。然而，虑及这些规制者的背景，在法律服务市场的组织问题上，他们有可能强调的是不同的轻重缓急。在非律师人员所有权的世界里，人们应当预料到大型法律服务公司及其所有权人将会试图影响规制者批准有利于他们但是可能损害公众或者更小的、更为传统的法律服务企业的规制。[3]换言之，我们应当预料到非律师人员所有的公司将会对规制者施加压力，就像律师所有的律师事务所在历史上所做的那样。

就各个司法辖区关于非律师人员所有权的经验，人们有可能进一步收集更多和更好的数据。这将减少利益集团通过限制规制者在选择上的判断力而实现规制俘获的某些可能性。然而，非律师人员所有权对近用司法和职业主义的许多最终影响，有可能是很微妙的，仍然难以量化。[4]并不清楚人们会如何精确地测量某些类型的非律师人员所有权是否会消极的影响公众关于司法制度的看法，以及任何这种态度变化可能带来的结果。与此类似，在许多情况下，可能难以追踪法律服务是否因非律师人员所有权或者其他因素而发生了创新。然而，我们希望规制者考虑到，恰恰是这种类型的问题，存在这样的危险，即如果规制者仅仅基于他们能够进行特异性测量的事项来作出决断，则他们将不

---

[1] 在 2008 年之前，David Clementi 是 Prudential 有限责任公司主席。*David Clementi*, *Executive Profile*, BLOOMBERG, BUSINESS http://www.bloomberg.com/profiles/people/1538052 - david - cecil - clementi [perma.cc/ K33J - TPUU]（最后访问时间：2015 年 11 月 23 日）。

[2] *See* Kathleen Hall, *Super - Regulator Appoints New Chief Executive*, L. SOC'Y GAZETTE（Oct. 22，2014），http://www.lawgazette.co.uk/practice/super - regulator - appoints - new - chief - executive/5044599.fullarticle [http://perma.cc/DT56 - 6MJH]。

[3] JOHN BRAITHWAITE, REGULATORY CAPITALISM: HOW IT WORKS, IDEAS FOR MAKING ITWORK BETTER 20 (2008)（指出"大型公司常常使用它们的政治影响力来游说进行它们知道它们能够轻易做到，但是小型竞争者将不能应对的规制"）。

[4] 有限责任合伙就评估影响的困难仅提供了一个类似的例子。在 20 世纪 90 年代和 21 世纪引入有限责任合伙时，就有人警告说有限责任合伙将会减少合伙人监督彼此行为的动机，从而导致职业行为的衰落。*See*, *e.g.*, N. Scott Murphy, *It's Nothing Personal*: *The Public Costs of Limited Liability Partnerships*, 71 IND. L. J. 201 (1995)（主张有限责任合伙将保额不足的法律服务机构的成本从律师事务所转移给了委托人）。尽管关于有限责任合伙的影响的噩梦般的场景并没有成真，就像某些论者所宣称的那样，与前几十年相比，今天的律师事务所可能从事更具有风险的行为，促成了诸如 Dewey & LeBoeuf 这样的律师事务所的倒闭。*See* Michael Bobelian, *Dewey's Downfall Exposes the Downfall of Partnerships*, FORBES（June 7, 2012），http://www.forbes.com/sites/michaelbobelian/2012/06/07/deweys - downfall - exposes - the - demise - of - partnerships/ [perma.cc/2KML - AYR5]。然而，虑及影响律师事务所行为的多种因素，我们可能永远不会知道有限责任合伙的广泛采用所带来的全部影响。

重视他们不能轻易量化的但是可能同样甚至更为重要的因素。[1] 人们可以通过更为定性的研究来克服这一偏见，例如不仅调查公众对非律师人员所有权的感知，也对公众进行深度访谈，或者调查其他类似的规制变革在历史上产生的影响。不过，这些研究也会产生许多问题，常常被证明开展起来过于昂贵。

虑及非律师人员所有权的后果常常是不确定的，以及潜在规制者的有限考虑的问题是不同的，在可以预见的未来，专家不可能就如何规制这种所有权达成一致意见。相反，这样的决定应当通过选自各种利益相关者的规制者来作出。[2] 这种更为审慎的方法，应当不仅包括律师界成员或者竞争倡导者（他们常常关注的是狭隘的——如果是正当的话——利益点），而且包括消费者群体、法律服务近用倡导者、学者和其他直接处理公众提出的法律挑战的职业组织（例如医生、教育工作者和会计师）。[3]

尽管像非律师人员所有权这样的改革使得法律服务更不独具特色，进一步融入了市场，为更好地提供法律服务带来了机会，它们并不总是能够解决期待它们来解决的问题，并且可能引发对它们自己的一系列挑战。[4] 存在这样的危险，即推动放松法律服务规制可能会主导司法近用的日程，因为放松规制和竞争成了关于如何组织法律服务的新理想的核心。[5] 相反，法律服务规制的目标不应当是为了放松规制而放松规制，而是要提高对法律服务的近用，这些法律服务是由公众所信赖的作为更大的社群的一部分的法律服务提供者所提供的，这些法律服务提供者将促进公共福祉作为根本性的忠信。

---

[1] 可得性偏差，在容易感知的证据基础上判断概率，在人们评估风险的能力上，是一个众所周知的问题。See Cass Sunstein, *Empirically Informed Regulation*, 78 U. CHI. L. REV. 1349, 1358 (2011).

[2] 这样一个多方利益相关者战略采用了关于协商民主的学术研究，协商民主并不要求一致，而是要虑及参与者不同的规范立场管理冲突。See AMY GUTMAN & DENNIS THOMPSON, WHY DELIBERATIVE DEMOCRACY? 10 (2004).

[3] 在美国背景下，规制者群体的多样性可能有这样的额外好处，即使得规制在未来免于反托拉斯审查。See Aaron Edlin & Rebecca Haw, *Cartels by Another Name: Should Licensed Occupations Face Anti-Trust Scrutiny*, 162 U. PA. L. REV. 1093, 1155 (2014); Milton C. Regan, Jr., *Lawyers, Symbols, and Money: Outside Investment in Law Frims*, 27 PENN ST. INT'L L. REV. 407, 431-38 (2008)（主张转向非律师人员所有权所带来的好处之一，可能是让人们接受法律执业活动是一种商业，因而从自我规制转向将法律服务作为一个产业来加以规制）。

[4] 在大多数领域——不仅仅是法律职业——跨司法辖区规制的传播的一个突出特点是，新的规制框架更经常是在意识形态基础上采用的，或者是与全球规范相调和的，而不是基于关于其实质的证据。JOHN BRAITHWAITE & PETER DRAHOS, GLOBAL BUSINESS REGULATION 17 (2000)（解释说商业规制全球化的关键过程是"强迫、奖励制度、建立模范、相互调节、非相互协作和能力建设"。需要指出的是，循证学习并不是其指出的最重要的机制）。

[5] Edward Shinnick, Fred Bruinsma & Christine Parker, *Aspects of regulatory reform in the legal profession: Austrilia, Ireland and the Netherlands* 10 (3) INT.'L J. LEGAL PROF. 237, 246-47 (2003)（指出存在"这样的危险，即法律职业规制改革的持续动力将仅仅是……竞争日程，近用司法和消费者对法律职业的批评将会从争论中消失"）。

结论

采用法律服务实体非律师人员所有权的做法，在某些情况下可能带来近用法律服务和其他好处。然而，至今为止的证据并没有表明这些近用法律服务之益像某些倡导者所提出的那样，对于贫穷和中等收入人群具有重要意义，如果将非律师人员所有权视为其他法律服务近用战略的替代品，例如法律援助，这样的放松规制改革战略甚至会产生不利影响。与此同时，证据也没有表明非律师人员所有权引发的职业主义关切支持进行全面的禁止。相反，采用非律师人员所有权做法的司法辖区应当意识到这样的所有权会引发的潜在危险，包括产生新型的利益冲突的可能性，以及现在能够从法律服务中获取利益的相关者俘获规制者的可能性。减少非律师人员所有权可能带来的这些可能性，将需要坚强、独立和信息灵通的规制者。[1]

---

[1] Flood, *supra* note 38, at 508–09（认为法律服务自由化需要进行新型规制）.

在线争议解决的设计方案

Janet K. Martinez 著[*]　陈子文　杨惠蕊 译[**]　周　蔚 校

一、介绍

本文来源于一个主题为在线争议解决方案（ODR）的小组讨论会，会议小组有相关领域的重要思想家参加，我在其中担任评论员角色。[1]一般来说，ODR 利用信息和通信技术来预防、管理和解决纠纷。这次专题会议是一次及时的"暂停"，让我们停下来去审视 ODR 究竟是什么，它如何在纠纷解决领域实现各种功能，何时才能更好地满足各方的需求，以及提高纠纷解决的可行性和透明度。[2]小组成员的研究以消费者、商业和司法领域 ODR 为主。本文最后部分从纠纷解决机制的设计角度对专家组成员提供的几个方案进行了比较：研究某一特定类别纠纷解决机制的过程和结果。

ODR 产生于电子商务的特殊需求，其特殊性致使在线争议在地域和法律上不可能由法院解决。[3]在全球的在线商业市场上，eBay 是第一家使用 ODR 的公司，它提供了一个私人的在线选项来解决该网站上的交易纠纷。[4]从那时起，ODR 平台在私人和公共领域开展起来。现在，美国近 50 家法院以及加拿大、荷兰、印度、巴西、英国和中国的法院都建立了ODR。

---

[*]　Janet K. Martinez，斯坦福法学院马丁·丹尼尔·古尔德冲突解决中心法学高级讲师兼主任。我非常感谢 Colin Rule 为我介绍了 ODR。我感谢他以及 Stephanie Smith、Amy Schmitz 和 Jean Stemlight 对本文的评论；感谢 Peter John 在研究和编辑上提供的帮助。

[**]　陈子文，中国政法大学证据科学研究院研究生；杨惠蕊，中国政法大学证据科学研究院研究生。
原文载于《争议解决报》杂志第 2020 年卷第 1 期，第 135~150 页［Journal of Dispute Resolution 1：135 – 150，2020］。

[1]　我们于 2019 年 1 月在新奥尔良举行的美国法学院协会（Association of American Law Schools）年会上提出该观点。小组成员包括 Peter Reilly、Alyson Carrel、Ethan Katsh、David Larson、Amy Schmitz、Colin Rule（视频方式参与）和 Jean Sternlight，我非常感谢他们趣味盎然的提议。

[2]　Colin Rule：Technology and the Future of Dispute Resolution. Dispute Resolution Magazine. 《科技与未来的争议解决》，《争议解决杂志》（2015 年冬季），第 4~7 页，http：//www.colinrule.com/writing/drmag.pdf.

[3]　同上，第 5 页。

[4]　Louis F. Del Duca，Colin rule，Kathryn Rimpfel：eBay's de Facto Low Value High Volume Resolution Process. Arbitration Law Review. 《大量低价值争议的 eBay 解决流程：ODR 系统设计师的最佳实践及经验》，《仲裁法评议》，《仲裁与调解年鉴》第 6 卷（2014 年），第 204~219 页。

ODR 可以通过更快更便宜的流程来提高效率，相较于传统的面对面流程而言有所不同。根据我作为一名在线调解人的微薄经验来看，在线处理纠纷方式的性质以及体验都有所不同。例如，用户使用不同的沟通方式会有不同的感受，与面对面纠纷解决的同步、可视化沟通相比，同步与异步、文本材料与视觉材料之间是有区别的。[1]一些喜欢人与人当面沟通的当事人，可能会对在线纠纷解决的方式感到陌生，而对于那些从小就使用互联网的当事人来说，情况可能恰恰相反。

在 ODR 中使用人工智能（AI）、利用大数据来开发算法以实时预测结果和帮助决策，这远远超过了人类调解员的能力范围。[2]此外，ODR 可以是自己的系统，例如区块链上的智能合约，[3]或者整个司法程序中的一个流程。[4]因此，由于 ODR 在实践中的多样性，很难用一个涵盖性术语对它的各种实现方式进行描述，如果这么做，很可能造成误解。那么，问题是 ODR 一词是更广泛地描述这些不同功能和案例管理的正确术语吗？Jean Sternlight 的《给在线纠纷解决方案泼点冷水》一文对此进行了探讨并予以批判，这篇文章也包含在本期期刊中。[5]尽管如此，主流看法仍然是采用 ODR 一词，因此我们将致力于辨别出其特性和具体功能可能存在的不同之处。

本文首先介绍了 ODR 在实践中的小组讨论。[6]第三节先描述了争议制度设计的分析

---

[1] 例如，短信交流或面对面交流是同步的（实时通信），而电子邮件是异步的，消息之间有一个时间差。交流可以以文本方式（文档或电子邮件）或视觉资料方式（视频，如 skype）。

[2] 参见 Loomis v. Wisconsin, 881 N. W. 2d 749 (Wis. 2016), cert. denied, 137 S. Ct. 2290 (2017); 参见 Jeff Larson: How We Analyzed the COMPAS Recidivism Algorithm. PROPUBLICA. 《我们如何分析 COMPAS 累犯算法》，《大众报》（2016 年 5 月 23 日）。

[3] Orna Rabinovich – Einy, Ethan Katsh: Blockchain and the Inevitability of Disputes: The Role for Online Dispute Resolution. Journal of Dispute Resolution. 《区块链与争议的必然性：在线争议解决的作用》，《争议解决杂志》第 2019 年卷第 2 期，第 47 ~ 75 页；Amy J. Schmitz, Colin Rule: Online Dispute Resolution for Smart Contract. Journal of Dispute Resolution. 《在线争议解决的智能合约》，《争议解决杂志》第 2019 年卷第 2 期，第 103 ~ 125 页；Ayelet Sela: E – Nudging Justice: The Role of Digital Choice Architecture in Online Courts. Journal of Dispute Resolution. 《司法信息化：数字选择架构在在线法院中的作用》，《争议解决杂志》第 2019 年卷第 2 期，第 127 ~ 163 页。

[4] David Allen Larson: Designing and Implementing a State Court ODR System: From Disappointment to Celebration. Journal of Dispute Resolution. 《设计和实施州法院 ODR 系统：从失望到欢呼》，《争议解决杂志》第 2019 年卷第 2 期，第 77 ~ 102 页。

[5] 参见 Jean Sternlight: Pouring a Little Psychological Cold Water on Online Dispute Resolution. Journal of Dispute Resolution. 《给在线争议解决泼一些冷水》，《争议解决杂志》第 2020 年卷第 1 期，第 1 ~ 29 页。

[6] Orna Rabinovich – Einy, Ethan Katsh: Blockchain and the Inevitability of Disputes: The Role for Online Dispute Resolution. Journal of Dispute Resolution. 《区块链与争议的必然性：在线争议解决的作用》，《争议解决杂志》第 2019 年卷第 2 期；Amy J. Schmitz, Colin Rule: Online Dispute Resolution for Smart Contract. Journal of Dispute Resolution. 《在线争议解决的智能合约》，《争议解决杂志》第 2019 年卷第 2 期；Ayelet Sela: E – Nudging Justice: The Role of Digital Choice Architecture in Online Courts. Journal of Dispute Resolution. 《司法信息化：数字选择架构在在线法院中的作用》，《争议解决杂志》第 2019 年卷第 2 期；参见 Alyson Carrell, Noam Ebner: Mind the Gap: Bringing Technology to the Mediation Table. Journal of Dispute Resolution. 《注意差距：将技术带到调解桌》，《争议解决杂志》第 2019 年卷第 2 期，第 1 ~ 45 页；David Allen Larson: Designing and Implementing a State Court ODR System: From Disappointment to Celebration. Journal of Dispute Resolution. 《设计和实施州法院 ODR 系统：从失望到欢呼》，《争议解决杂志》第 2019 年卷第 2 期。

框架("DSD"),其包括六个要素:目标、利益相关者、背景和文化、流程、资源和评估,然后将 ODR 流程样本(公共和私人)与框架进行比较。第四节总结了 ODR 的经验和对未来的展望。

二、ODR 小组审查

美国法学院协会(American Association of Law Schools)2019 年年会中有一个名为"技术在纠纷解决中的前景与陷阱"的小组。[1]以下是其小组成员在年会期间以及之后的出版物中强调的 ODR 实例的简要总结。按照顺序,这些案例包括普遍的技术使用,在法庭上具体使用 ODR,以及在区块链上的智能合约中使用 ODR。Carrell 和 Ebner 的《注意鸿沟》[2]一文提出:"通过将各种有益的技术融入仲裁实践和程序中以缩小技术鸿沟……这样才能使这个领域根据仲裁员和当事人不断变化的特点重新调整并蓬勃发展。"[3]传统的仲裁在实际面对面情形中已经发展为具有促进性、评价性、可变性和记叙性的仲裁,以及各种不同的混合模式。[4]与此同时,该领域与技术的关系也发生了变化,这些变化中包括我们利用技术参与纠纷并解决纠纷的方式。

我的小组成员和一些学者一起探索了技术的发展轨迹及其对仲裁、仲裁员和当事人的影响,尤其是技术如何改变"我们交流、分享、存取和分析信息的方式"。[5]一些学者均以各自的方式指出:如果一直是线下模式,那么解决纠纷的专业人士将会给当事人、仲裁员、法院和商业贸易带来风险。转向在线平台需要技术上设立不同的角色(或称"第四方")[6],包括:管理场景(案件管理)、沟通场景(电子邮件、日程安排、教育、

---

[1] 2019 Annual Meeting:Building Bridges.《搭建桥梁年度会议》(2019 年),第 71 页。
[2] Alyson Carrell,Noam Ebner:Mind the Gap:Bringing Technology to the Mediation Table. Journal of Dispute Resolution.《注意差距:将技术带到调解桌》,《争议解决杂志》第 2019 年卷第 2 期。
[3] 同上,第 1 页。
[4] 为审视不同的调节方法,参见 Michael L. Moffitt:Schmediation and the Dimensions of Definition,Harvard Negotiation Law Review.《调解及其定义》,《哈佛谈判法评论》(2005 年),第 69 ~ 101 页;Leonard L. Riskin:Understanding Mediators' Orientations,Strategies,and Techniques:A Grid for the Perplexed,Harvard Negotiation Law Review.《理解调解人的倾向、策略和技术:困惑者的网格》,《哈佛谈判法评论》(1996 年),第 7 ~ 51 页;Leonard L. Riskin:Decision – Making in Mediation:The New Old Grid and the New New Grid System,Notre Dame Law Review.《调解中的决策-新的旧网格和新的新网格系统》,《巴黎圣母院法律评论》第 79 年卷第 1 期,第 3 ~ 54 页;Robert A. Baruch Bush,Joseph P. Folger:The Promise of Mediation:The Transformative Approach to Conflict.《调解的前景:解决冲突的变革性方法》(约翰威力出版社 2004 年第 2 版);John Winslade,Gerald D. Monk:Narrative Mediation:A New Approach to Conflict Resolution.《叙事调解:解决冲突的新途径》(约塞巴斯出版社 2000 年版)。
[5] Alyson Carrell,Noam Ebner:Mind the Gap:Bringing Technology to the Mediation Table. Journal of Dispute Resolution.《注意差距:将技术带到调解桌》,《争议解决杂志》第 2019 年卷第 2 期,第 14 页。
[6] 第一方和第二方是争议方;第三方是调解员、仲裁员或法官;ODR 技术被称为第四方。参见 Ethan Katsh,Janet Rifkin:Online Dispute Resolution:Resolving Conflicts in Cyberspace.《在线纠纷解决:解决网络空间中的冲突》(约翰威力出版社 2001 年版,第 93 页)。

拓展、发现回旋余地等)、应用场景(法律预测分析)和实际场景(协助律师、当事人和仲裁员)。

Ayelet Sela 的《信息技术推动司法》一文探讨了如何利用在线法院和专门法庭来提高司法系统的效率和实现裁判的公正。[1]在线法院是一种数字场景,这种方式可能会影响当事人的行为和决策。因此,ODR 创建了一个数字选择架构,它可以根据观念和行为的心理学来提供信息。设计师的目标应该是"创建选择架构,通过帮助当事人明确和权衡他们的选择权和利益,并辅助他们推进其所选择的行动方案,以鼓励他们参与明智的和深思熟虑的决策过程。"[2]Sela 还回顾了认知心理学和行为经济学关于决策中人类偏见的学术研究,并研究了如何设计第四方架构来提升使用者决策经历的效果。[3]她将 ODR 技术分为以下几类:转移,意味着从实体法庭转移到互联网;重组或简化信息的收集和管理;自动化,使用算法程序。[4]Sela 之后给出了一种评估这些选择架构的方法,该方法能够兼顾公正与效率。[5]

David Larson 的《设计和实现一个州法院 ODR 系统》一文对他与纽约州联合法院系统合作设计和实现的一个专门针对信用卡债务催收案件的 ODR 平台进行了详尽的描述。[6]美国律师协会和纽约州法院官员制定了一项试点计划,以应对这一重点监管行业的案件管理风险。[7]Larson 和他的同事进行了一项有广泛的利益相关者参与的活动,并随后进行严格的意见征求 (RFP)。[8]RFP 要求明确的技术说明(例如,移动友好、安全等)、多语言能力、直观简单的设计、问题解决机制以及提供反馈和生成报告的方式。[9]Larson 描述的目标如下:

ODR 系统的目的并非要取代现有的纽约州法院系统,而是要提供给消费者一种替代

---

[1] Ayelet Sela: E - Nudging Justice: The Role of Digital Choice Architecture in Online Courts. Journal of Dispute Resolution.《司法信息化:数字选择架构在在线法院中的作用》,《争议解决杂志》第 2019 年卷第 2 期。
[2] 同上,第 128 页。
[3] 同上,第 130 页。Thaler 和 Sunstein 的研究值得注意,谁来考虑这些最易轻举妄动的决策:困难而罕见的决策,且当他们难以将情况的各个方面转化为易于理解的术语时,[选择者]得不到及时的反馈。(引自 Richard H. Thaler, Cass R. Sunstein: Nudge: Improving Decisions About Health, Wealth, and Happiness.《推动:改善关于健康、财富和幸福的决定》(耶鲁大学出版社 2008 年版,第 85 页)
[4] Ayelet Sela: E - Nudging Justice: The Role of Digital Choice Architecture in Online Courts. Journal of Dispute Resolution.《司法信息化:数字选择架构在在线法院中的作用》,《争议解决杂志》第 2019 年卷第 2 期,第 134 页。
[5] 同上,第 138 页;
[6] David Allen Larson: Designing and Implementing a State Court ODR System: From Disappointment to Celebration. Journal of Dispute Resolution.《设计和实施州法院 ODR 系统:从失望到欢呼》,《争议解决杂志》第 2019 年卷第 2 期。美国信用卡协会和纽约州法院的官员合作,为信用卡收债案件开发了一个试点的 ODR 选项,这是一个高度管制的行业。随后是一个广泛的涉众参与过程,紧接着是一个严格的提案要求。
[7] 同上,第 81 页。
[8] 同上,第 81~82 页。
[9] 同上。

方法来增加诉诸司法的机会，这将完善现有的法院债务追讨程序，……让消费者有机会更好地了解程序……并为消费者和债权人提供在线渠道，帮助他们在有限的时间内结案。[1]

该纠纷解决系统的功能包括在线协商和在线仲裁。这一程序的总体目标是保护消费者控制债权转让的能力，并提供沟通渠道，以缓解债权人和债务人之间的权利失衡状况。[2]设计师在设计过程中总结了一些经验教训。

Amy Schmitz 和 Colin Rule 在在线纠纷解决的智能合约中，将基于区块链的智能合约设计为自我执行和自我执行的程序。[3]在线构建的智能合同欲通过在线机制（ODR）来公平、高效地解决纠纷，但同时也引发了新的问题，即基于社会关系和契约担保的信任机制被编程结构所取代。如果出现纠纷，例如代码错误、黑客攻击或结构缺陷，或者更宽泛的人际冲突或意外事件，则可选择传统方式和设计新的程序。Schmitz 和 Rule 描述了这个新的合同领域，区块链 ODR 初创公司遇到的特殊挑战，以及预防和解决问题的具体想法。[4]正如他们所指出的："没有明确的适用于智能合约的规则体系。大陆法系只承认手写或打印形式的合同，而依赖于法律选择的普通法系合同规则并不适合去中心化的区块链模式。"[5]"一些学者提出的解决方案是将 ODR 构建成智能合同，这样就能够公平、高效地解决纠纷。"[6]他们描述了初创公司是如何在区块链中创建 ODR 的，包括在线仲裁、众包纠纷解决和人工智能解决方案。[7]

Oma Rabinovich – Einy 和 Ethan Katsh 的文章《区块链和争端的必然性》与 Schmitz 和 Rule 的研究内容部分重叠。[8]他们介绍了加密货币和区块链的历史，讨论了区块链场景中管理和信任的作用方式，并详细说明了无争议场景的保证如何被证明是不可靠的。[9]随着从传统合同到区块链的转变，ODR 的应用领域已经从小额索赔和电子商务等高交易量、低价值的纠纷，转向涉及高价值商业纠纷的区块链。Rabinovich – Einy 和 Katsh 描述了许多用以解决区块链纠纷的创新系统和程序，包括仲裁、众包和混合方案，这些系统

---

[1] 同上，第83页。
[2] 同上，第92页。
[3] Amy J. Schmitz, Colin Rule：Online Dispute Resolution for Smart Contract. Journal of Dispute Resolution.《在线争议解决的智能合约》，《争议解决杂志》第2019年卷第2期，第103页。（智能合约是指一类使用计算机代码协商和执行的合约）
[4] 同上，第105页。
[5] 同上，第104页。
[6] 同上，第105页。
[7] 同上，第115页。
[8] Orna Rabinovich – Einy, Ethan Katsh：Blockchain and the Inevitability of Disputes：The Role for Online Dispute Resolution. Journal of Dispute Resolution.《区块链与争议的必然性：在线争议解决的作用》，《争议解决杂志》第2019年卷第2期。
[9] 同上，第48页。

和程序受到当事人的一致认可。[1]他们继续讨论了其中的文化、法律和技术障碍。[2]

现在我们已经通过评审小组的审查工作确定了基本原理，我们可以通过一个纠纷系统设计框架来分析小组成员提出的ODR方案。

三、DSD分析框架

纠纷系统设计方案为学术界和实务界提供了研究如何解决不同领域纠纷的便利，如在一个给定的系统中，哪些程序是有效的，以及哪些变量可以起到不同的作用。[3]DSD框架[4]建立在围绕以下要素的一系列评估问题上：目标、利益相关者、背景和文化、程序和结构、资金来源、成功和责任。下文对这些要素进行了描述，并列举了第2节所述的ODR案例。请注意，在系统设计或重新设计的讨论中提到的"设计师"可能是相关组织内部或外部的个人或团队。

（一）目标

系统的决策者想要达到什么目的？系统能解决哪些类型的冲突？目标是任何纠纷处理系统的基础。通过明确系统的目标，可以更好地确保程序一致，并在之后评估系统是否满足需求。一个好的系统虽然可能会实现许多目标，但不可能实现所有目标。除此以

---

[1] 同上，第59～71页。

[2] 同上，第72～74页。

[3] 参见Lawrence Susskind, Jeffrey Cruikshank: Breaking the Impasse Consensual Approaches to Resolving Public Disputes.《打破协商僵局以解决公共纠纷》（美国基础读物出版社1987年版，以公平、效率、稳定和智慧为基础，以平衡争端解决的结果和程序；他们认为争议双方可能会以效率换取公平）。William Ury, Jeanne M. Brett, Stephen B. Goldberg用他们的书标记了这个领域的起源。他们规定了设计组织处理雇佣纠纷系统的原则，以及比较流程选择的标准。他们建议从基于利益开始，转向基于权利，同时为所有流程提供足够的资源和支持。这些原则的基本原理是最小化交易成本（时间、金钱、情感能量），提高争议双方对过程和结果的满意度，加强争议双方之间的关系，减少争议的再次发生。William Ury, Jeanne M. Brett, Stephen B. Goldberg, Getting Disputes Resolved: Designing Systems to Cut the Costs of Conflict.《解决争端：设计减少冲突成本的制度》（乔西－巴斯出版社1988年版，第11～13页）。Cathy A. Costantino和Christina Sickles Merchant发现，高质量的系统更有效（在成本和时间方面），并导致对过程、结果和争议双方之间持续关系的更满意。它们包括有效性概念中的持久性、争端复发的数量和性质以及对争议解决组织环境的影响。Cathy A. Costantino, Christina Sickles Merchant: Designing Conflict Management Systems: A Guide to Creating Productive and Healthy Organizations.《设计冲突管理系统：创建高效健康组织的指南》（乔西－巴斯出版社1996年版）。

[4] 这个框架最初是由maudepervere和Stephanie E. Smith在2002年开发的，随后发表在Stephanie Smith, Janet K. Martinez: Analytic Framework for Dispute System Design, Harvard Negotiation Law Review.《纠纷制度设计的分析框架》《哈佛谈判法评论》第14卷（2009年），第123～169页。一个修订的DSD框架出现了：Lisa Blomgren Amsler, Janet K. Martinez, Stephanie E. Smith: Christina Merchant and the State of Dispute System Design. Georgetown Journal of International Law.《克里斯蒂娜商人与国家纠纷制度设计》，《乔治敦国际法杂志》（2015年）第33卷第1期，第7～26页；Lisa Blomgren Amsler, Janet Martinez, Stephanie E. Smith: Dispute System Design: Preventing, Managing, and Resolving Conflict.《纠纷制度设计：预防、管理与化解冲突》（斯坦福大学出版社2020年版）。

外，潜在目标包括冲突预防和管理、解决方案、用户和管理员的效率和资源节约、社会关系、可行性、名誉、安全性、保密性、合规性、发言权、满意度、结构上的改进、公平和透明的程序和公正的结果。[1]如果有多个目标，例如制度的效率、强制遵守法律和无需代理的可行性，则需要有人（无论是设计师还是利益相关者咨询小组）在那些被制定的目标中确定哪个目标是最高优先级以及如何在这些目标之间进行权衡。

我们的小组展示了不同类型的纠纷，不同类型的角色（纠纷双方和中立者），以及不同类型的程序（促进性和评价性）。Carrel 和 Ebner 围绕实用型目标进行组织管理、沟通、实体化和教育。[2]Sela 审查了小额索赔，包括英属不列颠哥伦比亚民事索赔法庭和英女王民事财产索赔（测试版）[3]，以实现公正、效率的程序，该程序能够促使各方充分考虑各自的利益。Larson 致力于法院系统的研究，其法院系统重点保护消费者，提高效率，并为信用卡托收案件提供司法途径。[4]Rabinovich–Einy 和 Katsh 以及 Schmitz 和 Rule 专注于区块链的智能合约，这些合约具有鲜明的特点：去中心化、不可篡改性和匿名化，能够实现民主决策和纠纷解决方案的自动执行。[5]因此，对消费者案件（如民事索赔和信用债务索赔）的重视程度越高，一些受影响的利益相关者就越重视司法途径、效率和基于利益的程序选择。因此，平衡用户和利益相关者在设计过程中的参与程度是至关重要的。在区块链上较新的智能合约类别中，对技术的信任度越高，可预测的结果和纠纷解决方案的执行就越有价值。

（二）利益相关者

第二个框架要素是确定利益相关者并分析其利益、代理人、社会关系和相应的权利。利益相关者包括创建、主持、使用和受 DSD 影响的组织者和参与人。包括用户在内的利

---

[1] 本节是对分析框架的较长讨论的提炼版本，首次发表于：Stephanie Smith, Janet K. Martinez：An Analytic Framework for Dispute Systems Design, Harvard Negotiation Law Review.《纠纷系统设计的分析框架》，《哈佛谈判法评论》第 14 卷（2009 年），第 123~169 页。更详细的探讨参见 Lisa Blomgren Amsler, Janet Martinez, Stephanie E. Smith：Dispute System Design：Preventing, Managing, and Resolving Conflict.《纠纷制度设计：预防、管理与化解冲突》（斯坦福大学出版社 2020 年版）。

[2] Alyson Carrell, Noam Ebner：Mind the Gap：Bringing Technology to the Mediation Table. Journal of Dispute Resolution.《注意差距：将技术带到调解桌》，《争议解决杂志》第 2019 年卷第 2 期，第 13、27 页。

[3] 参见 Civil Resolution Tribunal, https://civilresolutionbc.ca/（最终访问时间 2019 年 11 月 17 日）；参见 Her Majesty's Civil Money Claims（Beta），https://www.moneyclaim.gov.uk/web/mcol/welcome（最终访问时间 2019 年 11 月 17 日）。

[4] David Allen Larson：Designing and Implementing a State Court ODR System：From Disappointment to Celebration. Journal of Dispute Resolution.《设计和实施州法院 ODR 系统：从失望到欢呼》，《争议解决杂志》第 2019 年卷第 2 期，第 79、92、98 页。

[5] Orna Rabinovich–Einy, Ethan Katsh：Blockchain and the Inevitability of Disputes：The Role for Online Dispute Resolution. Journal of Dispute Resolution.《区块链与争议的必然性：在线争议解决的作用》，《争议解决杂志》第 2019 年卷第 2 期，第 71~73 页。

益相关者越多地参与到纠纷系统的设计和持续改进过程中,该系统就越可能长期发展下去。Larson描述了一个有广泛的利益相关者参与的项目,该项目花了数千小时采访了法院工作人员、债权人、债权人组织、债务人、债权购买人、消费者代表、法律服务提供者和其他相关人等。[1]经过严格的意见征求后,该项目的形成提案最终并没有被法院采纳,部分原因是有影响力的法律服务提供者(该活动的参与者和非参与者)的抵制,以及该项目并无法官的领导和早期参与。[2]Rabinovich–Einy和Katsh,[3]Carrel和Ebner,[4]以及Sela[5]都注意到了第四方平台的中心地位,即技术中间人,这或是ODR的核心。案例类别和系统目标如何与ODR程序相结合?谁有权进行技术上的设计来弥合这一差距,并作为第四方进行管理、沟通或实质性职能上的服务?

(三)背景和文化

DSD程序所处的时代背景会影响其可行性。此外,主流文化(组织、社会、国家、经济或其他)也会影响该系统。背景是系统被评估和设计时所处的环境或形势。[6]文化是指一个群体所共有的存在、感知和行为的模式。文化通常被认为是在国家、地区或宗教背景下产生的,但也可以跨领域、群体或组织发展。[7]用户体验和期望的变化将形成

---

[1] David Allen Larson:Designing and Implementing a State Court ODR System:From Disappointment to Celebration. Journal of Dispute Resolution.《设计和实施州法院ODR系统:从失望到欢呼》,《争议解决杂志》第2019年卷第2期,第81页。

[2] 同上,第78~81、100页。

[3] Orna Rabinovich–Einy,Ethan Katsh:Blockchain and the Inevitability of Disputes:The Role for Online Dispute Resolution. Journal of Dispute Resolution.《区块链与争议的必然性:在线争议解决的作用》,《争议解决杂志》第2019年卷第2期,第72~73页。

[4] Alyson Carrell,Noam Ebner:Mind the Gap:Bringing Technology to the Mediation Table. Journal of Dispute Resolution.《注意差距:将技术带到调解桌》,《争议解决杂志》第2019年卷第2期,第26~27页。

[5] Ayelet Sela:E–Nudging Justice:The Role of Digital Choice Architecture in Online Courts. Journal of Dispute Resolution.《司法信息化:数字选择架构在在线法院中的作用》,《争议解决杂志》第2019年卷第2期,第138页。

[6] Jennifer F. Lynch,Beyond ADR:A Systems Approach to Conflict Management. Negotiation Journal.《超越ADR:冲突管理的系统方法》,《协商杂志》第17卷第3期(2001年),第207~216页。(描述经常引起组织系统设计变化的因素:遵守立法或政策;申诉、诉讼和解决的成本,以刺激调解或仲裁试验;媒体危机、疏忽行为或欺诈;行业内或专业公司之间的竞争;以及文化转型,使公司与其成员保持一致)。

[7] Michelle LeBaron:The alchemy of change:Cultural fluency in conflict resolution,在《The Handbook of Conflict Resolution:Theory and Practice》一书中第581页。(Peter T. Coleman,Morton Deutsch,Eric C. Marcus:The Handbook of Conflict Resolution:Theory and Practice.《冲突解决手册:理论与实践》(乔西–巴斯出版社2014年第3版);Jeffrey Z. Rubin,Frank E. A. Sander:Culture,Negotiation,and the Eye of the Beholde. Negotiation Journal.《文化、谈判和旁观者的视角》,《协商杂志》第7卷第3期(1991年),第249~254页。

新的文化。[1]

ODR 是在电子商务以及信息、通信和人工智能技术的发展和跨领域结合的背景下产生的。区块链上的智能合约是实现其附加功能的一次重大技术飞跃。不同利益相关者如用户、设计者、管理员和供应商的文化期待对 ODR 如何以及为了什么目的继续发展有着至关重要的影响。正如第四方平台是一个重要的利益相关者（既是一个可能随着机器学习而演变的参与者，也是该技术的所有者），关于它的文化是一个重要的背景条件。Sela 对数字架构的影响进行了研究，该研究有助于理解 ODR 对我们的决策产生影响的机制和作用。

（四）程序和结构

DSD 既可以是系统设计程序，也可以是结果产生系统，它可以包括一个或多个程序。如果某一特定的 DSD 有多个程序，那么这些程序如何联系或整合，以及它们如何与法律体系进行衔接，都会影响当事人和利益相关者对该特定 DSD 的使用。ODR 中可以使用许多不同类型的程序。有些组织提供一种正式的程序，如调解或仲裁，另一些组织则为一种或多种类型的纠纷开发一系列程序。如果提供多种选择，这些选择既可能是相互联系的，也可能是相互独立、平行的程序，这是 Carrie Menkel–Meadow 全面研究的一个概念，被称为"程序多元论"。[2]一个系统通常由多个选择来加强，这取决于是否有足够的可用资金，但过多的程序可能会让用户感到困惑。[3]纠纷系统因其是否协调各方利益、确定谁对谁错或确定更应保护哪一方的权利而有所不同。[4]由于多方参与并具有不同的目标，多种程序选择可能有助于取得更好的结果。

设计者可能需要平衡被资金限制的可选范围和效率。效率应当从组织与解决方案相关各方、主导程序的组织者以及机构不当介入的成本和收益等角度去理解。

随着 ODR 的最新版本的出现，其程序的设计和应用领域不断扩大。Carrel、Ebner 和 Larson 注意到了调解以及从调解到共同决策方面的进展，这些进展的取得是因为相关技术

---

[1] Elayne E. Greenberg, Noam Ebner, What Dinosaurs Can Teach Lawyers About How to Avoid Extinction in the ODR Evolution.《在 ODR 进化过程中，守旧的人教给律师如何避免被淘汰》，《圣约翰法学院法律研究论文系列》（2019 年），第 19 页，http://ssrn.com/abstract=3317567。（描述 ODR 在法院中的行政职能、与沟通有关的职能和实质性职能）。

[2] Carrie Menkel–Meadow: Process Pluralism in Restorative/Transitional Justice. International Journal of Conflict Engagement and Resolution.《过渡/恢复性司法中的程序多元化》，《冲突介入与解决国际杂志》第 3 卷（2015 年），第 1~32 页。

[3] 参见上述第三节。

[4] William Ury, Jeanne M. Brett, Stephen B. Goldberg, Getting Disputes Resolved: Designing Systems to Cut the Costs of Conflict.《解决争端：设计减少冲突成本的制度》（乔西–巴斯出版社 1988 年版，第 11~13 页）。

被用于沟通、获取和共享信息。[1]现在，程序与技术相结合。Larson 考虑在 RFP 法庭上使用一个带有解决方案文件资源管理器的专家系统。[2]

区块链上的智能合约强调基于权利的解决方案，同时也包括匿名众包陪审员提供包容性强且民主的裁决，利用博弈论进行仲裁，以及基于大数据提出解决方案的人工智能算法。[3]尽管如此，Sela 指出，对引入人工智能的偏见将影响用户对数字选择架构的体验。[4]

（五）资源

一个系统的研发成功与否在很大程度上取决于设计阶段可用的资金和人力资源。无论是内部顾问还是外部顾问设计系统，投入到开发中的资金和时间对于培训用户、管理者和服务商，以及最终转变对公平、公正和总体成功的看法都是重要的。资源问题与机构的成本效益（通常是开发 ODR 的驱动因素）和用户的成本效益交织在一起。因此，资源间接影响司法公正。

纽约消费者债务项目旨在提供一个更有效、成本更低的案件处理程序；ABA 企业基金促成了 ODR 试点系统的建立。[5]其目的是筹备好一个财务模型以建立和维持一个透明的制度。[6]Rabinovich – Einy 和 Katsh 描述了区块链上智能合同的复杂纠纷处理选项，并详细说明了哪些流程可能涉及众包陪审员，这些陪审员的费用需要由任何一方、双方或第三方支付。[7]

（六）成功，责任和评价

透明度是指在保密的前提下，清楚地了解系统的运作方式和由此产生的案件结果。

---

[1] Alyson Carrell, Noam Ebner: Mind the Gap: Bringing Technology to the Mediation Table. Journal of Dispute Resolution. 《注意差距：将技术带到调解桌》，《争议解决杂志》第 2019 年卷第 2 期，第 13 页。

[2] David Allen Larson: Designing and Implementing a State Court ODR System: From Disappointment to Celebration. Journal of Dispute Resolution. 《设计和实施州法院 ODR 系统：从失望到欢呼》，《争议解决杂志》第 2019 年卷第 2 期，第 85~92 页。

[3] Orna Rabinovich – Einy, Ethan Katsh: Blockchain and the Inevitability of Disputes: The Role for Online Dispute Resolution. Journal of Dispute Resolution. 《区块链与争议的必然性：在线争议解决的作用》，《争议解决杂志》第 2019 年卷第 2 期，第 59 页。

[4] Ayelet Sela: E – Nudging Justice: The Role of Digital Choice Architecture in Online Courts. Journal of Dispute Resolution. 《司法信息化：数字选择架构在在线法院中的作用》，《争议解决杂志》第 2019 年卷第 2 期，第 138 页。

[5] David Allen Larson: Designing and Implementing a State Court ODR System: From Disappointment to Celebration. Journal of Dispute Resolution. 《设计和实施州法院 ODR 系统：从失望到欢呼》，《争议解决杂志》第 2019 年卷第 2 期，第 101 页。

[6] 同上，第 78、96 页。

[7] Orna Rabinovich – Einy, Ethan Katsh: Blockchain and the Inevitability of Disputes: The Role for Online Dispute Resolution. Journal of Dispute Resolution. 《区块链与争议的必然性：在线争议解决的作用》，《争议解决杂志》第 2019 年卷第 2 期，第 67~69 页。

评估，包括独立的监测和刻意的学习，对 DSD 的可信性和问责性是至关重要的。成功的定义不仅要看制度是否实现了预期的目标，还要看它是否实现了更广泛的社会目标，包括公平和正义。如果一个系统的结果能够给独立的评估者提供研究和考证价值，那么这个系统就更易被评价为是成功的。[1]

系统程序应对所有利益相关方公开并负责，为化解冲突和解决争端提供公平、公正、平衡和有效的手段。然而，透明度并不是无限的，DSD 的一个平行目标是维护案件细节的隐私，因此必须在两者间达成平衡。一般而言，系统如果达到了降低交易成本、提高对结果的满意度、建立争议方之间的关系并减少纠纷复发的目标，则会被认为是有效的。[2]

Larson 回顾了从纽约消费者债务项目中获得的经验教训，包括预先评估收集利益相关者的观点和兴趣，早期参与法官支持的必要性，以及仔细挑选案件类别和程序选项（如 ODR）的价值。[3] Sela 概述了数据选择框架，该框架综合了动机和紧要目标：公平和效率。[4] 她提出的评估方法将提供证据，以发现有针对性的数据推送与网络仲裁庭中的用户行为之间的关系。[5] Rabinovich – Einy、Katsh、Schmitz 以及 Rule 指出了区块链上智能合约的具体纠纷类别。有许多程序和供应方可以选择，但有一些跨领域的问题：文化、法律和技术。[6] 法律的不确定性以及"法律的影子"在网络环境下意味着什么构成了一个重大问题。

但更重要的是，解决争端的核心是合法性的概念，而合法性概念归根结底与信任有关——人们信任系统、信任过程、信任其公平性，因此愿意遵从结果。另一方面，在区

---

[1] Cathy A. Costantino, Christina Sickles Merchant：Designing Conflict Management Systems：A Guide to Creating Productive and Healthy Organizations.《设计冲突管理系统：创建高效健康组织的指南》（乔西 – 巴斯出版社 1996 年版，第 142 页）。

[2] William Ury, Jeanne M. Brett, Stephen B. Goldberg, Getting Disputes Resolved：Designing Systems to Cut the Costs of Conflict.《解决争端：设计减少冲突成本的制度》（乔西 – 巴斯出版社 1988 年版，第 11~13 页）。

[3] David Allen Larson：Designing and Implementing a State Court ODR System：From Disappointment to Celebration. Journal of Dispute Resolution.《设计和实施州法院 ODR 系统：从失望到欢呼》，《争议解决杂志》第 2019 年卷第 2 期，第 100 页。

[4] Ayelet Sela：E – Nudging Justice：The Role of Digital Choice Architecture in Online Courts. Journal of Dispute Resolution.《司法信息化：数字选择架构在在线法院中的作用》，《争议解决杂志》第 2019 年卷第 2 期，第 157 页。

[5] 同上。

[6] Orna Rabinovich – Einy, Ethan Katsh：Blockchain and the Inevitability of Disputes：The Role for Online Dispute Resolution. Journal of Dispute Resolution.《区块链与争议的必然性：在线争议解决的作用》，《争议解决杂志》第 2019 年卷第 2 期，第 72~75 页；Amy J. Schmitz, Colin Rule：Online Dispute Resolution for Smart Contract. Journal of Dispute Resolution.《在线争议解决的智能合约》，《争议解决杂志》第 2019 年卷第 2 期，第 111 页。最近一份关于评估网上法庭程序的报告，参见 Natalie Byrom, Digital Justice：HMCTS Data Strategy & Delivering Access to Justice：Report & Recommendations. The Legal Education Foundation.《数字司法：HMCTS 数据策略与提供司法途径：报告与建议》，《法律教育基金会》（2019 年 9 月 30 日），https：//assets. publishing. service. gov. uk/government/uploads/system/uploads/attachment_ data/file/835778/DigitalJusticeFINAL. PDF。

区块链情境下，人们相信信任是通过技术产生的，通过创造一个足够安全的环境，使得对区块链本身以外的任何东西的信任都变得没有必要。但这同时带来了一个新的问题，当技术无法交付时，就像它曾做到的那样，信任被破坏，但又没有重建信任的机制。[1]

构成信任的要素——人际关系、法律机制或者密封的编码结构——的转变都将给ODR带来重大挑战。解决办法将会因政党和环境而异，且会反映他们不同的优先关注点。

（七）ODR 设计实例

下表列出了一系列包含ODR的系统，并确定了它们独特的DSD框架元素。

DSD 元素	eBay[2]	Court and Tribunals[3]	NextDoor Social Media[4]	Kleros[5]
目标	快速公正地解决交易问题	效率，合理的用户体验和正义	调解假新闻和欺凌，促进文明礼貌、睦邻友好	公平，透明，可扩展和自我管理
利益相关者	eBay，消费者，卖家，管理者	法院，法院工作人员，法官，公众，法律顾问，当事人	公民，邻居，记者，监管者	商业纠纷，雇员，或者保险智能合约和程序员

---

[1] Orna Rabinovich-Einy, Ethan Katsh: Blockchain and the Inevitability of Disputes: The Role for Online Dispute Resolution. Journal of Dispute Resolution. 《区块链与争议的必然性：在线争议解决的作用》，《争议解决杂志》第2019年卷第2期，第72页。

[2] 参见 Amy J. Schmitz and Colin Rule, The New Handshake: Online Dispute Resolution and the Future of Consumer Protection. 《新的信息交换方式：在线纠纷解决与消费者保护的未来》（美国律师协会出版社2017年版，第33~46页）。

[3] 参见 Ayelet Sela: E-Nudging Justice: The Role of Digital Choice Architecture in Online Courts. Journal of Dispute Resolution. 《司法信息化：数字选择架构在在线法院中的作用》，《争议解决杂志》第2019年卷第2期（不列颠哥伦比亚索赔法庭）；David Allen Larson: Designing and Implementing a State Court ODR System: From Disappointment to Celebration. Journal of Dispute Resolution. 《设计和实施州法院ODR系统：从失望到欢呼》，《争议解决杂志》第2019年卷第2期（纽约法院的案例）。

[4] NextDoor, https://nextdoor.com（最终访问时间2019年10月17日，社区的社交网络服务）；Grande Lum, William Froehlich: Preventing Division - Five Social Media Strategies for Community Leaders,《预防分歧-社区领导的五种社交媒体策略》, https://medium.com/nextdooragencyresources/preventing-division-five-social-media-strategies-for-community-leaders-b28141e9fcc8，（最终访问时间2017年8月31日）；Divided Communities, Social Media: Strategies for Community Leaders, Divided Community Project. 《社区领导者的策略》，《有分歧的社区专题研究》（2017年），https://moritzlaw.osu.edu/dividedcommunityproject/wp-content/uploads/sites/101/2018/02/Divided-Communities-and-Social-Media.pdf。

[5] Kleros, https://kleros.io（最终访问时间2019年10月17日，区块链争议解决服务）；Orna Rabinovich-Einy, Ethan Katsh: Blockchain and the Inevitability of Disputes: The Role for Online Dispute Resolution. Journal of Dispute Resolution. 《区块链与争议的必然性：在线争议解决的作用》，《争议解决杂志》第2019年卷第2期，第59页；Amy J. Schmitz and Colin Rule, The New Handshake: Online Dispute Resolution and the Future of Consumer Protection. 《新的信息交换方式：在线纠纷解决与消费者保护的未来》（美国律师协会出版社2017年版，第118页）；Jay Kim, 85: Federico Ast, Cofounder & CEO of KLEROS, Podcast. "85: Federico Ast, KLEROS联合创始人兼首席执行官"，播客（2018年4月1日），https://www.jaykimshow.com/podcast/85-federico-ast/。

续表

DSD 元素	eBay	Court and Tribunals	NextDoor Social Media	Kleros
背景和文化	高容量，低价值，国际的或跨国的，交易关系	公开的，不同的，正规的，不同程度的读写能力	地理上邻近，个人关系，不同种族，年龄和收入水平	在线方式优先，国际分歧，非正式的，技术带来的高舒适感
程序和结构	诊断，协商，简便和评估	处理，仲裁，审判	论坛，基于技术的指导和建议，促进过程	在线评估，来自群众的陪审员，参与激励
资源	eBay 在软件管理和案件管理人员上的投资	公共基金，公职人员，非盈利支持组织	NextDoor 在软件和案例管理人员方面的投资	Kleros 全面管理，但被设计成自我维持
评价	eBay 团队使用调查，用户使用调查，数据获取与检查	内部和外部评估方案和法庭满意度数据	民意调查和用户体验追踪	Kleros 案件量和用户群的总体使用和增长
设计者	eBay	与外部供应商和合作伙伴的法庭	NextDoor	Kleros 和全球开发者社区
个案流程选择	在用户协议中指定，由消费者启动	申请者或原告选择加入	NextDoor 软件需要	可由原告或被告提出

上述实例的主要目标有很大的重叠，但在优先考虑公平（eBay、Kleros 和 NextDoor）和效率（法院）之间存在着差异。每个实例都由多个具有不同目标的利益相关者组成。过程多元化的概念强调了多个过程的重要性，每个过程都能比其他过程更好地达到某些目标。Nestdoor 和 Kleros 都提供了便利和可评估的选择，其中 Nextdoor 更注重便利，Kleros 更注重评估。背景和文化同时抓住了公共和私人的利益，再次呼吁根据各方的优先事项进行流程选择。在个别情况下，流程选择通常由 eBay、法院和 NextDoor 的用户/消费者做出。资源和设计管理主要由争议解决提供商提供。参与的利益相关者的目标评估、根据权利或利益的过程选择，以及实体和程序的透明度都有助于系统的成功。

四、观察和结论

DSD 分析框架鼓励设计师认识到他们实际上是在设计。在设计系统时，需要明确要实现的目标，并让用户和利益相关者参与进来，以促进流程的设计，从而更公平和有效地解决争议。要实现这一点，系统的程序可能需要平衡利益和权利、公平和效率、发言权和行政可行性、预防和执行以及个人和社会利益。设计过程本身要求注意谁控制系统设计，是单方、争议各方、第三方，还是争议各方、第三方，抑或第四方在案件层面上控制过程选择。[1]对设计和过程选择的控制是一个重要的力量来源。

小组重点讨论了包括（或可能包括）ODR 的系统。然而，ODR 的含义并不单一，因此需要注意避免不准确的归纳。从本质上讲，ODR 的一个目标可能是通过同步和异步、可视化和文本渠道以及由大众提供的陪审员来决定他们特别感兴趣的案件结果，提供一种不同的、更令人满意的在线流程体验。[2]无论 ODR 是一类争议的唯一选项还是众多争议中的一个，都可能有许多流程选项可供选择，而且在构建给定系统时可以考虑许多利益相关者的目标。ODR 学者正在寻求建立原则和标准来帮助协调使用 ODR 的目标、利益相关者和过程三者之间的关系。[3]

ODR 系统设计研究在以下几个类别中取得进展：消费者、商业、法庭、算法和区块链上的智能合约。皮尤慈善信托迄今为止对 ODR 经验进行了广泛地评价研究，这应该有利于下一代 ODR 系统设计的研究。[4]

除了小组讨论的 ODR 特性之外，ODR 如何进行线下或面对面的流程集成也需要予以考虑。Sela 尤其关注受感知和行为心理学影响的数字选择架构。Sternlight 强调"人的心理是许多民事纠纷的核心"，她在这个问题上的文章质疑硬件和软件是否有能力取代人为因素。[5]进行软件和人之间的过程责任分配可能是困难的。因为"软件按指令行事"，并且还没有被设计成具有在法律、道德和政治分析方面进行"思考"的能力，也不能够理想地把握争议各方的利益、价值和情感。[6]麻省理工学院（MIT）的 Thomas Malone 曾写过一篇关于人类和计算机共同思考的潜在集体智慧的文章。[7]他认为人机研究不是人类对机器的操控，而是将机器融入人类活动。[8]在某些特定的智能方面，机器将更受青睐，但人类将继续做机器无法做的事情。[9]

---

[1] Lisa Blomgren Amsler, Janet Martinez, Stephanie E. Smith: Dispute System Design: Preventing, Managing, and Resolving Conflict.《纠纷制度设计：预防、管理与化解冲突》（斯坦福大学出版社 2020 年版）。

[2] 例如，一个众包陪审员本质上交出一种加密货币，如果她是作出多数决定的一员，她将得到原先交出的加密货币。

[3] 参见 Ethical Principles for ODR Initiative,《ODR 倡议的伦理原则》, http://odr.info/ethics-and-odr/ （最终访问时间 2019 年 11 月 17 日）。

[4] 参见 Online Dispute Resolution Offers a New Way to Access Local Courts. Pew Trusts.《在线争议解决为地方法院提供了一种新的途径》, https://www.pewtrusts.org/en/research-and-analysis/fact-sheets/2019/01/online-dispute-resolution-offers-a-new-way-to-access-local-courts,（2019 年 1 月 4 日）。

[5] Jean Sternlight: Pouring a Little Psychological Cold Water on Online Dispute Resolution. Journal of Dispute Resolution.《给在线争议解决泼一些冷水》,《争议解决杂志》第 2020 年卷第 1 期。

[6] 对于一个非常好的 ODR 历史，关注正义和公平的不足，参见 Robert J. Condlin: Online Dispute Resolution: Stinky, Repugnant, or Drab. Journal of Conflict Resolution.《在线纠纷解决：令人厌恶或单调乏味》,《冲突解决期刊》第 18 卷（2018 年），第 717~757 页。

[7] Thomas W. Malone: Superminds: The Surprising Power of People and Computers Thinking Together.《超级智慧：人与计算机一起思考的惊人力量》（小棕火出版社 2018 年版，第 237 页）。

[8] 同上。

[9] 同上。

这些紧张关系突出了在什么条件下哪些 ODR 流程是值得考虑的有利选项。在电子商务、小额索赔和家庭离婚案件中，自我代理诉讼当事人的经验最为丰富。在商业、法庭和其他情景中对 ODR 选项的使用和研究可能会被建议更仔细地校准度量。根据透明度、安全性和保密性的原则，将利用 ODR 进程生成的数据库进行实证研究。首先，使用 ODR 作为仲裁选项需要具备的要点可能包括：

- 案件事实相对清楚；
- 用户和管理员都受益于效率；
- 涉众（包括实际用户和决策者）参与设计和实施过程；
- 在争议前阶段（在决策过程中）调停，以帮助防止纠纷（例如，通过改进可获取的案例信息和诊断过程选项）；
- 提供多种 ODR 程序，包括各方利益的共识以及评估各方权利的裁决选项；
- 有足够的资源用于教育中立者、管理员和提供者，以及教育用户；
- 过程和结果是透明的（根据个人的个案信息）；
- 独立评估人员定期进行评估。

根据设计的透明度要求，在以下情况下应当尽少应用 ODR：法律参数不清楚，先例具有重要性，参与者不承认对方的权利，这个过程是作为一种手段延迟或阻碍对方的权利，算法指南或做出裁决是不透明的或设计师在目标之间进行模糊的权衡。[1]

这些要点不仅构建出了 ODR，还反映了整个流程设计情况。ODR 的功能似乎是在用户和管理员之间准确高效地明确争点，同时关注通过人工智能就可以避免矛盾升级的防范措施。此外，对于用户和所有利益相关者参与设计，以利益为基础的（仲裁）和以权利为基础的（裁决）程序，特别是 ODR 越来越多地使用人工智能和算法，其过程和结果是透明的，尤其是在生成算法的数据输入方面。

相反，如果先例的设定和法律参数的明确性变得更加重要，需要在区块链上测试智能合约的执行情况，ODR 设计的透明度的压力可能会增加。用户技能的发展轨迹以及对移动和互联网使用的依赖可能会转向 ODR 的增加，同时它也可能引发对一个被认为缺乏人性化和心理基础的过程的反弹。人们的目标、使用 ODR 或其他流程的文化偏好、数据的可靠性以及争议中的潜在法律问题的复杂性，将对法律领域的研究人员和从业者带来持续的挑战。

---

[1] 参见 Jean Sternlight：Pouring a Little Psychological Cold Water on Online Dispute Resolution. Journal of Dispute Resolution.《给在线争议解决泼一些冷水》，《争议解决杂志》第 2020 年卷第 1 期；Lawrence Susskind et al：Using Assisted Negotiation to Settle Land Use Disputes：A Guidebook for Public Officials. Lincoln Institute of Land Policy.《利用辅助谈判解决土地使用纠纷：公职人员的指南》（林肯土地政策研究所 1999 年，第 23 页），https：//www.lincolninst.edu/sites/default/files/pubfiles/using-assisted-negotiation-land-use-disputes-full.pdf. 参见 Lisa Blomgren Amsler，Janet Martinez，Stephanie E. Smith：Dispute System Design：Preventing, Managing, and Resolving Conflict.《纠纷制度设计：预防、管理与化解冲突》（斯坦福大学出版社 2020 年版）。

研究生教育

2019年5月，经中国政法大学学术委员会审议表决和国务院学位委员会审核备案，法律职业伦理目录外二级学科正式设置。2019年7月，中国政法大学研究生招生办公室批准法学院法律职业伦理专业自2020年起招收硕士研究生，该专业下设3个研究方向：法律职业伦理基本理论、法官检察官职业伦理、律师职业伦理。

2020年法律职业伦理专业录取硕士研究生10名，博士研究生1名。

一年多来，我们建立法律职业伦理专业导师组集体指导制度，加强法律职业伦理专业研究生的专业外语教育与专业文献导读教育，强化法律职业伦理专业研究生的实践教学，培养并提升学术研究能力。本部分选取了部分硕士研究生学位论文的精简版和研一学生的研究综述。

律师调解职业伦理规范适用研究

管 洁[*]

内容摘要： 律师作为调解员主持调解（以下简称"律师调解"）是新兴的多元化纠纷解决机制，其对化解法院诉讼压力、拓展律师业务、完善公共法律服务体系建设具有重要现实意义。

律师调解职业伦理规范的特殊性，突出表现在律师调解中对律师职业伦理规范和调解员职业伦理规范体系的选择适用上。具体表现在：第一，律师调解中律师与当事人之间法律关系不是委托代理关系，并且律师调解也不属于《律师法》规定的律师一般业务范畴；第二，调解的客观属性要求作为调解员的律师（以下简称"律师调解员"）对当事人保持中立性与公正性（即承担中立义务、公正义务），而无须对当事人承担忠实义务；第三，律师调解的法律实践中，尚未形成可适用律师调解的、规范化的职业伦理规范体系。基本性、普遍性的律师职业伦理规范可以直接适用律师调解过程，并且律师调解员还应当遵守调解员职业伦理规范的一般性规范。律师调解职业伦理规范问题研究的重点以及难点在于，当律师和调解员的职业伦理的两类规范体系，同时适用于律师调解员时，可能在"保守职业秘密"和"避免利益冲突"之间出现冲突，此时应当如何正确适用两类规范。

关于律师调解保守职业秘密规范的适用问题：律师调解员承担的对内的保守职业秘密义务适用于调解中，其承担的对外的保守职业秘密规范适用于调解中与调解后。此外，中立性与公正性的基本原则在保守职业秘密方面的要求不因调解员的律师身份而存在明显差异，律师调解员应当遵守调解员职业伦理规范。

关于律师调解避免利益冲突规范的适用问题：律师调解员应遵守的同时性利益冲突义务适用于调解中，由其前执业行为引起的连续性利益冲突适用于律师调解员调解的全过程，由调解引起的利益冲突适用于调解后的其他律师执业过程中。此外，在调解员的选择阶段与调解过程中，应当适用以回避为核心的调解员职业伦理规范；在调解后，应当适用以委托代理人的适格性为核心的律师职业伦理规范。

---

[*] 管洁，2017级法律硕士研究生，现就职于北京德恒律师事务所。

最后，除在适用时间、适用规范等方面的完善路径之外，还需从规范适用主体的角度进一步完善律师调解的职业伦理规范，即在律师调解中，律师、律师事务所与调解机构都应当承担相应的法律责任，保障律师调解员依法履行职责，构建规范、科学的律师调解职业伦理规范体系。

关键词： 律师调解；保守职业秘密；利益冲突；职业伦理

一、律师调解职业伦理适用研究概述

（一）律师调解职业伦理规范适用研究的必要性

改革开放以来，随着我国社会经济的飞速发展，纠纷数量大幅上升且呈现复杂性、多样化的特点，以多元化纠纷解决机制为核心课题的多元纠纷解决机制研究成为学术研究的热点。自 2017 年《关于开展律师调解试点工作的意见》（以下简称《调解意见》）发布以来，全国各地在各级司法行政机关的指引下，纷纷展开关于律师调解的尝试。法院诉讼压力日益增加，律师作为公共法律服务的主力军参与调解的主持，对当事人而言，有利于充分发挥调解灵活高效、节约成本的优势；对律师行业而言，有利于扩展律师业务范围，拓宽业务渠道；对社会主义和谐社会的构建而言，有利于完善职业伦理体系，实现律师社会价值。律师作为调解员主持调解（以下简称"律师调解"）是联动调解工作体系不断细化后实践选择的结果。

律师调解职业伦理规范适用研究（以下简称"适用研究"），是对律师调解制度进行规范的法律基础。适用研究有利于发挥律师调解优势，规范律师调解业务；适用研究是完善职业伦理体系的需要，有利于解决目前的律师职业伦理规则中调解规范的缺失。

（二）律师调解职业伦理规范适用的特殊性

1. 适用律师职业伦理规范的特殊性

（1）业务范畴的特殊性。律师是法律职业共同体的重要成员，其职业行为伦理规范更新的滞后性，将直接导致律师调解本质的"非法性"。律师调解制度的顺利发展，离不开对律师新的职业定位的探索与尝试。

"在社会学中，角色（rules）一词包含两个主要内涵：'社会的客观期望和个体的主观表演'。"[1]律师所扮演的"角色"是指社会对律师这一社会群体的要求与期望；也是指律师依据有效的规则实际完成职业活动的过程中，希望自己承担的功能与对其所得到的外界

---

[1] 吴英姿主编：《法官角色与司法行为》，中国大百科全书出版社 2008 年版，第 28 页。

评价的揣测。[1]我国对律师的职业属性的定位,"经历了从'国家的法律工作者'[2]到'社会的法律工作者'[3],再到'为当事人提供法律服务的执业人员'的变迁,这一过程体现了对律师承担角色认知的不断深化与修正"[4]。

律师在调解中的角色定位分为三种:①执业律师为委托人利益以一方代理人的身份与对方当事人进行博弈;②律师在人民调解员或人民调解委员会的邀请下,作为专业人员或社会人员参与调解活动,促进调解的顺利进行;③执业律师作为居间斡旋的第三方,在其主持下,双方当事人在自愿的总原则下完成调解。

实践中,虽然律师主持调解的试点工作早在2008年青岛市律师调解中心设立之时便拉开了序幕,但是直到2017年《调解意见》颁布,"律师调解"一词的具体概念才真正被明晰。"律师调解是指律师、依法成立的律师调解工作室或者律师调解中心作为中立第三方主持调解,协助纠纷各方当事人通过自愿协商达成协议解决争议的活动。"[5]因此,依据《调解意见》之规定,提供单项咨询或代理法律服务的律师,扮演当事人之代理人的角色并非现实语境下律师调解所指向的主要内容;律师在律师调解中扮演第三种"律师角色"。

有关律师参与调解与律师调解之间的关系及法律依据,详见下图。

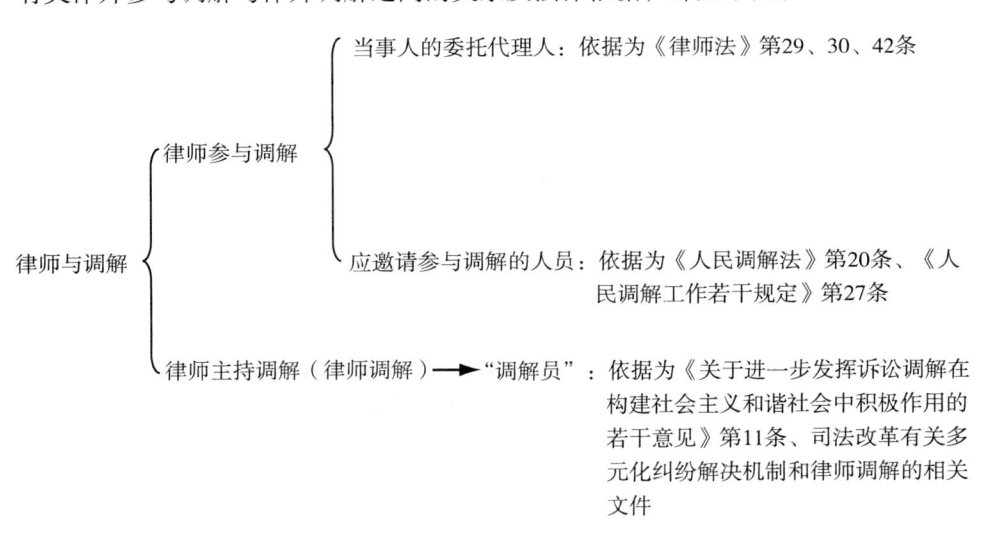

律师与调解
- 律师参与调解
  - 当事人的委托代理人:依据为《律师法》第29、30、42条
  - 应邀请参与调解的人员:依据为《人民调解法》第20条、《人民调解工作若干规定》第27条
- 律师主持调解(律师调解)→"调解员":依据为《关于进一步发挥诉讼调解在构建社会主义和谐社会中积极作用的若干意见》第11条、司法改革有关多元化纠纷解决机制和律师调解的相关文件

图1 律师与调解

---

[1] 详见洪冬英:"律师调解功能的新拓展——以律师主导民事调解服务为背景",载《法学》2011年第2期。
[2] 1980年《中华人民共和国律师暂行条例》。
[3] 1996年《中华人民共和国律师法》将律师界定为"依法取得执业证书,为社会提供法律服务的执业人员"。
[4] 参见李德恩:"调解程序中的律师:功能定位及障碍消减",载《大连理工大学学报(社会科学版)》2011年12月第4期。
[5] 详见《调解意见》"二、建立律师调解工作模式"。

律师调解的特殊性首先表现在，律师主持调解的职业行为，不属于律师代理当事人解决纠纷的业务范畴。《律师法》第 28 条之规定以列举的方式限定了律师的业务范围，在所列举的 7 项业务范围中，似乎仅有第 5 项——"接受委托，参加调解、仲裁活动"可能将律师调解的业务涵盖在内。但正如前文所言，律师参与调解，可能包括多种方式，《律师法》第 28 条第 5 项所指向的参与调解，应当发生于律师作为一方当事人的代理人执业的过程中。而《调解意见》对律师调解的定义，已经将律师代理一方当事人的情形排除在外；若想将律师调解纳入律师职业规范的调整范围，就需对"为当事人提供法律服务的执业人员"中的"当事人"作扩大解释，将其由一方当事人扩大为一方或双方当事人。

参与居中调解的律师与双方当事人之间的关系是一种民事调解中的调解员与双方当事人的特殊法律关系，在该法律关系中包含持有不同立场的三方主体，在现有规范未进行明确释明的情况下，不宜轻易对当事人之概念作扩大解释。

因此，对律师主持调解的业务，不能与现行《律师法》第 28 条第 5 项所列举的传统律师执业范畴作同质化的理解，律师主持调解的业务应当属于律师其他活动的范畴，理应对其进行特殊的规制。

（2）非代理法律关系的特殊性。律师职业伦理规范，以律师与当事人之间的委托代理关系为基本框架，如果将律师主持调解时当事人及中立调解人三方的法律关系认定为委托代理关系，现行大部分规范便具有了类推适用于律师调解的合理性。但由于律师调解模式的多元化以及调解关系的特殊性，不能将律师主持调解时与双方当事人的关系单纯地定义为委托代理关系。

一般而言，律师只能代理一方当事人，双方代理是不被法律允许的代理关系。律师从事委托代理框架下的其他业务时，应履行勤勉尽责义务。"勤勉尽责，要求律师在代表委托人的利益处理法律事务时，必须尽最大的努力，以最谨慎、最认真的态度为当事人的利益工作，当事人的利益得到全面维护。"[1]在律师调解这一纠纷的过程中，当事人作为纠纷的双方，其利益必然冲突对立，如果要求律师像寻常代理一方时一般，同时对当事人中的两方都力图使其利益发挥到极致，显然是强人所难。如果使用委托代理的框架理解律师调解，将会使律师调解员陷于双方代理的泥潭。

（3）律师职业伦理规范的选择适用。律师基本职业责任可以分为律师的职业责任、对委托人的责任以及对司法体系和法治的责任。[2]职业责任的基点是职业管理与职业判断的独立性，对委托人的责任主要关注代理人的忠诚、称职及保密，对司法体系及法治

---

[1] 参见中华全国律师协会编：《律师职业伦理》，北京大学出版社 2017 年版，第 80 页。
[2] 参见［美］德博拉·L. 罗德、小杰弗瑞·C. 海泽德著，许身健等译：《律师职业伦理与行业管理》，知识产权出版社 2015 年版，第 61~69 页。

建设的责任则着眼于律师社会责任的承担以及其在司法体系中所起到的作用。我国现行律师职业伦理法律规范，基本分为坚定信念、执业为民、维护法治、追求正义、诚实守信、勤勉敬业六类[1]。"律师忠诚义务是律师职业伦理的首要义务，居于第一位，有时甚至是唯一的义务，也称为真实义务。"[2]"律师的忠诚义务包括律师应当履行坚定信念、执业为民、维护法治、追求正义四种义务，此外，律师还应当承担诚实守信和勤勉敬业义务。"[3]

律师调解本身就是律师承担社会责任的体现，诚信要求在律师调解中同样具有价值，律师调解同样要求律师调解员提高个人执业水平、以良好的职业情操与专业素养完成工作，"坚定信念""维护法治""追求正义"等律师职业伦理的基本义务的适用对象不限于依据委托代理关系作为受托人的律师，而是适用于律师的所有业务，因此该类规范可以直接在律师调解中直接适用。但是对于维护委托人合法权益的"执业为民"规范、包含保守职业秘密以及避免利益冲突在内的委托关系中的"诚实守信"规范、为委托人提供热忱服务的"勤勉尽职"规范而言，其表述中所强调的委托代理关系与律师调解中体现的调解法律关系无法兼容，该类规范不能直接适用于律师调解，应当结合调解员职业伦理规范对其加以完善后适用。

2. 适用调解员职业伦理规范的特殊性

对律师调解适用何种法律规范的探讨，除了从主要参与人"律师"的角度考虑，还可以从该类法律活动所属的类别"调解"的角度进行判断。因此，除了出于律师身份需遵守的职业伦理规范外，律师作为调解员，应当遵守调解员的一般性义务。

"作为调解员队伍职业化建设的重要组成部分，调解员职业道德伦理规范不仅是调解员的价值准则，是调解行业对社会承担的道德责任和义务的体现，而且是调解员工作的立业之本与内在精神动力。"[4]中立性规范、保密规范、利益冲突避免规范、公正规范、勤勉规范等调解员所应当遵守的主要职业伦理规范[5]，在律师调解中也应当同时适用。但若只适用"调解员职业伦理规范"，一方面，调解员职业伦理规范极其不完善，在某些规范的设置上仅有框架性规定，如《中国国际贸易促进委员会、中国国际商会调解规则》《北京市仲裁委员会调解员守则》中有关于利益冲突的规范，这些调解员守则的效力层级不高，对调解员职业伦理规范的研究尚未形成体系，调解员职业伦理规范本身便处于极其不完善的状态。另一方面，由于律师身份的特殊性，调解员职业伦理规范不足以防范

---

[1] 参见中华全国律师协会编：《律师职业伦理》，北京大学出版社 2017 年版，第 23 页。
[2] 参见中华全国律师协会编：《律师职业伦理》，北京大学出版社 2017 年版，第 24 页。
[3] 参见中华全国律师协会编：《律师职业伦理》，北京大学出版社 2017 年版，第 24 页。
[4] 廖永安主编：《调解学教程》，中国人民大学出版社 2019 年版，第 204～205 页。转引自廖永安、刘青："论我国调解职业化发展的困境与出路"，载《湘潭大学学报（哲学社会科学版）》2016 年第 6 期。
[5] 参见廖永安主编：《调解学教程》，中国人民大学出版社 2019 年版，第九章"调解员职业伦理规范"。

律师违背职业伦理的风险。如关于保守利益冲突规范，调解员职业伦理规范的制度设计则未考虑调解员从事其他律师业务的可能，其规范的时间也未延伸至调解之后的阶段。但相比一般调解员，律师还有其他的职业活动，如诉讼业务中的委托代理，此时，调解员职业伦理规范便不能有效地规范律师调解员的职业行为。

3. 两类职业伦理规范的融合适用

综上，作为一种涉及律师与调解员双重身份转换的纠纷解决方式，律师调解必将面临两类职业伦理规范的约束，但是，一方面，律师调解是特殊的律师业务类型，主持调解与传统的律师业务有本质的区别，律师职业伦理规范的适用有其特殊性。另一方面，对于调解职业伦理规范的适用，由于调解员的律师身份，调解职业伦理规范的适用同样具备特殊性。律师的一般职业活动与一般调解员的调解活动所需遵循的职业伦理规范侧重点不同。

两类规范本身不存在冲突，但是当律师与调解员两种身份归于一人时，两类规范的融合部分在律师调解中的同时适用可能会导致冲突，规范适用的冲突是律师调解职业伦理规范适用的难点。因此，本文的研究重点是律师与调解员职业伦理规范的融合部分的两大难点——保守职业秘密规范、利益冲突规范的适用。下文将对此一一展开论述。

二、律师调解中的保守职业秘密规范

（一）保守职业秘密规范的内容

保守职业秘密规范的冲突适用，是律师调解职业伦理规范适用的一大难点。

《调解意见》将保守职业秘密原则分为两部分，一是调解事项、调解过程、调解协议的保密性（即调解程序的保密性），二是律师在以调解员的身份主持调解的过程中所知悉的"秘密"（即调解内容的保密性）。各地区关于开展律师调解试点的司法文件，大多沿用了《调解意见》的规定模式，这种分类模式具有一定的合理性。因此，调解保密性包括两个核心内容：程序保密与内容保密。

1. 调解程序的保密性

关于调解程序的保密性，"与民事诉讼的公开审判制度相对，指的是在调解过程中，除特殊情形外，与案件无涉的其他公民不得旁听"[1]，即调解过程不公开。律师调解以不公开调解为原则。调解程序作为律师执业的"第一战场"，律师主持调解，把控调解进程，程序本身的保密性的完善，能有效降低律师在居中斡旋的过程中向另一方当事人或

---

[1] 肖建华、唐玉富："论法院调解保密原则"，载《法律科学（西北政法大学学报）》2011年第4期。

与案件有关联的第三人泄露调解信息的可能性,有利于保障律师在调解程序中履行其保密义务。

2. 调解内容的保密性

关于调解内容的保密性,从律师之职业秘密之保守的角度进行解读,依据律师面对的对象的不同,分对内保守职业秘密与对外保守职业保密两种。对内保守职业保密是指在不公开调解的过程中,为调解便利调查所得的信息或一方当事人出于信任所主动告知的信息,未经相关一方当事人的同意,即使是出于推动调解顺利进行、促进合意达成的目的,也不得向对方当事人公开。调解员对内保守职业秘密是调解信任的保障,有利于促进律师与当事人之间的坦诚交流,进而推动律师调解的顺利进行。

对外保守职业保密是指对律师调解员而言,未经双方当事人许可,不得向双方当事人以外的第三方公开其在调解过程中得知的信息。此外,由于调解员的律师身份,调解员有机会在后续的诉讼活动中作为一方当事人的委托代理人出庭起诉或应诉,很难保证律师不运用其在调解中所获知的信息使自己在诉讼中居于优势地位。此时,一方面,调解员的律师身份会使调解程序的可信度大打折扣,另一方面,律师的调解员身份会使得他在诉讼活动中受到双方当事人的"追捧",因为一旦一方当事人有了律师调解员的帮助,便拥有一个对对方的诉讼弱点极其熟悉之人,其在诉讼中取胜的可能性便会大幅度提升。这显然是不合理的,因此应当对律师在调解后的保密义务做出严格的规制。

3. 律师调解员的特免权

"律师的特免权是指当事人在调解过程中披露的信息不得作为后续法律程序中对其不利的证据,后续法律程序不得要求调解人作为证人披露调解中公开的信息。"[1]无论调解的最终结果如何,任意一方反悔都可能导致诉讼,因此调解参与人对调解信息负有保密义务。律师调解员的保密义务使得当事人无后顾之忧,不必担心其向调解员"解封"的事实与妥协会成为于己不利的庭上之证,调解的氛围会更为自由坦诚。从性质上判断,律师的保守职业秘密特免权并非义务的一部分,它是律师根据自己的判断所享有的权利。但其权利属性并不影响它成为律师执业规范中的保密规范的一部分,因为这种权利形式的设置,在一定程度上,为职业秘密的保守提供了有力保障。

在我国,律师的特免权是为了确保律师向委托人提供全面有效的法律服务,而免除律师向司法机关报告其在执业中所获信息的义务。我国目前关于律师的作证义务讨论主要在刑事诉讼领域围绕其与公民作证义务的矛盾展开,而律师调解的主要适用语境是民商事纠纷,律师调解的专门规范也未对律师的特免权作出规定。因此,在律师调解领域,律师的特免权规范处于空白的状态。

---

[1] 肖建华、唐玉富:"论法院调解保密原则",载《法律科学(西北政法大学学报)》2011年第4期。

(二) 保守职业秘密规范的适用时间

1. 保守职业秘密规范的适用时间

保守职业秘密规范是律师执业必须遵守的法律规范。依据《律师法》《律师执业行为规范》的相关规定，律师保守职业秘密的时间范围是"执业活动中"。律师从事一般性业务的执业活动时间自律师与委托人签订委托代理协议之日起，至委托代理协议终止之日终止。如果仅将律师保守职业秘密的义务限定在此范围内，便将当事人与律师订立合同之前的咨询阶段与代理事项结束后的阶段排除在保守职业秘密规范的规制范围之外，不利于构建当事人与律师之间的信任：一方面，由于信息不足律师无法提供充分的法律服务；另一方面，对律师的规制力度不够，将严重损害社会公众对律师行业的信任。因此，律师从事一般性业务时，"律师的保密存续于：与潜在委托人商谈时；委托关系进行中；委托关系结束后。"[1]

类比至律师调解业务，调解开始前，当事人从司法局或律师调解机关出具的名册中选择律师进行调解，依据调解员职业伦理规范，为了保证调解的中立性，律师调解员在与双方的当事人建立调解关系前，不得向任意一方当事人就本案提供咨询等服务。因此，律师主持调解时，律师的保密存在于调解进程中和调解结束后。

2. 对内保守职业秘密规范的适用

（1）调解时对前职业信息的保守。"对内的保密性是指秘密调解信息未经一方同意不得向对方当事人公开。"[2] 律师调解时作为调解员所应对内保守的职业秘密，依据秘密来源的不同，分为两种：调解前从其他执业活动中知悉的秘密及调解中从一方当事人处知悉的秘密（调解信息）。对两者应采取不同的处理方法，适用不同的规范。

调解前，律师在其执业活动中知悉秘密的，依据《律师法》第38条第2款、《律师执业行为规范》第9条之规定，律师应当承担保守职业秘密的义务。此时，该规范基于律师先前职业活动对委托关系结束后的职业秘密进行保护，不因律师主持调解而具有特殊性，因此，可直接适用。

（2）调解中对调解信息的保守。调解过程中，律师对从一方当事人处知悉的不愿让他人知悉的秘密，也应当守口如瓶。正如前文所言，律师职业伦理规范中的保密义务，是站在被代理人的立场上，基于代理关系产生的，若在律师调解中直接适用律师职业伦理规范，会使律师不得不陷入对利益对立的双方当事人都需履行忠实义务的窘境，因此，律师职业伦理规范适用于此种情形不具有合理性。而调解员保守职业秘密的义务，是站在双方当事人的立场上基于调解法律关系产生的。

---

[1] 许身健主编：《法律职业伦理案例教程》，北京大学出版社2015年版，第81页。
[2] 廖永安主编：《调解学教程》，中国人民大学出版社2019年版，第213页。

综上，律师对调解信息的对内保守义务，以调解员所应当遵守的基本规范为核心，应当适用调解员职业伦理规范。

3. 对外保守职业秘密规范的适用

律师调解员对在调解过程中知悉的信息，依据律师职业伦理规范以及调解员职业伦理规范均应当承担保守职业秘密的义务。

第一，依据《律师法》第 38 条第 2 款、《律师职业道德和执业纪律规范》第 39 条、《律师执业行为规范》第 9 条之规定，律师在执业活动中应保守职业秘密，律师保守职业秘密有豁免情形。该类规范可以作为律师调解中律师对外保守职业秘密的正当性基础，但是，在律师调解中适用《律师执业行为规范》的首要前提是律师调解是《律师执业行为规范》所承认的律师执业活动之一。如上文所述，律师调解是律师的特殊职业行为，因此在适用律师职业伦理规范时应当对其加以调整。

第二，依据调解员职业伦理规范，调解员对外应保守职业秘密。律师调解的专门法律规范《调解意见》将保密原则列为律师开展调解业务的基本原则，对律师调解员的职业秘密进行了笼统的列举，规定调解员不得泄露当事人的个人隐私及商业秘密。从文义上理解该规范的含义，律师保守职业秘密的对象还包括除当事人以外的第三方，适用时间包括调解过程中以及调解结束后。此外，接受法院移送案件是律师调解的一种开展模式，也是一项重要的业务来源，因此，可以参照该解释对调解员的保守职业秘密规范加以理解适用。参照《关于建立健全诉讼与非诉讼相衔接的矛盾纠纷解决机制的若干意见》（以下简称《诉讼与非诉衔接若干意见》）第 19 条第 2 款[1]，调解员保守职业秘密规范的制度设计围绕诉讼中调解信息披露义务的免除和作证义务特免两部分展开。除非双方当事人均同意、法律明确规定或法院认为为保护某些重要法益确有必要，调解员不得披露案件的有关情况，不得在相关案件的诉讼中作证，调解中双方作出的让步、调解意见、调解协议等均不得在诉讼中作为证据使用。律师调解中律师也应当遵守该义务。

综上，在律师职业伦理规范无法顺理成章地适用于对外职业秘密的保守时，调解员职业伦理对保守职业秘密的规范，是律师调解所应当主要适用的职业伦理规范。该规范的适用时间是律师调解正式开始后的全过程及调解后，尤其是当相关案件进入诉讼阶段时。（如图 2）

---

[1] 该规范适用于民事诉讼调解，法院委托调解是律师调解的一种模式。对该规定的解释，参见郭晓光：《民事诉讼调解新论》，中国政法大学出版社 2013 年，第 121 页。

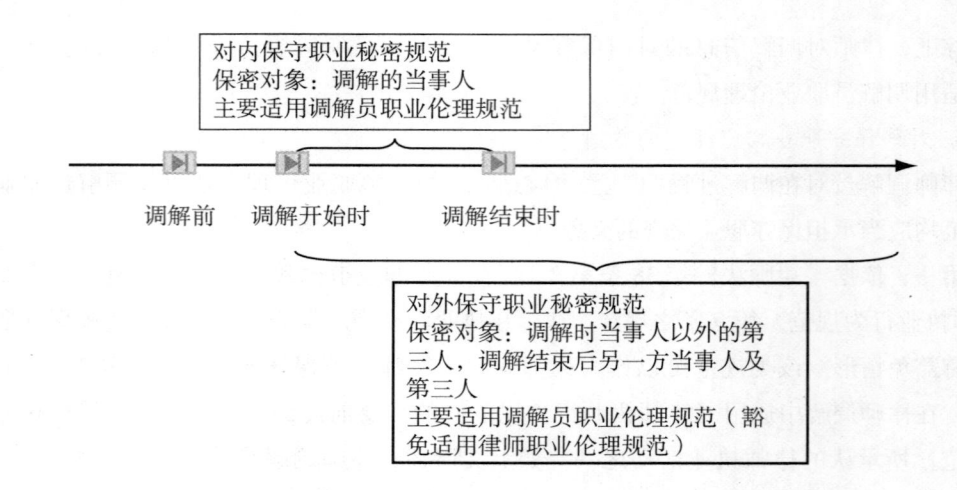

```
┌─────────────────────────┐
│ 对内保守职业秘密规范       │
│ 保密对象：调解的当事人     │
│ 主要适用调解员职业伦理规范  │
└─────────────────────────┘
       ⏵      ⏵         ⏵
  ──────────────────────────────────▶
   调解前   调解开始时   调解结束时
              ┌──────────────────────────────┐
              │ 对外保守职业秘密规范             │
              │ 保密对象：调解时当事人以外的第    │
              │ 三人，调解结束后另一方当事人及    │
              │ 第三人                        │
              │ 主要适用调解员职业伦理规范（豁   │
              │ 免适用律师职业伦理规范）         │
              └──────────────────────────────┘
```

图 2　保守职业秘密规范的适用阶段

三、律师调解中的利益冲突规范

（一）利益冲突规范的内容

除保守职业秘密规范外，利益冲突规范也是律师调解适用研究中值得特别关注的重要规范。所谓"利益冲突"，是指律师在职业活动中，其自身的利益，与其对委托人、前委托人或者第三人的职责产生冲突，律师受到重大不利影响的重大风险状态。[1]利益冲突规范是为避免上述利益冲突的产生或弥补产生后导致的不利后果而设置的法律规范。

学界和实务界根据不同的分类标准，将利益冲突划分为不同的类型。

"从委托人是否可以同意冲突的角度，分为可豁免的冲突与不可豁免的冲突；从可能给当事人造成的损害方式为标准，分为律师因自身利益而直接侵害当事人正当权益和因受到利益冲突影响而减损其执业利益能力两种。"[2]

以律师事务所及其律师在执业时损害当事人的核心利益的必然性与或然性为标准[3]，可以将利益冲突分为直接利益冲突和间接利益冲突。

在依托委托代理关系的业务领域，根据导致利益冲突产生的不同风险，利益冲突分为同时性利益冲突与连续性利益冲突两类。

……

---

[1] 参见陈卫东主编：《律师执业概论》，法律出版社 2005 年版，第 196 页。
[2] 王琳："简论我国律师执业利益冲突的原则、规则与规制"，中国政法大学 2011 年硕士论文，第 4 页。
[3] 如《上海市律师协会律师执业利益冲突认定和处理规则（试行）》。

律师调解虽不存在代理行为，但是律师调解员的自身利益或后续潜在代理活动仍有可能影响调解中立，在律师调解中，同时性利益冲突规范与连续性利益冲突规范的适用可能有差异。这种差异是本文研究的重点，因此本文主要采用同时性利益冲突和连续性利益冲突的分类标准。调解中的同时性利益冲突包括委托人与委托人之间以及律师与委托人之间的利益冲突两类。连续性利益冲突是由于律师先前职业行为对后续职业行为产生影响导致的利益冲突。两者虽然都涉及忠诚原则与保密原则，但是禁止同时性利益冲突规范的侧重点在于律师对于双方当事人的忠诚义务难以同时实现，禁止连续性利益冲突的侧重点在于律师在后续职业行为中难以保障对先前职业行为中获知的信息的保密义务的履行。

（二）利益冲突规范的适用阶段

1. 同时性利益冲突规范的适用

"同时性利益冲突是指由于律师对现行委托人、潜在委托人、第三人承担的职责相互间或者与律师的自身利益间发生的利益冲突。"[1]现行规范中，律师与当事人之间的同时性利益冲突，主要有三种：①同一案件中律师不得接受双方委托；②当事人之间发生利益冲突的，同一律师事务所的律师不得接受两方委托；同一律师事务所的工作人员为当事人时，律师不得接受另一方的委托；③律师由于自身利益与委托人之间存在利益冲突的，不得接受该委托人的委托。主持调解是律师提供的服务类型之一，在调解进行时，律师有代理其中一方当事人处理其他事务的可能，这将会使律师的中立性受到损害。因此，姑且不论律师调解员在调解结束后是否能够代理当事人完成其他业务，在调解过程中，律师不能同时作为委托代理人与调解员。

至于同一律所不同律师之间的代理禁止，律师在调解过程中作为中立的第三方，若其中一方的代理律师是与调解员在同一律师事务所共事或曾经共事的同事，对律师调解员的中立调解可能产生影响。

此外，关于律师与现行当事人之间的利益冲突，作为社会中的个体，律师在不同的社会关系中担任不同的社会角色，这些社会角色并非仅仅涉及其提供法律服务的功能，也涉及律师自身利益，比如律师收取律师费用的经济利益以及律师因社会身份、思想认知等而产生的利益立场。无论是律师的诉讼业务，还是其主持调解活动的业务，都会存在律师与现行当事人之间的利益冲突，在此问题上，利益冲突的定义不存在本质上的特殊性。

在律师调解的语境中，为避免同时性利益冲突，未经双方同意：①律师不得接受其

---

[1] 刘晓兵、程滔编著：《法律人的职业伦理底线：法律职业伦理影响性案件评析》，中国政法大学出版社2017年版，第130页。

中任意一方的委托，为其办理其他法律业务；②律师调解员不得对同一律师事务所的律师代理（代理内容为参与本调解）的案件主持调解；③若律师本人利益与当事人利益之间产生冲突，律师不得作为调解员。同时性利益冲突在调解活动开始之前便已经存在，律师职业伦理规范中，同时性利益冲突规范的适用阶段是律师调解活动的正在进行阶段，除非取得双方当事人的明示同意，若实质性调解尚未启动，律师必须主动告知现实存在或潜在的利益冲突，并主动回避；若实质性调解已经开始，律师应当主动退出。律师职业伦理规范是在律师作为代理人的基础上制定的，但律师调解中的同时性利益冲突，与除律师以外的调解员在调解活动中所应当遵守的同时性利益冲突并无本质上的区别。换言之，律师职业伦理规范中的避免同时性利益冲突规范由于代理基础的不复存在，不适用于律师调解；但调解员遵守的职业伦理规范并未因其律师身份的不同而有重大差别，因此律师调解应当适用一般调解员的职业伦理规范。

2. 连续性利益冲突规范的适用

律师调解的连续性利益冲突规范，主要内容包括为避免"律师调解员"前职业行为在律师调解中造成利益冲突而制定的规范与为避免"律师"主持调解对后职业行为造成利益冲突而制定的规范，即曾经作为律师或其他法律职业者的调解员与曾经作为调解员的律师所应当遵循的利益冲突规范。

（1）作为律师及其他法律职业者的调解员应适用调解员职业伦理规范。

第一，成为调解员时利益冲突的来源。律师作为调解员时可能存在的利益冲突，即律师调解员前职业行为造成的利益冲突，依据冲突产生原因的不同，分为律师或律师事务所的业务造成的冲突以及律师前职业关系造成的冲突。前者仅关注律师职业行为，后者则将律师调解员的律师身份剥离，关注其律师身份以外的其他法律关系，以先前其他职业行为对当前职业行为的影响为核心。两者并非相互矛盾、排斥的关系，而是律师在不同的阶段因承担不同的社会角色导致的利益冲突。一方面，律师在成为律师之前，可能会因其所承担的其他社会角色而与律师调解的当事人或案件其他利益相关人存在利益冲突；另一方面，在成为律师后，律师与律师事务所因其先前的业务可能造成利益冲突。在律师调解中，这两种利益冲突有可能同时发生。

其一，依据2010年司法部颁布的《律师和律师事务所违法行为处罚办法》第7条之规定，律师的前职业关系包括曾担任法官、检察官的律师曾经的公务行为，以及曾担任仲裁员或仍在担任仲裁员的律师的职业行为。虽然法官作为审判人员，受到规范性道德标准以及法官良心责任的规制，应当严格遵守法官职业伦理规范，中正裁判，理论上不应对当事人存在个人喜好上的偏向，但是，一方面，对曾经作为法官、检察官的律师，与其中至少一方当事人的密切接触的过程中，大概率形成内心偏向且难以分辨。另一方面，调解员获知的信息来自其前职业行为，而非当事人双方的主动告知，违背了调解自愿的原则。调解员具有强烈的个人主张，对于参加调解，试图获得公正调解的当事人是不利的，容易激化当事人之间的矛盾，甚至容易因调解员的主观意愿造成新的矛盾。

其二，对于调解员先前代理行为产生的调解执业禁止，涉及律师调解员的回避程序。在本次调解之前的他案中，曾经担任过其中任意一方代理律师的律师调解员不得主持本案调解，除非在充分告知未被代理一方后，被代理及未被代理一方均明示同意该律师主持调解。该规定将调解员的选择权赋予当事人，充分考虑了当事人的意愿以及调解成本。在《调解意见》中，有对前职业行为造成的利益冲突的禁止规定，却无对前职业关系造成的利益冲突的禁止规定，应考虑补足。

第二，避免连续性利益冲突规范的适用时间。依据《调解意见》"健全律师调解工作机制"部分的第 13 条的规定，调解活动中，有利害关系的律师应当主动及时告知回避事由，当事人有申请律师调解员回避的权利。此类规范的要求，也是对普通调解员的避免利益冲突规范[1]的要求。律师或律师事务所先前律师业务所造成的利益冲突，不因先前业务基于委托代理关系存在而有进行特殊规定的意义，只要存在可能影响该调解员在调解过程中中立主持调解的客观潜在危险，律师调解员就应当承担此义务以保证调解的顺利进行。

调解员对利益冲突的合理调查义务、调解员个人信息的及时披露义务作用于调解前的阶段，若调解已经开始，调解员承担主动退出调解的义务，但该义务是对律师调解先前义务的补充，并非独立的避免利益冲突义务，因此在律师调解中，利益冲突规范的适用时间是调解前。

第三，调解前适用的具体职业伦理规范。依据《律师执业行为规范》第 50 条、第 51 条之规定，律师及律师事务所与当事人建立或是维持委托代理关系，应当遵循其中有关避免连续性利益冲突规范的规定。现行律师职业伦理规范所避免的利益冲突情形，可以包含上述两种利益冲突，曾经是律师或是其他法律职业者的律师调解员，应当遵循调解制度中调解员的职业伦理规范，以避免利益冲突的发生。

但是，正如前文所言，该类规范本质以委托代理关系为基础，目的是避免前一委托代理关系的对后一关系产生的不利影响，但是在律师调解中，后一委托代理关系客观上不存在，因此，律师或律师事务所的先前业务所导致的利益冲突之规避，不应直接适用律师职业伦理规范中的利益冲突规范的内容。《律师执业行为规范》第 51 条第 3 项规定，曾经亲自处理或者审理过某一事项或案件的人员，成为律师后又处理同一事项、办理同一案件的，不得与当事人建立委托关系。该规范的适用必须建立在律师调解法律关系能

---

[1] 普通调解员的利益冲突规范的内容，包括对利益冲突的合理调查义务、调解员个人信息的及时披露义务以及调解员主动拒绝或退出调解的义务。参见廖永安主编：《调解学教程》，中国人民大学出版社 2019 年版，第 217～218 页。

扩展解释为委托关系的基础上，该类推解释的成立依然存在本文前述的障碍：调解与一般的单方性非诉业务并不相同，因此，律师职业伦理规范在未经类推解释的情况下不应当直接被适用。

调解中避免利益冲突规则的内涵，包括调解员合理调查义务、调解员个人信息及时披露义务、调解员主动拒绝或退出调解的义务。调解员职业伦理规范依托于调解员个人义务的履行，《北京市仲裁委员会调解员守则》对于调解员应当予以披露的情形规定的比较全面、具体，可以广泛运用到各类调解案件中。[1] 该调解员守则第9条列举了可能引起当事人或者代理人对其独立性或公正性产生合理怀疑的6类事由，虽然该条前6项之内容是针对调解时的存在利益冲突而设立的，但第7项以设置兜底条款的形式，将调解前存在利益冲突但调解时解除等其他可能情形涵盖在内。因此，在调解员职业伦理规范完善且明确的情况下，律师调解可以直接适用调解员规范。

（2）作为调解员的律师应适用律师职业伦理规范。依据《调解意见》第13条的规定，若当事人要求律师调解员回避，则该律师调解员不得再就该争议事项或与该争议有密切联系的其他纠纷接受一方当事人的委托。这是律师调解员须遵守的重要连续性利益冲突规范。该规范是以规制律师调解活动后的后续职业行为的方式，保障调解中的双方当事人对律师的信任关系的有效建立，间接保障调解活动的顺利进行。但是该规范在利益冲突的认定及规制豁免等方面都规定得十分笼统。

对于律师调解员在调解后的其他纠纷解决程序中的后续代理行为的禁止，律师职业伦理规范与调解员调解规范中均有规定，在实践中具体适用何种规范，应当依据该利益冲突的存在语境进行选择。但是，应当承认，调解员职业伦理规范对调解员后续职业行为的关注度不够，某些调解规范[2]中规定了对调解失败后的后续代理行为的禁止，但某些调解规范[3]中却没有明确对后续代理行为的禁止。

调解员后续作为调解当事人其他案件的代理人或调解人，在此过程中存在两个案件：在先接受律师调解的案件以及在后的委托代理或律师调解涉及的案件。作为调解员的律师在律师调解之后的其他职业行为，是利益冲突规范的核心行为。换言之，律师是否应当因曾经担任调解员而在从事后续的其他业务时受到限制，才是此类利益冲突规范的核心问题。从本质看，对律师后续职业行为的限制，关注的核心问题是后一案件中是否存在冲突，律师职业伦理规范在此方面的规定更为完善。律师的可能从事的其他业务，包括《律师法》第28条规定的业务类型以及律师调解两种。

第一，《调解意见》第13条之规定，采用的是密切联系标准。就同一案件或有密切

---

[1] 参见廖永安主编：《调解学教程》，中国人民大学出版社2019年版，第218页。
[2] 如《中国国际贸易促进委员会、中国国际商会调解员守则》第12条。
[3] 如《北京市仲裁委员会调解员守则》。

联系的案件而言，律师是否能从事律师的一般性业务，应当受到律师职业伦理规范的制约。依据《律师执业行为规范》第 51 条第 3 项的规定，再结合该条第 8 项的相似情形下的兜底条款——曾经亲自处理或者审理过某一事项或者案件的律师调解员（类比仲裁员之规定），成为律师后又办理该事项或者案件的，无论调解成功还是失败，律师及律师事务所不得就该案件建立或维持委托关系。

至于律师是否能再次对同一案件进行调解，正常情况下，当事人通过调解达成调解协议，经司法确认，纠纷解决态势良好，当事人就该案件再次进入律师调解程序的可能性不大。至于律师是否能够再次作为调解员主持该案调解，一方面，在律师职业伦理规范以及调解员职业伦理规范中都没有对此作出明确的禁止，法无禁止即自由；另一方面，当事人有权对其认为不适格的调解员提出回避，当事人无禁止即适格调解员。因此，若当事人不提出明确的回避申请，律师仍然可以再次就同一案件主持调解，律师在先前调解中对案件的了解，也有利于提高效率，促进纠纷的解决。

第二，律师是否能接受律师调解的当事人的委托处理其他不具有密切联系的案件，律师职业伦理规范以及调解员职业伦理规范并未对此进行明确禁止，因此在不违反两类职业伦理规范的基础上，从现行规范来看该委托代理及主持调解的业务均是不被禁止的。

综上，连续性利益冲突规范适用于律师调解的各个阶段，包括调解前、调解中及调解结束后。律师职业伦理规范和调解员职业伦理规范可以同时适用于连续性利益冲突存在的情形，但是在调解前的阶段，重点是对调解行为的规制，曾经是律师或是其他法律职业者的律师调解员，适用调解员职业伦理规范更为恰当；在调解结束后的阶段，重点是对后续委托代理行为的规制，因此调解的特殊性的作用不明显，故可以适用更为明确、更为完善的律师职业伦理规范的内容（如图 3）。

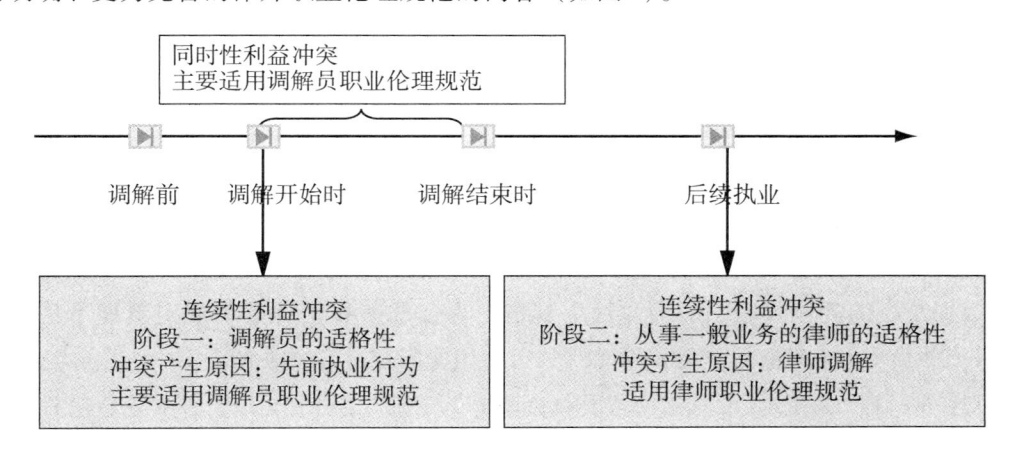

图 3 利益冲突规范的适用阶段

四、我国律师调解职业伦理规范的完善

（一）律师职业伦理规范体系之完善

1. 明确律师与当事人的关系

虽然《律师法》对"律师"的定义进行了拓展，明确律师应当维护"当事人"权益，但律师调解中的"当事人"含义与传统律师从业领域中的"当事人"含义不一致。在律师调解活动中，律师与双方当事人之间存在一个涉及三方的"线性"法律关系——调解法律关系。若想将律师调解纳入律师职业规范的调整范围，就需对《律师法》中的"当事人"作扩大解释，将其由一方当事人理解为一方或双方当事人。

2. 将律师调解纳入《律师法》规定的业务范围

对《律师法》第28条第5项"接受委托，参加调解、仲裁活动"的正确理解，是将律师调解纳入律师职业伦理规范的规制范围的前提和基础。这句话包含两个核心要件："接受委托"与"参加调解"。

第一，该类规范如想在律师主持调解的领域毫无障碍地继续适用，则应解决律师调解中，律师调解员与当事人之间的关系是否为委托代理关系、是否涉及被禁止的双方代理的问题。

第二，参加调解不能理解为参与调解，正如前文图1所示，律师调解与律师参与调解是两个平行的概念，两者不存在交叉之处。只有将律师参与调解与律师调解理解为律师参加调解的两种类型，才能对其中职业伦理规范进行差异化的适用。

在律师调解的试点工作顺利开展并取得突出成果的前提下，律师主持调解的制度发展到一定的阶段时，可以考虑将《律师法》以及律师职业伦理中相关概念的内涵和外延扩大，以适应律师调解制度发展的需要。

（二）建立完善的调解员职业伦理规范体系

现行的职业伦理规范分散于各地方的调解员守则或专门领域的调解员守则中，缺乏效力级别较高的规范要求，对利益冲突规范及保守职业秘密规范的规定更显不足。如《北京市仲裁委员会调解员守则》第11条，《中国国际贸易促进委员会、中国国际商会调解规则》第11、12条，《北京市仲裁委员会调解员守则》第8、9条，该类规范不具备普适性，且适用范围又无法涵盖律师调解，因此律师调解的适用不免会出现无法可依的情况。随着律师调解试点的推进，可以考虑制定效力层级相对较高的全国性法律文件，规范律师调解职业伦理。

(三) 明确职业伦理规范的约束主体

1. 作为律师的调解员及调解辅助人员

现行律师调解规范对主体的规定不明确，将导致存在约束主体范围过度限缩、约束目的不能实现的风险。试点实践中的各类司法文件，在涉及保守职业秘密的原则性规范及责任追究规范里，均将规范限制对象限定为律师调解员。但是，在律师主持调解的过程中，能够接触案件信息且有可能泄露职业秘密涉及利益冲突的律师（或是实习律师）却不仅限于调解员。应当将在调解中保守职业秘密的律师进行扩大化的解释，一方面，因律师的调解活动而有条件接触案件信息的辅助人员（需具有律师或律师相关身份）也应当包含在内，尤其是律师调解员团队内部的其他律师；另一方面，律师个人雇佣的助理、秘书、实习生等人员，虽然不是案件的调解员，但该类人员具备知悉相关信息的可能，律师应当就其直接管理的上述人员在伦理方面的行为约束起到充分的提示和管理作用。如《合肥市中级人民法院、合肥市司法局关于开展律师调解试点工作的通知》第10条第3款〔1〕的规定中提到的"1+1"律师调解团队里与律师调解员搭档的实习律师，作为调解员的辅助人员也应当受到同等的约束。

2. 律师事务所

"当前我国法律不允许律师直接以个人名义执业，而必须在律师事务所执业，律师承办业务由律师事务所统一收案、统一收费，因此，律师职业伦理规范同时也适用于律师事务所。"〔2〕依据《律师法》第23条之规定，律师事务所应当建立健全利益冲突审查制度，承担对律师职业伦理规范、纪律遵守的监督责任。此外，律师事务所有条件对律师的利益冲突情况进行初步的筛选，具有进行审查的便利性。

因此，在律师调解中，律师事务所也应承担遵守职业伦理规范的职责，未尽到充分监督审查义务的律师事务所、调解组织承担相应的责任。律师事务所及调解组织均是职业伦理规范的约束主体。

3. 律师事务所的其他律师

随着律师行业的不断发展，中小规模的合伙制律师事务所数量众多，该类律师事务所中的律师联系较为紧密。律师调解员或故意或无意中将其获知的信息向同事透露，倘若该信息不属于《调解意见》第19条关于秘密的认定范围，但该信息传递所带来的便利条件又使得律师在其他职业活动中占有优势，此时若利益冲突规范未将该类律师纳入规

---

〔1〕《合肥市中级人民法院、合肥市司法局关于开展律师调解试点工作的通知》第10条第3款：实习律师可以作为辅助人员参与调解工作，律师调解工作室或市律师调解中心可以结合实际，采用"1+1"律师调解团队，即1名律师调解员+1名实习律师的方式开展律师调解业务。

〔2〕许身健：《法律职业伦理》，中国政法大学出版社2019年版，第116页。

制范围内,则不利于对当事人的保护。"此外,律师之间介绍案源也会有利益分成,或律师调解员作为律师事务所合伙人其收益与其他律师的业务收益存在关联,这些利益因素都会动摇律师调解员在主持调解时的公平公正。"[1]如果不对他们的职业行为进行规制,难以保证保守职业秘密规范以及利益冲突规范的有效执行。

综上,利益冲突规范的适用主体应当包含律师调解员所在律所或者曾经所在律所的其他律师。然而,如果对律师调解员及其所内的律师做过于严格的规制,会导致律师业务范围逐渐缩小,从而将减弱律师参加调解的积极性,有矫枉过正之虞。因此,需要对律师调解所适用的职业伦理规范的内容做一定的限制,以减少为避免利益冲突而导致的负面影响。

(四) 填补行业自治规范的空缺

我国律师调解正在试点中,未在全国范围内大幅度推广,从维护法的权威性及稳定性的角度出发,在全国性的法律层面上谈及对调解中的职业伦理规范的变动还为时尚早。相关的司法解释与各地司法文件,对律师调解工作的开展和实施起到总括性的指引作用,但不足以应对律师调解所面临的问题。

在法律规范不明确的情况下,若各地行业规范中亦无详细规定,可能会阻碍律师的正常执业,因此,律师协会可以考虑制定在适用时间、适用规范、适用限度、适用主体等方面相对细化的行业标准,以填补律师调解职业伦理规范适用的空白。

---

[1] 陈团结:"律师调解:现实困境与应对之道——兼评《关于开展律师调解试点工作的意见》",载《中国司法》2018年08期。

论刑事法律援助中律师服务质量控制

王丁玄[*]

内容摘要：我国刑事法律援助制度为保障弱势群体的合法利益发挥了重要作用。但伴随援助案件数量的增加，实践中刑事法律援助的律师服务质量问题逐渐显现。本文以刑事法律援助质量控制为中心，结合质量管理学的相关理论知识，分四个部分对律师服务质量控制展开记述。第一部分，介绍我国刑事法律援助质量发展的现状。在阐明刑事法律援助质量的相关概念的基础上，解析我国法律援助质量发展面临的新背景和已有探索。第二部分，阐述实践中的刑事法律援助律师服务质量问题。援助质量控制研究必须结合实际，以问题为导向，找到质量控制研究的方向。第三部分，通过引用PZB服务质量差距模型，从质量管理学的视角分析质量问题的影响因素。第四部分，提出刑事法律援助中律师服务质量控制路径。结合影响质量问题的原因，按照计划、执行、检查、处理四个流程，提出改善援助质量的相应措施。

关键词：刑事法律援助质量；质量问题；服务质量控制

近年来，我国法律援助制度经过完善，让诸多群众获得了切实的帮助。同时，公民意识到只有高质量的援助服务才能为群众提供实质的帮助，才能实现司法正义的目标。

刑事法律援助是法律援助体系的重要组成部分，是保障刑事司法人权，促进司法公正的重要环节。为此，2019年2月司法部发布了《全国刑事法律援助服务规范》（以下简称《规范》）。司法部有关负责人强调，刑事法律援助质量直接关系到受援人的切身利益，出台的《规范》能够帮助指导实践中的援助服务[1]。

"刑事法律援助的服务质量是刑事法律援助的生命线"[2]，但在实践中援助服务却问题频发。我国尚未形成系统的质量控制机制，仅仅依靠律师自觉承担援助义务，极有可能造成律师未能有效会见、阅卷等质量问题。这不仅降低了援助服务的质量，也影响刑

---

[*] 王丁玄，现就职于四川省人民检察院。
[1] 蔡长春："司法部有关负责人就《全国刑事法律援助服务规范》答记者问"，载中国政府法制信息网，http://www.moj.gov.cn/news/content/2019-03/18/zcjd_230933.html，最后访问时间：2019年5月10日。
[2] 魏虹："论刑事诉讼中未成年人法律援助制度之完善"，载《人民司法》2011年第17期。

事法律援助事业的发展。以此为背景，剖析实践中出现的质量问题的原因，探索质量保障机制，将是未来刑事法律援助事业发展的关键所在。

一、刑事法律援助中律师服务质量现状

在研究刑事法律援助质量控制前，有必要厘清其基本内涵、相关背景和已有的探索经验。只有了解法律援助质量的基本状况，才能继续质量控制的深入研究。

（一）基本内涵

刑事法律援助质量的重点在于"质量"，实际上，管理学领域中早已形成了对于质量的专业研究，即质量管理学[1]。由此，我们可以借鉴质量管理学中的相关定义。参照ISO9000管理体系标准[2]的规定，质量是"一组固有特性满足要求的程度"[3]。

质量分为产品质量和服务质量两大类。1982年，格罗鲁斯[4]首次提出"顾客感知服务质量"的概念。"服务质量应该是顾客感知的质量与希望获得的服务之间的比较。如果感知的质量大于服务期望，那么服务质量是良好的，反之则是低下的"[5]。中国的刑事法律援助是国家为特定公民提供免费法律服务的制度，所以，援助质量在分类上属于服务质量，我们可以从服务质量的角度对其进行研究。

本文中的刑事法律援助服务主体限定为律师，不包括公证人员、基层法律服务工作者等其他援助服务主体。基于"顾客感知服务质量"的概念，受援人的感知对服务质量有重要的参考价值。但是，法律援助具有较强的专业性，受援人未必能真正了解援助背后的管理、评估等重要影响因素。而且受援人的期望往往与案件处理结果相关，如果法院做出了不利于他们的判决，即使援助水平较高，他们也会认为律师的服务质量欠佳，反之亦然。所以不能将受援人期望当作质量的唯一评价指标。结合服务质量相关理论，刑事法律援助中律师服务质量可以定义为律师提供的援助服务满足受援人法律需求、维护受援人合法利益、达到法律援助质量标准的程度。

质量标准是评价现有质量的重要指标，是"对产品的结构、规格、质量、检验方法所作的技术性规定"[6]。而且《法律援助条例》也提到，律师为当事人提供的援助服务

---

[1] 质量管理学起源于十九世纪七十年代，经历了多个阶段的发展，已成为一门系统的学科。
[2] ISO9000是国际标准化组织制定的权威国际标准，适用于各类型、不同规模的组织。
[3] 李可用、赵莉主编：《质量管理与认证》，东北大学出版社2009年版，第3页。
[4] 格罗鲁斯是瑞典著名服务市场营销学家。
[5] 温碧燕编著：《服务质量管理》，暨南大学出版社2010年版，第56页。
[6] 侯丽艳、梁平、张文镔主编：《经济法概论》，中国政法大学出版社2014年版，第155页。

需要达到一定标准[1]。在刑事法律援助质量控制的研究中,质量标准便是对刑事法律援助质量所作的技术性规定。

为了使质量达到标准,质量控制必不可少。朱兰对质量控制的定义是:"测量质量结果,与标准进行对比,针对差距采取措施的调节管理过程"[2]。据此,结合本文的探讨思路,我们可以认为,刑事法律援助质量控制是为达到质量标准的要求,在对实践中质量问题进行原因分析的基础上,借鉴管理学等理论知识,探索形成有效的质量控制原则、路径的一系列组织活动。

(二)刑事法律援助质量控制面临的新背景

近年来,随着顶层设计的变化和相关政策的实施,中国法律援助质量控制所面临的背景也不同以往。要实现法律援助质量控制,不能忽视这些新背景。

1. 公共法律服务体系建设的大力推进

2014年,党的十八届四中全会明确提出"推进覆盖城乡居民的公共法律服务体系建设"。法律援助制度作为中国公共法律服务体系的不可或缺的组成部分,在其体系建设中具有基础性地位[3]。

一方面,公共法律服务体系的建设对于援助的质量控制有积极作用。借助于它的平台建设,通过它的窗口服务,刑事法律援助能够进一步深入基层,便捷及时地满足民众的法律需求。另一方面,援助资源的不均等化又对质量控制提出了新的挑战。受经济发展影响,中国法律援助资源多集中于东部、城市地区,西部、乡村地区的援助质量水平较低。所以,在公共法律服务体系建设的大背景下,如何更好地满足公民的援助需求,稳步推进援助均等化,提高欠发达地区的援助水平,对援助质量控制提出了新的要求。

2. 刑事辩护全覆盖政策的发展

2017年10月,司法部出台了《关于开展刑事案件律师辩护全覆盖试点工作的办法》,提到将展开刑事辩护全覆盖试点工作。虽然,刑辩全覆盖对于维护公民合法权益有重要意义,但不足的刑事辩护律师可能为法律援助质量控制带来挑战。随着该政策的推行,越来越多的当事人需要得到援助服务。有限的律师数量与每年都在递增的庞大刑事案件数量之间产生了矛盾[4]。虽然2016年中国执业律师已突破30万[5],但不是所有律师

---

[1] 参见《法律援助条例》第6条:"律师应当依照律师法和本条例的规定履行法律援助义务,为受援人提供符合标准的法律服务,依法维护受援人的合法权益……"
[2] [美]约瑟夫·M.朱兰、A.布兰顿·戈弗雪主编,焦叔斌等译:《朱兰质量手册》,中国人民大学出版社2003年版。
[3] 白萍:"努力推进新时代法律援助工作实现新发展",载《中国司法》2017年第12期。
[4] 白萍:"努力推进新时代法律援助工作实现新发展",载《中国司法》2017年第12期。
[5] 文献数据存在滞后性,2016年中国执业律师突破30万,2018年中国执业律师人数已突破40万。

都具有刑事案件办案经验或所需的专业能力。实际上，刑事辩护业务律师不超过全国执业律师人数的10%，大概只有3万到4万人[1]。不充分的律师资源难以满足刑辩全覆盖的要求，为法律援助质量埋下隐患。

3. 律师专业水平评定制度的探索进行

2017年中央政法委书记孟建柱提出"开展律师分级出庭试点，提高辩护代理工作质量"。同年在内蒙古，上海等地开展试点。2019年3月，司法部又将试点范围扩大到全国31个省（自治区、直辖市）和新疆生产建设兵团。

律师的专业水平评定或许将对法律援助质量控制产生积极影响。此次改革的目的主要是为适应社会需求和行业多样化趋势，推动律师专业化分工。近年来，中国的律师队伍发展存在着"重数量、轻质量"的情况，在法律援助中，部分律师专业能力不足，不能有效地办理案件，导致出现辩护效果不理想的情况[2]。若此次改革能够客观评价律师的职业素养、业务水平，便可激励律师提高自身专业化水平，对实现援助质量控制有积极的影响。

4. 政府购买法律援助方式的试点推动

为改善公共服务和提高法律援助律师办案积极性，2014年，财政部发布《政府购买服务管理办法（暂行）》，将法律援助正式纳入政府购买服务的指导性目录。法律援助是律师的应尽义务，但是，援助补贴标准远低于有偿法律服务的价格，甚至有时需要律师以"自掏腰包"的形式完成援助工作[3]，这将严重影响律师办案积极性。而且考虑到律师近乎"无偿"的援助服务，政府和受援人也会降低对质量的要求。

现在，不少地区开始探寻以更接近市场的价格，由政府出资购买法律援助。事实上，要想有效保障援助工作的质量，合理的服务价格不可或缺。因为基于双方认同的价格，政府在向律师购买援助服务的同时，也包含了对援助质量更高的要求。同时在购买服务后，政府也有充分的理由来考核援助的质量。如《湖南省政府购买法律援助服务实施方案》中要求政府"综合考虑服务主体的社会信誉、履约能力等因素，以同行评估的形式考核援助质量"。所以，适当提升价格补贴，也是在提高考核的标准。以政府购买服务的形式或为提高援助质量带来新方向。

5. 全国刑事法律援助服务规范的出台

2019年2月司法部发布《规范》，为实践中的援助工作提供标准指导[4]。《规范》

---

[1] 乔金茹："对'刑事案件律师辩护全覆盖'的理性思考"，载《河南司法警官职业学院学报》2019年第1期。

[2] 唐益亮："律师分级制度的现实考量和基本规律"，载《学习时报》2019年4月10日，第3版。

[3] 王正航等："法律援助政府购买服务机制研究"，载《中国司法》2016年第5期。

[4] 王茜："中国刑事法律援助服务有了'行为规范'"，载新华网，http://www.gd.xinhuanet.com/newscenter/2019-03/19/c_1124250970.htm，最后访问时间：2019年5月20日。

的出台对律师的法律援助服务提供了重要的指导,其中专设"服务质量控制"一章,提及了援助质量的监管、评估等内容,对中国法律援助质量控制具有里程碑意义。但是,其中的规定较为抽象宏观,并没有质量控制的具体方法,只有"司法行政机关应整理汇总监督检查、考核评估、投诉等情况,对服务质量进行通报"等原则性指导。所以,需要在《规范》的指引下,结合具体实践,进一步完善质量控制的具体措施。

6. 法律援助值班律师制度的运行

2016 年最高法、最高检等部门联合发布了《关于在部分地区开展刑事案件认罪认罚从宽制度试点工作的办法》,明确指出援助机构以安排值班律师的形式,为自愿认罪认罚的犯罪嫌疑人提供法律帮助。虽然目前理论界对值班律师的定位尚存在较大争议[1],但可以确定值班律师制度是由政府免费为犯罪嫌疑人提供刑事法律服务的制度,因此其本质上属于刑事法律援助律师。值班律师的服务质量也应被囊括进刑事法律援助质量之中。在实践运行过程中,出现了值班律师诉讼权利缺位的问题[2],这无疑会损害值班律师服务质量,进一步损害刑事法律援助质量。

值班律师制度的推行将刑事法律援助提前到侦查阶段[3],增大了援助的时间跨度,因此对援助的质量控制也要提前到侦查阶段。只有完善值班律师权利配套保障机制,才能完整保障刑事法律援助质量。

(三) 建立健全质量评估机制

建立健全援助质量评估机制是保障援助质量的关键步骤。从 2012 年开始,司法部法援中心在全国多地进行援助质量评估试点工作,2014 年又将试点范围扩大到全国 31 个省(市)和新疆生产建设兵团。

1. 多地制定了质量评估的初步文件

2006 年,上海市法律援助中心在总结全市工作经验的基础上,制定下发了《法律援助机构案件质量管理办法(试行)》,从阶段、要求等多方面进行了较为全面的规定,2009 年上海又对该《办法》进行了修改完善,同时建立《法律援助质量评估体系》,在全市 8 个法律援助中心进行了试点。2017 年江西省颁布《法律援助案件质量监管与评估办法》,明确了监督检查的种类和方法等内容。2017 年,湖北省司法厅出台《法律援助案件质量考评办法》,明确指出,所有办结的援助案卷均纳入质量考核范围,同时各级援助机构设立援助质量考评专班。

---

[1] 顾永忠:"刑辩律师全覆盖与值班律师制度的定位",载《人民检察》2018 年第 11 期。
[2] 曾泉生、苏静:"激活值班律师制度三题待解",载《中国检察官》2019 年第 17 期。
[3] 王靖康:"刑事法律援助值班律师制度研究",中国人民公安大学 2019 年硕士学位论文。

2. 探索了质量评估主体的不同形式

对于质量评估主体，各地有着不同的形式。一是由法律援助机构负责进行案件质量评估。例如，《深圳市大鹏新区法律援助案件质量监督管理办法（试行）》规定，其法援机构应当设立援助案件质量监督管理小组。二是由司法行政机关和法律援助机构共同进行法律援助案件质量评估。例如浙江温州市规定，组建援助案件质量评估工作领导小组，组长由市司法局分管副局长担任，副组长由市法律援助中心主任担任。其余人员由具备法律执业证书的法律援助机构人员组成。三是由律师、专家等进行独立客观的同行评估。例如贵州省选定遵义市、黔南州为2018年度法律援助质量同行评估试点地，聘任21名专业经验丰富的执业律师、专家组成评估专家组，就援助案件开展考核工作。

3. 制定了原则性的质量考核指标

早在试点阶段，浙江、上海等地便纷纷尝试制定援助质量考核标准，这些标准一是大多遵循援助案件的办理步骤，包含了申请受理、会见、庭审等阶段的考核；二是划分了刑事案件和民事案件的质量标准，其因案件性质不同而区分考核内容；三是每一项考核标准都列举了扣分情况，例如根据《温州市法律援助综合管理平台案件质量评估标准（刑事）》，在"申请或通知材料"一项中规定"满分2分，有起诉书、通知书或商请函等申请或通知材料得2分，材料不齐全酌情扣1分，无申请或通知材料不得分"。2019年2月，司法部发布《规范》，其作为适用全国的行业性服务标准，对各地的援助质量标准的制定，有重要的指导意义。

4. 试点质量评估的局限性

通过整理实践中各地的措施，可以发现，目前我国法律援助质量评估机制已形成雏形，这些评估机制对今后援助质量控制将起到关键的作用。但是质量评估机制建设尚在起步阶段，还存在一些缺陷。例如，评估主体比较混乱，缺乏独立的质量评估机构，考核标准较为模糊。法律援助质量控制研究需要注意到实践中质量评估的局限性，提出改善措施。

二、实践中出现的律师服务质量问题

刑事法律援助质量控制研究只有以问题为导向，总结现存的质量问题，才能结合实际，有针对性地探索质量控制的路径。

（一）法律援助审前服务虚置化

法律援助服务审前虚置化是指向当事人提供的审前援助服务内容存在欠缺，只是在形式上提供了服务的情况，即在承办法律援助案件后，律师不认真履行法律援助职责，敷衍了事，消极辩护等。

1. 援助律师不会见的问题

刑事诉讼中的受援人往往被采取强制措施而失去人身自由，律师与受援人之间也就不能自由地进行交流。这时律师积极会见受援人，便成为了解案情的前提条件。

但是，实践中依然存在律师无法会见当事人的情况。首先，由于刑辩全覆盖政策的实施，刑事辩护律师数量不足，律师工作量增加，造成律师无暇会见当事人的问题。例如，某地关于刑辩全覆盖试点的调研报告中，有法官反映，有的援助律师在不会见的情况下，只依据法院移送材料就发表辩护意见[1]。其次，基础设施的落后也阻碍了律师的会见。贵州毕节公安局监管支队反映，存在部分看守所不能够预约、会见室不够用的问题[2]。律师只能经过长时间的等待才能会见受援人，使受援人不能获得及时的法律援助。最后，看守所工作人员也会提出会见法定程序之外的限制，在客观上阻碍律师会见。例如，自行缩短援助律师与当事人的会见时间；甚至会要求提前一天预约，否则便不安排会见等等[3]。虽然我国多次修改《刑事诉讼法》等法律法规，保障律师的会见权，但是基础建设的落后等情况，使实践中出现了新的"会见难"问题。

2. 不能充分阅卷

如果说会见旨在为受援人与律师构建沟通平台，阅卷则为了考证当事人所提供信息的真实性与可靠性。基于我国的律师独立辩护原则，如果仅有来自受援人一方的信息，律师将无法考证该信息的真假，也不能掌握办案机关手中的不利于当事人的材料，因此，律师需要通过阅卷来补充会见信息的不足，便于其做出正确的判断及调整辩护策略，做出最有利于受援人的辩护选择。

其实自2012年《刑事诉讼法》修订以来，律师的阅卷情况得到了很大改善。但是，一方面，部分地区的援助律师只能到法院查阅检察院向法院移送的证据目录和主要证据，而不能到检察院查阅案卷[4]。另一方面，如果侦查机关未将有利于受援人的证据放进案卷，那么律师便不能见到这些证据，虽然按照法律规定，律师可以提出申请来调取这些可能存在的、不在卷宗的证据材料，但律师往往无法按照规定准确地提出调取的申请，而且即使提出了申请也容易被一些模糊不清的理由予以驳回[5]。

---

[1] 曾玲等：“多措并举协调推进 保障刑事辩护全覆盖”，载《人民法院报》2018年9月6日，第8版。
[2] 戴紫君：“刑事辩护全覆盖背景下的辩护实质化研究——以一审指定辩护为视角”，载《河南科技大学学报（社会科学版）》2019年第4期。
[3] 邱兴隆、邢馨宇：“审前程序中的律师权利及其保障与实现（下）”，载《法学杂志》2017年第8期。
[4] 汪派派：“天津市范围内刑事法律援助辩护有效性的调查报告”，载《职工法律天地（下半月）》2016年第3期。
[5] 邱兴隆、邢馨宇：“审前程序中的律师权利及其保障与实现（下）”，载《法学杂志》2017年第8期。

3. 不调查取证

证据是整个刑事诉讼活动的基础，援助律师每一项职务的履行都应有相应的证据支持，调查取证可以看作是援助律师最基本的工作之一。实践中援助律师不主动调查取证问题却较为突出，例如一项调查显示"只有43%的援助律师表示采取了调查取证的方式；明确表示没有进行调查取证的援助律师的占比高达39%；不确定是否进行了调查取证的律师有18%"[1]。而且"进一步询问律师为什么不去调查取证，绝大多数的回答都是'对于证据（特别是证人证言）律师需要承担较大的法律风险'，'现场已经被清理，证据缺失，失去了查看的价值'"[2]。由此可见，律师不认真调查取证的情况较为严重，很多情况下援助律师怕麻烦怕涉嫌作伪证，或认为调查取证没有什么作用。

4. 辩护词格式化

辩护词总体上体现了援助律师对案件事实、证据的看法，是援助律师针对援助案件拟定的初步辩护方案。不可否认，在长期的司法实践中，辩护词的格式有了相对固定的形式，一般包括首部、正文和结束语三部分。但是，案情是千变万化的，即使是同一个案件，庭审前后的证据也有可能发生变化。援助律师在发表辩护词时，必须根据庭审的情况，及时做出修改和调整。

但是在很多案件中，援助律师不认真准备辩护词，将其格式化。比如部分援助律师没有认真了解案件具体情况，仅依靠一些书面材料来撰写辩护词，使其变成大多数案件都可以使用的"模版"，辩护词的千篇一律使辩护的有效性大打折扣[3]。当庭审中遇到新的证据情况时，律师由于缺乏对辩护词的认真研究，难以根据新情况及时调整辩护词。这种低质量的审前准备工作会使援助律师在庭审中处于被动地位，很难对受援人的案件起到实质性的作用。

（二）庭审辩护形式化

除了审前的法律援助的虚置化问题，庭审中也可能存在律师辩护形式化的问题。

1. 不积极质证

曾有学者在西部某市进行调研，发现"质证辩论不力"是占前三位的援助质量问题之一[4]。"质证辩论不利"主要体现在律师不能积极发表辩护意见。实践中部分援助律师往往在审判阶段才接手案件，同时对庭审辩护抱着不负责任的态度，面对公诉方展示的证据，根本无法提出有用的质证意见；在法庭辩论阶段，主要做量刑辩护，很少做无罪

---

[1] 刘方权："刑事法律援助实证研究"，载《国家检察官学院学报》2016年第1期。
[2] 刘方权："刑事法律援助实证研究"，载《国家检察官学院学报》2016年第1期。
[3] 朱玉玲、王悠然："刑事法律援助中的辩护质量探析"，载《政法学刊》2018第5期。
[4] 黄东东："法律援助案件质量：问题、制约及其应对——以C市的调研为基础"，载《法商研究》2015年第4期。

辩护；而且主要通过临时听取公诉方的意见，来发表一些可有可无的量刑意见[1]。援助律师在庭审过程中不能为被告据理力争，导致庭审辩护形式化，甚至可能亵渎刑事法律援助制度，援助律师从而成为制造冤假错案的"帮凶"。

2. 缺乏辩护能力

律师在庭审中的辩护能力，对审判结果有至关重要的影响。但是实践中，部分律师缺乏基本的专业能力和专业知识，只知道用"初犯""偶犯""认罪态度好"等老调重弹的理由进行辩护[2]。在这种情况下，虽然形式上提供了援助服务，但是律师辩护实务生疏，缺乏辩护能力，所以无法为被告人争取从轻、减轻或者免于处罚，使得庭审上的质证依然流于形式。而且部分律师思路不清晰，无法找到辩论的要点，所以出现了即使律师积极参与了辩论，看似庭审过程很激烈，也难以获得好的辩护效果的情况。在量刑辩护方面，很少提出新的量刑意见，更多的是发表被告人生活不幸、初次犯罪等千篇一律的说辞，无法起到真正的减刑作用[3]。

三、刑事法律援助中律师服务质量问题质量管理学分析

在了解了问题的基础上，需要进一步进行原因分析，找到刑事法律援助质量问题更深层次的影响因素，从而针对影响因素提出准确的控制策略。

（一）PZB 服务质量差距模型的适用理由

之前已经提到，我国的刑事法律援助质量在分类上属于服务质量，为了进一步研究刑事法律援助质量问题，需要借鉴服务质量管理学中的 PZB 模型来分析援助质量问题的成因。

1. 服务质量的特殊性

质量分为产品质量和服务质量两大类。质量管理学中运用普遍的 TQM（全面质量管理方法）和 ISO9000 管理方法是针对产品质量的管理方法。在有形产品中，可以用性能、质量的指标来量化顾客的需求，因此 TQM、ISO9000 是对产品质量进行问题分析的有效方法。但是在服务质量方面，由于服务具有无形性、生产与消费的同时性等特征，难以被客观指标量化评价[4]，所以其不能被 TQM 和 ISO9000 准确识别和评价。在服务质量管理领域，传统的问题分析方法难以直接适用。

---

[1] 陈瑞华："刑事诉讼中的有效辩护问题"，载《苏州大学学报（哲学社会科学版）》2014 年第 5 期。
[2] 朱玉玲、王悠然："刑事法律援助中的辩护质量探析"，载《政法学刊》2018 第 5 期。
[3] 周桂英："庭审实质化视野下的有效辩护研究"，南京师范大学 2017 年硕士学位论文。
[4] 廖欣："基于 ISO 9000 和服务质量差距模型的我国企业服务质量管理研究"，载《标准科学》2013 年第 9 期。

经过研究，美国的服务管理研究组合PZB[1]提出了"PZB服务质量差距模型"。PZB模型是专门针对服务质量的问题分析模型，以顾客期望为基础，通过顾客和服务企业两大核心来分析服务质量的形成过程，克服了传统产品质量分析方法的不足。

2. PZB模型的实用性

1985年美国PZB学者组合提出了服务质量差距分析模型，该模型旨在从源头上找到质量问题产生的原因，指导管理者针对原因，采取应对措施，解决质量问题。

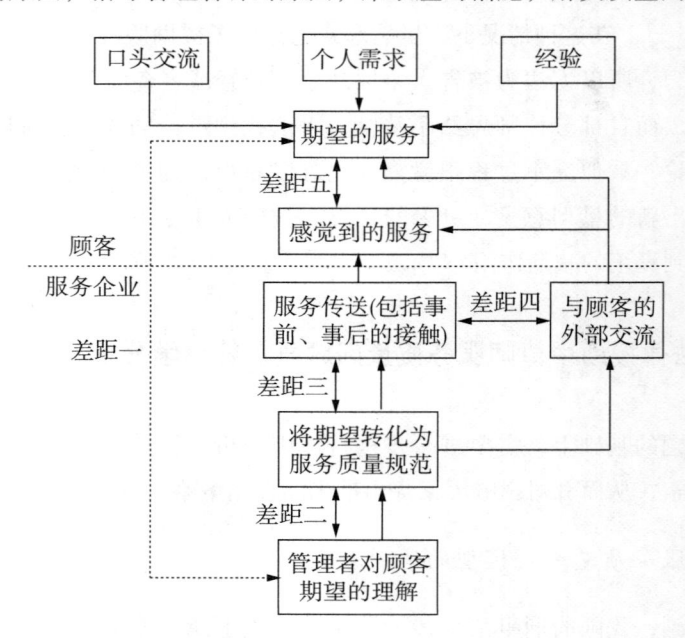

图1　PZB服务质量差距模型

诸多学者在多处实证研究中运用了PZB模型。高校的教学质量管理[2]、医疗服务质量领域[3]、海关服务质量[4]、档案信息服务[5]、警察服务质量研究[6]等领域都有PZB模型的应用实例。可见，PZB模型作为经典实用的服务质量分析模型，在服务质量领域得到了较为广泛的适用，有一定的实用价值和意义。

如果将模型运用到刑事法律援助律师的质量控制活动中，可以揭示引起受援人的预

---

[1] PZB组合包括Parasuraman、Zeithaml和Bery三人。
[2] 翁幼珍："高职教学质量管理策略研究——基于PZB服务质量差距分析模型及ISO9001质量管理框架"，载《厦门城市职业学院学报》2014年第4期。
[3] 汪文新等："基于PZB和IPA整合模型的公立医院服务质量提升策略"，载《统计与信息论坛》2017年第11期。
[4] 徐晨："海关服务质量的PZB模型测试"，载《中国海关》2013年第3期。
[5] 负霄雄："基于PZB模式的档案信息服务品质缺口分析"，载《北京档案》2012年第2期。
[6] 朱春奎、沈岚、沈萍："基于PZB模型的警察服务质量研究"，载《甘肃行政学院学报》2009年第1期。

期和享受到的服务之间的差距（差距五）是由服务过程中四个方面的差距决定的：差距五＝f（差距一，差距二，差距三，差距四）。受援人的感受是评价法律援助质量的重要标准之一，只有尽力将这四个差距消灭，才能提高刑事法律援助服务质量。PZB 模型的实用性体现在能够引导管理者发现法律援助问题究竟在哪儿，原因是什么。通过它的运用，管理者可以找到受援人期望与实际服务经历之间的差距影响因素，从而有针对性地提高援助质量。

（二）刑事法律援助质量差距分析

虽然刑事法律援助在分类上属于服务业，但是其作为公共法律服务体系的重要组成部分，不同于一般的商业法律服务，其不是为了盈利，而是为了实现刑事司法公正的目标。所以，借鉴 PZB 模型的目的是寻找质量问题的产生原因，为提高服务质量指明方向。引用 PZB 模型建立的刑事法律援助服务质量分析模型如图 2 所示，该模型整体分为两部分，上半部分与受援人有关，下半部分与政府相关。刑事法律援助服务质量差距的形成主要源于以下五部分。

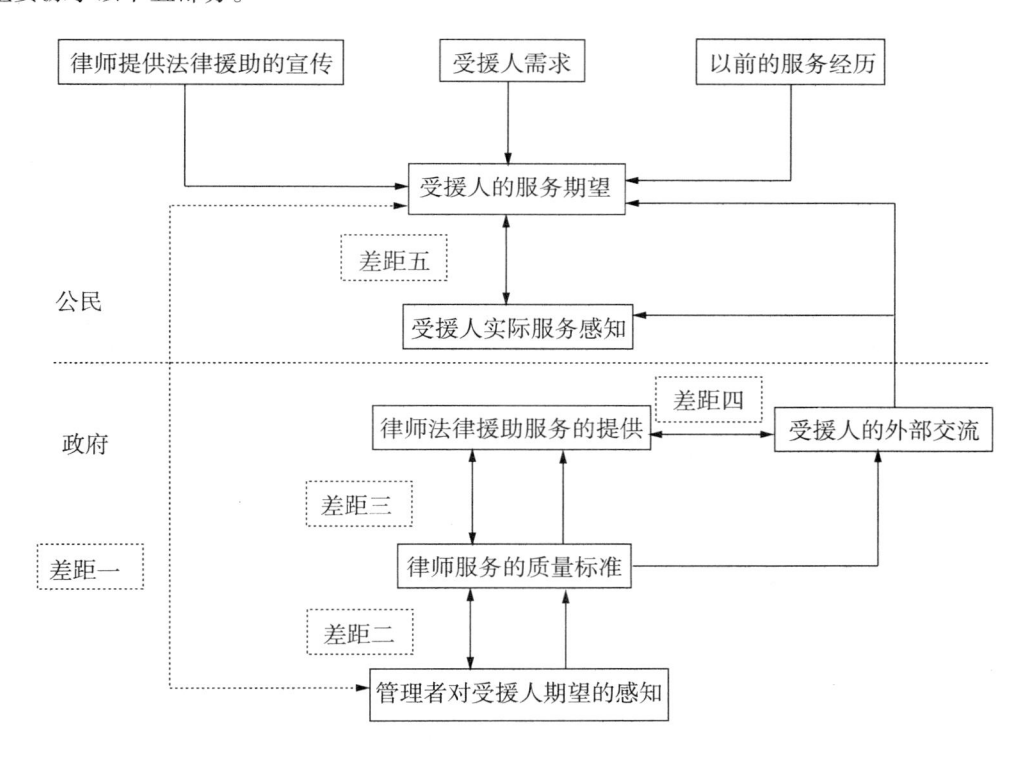

图 2　刑事法律援助服务质量差距模型

1. 差距一：办案机关认知差距（未了解公民期望）

差距一是由于办案机关不能准确地理解受援人的期望而造成的，这主要体现在国家机关不重视刑事法律援助工作。

引起这类差距的主要原因有：

（1）法律援助质量缺乏办案机关的重视。在侦查阶段，部分侦查机关为了更好行使侦查权，往往不会主动告知犯罪嫌疑人可以获得法律援助。[1]当犯罪嫌疑人明确提出希望申请法律援助时，办案人员也可能不转达或者不及时转达他们的请求[2]。由于侦查机关无视犯罪嫌疑人的需求，他们失去了本应获得的援助。侦查机关为了查清案件事实，却忽视了自身作为国家机关，应当有保障刑事法律援助质量的义务。

在审判阶段的个别法官眼中，法律援助不过是"走过场"的形式需要，他们甚至认为律师会妨碍案件的裁判，于是会自行联系熟悉的援助律师，包括能力不足的律师，将案件交予其办理，因为这些律师更愿意"配合"自己的审判工作。[3]办案人员的不重视和错误认知，降低了援助质量。

（2）经费保障不足。财政经费是援助质量的重要保证，但是实践中政府对援助的经费需求认知存在差距，导致财政补贴严重不足。法律援助的经费主要来源于政府财政拨款，以2013年为例，法律援助的财政拨款为16.1亿元，占经费总额的98.7%[4]。同时，据统计，2013年刑事法律援助案件的平均补贴额为882元，同比增长0.3%[5]。这表明刑事法律援助补贴费用增长缓慢。办案过程中，财政补贴不能满足实际需要。"44%的律师认为妨碍刑事法律援助质量提高的重要原因是不充足的财政补贴"[6]。为了降低自己的损失，部分援助律师只好减少援助工作的步骤与时间，牺牲了援助质量。

2. 差距二：服务质量规范的差距（未选择正确的服务设计和标准）

差距二是由于政府未能把所了解的受援人期望准确地转化为服务质量规范而引起的。引起这种差距的主要原因是政府所制定的服务质量标准化程度不足。

（1）质量标准有待完善。如果不能设定合适的质量标准，律师的援助工作便没有正确的依据。2019年2月，司法部出台了《规范》，该《规范》对实践中的刑事法律援助有一定指导意义，但也存在一些问题。首先，《规范》虽然较为详细地规定了服务标准，但是缺少了配套的惩罚措施，使其实施难以得到保障。比如，为保证律师及时会见受援人，《规范》规定"承办律师应及时会见在押的犯罪嫌疑人……并制作会见笔录附卷归档"[7]。但《规范》由于缺少了后续的惩罚规定，无法督促律师认真会见。

---

[1] 朱玉玲、王悠然："刑事法律援助中的辩护质量探析"，载《政法学刊》2018年第5期。
[2] 邱兴隆、邢馨宇："审前程序中的律师权利及其保障与实现（下）"，载《法学杂志》2017年第8期。
[3] 张麦昌："法律援助案件质量问题刍议"，载《法制与社会》2013年第21期。
[4] 司法部法律援助中心编：《中国法律援助年鉴2013》，中国民主法制出版社2015年版，第204页。
[5] 司法部法律援助中心编：《中国法律援助年鉴2013》，中国民主法制出版社2015年版，第204页。
[6] 米森："我国刑事法律援助质量控制研究"，载《太原大学学报》2013年第2期。
[7] 参见《全国刑事法律援助服务规范》。

其次,《规范》中的部分标准难以从案卷中反映出来。比如未成年人刑事案件较为特殊,所以《规范》要求律师认真调查未成年人的家庭环境、成长经历等情况[1]。但是仅凭结案材料,难以反映出援助律师是否真的按规定全面了解了未成年人的相应背景,不利于后续考核。

最后,我国各地发展不平衡,援助情况也不尽相同,所以各省市还需要结合本地特点,以《规范》为蓝本,制定自己的刑事法律援助服务规范。实际上,我国虽出台了全国性的规范,很多地方还没有紧跟步伐,调整制定自己的援助规范,这不利于援助规范在全国的推广。

(2)评估监督机制不成熟。质量评估机制是切实保障援助质量的重要环节。司法部从2012年开始在部分地区开展评估的试点工作,取得了一定成效,但是由于起步较晚,评估机制还不算成熟。一是还未制定国家层面的政策法规。虽然《规范》提及了"司法行政机关应建立考核评价机制,设置考核指标,定期组织刑事法律援助案件质量评估",[2]但是,这条规定过于抽象,难以对各地的工作产生实际指导意义。而且部分地区往往各行其道,对质量标准、评估对象等内容的规定不一致、不规范,[3]导致评估措施难以实行。二是缺少独立专业的质量评估机构和人员。之前已提到,许多试点地区的评估主体是法律援助机构和司法行政机关的工作人员,所以在评估过程中,多采用行政手段和措施,而非专业的评估方式。同时,这些工作人员没有学习系统的评估知识,专业素质参差不齐,也就导致评估结果缺乏权威性。

3. 差距三:服务提供的差距(未按标准提供服务)

差距三是由于援助律师没有严格按照服务质量规范来向受援人传递服务而引起的。

(1)律师能力不足。刑事法律援助的专业性较强,所以需要专业水平较高的人员来办理。实际上,参与刑事法律援助的优秀律师比例并不高。首先,法律援助律师数量较少。根据司法部数据,截至2018年底,我国法律援助律师7400多人,仅占执业律师总数的1.75%[4]。另外部分县区的法律援助机构工作人员少,又运用了绝大部分精力在案件指派、录入以及其他日常管理工作方面,无暇开展业务工作[5]。法律援助律师本身数量严重不足,再被行政性事务占用时间精力,难以在业务能力上有所提高。

其次,愿意办理援助案件的律师多为刚获得律师证、经验不足的律师。经验丰富的律师大多忙于办理商业法律案件。而许多新手律师,为了增加自己的办案经验,愿意接

---

[1] 参见《全国刑事法律援助服务规范》:"承办律师办理未成年人刑事案件,应根据未成年人的身心特点,耐心听取其陈述或者辩解,通过调查,全面了解其成长经历、犯罪原因、监护教育等情况,为辩护提供依据。"
[2] 参见《全国刑事法律援助服务规范》。
[3] 贾午光、贺春云:"法律援助案件质量评估调研报告",载《中国司法》2010年第6期。
[4] 司法部:"2018年度律师、基层法律服务工作统计分析",载司法部官网政府信息公开栏目。
[5] 张哲、姚淑媛:"健全完善我国法律援助质量保障制度体系研究",载《理论导刊》2016年第11期。

手援助案件，但仅将其作为练习的途径。

最后，律师的业务培训不足。有数据显示2013年上半年四川省某市平均每位援助律师半年的法律援助培训课时只有不到1个小时40分钟[1]。能力较强的刑事法律援助律师不多，又不能通过有效的培训提高现有律师的专业素养，这会严重影响援助质量。

（2）律师缺乏积极服务意识。除了客观上的能力不足，援助律师的积极性也有待提高。有调研显示，在刑事法律援助中有56.0%的律师赞同责任心是影响援助质量的重要因素。非常愿意参与援助工作的律师仅有40.0%，不愿意提供援助服务的达到12%[2]。可见部分律师仅将法律援助视为强制性的义务。

4. 差距四：服务宣传沟通差距（服务传递与对外承诺不相匹配）

宣传沟通的问题是受援人获得的服务质量信息与实际情况不相符造成的。

（1）律师与受援人之间存在沟通障碍

顺利的沟通是援助工作顺利展开的前提，但是援助律师有时却与受援人存在沟通障碍。一是受援人大多经济状况不佳、文化水平低下，之前并没有了解过专业的法律知识，难以与援助律师进行沟通。二是部分律师在与受援人交流的时候，没有主动选择易于理解的通俗表达方式，令受援人难以接受。三是部分律师武断地认为受援人对法律问题一窍不通，所以不想浪费时间进行充分的沟通。受援人则认为自己受到轻视，与律师产生矛盾，质疑律师的服务态度和专业能力，从而影响后续的援助工作。

（2）宣传力度不够。充分了解援助工作的作用是人民群众选择法律援助的前提。在我国城市地区，法律援助体系的建立较为完善，公众的知晓率也较高。但是我国农村地区的法律援助发展较为落后，宣传力度也不够。"许多农民仅仅'知道'有法律援助这项制度，却不了解这项制度的用途、程序。"[3]这一弊端导致农民在需要获得援助帮助时，却不知如何申请法律援助服务。宣传力度的不足使广大农民难以获得及时、高质量的援助服务，影响到援助服务的进一步发展。

但是，随着我国刑辩全覆盖政策的推行，指定辩护的范围扩大到了所有普通一审、二审、再审程序。越来越多的公民将得到援助律师的帮助，加深对刑事法律援助的理解。

5. 差距五：服务感知差距

最后，就是服务感知差距。服务感知差距在模型中指受众希望得到的援助服务与真正感受到的援助服务之间的差距。正如前面提到的，法律援助质量不同于一般服务质量，受援人的援助期望不是评价援助质量的唯一标准，但是它对法律援助质量也有重要的参考价值。在这里，差距五指现有的法律援助质量与符合标准的法律援助质量间的总差距。

---

[1] 向小南："四川省D市刑事法律援助状况调研报告"，西南政法大学2014年硕士学位论文。
[2] 米森："我国刑事法律援助质量控制研究"，载《太原大学学报》2013年第2期。
[3] 曹艳辉："我国农村法律援助问题研究"，河北大学2014年硕士学位论文。

根据模型，差距五是其他4个差距综合作用的结果，也就是说，前面的4个差距共同导致了差距五这个总差距。

四、刑事法律援助中律师服务质量控制路径

通过 PZB 模型的分析，找到了刑事法律援助问题更深层次的原因，下一步便需要针对这些问题和原因，提出质量控制的方法和路径。

（一）全面质量管理理论的适用理由

在问题分析方面，借助了 PZB 模型理论来分析质量问题的成因，在质量控制方面，同样可以借助理论研究更为成熟的全面质量管理理论[1]。

运用全面质量管理方法的必要性，首先体现在 PZB 模型存在一定不足。PZB 模型是分析服务质量问题的有力工具，它能反映出实践中质量问题更深层次的原因，从而为后续的质量控制提供切入点。但是，PZB 模型的最大作用便限于质量问题分析，它缺乏后续的问题改进指导，所以需要寻找另外的改进方式。

其次，全面质量管理具有实践效果。从 1970 年开始，在美国、日本等工业发达国家便引进了全面质量管理，将其运用在商业、交通运输业等服务行业中，非常有效地提升了服务行业的质量，我国从 1983 年开始，相继在服务行业进行全面质量管理的试点，取得初步成效[2]。

最后，全面质量管理符合质量控制的内在要求。菲根堡姆把实现质量目标的过程称作质量控制。它的要求包括"制订质量改进计划，不断进行质量改进。"[3]而全面质量管理的重要思想之一便是质量改进。其中，"戴明环"便是该理论的完美体现，它指出只有经历一个包括计划（Plan）、实施（Do）、检查（Check）和处理（Act）的循环过程（见图3），才能实现质量的改进。所以，运用包含质量改进理论的全面质量管理，是寻找刑事法律援助质量控制路径的可行方法。

---

[1] 根据 ISO8402 的定义，"全面质量管理（TQM）是指一个组织以全员参与为基础，以质量为中心，目的在于通过让本组织所有成员、社会受益，让顾客满意而而达到长期成功的管理途径。"
[2] 中国质量管理协会编：《服务业全面质量管理基本知识（商业、餐旅业分册）》，科学普及出版社 1992 年版，第 13 页。
[3] 杨介平编著：《探索全面质量管理的有效性》，天津大学出版社 1996 年版，第 5 页。

图 3　PDCA 循环图

（二）TQM 视角下刑事法律援助服务质量控制的流程

之前已经提到，PDCA 循环作为全面质量管理中质量改进理论的核心，是实现质量控制的可行方法。在 PDCA 循环理论的指导下，刑事法律援助的质量控制流程可以分为计划（Plan）、实施（Do）、检查（Check）和处理（Act）四个阶段（如图 4 所示）。

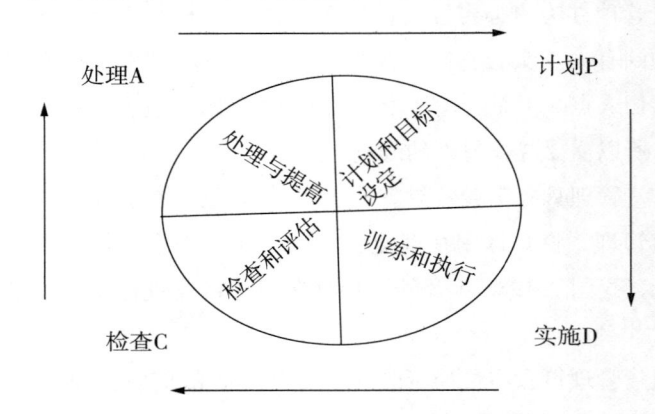

图 4　刑事法律援助服务质量 PDCA 流程图

1. 计划和目标设定

要想形成一个有效的、良好的改进流程，最大程度实现质量控制，第一步便是计划（Plan）。这在刑事法律援助中，体现为：

（1）加强援助质量保障的法律规范制定。为了实现计划阶段的任务，应该将质量目标提升到法律层面。现有的《法律援助条例》对援助质量的规定较少，缺乏可操作性，司法部出台的《规范》层级又太低，导致援助质量缺乏重视。

2022 年 1 月 1 日施行的《法律援助法》第 57 条规定："司法行政部门应当加强对法律援助服务的监督，制定法律援助服务质量标准，通过第三方评估等方式定期进行质量考核。"在此基础上，整理、汇编零散的有关法律援助质量保障的法律规范，保证条文的协调性，删除互相矛盾的规定，形成以《法律援助法》为主，以部门规章、地方性法规为辅的严密法律援助规范体系，势在必行。

（2）落实财政保障。财政是质量计划的重要部分，没有财政的支撑，质量控制将沦为空谈。首先，为了落实财政保障，可以将法律援助经费单列于政府财政预算中。在英国，唯一不封顶的"开放性预算"便是法律援助资金[1]。我国法律明确规定"援助经费应当专款专用。"[2]但是，援助资金的地位却没有得到明确规定。在2019年的政府财政预算收支分类科目中，法律援助经费支出属于司法支出中的一类。同时，强制隔离戒毒经费支出、监狱经费支出却是与司法支出并列的独立支出。实际上，法律援助、监狱和强制隔离戒毒都是政府对特殊群体的帮助，对化解社会矛盾起到重要的作用。所以，应将法律援助的经费支出进行独立列项、独立核算，同时提高援助预算数额，加强财政保障。

其次，要支付律师的服务费。国际上，法律援助费用分为两个项目，一个是成本费，即办案过程中复印、交通等费用支出，一般由政府出资支付。另一个是服务费，即律师提供援助服务的费用，各国家会根据自己的国情、财政收入决定支付，支付标准低于商业法律服务。[3]我国却不区分这两项补贴，援助经费基本上只是成本费用，有时甚至不能满足办案实际需要。如今，部分地区已经在探索政府购买法律援助服务，进一步支付了服务费。这有利于提高律师服务的积极性，提高服务的质量。

2. 训练和执行

计划之后，便是执行阶段。这一阶段是对质量目标的践行，尤其需要重视对律师分派和培训。

（1）加强援助律师培训。律师的执业能力对援助任务的执行至关重要。为了提高律师的综合素质，英国律协采取了名为"认可计划（Accreditation Scheme）"的措施来确保援助律师的工作能力。在律师首次为当事人提供援助服务前，会有专业人员对律师进行能力测试，当测试结果符合一定标准后，才能让律师提供服务。[4]英国方面认为，不是所有的律师都具有与法律援助相匹配的能力，只有通过考核，才能为受援人提供服务。之后还会不时对援助律师"开展有针对性的专业和技能培训"[5]，以提高律师的能力。

我国也可参考英国的方法，对援助人员进行专业培训，再考评，以确保援助律师具有进行援助的基本能力。之后，再聘请富有执业经验的法律工作者对其进行专业指导，还可以利用互联网的发展，进行远程培训授课。我们应当认识到，培训不是一蹴而就的，重要的是建立长效的培训机制，可以定期组织律师就援助工作情况和经验进行相互交流，就总结出的突出问题进行针对培训。

---

[1] 刘振红："论我国法律援助案件的质量保障机制"，载《中国司法》2006年第10期。
[2] 参见《法律援助条例》第3条第2款"法律援助经费应当专款专用，接受财政、审计部门的监督。"
[3] 桑宁、蒋建峰："英国刑事法律援助质量控制体系及启示"，载《中国司法》2007年第1期。
[4] 桑宁、蒋建峰："英国刑事法律援助质量控制体系及启示"，载《中国司法》2007年第1期。
[5] 桑宁、蒋建峰："英国刑事法律援助质量控制体系及启示"，载《中国司法》2007年第1期。

(2) 建立专业名册制度和分案机制。为了使律师更好地执行援助任务，专业名册和分案机制的建立确有必要。根据规定[1]，由援助机构统一受理刑事法律援助案件，再由机构分派给机构的工作人员或律所（律所分派给律师）。这样的指派方式耗时较长，效率不高。而且，法律援助机构只掌握一些援助律师的简单信息，在指派时易造成专业不对口的问题。为此，我们可以借鉴英国的专业名册制度，即将援助律师和愿意承担援助工作的律师，按专长分类编入名册，法援机构在受理案件后便可根据专业名册中律师的擅长的领域，将案件分派给相应律师。

建立分案机制后，首先，可以吸收更多的从事援助工作的律师，缓解律师资源不足的困境。其次，绕过律所直接将援助案件分配给名册上的律师，可以提高效率，使援助律师更早地介入案件，更充分地准备援助工作。最后，能保证律师被分配到熟悉的专业领域，最大限度地发挥自己的专长，从而提高办案质量。

3. 检查与评估

执行之后，需要进入评估阶段。这一阶段是对质量保障措施实施后的效果检测。

(1) 改进质量评估标准。"确定评估指标是开展评估工作的前提和基础，它能够指导法律援助质量管理工作。"[2]第一，评估标准的设定应当明确、实用。即每一项标准都有对应的步骤和内容，均有判断的依据和方法。第二，标准应当严格依据法律制定。需要与《法律援助法》等法律条文相关联，不与现有法律相矛盾。第三，标准的设定不能太严格或太简单。标准太高，会给援助律师带来过多负担，打击其积极性；标准太低，又失去评估的意义。因此，可在援助律师现有工作基础上，稍微拔高高度，确保律师在更努力一些后，便能达到标准。

在参考《刑事诉讼法》《法律援助法》等法律法规的基础上，根据实践操作，笔者制定了一份刑事法律援助质量评估标准（表1）。这份评估标准主要针对实践中存在的不充分会见、阅卷等质量问题。同时这份标准较为基础，能够给大部分地区提供借鉴。

表1 刑事法律援助质量评估标准

Ⅰ标准	Ⅱ标准	评分依据	分值	得分
会见（10）	及时会见（5）	援助律师及时会见受援人，且确保每个诉讼阶段至少会见受援人一次。	5	
	会见笔录（5）	应制作会见笔录；笔录完整反映会见时间、地点、内容等情况；向受援人表明律师身份并询问是否同意为其辩护，并经被会见人签名或捺印确认。	5	

---

[1] 参见《法律援助条例》第21条："法律援助机构可以指派律师事务所安排律师或者安排本机构的工作人员办理法律援助案件……"
[2] 北京市海淀区司法局："法律援助案件质量评估试点工作探析"，载《中国司法》2015年第4期。

续表

Ⅰ标准	Ⅱ标准	评分依据	分值	得分
阅卷（10）	阅卷笔录（5）	及时查阅、摘抄、复制案卷材料，并制作阅卷笔录。	5	
	认真阅卷（5）	查阅、摘抄、复制案卷材料时保证其准确性、完整性。	5	
调查取证（10）	主动调查取证（5）	律师根据实际情况判断是否需要自己收集证据或者向有关部门申请调取证据。严禁弄虚作假，保证证据的完整、真实。制作证据目录，详细记载证据的来源。	5	
	及时报告（5）	律师收集到有关犯罪嫌疑人不在犯罪现场、未达到刑事责任年龄、属于依法不负刑事责任的精神病人的证据材料时，及时向办案机关报告。	5	
提出法律意见（15）	书面辩护意见（5）	书面辩护意见格式正确，有书面辩护意见副本，且意见正本在规定期限内向办案机关提交。	5	
	辩护内容（10）	在会见、查阅案卷和调查取证的基础上，根据受援人的实际情况，从证据和适用法律等方面进行研究分析，提出受援人人无罪或者减轻、免除刑事责任等辩护意见。	10	
庭审（15）	庭审准备（5）	在开庭审理前，援助律师应认真阅读案卷材料、熟悉案件涉及的法律条文，制定有效的辩护方案，准备开庭后的发言提纲。	5	
	庭审活动（5）	依法参加庭审活动，参与法庭调查和法庭辩论。围绕证据的真实性、关联性和合法性等发表质证意见；分析论证案件的事实、程序，提出罪名和刑罚方面的意见和理由。	5	
	庭审笔录（5）	制作庭审记录或者提交法庭笔录附卷归档。	5	
法律效果（10）	辩护意见（5）	主要意见采纳得5分；部分意见采纳得3分；未采纳意见但辩护词观点明确，逻辑清晰，依据充实，论证充分，运用法律准确得3分；未采纳意见且意见不准确、不清晰、不充分不得分。	5	
	判决结果（5）	无罪判决或免除处罚得5分；减轻判决得4分；从轻判决得3分；其他判决得2分。	5	
告知、报告（10）		发现本案件存在终止法律援助的情况，向法援机构报告；发现案件属于重大疑难复杂刑事案件，向律所报告，经过集体讨论、分析，并在法律援助案件承办情况报告记录中有记录。	10	

续表

Ⅰ标准	Ⅱ标准	评分依据	分值	得分
卷宗装订（10）		案卷装订规范得5分，及时归档得5分。	10	
意见反馈（10）		无投诉或投诉经查证不属实得5分；相关机构无不良反馈得5分。	10	

（2）构建和完善多元主体质量评价机制。援助质量检查应当是专业和权威的。为此，司法行政机关可以组建独立的质量专家评估委员会，由具备法律职业资格证书、实践经验丰富的社会律师、法律援助律师和专家组成，保证评估结论的权威、公正。但是，这样的评估仅依据案卷材料和事后汇报，不能充分反映援助律师的庭审表现等动态效果，会影响评估的全面性和准确性。

为了保障质量检查的全面性，还应当构建以法官等[1]和受援人为评价主体的多元质量评价机制。受援人是援助律师的服务对象，对律师的服务工作有切身的体会，因此可以建立受援人的回访制度，记录受援人对援助律师的服务态度、服务能力的评价。法官在案件审判过程中是独立于援助律师和检察方的第三方，又是法律专业的权威人士，能对援助律师的工作做出公正、客观的评价。应该开展对法官的意见征求工作，将法官的评价做为律师服务质量评价的内容之一。总之，在专家评估的基础上，再参考受援人、法官的评估意见，形成权威、全面的多元主体评估机制，保证评估结果的准确性。

4. 处理与提高

PDCA循环的最后一阶段便是处理阶段。在这一阶段主要是总结经验和教训，巩固成绩，以保证持续改进。

（1）建立奖优罚劣的机制。评估是手段，提高服务质量是最终目的。为此，需要将评估结果与惩戒、评优挂钩，激发律师的服务积极性。根据相关法律规定，政府可以公开表彰优秀的援助律师[2]。援助机构可以对评估结果优秀的律师加以表彰，通过召开宣传会等方式授予律师荣誉称号。

对于评估结果不及格的案件，则要进行通报批评，以示惩戒。值得注意的是，要谨慎运用惩戒方法，详细分析其原因。因为律师提供援助服务是一种公益奉献，仅凭一次不及格评估就给予惩戒，会挫伤律师的积极性。经过分析，如果是规章制度不完善、财政补贴不足等原因，则需要通过完善相应制度、增加经费投入来解决。如果确实是由于援助律师自身缺乏责任心，没有尽职履行援助义务，再考虑批评教育，引导其改变服务

---

[1] 随着值班律师等制度的推行，法律援助的范围扩大，法律援助质量评价主体也会相应增加。
[2] 参见《法律援助法》第11条："国家对在法律援助工作中做出突出贡献的组织和个人，按照有关规定给予表彰、奖励。"

态度。

（2）持续改进法律援助的质量。质量改进不是一蹴而就的，而是持续进行的。当一个 PDCA 循环结束后，需要总结经验教训，对已有成绩进行巩固，将剩余问题则纳入下一个 PDCA 循环中解决。首先，司法机关可以召开年度刑事法律援助质量总结会，反馈近期评估信息。定期公开数据，不仅能够反映出质量控制的基本成效，还能引起一定的舆论关注，增加宣传力度。其次，将评估过程中发现的优秀刑事法律援助案例进行汇总，编辑成图书。高质量的援助值得所有律师学习、推广。最后，通过对评估结果进行数据分析，总结经验教训，尤其针对实践中反映的普遍突出问题，制定新的质量改进计划和目标。持续改进是质量控制的基本原则，经历一个 PDCA 循环后，很可能还会剩下部分或产生新的待解决的质量问题。这时，应该针对新旧问题，制定新的 PDCA 质量改进方案。

公司律师制度问题研究综述

胡晓雨 *

内容摘要：我国公司律师试点工作已进行了十几年，迄今为止公司律师仍未成为我国律师队伍中的正式一员。究其原因，有管理体制方面的不健全，有立法上的未给予认可和重视，有与其并存的企业法律顾问制度的干预，也有专业人士及社会大众对其了解的不深入，以上所有因素都导致我国公司律师制度发展缓慢。企业法律顾问资格考试取消成为公司律师制度发展历程中的转折点，企业对法律专业人士的依赖以及依法治企的理念使得公司律师的重要性日益凸显。同时公司律师制度在发展过程中也出现了种种问题，亟需从立法、管理体制以及企业法治文化建设等方面进行解决。

关键词：公司律师；企业法律顾问；管理体制；司法行政机关；律师协会

一、理论基础

为了应对加入 WTO 后我国企业界和律师业面临的严峻挑战，提高企业和律师的国际竞争力，完善我国企业法律制度和律师制度，司法部于 2002 年颁布了《关于开展公司律师试点工作的意见》（司发通［2002］79 号），决定开展公司律师试点工作。但是历经十几年的发展，公司律师一直面临着是否有存在的必要，存在的理由是什么，是否具有合法性等质疑。与其他国家公司律师制度发展历史悠久不同，我国公司律师制度正处于发展初期，总的发展脉络可以分为三个阶段：2002—2004 年是起步发展阶段，这一时期司法部大力支持公司律师这一新兴事物的发展，参与者积极性高；2004—2014 年是发展缓慢停滞阶段，这一阶段发展极为缓慢，部分地区在这一时期公司律师人数不升反降；2014 年至今是恢复加速发展阶段，公司律师加快发展与企业法律顾问资格考试取消有一定的关联，也与司法部的大力支持有关。

公司律师在起步的阶段发展缓慢，主要原因在于与之相竞争的企业法律顾问力量强大，直至 2014 年国务院取消企业法律顾问资格考试，不再进行企业法律顾问资格注册，

---

* 胡晓雨，中国政法大学 2019 级硕士研究生。

公司律师在失去强大竞争对手后理应得到快速发展，但事实并非如此。根据司法部公布的数据，截至 2018 年 5 月，全国共有 1000 余家国有企业设立了公司律师，公司律师总数超过 4600 人；截至 2018 年底，共有 1600 多家企业开展了公司律师工作，公司律师 7200 多人，仅占律师总人数的 1.71%。[1] 这组数据反映出两个问题：一是目前我国公司律师占比很小，远没有达到英美等发达国家公司律师的比例；二是自 2018 年下半年开始公司律师增长迅速，近半年增长的人数接近过去十几年增长的人数。分析前后发展速度差距大的原因，对促进公司律师制度发展极其重要。

公司律师产生的初衷是为了提高企业应对法律风险的能力，完善我国律师制度，因此公司律师是顺应时代发展潮流的。随着中国经济向市场化方向的持续深入发展，不断加强培育和发展以依法治企为核心内容的企业法治文化建设，已经成为企业在市场经济条件下求生存、谋发展、参与竞争和日常运行的现实需要。[2] 从这个角度看，我国现存企业法律顾问、公司律师以及由社会律师担任的企业法律顾问，都有其存在的合理性和必要性。除了对企业依法经营有必要外，公司律师对于拓宽法学生就业渠道也有很大作用。以往公检法系统以及律师事务所是法学生就业的首要选择，公司次之，但如果允许法学生在公司工作的同时又可以成为一名律师，那么公司对于法学生来说就有同样的吸引力，这在一定程度上可缓解法学生就业压力。因此，无论是对完善我国律师队伍，实现依法治企，还是对促进法律人的就业，公司律师都有其存在的必要性及意义。

二、理论研究现状及国外实践

（一）国内研究现状

目前国内针对公司律师制度的文献研究具有三个特点：一是数量少，且内容存在重复性；二是年代久远，很少有文献针对我国公司律师的最新发展状况进行研究；三是文献多由实务界人士如律师、公司律师或企业法律顾问结合工作实践所写，学术界的文献数量极少。

涉及公司律师的专著目前有刘思达所著《割据的逻辑——中国法律服务市场的生态分析》，该书用"后院"形容企业为法律人提供的工作环境。作者认为公司律师是司法部为了获得对企业法律服务的管理权而和国资委（经贸委）打的一场"宫廷战争"。但由于一方面司法部在我国政治系统中处于结构性弱势地位，无法与国资委相抗衡，另一方面

---

[1] 参见"2018 年度律师、基层法律服务工作统计分析"，司法部网站，www.moj.gov.cn/government_public/content/2019-03/07/634_229827.html，最后访问时间：2020 年 6 月 1 日。

[2] 张永坚："法治文化建设是企业发展的长效保障"，载《民主与法制时报》2017 年 5 月 28 日，第 11 版。

司法部与其试图管理的企业法律顾问之间缺乏交换关系,最终导致公司律师制度在初期发展缓慢停滞。[1]

学术论文中多涉及公司律师与企业法律顾问以及外聘律师之间的区别和联系。张海滨、刘峻认为聘请社会执业律师担任企业法律顾问的局限性在于:一是在同时存在多个客户的情况下,社会执业律师难以一心一意为企业服务,其提供的法律服务质量无法得到保证;二是社会执业律师对企业内部管理、业务环节以及专业技术等方面往往并不熟悉,且不能为企业提供连续的、全方位的法律服务,这对迅速、正确处理企业法律事务无疑也会产生一定的影响。[2]关于公司律师与企业法律顾问,有学者认为公司律师是企业法律顾问发展的一个更高阶段,从实践层面来看,公司律师的专业化程度和社会认可度更高,从制度层面来看,公司律师向其他法律职业转换渠道更为通畅。比起企业法律顾问,公司律师拥有律师执业证书,享有社会律师的大部分权利。[3]李本森也认为从历史和实践的角度看,企业专职法律顾问制度只是向公司律师制度的过渡形式。在企业法律顾问的基础上建立公司律师制度,是推进公司法律顾问工作上台阶的重要举措。[4]

针对我国公司律师制度存在的问题,吴玲认为我国公司律师数量少,分布严重失衡,整体素质不够高,公司律师与企业法律顾问并存,公司律师管理制度不完善。[5]张良庆、李华培、李锋则认为一是公司律师法律地位尚未明确;二是社会对公司律师的认知度和认同度较低;三是缺乏有效的激励机制,使得公司律师这一职位对优秀法律人才缺乏足够的吸引力,影响了公司律师队伍的发展壮大;四是公司律师缺乏相互之间沟通交流的平台,公司律师与主管司法行政机关和律师协会的联系少、交流少、沟通少。[6]

针对公司律师遭遇困境的原因,程滔、杨璐认为一是公司律师服务的可替代性高,服务内容与企业法律顾问的高度相似;二是行业管理的割据导致改革破产,其中涉及司法部和国资委之间的力量博弈;三是立法否认公司律师制度导致公司律师的职业特权落空;四是公司治理结构中对公司律师的错误定位。[7]陶澎认为公司律师制度陷入低迷的原因在于:一是企业法律顾问制度与公司律师制度并存;二是公司律师管理制度不够完善;三是《律师法》否认公司律师制度导致公司律师的职业特征落空。[8]二者分析的原因基本相同,目前企业法律顾问资格考试已经取消了,虽然仍有企业法律顾问存在,但其竞争力已经大大降低,需要将重点放在法律法规修改以及完善公司律师管理体制方面。

---

[1] 刘思达:《割据的逻辑——中国法律服务市场的生态分析》(增订本),译林出版社2017年版,第157页。
[2] 张海滨、刘峻:"公司律师制度若干问题研究",载《广西政法管理干部学院学报》2004年第1期。
[3] 中国人民大学律师学院公职律师与公司律师研究中心:《中国公司律师发展白皮书(2019)》,第4页。
[4] 李本森:"建立政府律师、公司律师制度的初探",载《中国律师》2002年第8期。
[5] 吴玲:"我国公司律师制度研究",载《中国律师》2014年第4期。
[6] 张良庆、李华培、李锋:"山东省公司律师试点十年调查报告",载《中国司法》2013年第11期。
[7] 程滔、杨璐:"公司律师制度在我国试行的困境及出路",载《中国司法》2012年第8期。
[8] 陶澎:"公司律师制度的'前世今生'",载《中国律师》2015年第12期。

(二) 国外公司律师制度实践

1. 美国公司律师制度

自 20 世纪 60 年代美国正式确立公司律师制度至今，美国的公司律师制度已经发展得相当成熟。在美国，公司律师不仅要获得律师资格，还要具备一定的法律工作经验。公司律师本身是公司的高级雇员，不允许作为社会律师兼职，也不能从事其他有偿服务，必须参加所在州的律师协会。美国还设立了首席公司律师制度，首席公司律师保持一定的独立性并具有相当程度的监督职能，既对公司经理负责，也可以把自己的法律意见直接反映到董事会。企业法人治理结构权力的合理分配为首席公司律师保持独立性和行使监督权提供了制度保障。[1]

美国公司律师成立了专门的全国性律师协会——"美国公司律师协会"，美国律师协会也成立了专门研究公司律师的委员会。美国公司律师受到极大的关注和支持，公司的法律部门纷纷得以建立或扩大，公司大量的法律业务也由律师事务所转移进了公司内部的法律部门。另外，美国的公司律师与社会律师在身份的转换上是不存在障碍的，美国执业律师可以选择在律师事务所、政府机关、公司企业工作，执业条件是相同的。对于公司律师和社会律师的划分，也仅仅是根据二者所服务的客户不同而已。[2]

2. 德国公司律师制度

德国的公司律师是德国律师协会的成员，律师协会下有一个专门的"企业律师工作组"，代表德国公司律师的利益。2015 年 1 月，德国司法和消费者保护部修改《联邦律师法》关于公司律师的部分规定，更加明确了公司律师的律师职业地位。[3]德国公司律师根据雇佣合同成为公司的高级雇员，专职为公司提供法律服务。公司律师独立办理公司的法律事务，不受雇主的干涉，具有相对的独立性，这是德国律师制度的一大特色。德国还专门通过立法保护内部律师独立性。[4]此外，德国律师执业章程规定公司律师不得为雇主担任诉讼代理人，也不得出席诉讼活动。德国公司律师在企业中享有崇高的地位，具有与职务和职位相匹配的丰厚的薪酬，退休后还能享受高级管理人员的待遇。[5]

3. 日本公司律师制度

随着全球经济一体化进程加快，日本企业的法律事务越来越复杂，仅仅依靠公司内

---

[1] 张浩："论公司律师制度的困境与构建"，载《行政与法》2016 年第 4 期，第 77 页。
[2] 王旭："美国公司律师的角色定位与作用分析"，载《广西政法管理干部学院学报》2009 年第 3 期。
[3] 参见李铁铮："'企业法律顾问与公司律师制度'海外状况分析——德国篇"，载中国法律风险管理网，http://www.senior-rm.com/detail.aspx?nid=17&pid=0&tid=0&id=30475，最后访问时间：2020 年 4 月 28 日。
[4] 全球企业法律顾问协会："德国通过立法保护内部律师独立性"，载《法人》2016 年第 2 期。
[5] 张浩："论公司律师制度的困境与构建"，载《行政与法》2016 年第 4 期。

部的法务部来处理本公司的法律事务无法满足需要。为此，许多大型公司雇佣专业律师担任本公司的法律顾问，成为公司律师。日本公司律师的资格条件与社会律师是同样的标准，只是业务范围比社会律师要窄一些。公司律师具有两重性，既是某一公司的内部雇员，必须服从公司的纪律和安排，同时作为律师中一员，又要受到所属地方律师协会的管理与监督。因此，日本公司律师除了完成企业交办的公司法律事务外，还要承担一定的社会义务，主要是律师协会规定的律师义务，包括参加律师协会的有关会议，参加律师培训，承担一定数量的国选辩护人工作，承担律协交办的法律援助工作。对于发展日本的公司律师制度，在日本律师联合会内部存在不同的看法。持肯定意见的律师认为，公司律师制度有利于提高企业法务部门的业务素质和公司抵御风险的能力。持否定态度的律师认为，日本律师实行的是行业自治原则，律师要实现维护社会正义的目标，必须保持独立，不能受制于企业的约束，否则会影响律师的独立性。但总的来看，公司律师存在的合理性远远大于局限性，因为它顺应了企业国际化进程的经济发展的需要。[1]

从美国与德国的公司律师实践来看，并不存在企业法律顾问制度与公司律师制度的冲突问题，主要原因在于企业法律顾问制度和公司律师制度本身就是一回事而不需要进行区分。[2]我国公司律师和企业法律顾问是两种不同的法律职业，二者在管理机制、准入条件、权利义务方面都进行了明确区分。同时，德国和日本都强调公司律师的独立性，不能受制于企业雇主的约束，独立处理企业法律事务。

三、法律法规政策梳理

（一）国家层面

2002年10月，司法部颁布了《关于开展公司律师试点工作的意见》（司发通[2002]79号），意见出台的背景是为了适应加入WTO后我国企业和法律服务业面临的新形势，着眼于提高企业内部法律工作者队伍的素质，促进企业内部管理的科学化、规范化和法制化进程，加强律师业与企业界的联系，充分发挥法律服务工作对企业生产经营活动的保障作用，推动完善企业法制工作和律师制度。意见规定了公司律师的任职条件、主要职责、权利义务以及公司律师的管理。这是最早对公司律师进行规定的规范性文件，较为简洁，多为原则性规定。

2014年10月，为加快建设社会主义法治国家，中共十八届四中全会通过《中共中央关于全面推进依法治国若干重大问题的决定》，决定中提到："构建社会律师、公职律师、

---

[1] 谷旭东："论公司律师制度"，载《河南司法警官职业学院学报》2004年第2期。
[2] 江军辉："统一我国企业法律顾问制度和公司律师制度的思考"，载《中国市场》2005年第50期。

公司律师等优势互补、结构合理的律师队伍……企业可设立公司律师，参与决策论证，提供法律意见，促进依法办事，防范法律风险。明确公职律师、公司律师法律地位及权利义务，理顺公职律师、公司律师管理体制机制。"该决定出台于企业法律顾问资格考试取消之后，党中央决定再次将两公律师提上日程，明确公司律师制度建立的意义，理顺公司律师的管理体制，加快两公律师制度发展。

2016年，中共中央办公厅、国务院办公厅印发了《关于深化律师制度改革的意见》（中办发〔2016〕21号）和《关于推行法律顾问制度和公职律师公司律师制度的意见》（中办发〔2016〕30号）。与之前规定不同的是，意见将法律顾问和公司律师进行整合，公司律师履行国有企业法律顾问承担的职责，受所在单位委托，代表所在单位从事法律服务。公司律师在执业活动中享有律师法等规定的会见、阅卷、调查取证和发问、质证、辩论等方面的律师执业权利，以及律师法规定的其他权利。意见试图将法律顾问和公司律师更好的衔接起来，避免出现企业法律顾问资格考试取消后原有的企业法律顾问面临就业风险，同时公司律师也可以利用企业法律顾问制度实行多年所积累的成果。

2019年1月1日，司法部颁布的《公司律师管理办法》开始施行，办法在原有规定的基础上对公司律师制度进一步细化，明确公司律师是指与国有企业订立劳动合同，依法取得司法行政机关颁发的公司律师证书，在本企业从事法律事务工作的员工。办法还明确了公司律师转为社会律师的条件、企业法律顾问与公司律师的衔接机制，新增了公司律师的考核办法、培训制度以及奖励制度等有关公司律师管理体制的内容。除此之外，司法部还试图扩大公司律师制度实施的范围，探索开展民营企业公司律师试点，不再将范围限于国有企业。同时还将公司律师与公职律师以两个办法分别规定，不再将二者合为一体。因为公司律师与公职律师有较多的区别，分开规定可以更好地结合公司律师自身特点和工作实际，促进公司律师的发展。

（二）地方层面

我国各地方针对公司律师制度的法规政策多种多样，为了便于了解各地方规定详情，以司法部《公司律师管理办法》的出台时间为划分节点，将各地方的规定分为两类[1]：一类是以2016年两办意见为依据在2019年之前出台的地方性文件；另一类是以司法部2019年出台的管理办法为依据出台的文件。其中部分省市还出台了专门针对公司律师某一方面的规定，如公司律师会费收取、公司律师年度考核等文件。经搜索各省级司法行政机关及律师协会官方网站，整理总结各地规定如下：

---

[1] 以下数据统计均来自于各省、自治区、直辖市司法厅及律师协会官方网站，未将我国香港、澳门、台湾地区统计在内。

1. 以 2016 年两办意见为依据出台的地方性文件

共有 19 个省级司法行政机关颁布了公司律师管理实施意见或办法，分别是吉林、辽宁、黑龙江、北京、天津、安徽、浙江、江苏、广西、海南、广东、贵州、湖南、湖北、重庆、陕西、宁夏、新疆、西藏。以上这些规定是以 2016 年 5 月两办印发的《关于推行法律顾问制度和公职律师公司律师制度的意见》为依据，在中央的原则性规定基础上结合本地方实践制定的相应规范性文件。

在颁布公司律师管理实施意见或办法的省份中比较有地方特色的是湖北和浙江。湖北省政府国资委和司法厅于 2017 年 6 月 30 日颁布了《湖北省国有企业公司律师管理办法》，规定："国有企业公司律师属于国有企业内部员工，人事关系、工资报酬及相关待遇等由所在企业确定并管理。国有企业公司律师的日常业务由省政府国资委统一管理，并接受司法行政机关的执业行为监管和律师协会的行业管理。"湖北省将公司律师实施范围明确限定为国有企业内部，排除了民营企业的实施空间。对于公司律师的管理，仍然沿用企业法律顾问的管理体制，采取由国资委对公司律师日常业务进行统一的管理，公司律师同时接受司法行政机关的执行行为监管和律师协会的行业管理。

浙江省司法厅于 2018 年 1 月 10 日颁布了《浙江省公职律师和公司律师管理办法（试行）》，相较于其他省市简单照搬中央两办意见的地方规定，浙江省的规定更为细致，这也与浙江省的经济发展水平有密切联系。办法规定了公司律师实行三重管理体制，即由业务主管部门、司法行政机关以及律师协会进行管理，明确了各自职责，还规定了公司律师培训、执业准入退出、考核、权益维护、与法律顾问衔接等具体制度。

2. 以 2019 年司法部管理办法为依据出台的地方性文件

共有 12 个省级司法行政机关依据《公司律师管理办法》制定地方规定，分别是福建、河南、山西、河北、江西、山东、内蒙古、甘肃、青海、四川、云南、上海。除了规定公司律师与法律顾问的衔接制度、公司律师的任职条件、权利义务等内容，多地规定中都提到了司法行政机关应当会同公司律师所在单位建立公司律师档案，将公司律师年度考核、表彰奖励、处罚惩戒、参加培训等情况记入档案，注重公司律师管理主体之间的相互协调配合，更好地对公司律师进行管理和监督。

3. 针对公司律师具体制度的专门性文件

目前部分省市出台了专门针对公司律师会费收取、年度考核的实施办法或通知，例如重庆市律师协会于 2017 年 4 月 14 日颁布了《重庆市律师协会公职律师公司律师会费收取办法（试行）》，规定公司律师为律师协会的个人会员，公司律师所在单位为律师协会的团体会员，均要按年度缴纳会费。另外还有各地每年度发布的关于公司律师年度考核有关事项的通知，将公司律师与社会律师分开进行年度考核。

4. 现行规定的优点与不足

(1) 新的规定更加全面细化。从国家层面来说，对于公司律师的权利、义务、职责进一步细化，涉及公司律师的年度考核、培训制度以及奖惩制度等；从地方层面来说，各地的实施办法不是简单照搬中央的规定，而是更加明确具体，具有可操作性。

(2) 文件效力层级低。目前关于公司律师制度的规定效力最高的就是司法部的《公司律师管理办法》，但其也只是部门规章，没有一部法律或者行政法规中有对公司律师的规定，规定的效力层级低会导致公司律师制度的认可度低，缺乏立法上的权威性。

(3) 部分地区立法滞后。在司法部《公司律师管理办法》出台一年半后，全国仍有超过一半以上的地区没有依据最新的规定结合本地实践出台新的实施办法，立法滞后会导致公司律师制度无法落地实施，发展缓慢。

(4) 公司律师管理体制存在问题。这一点主要归因于我国公司律师制度与企业法律顾问制度长期并存，两者之间存在管理割据的问题。公司律师作为律师要接受司法行政机关和律师协会的管理，作为国企员工又受到国资委的管理。司法行政机关和国资委是两个不同类型的国家机构，二者在公司法律服务方面的较量由来已久，如果继续由二者共同管理公司律师，则需要理清二者各自的职责，避免管理混乱。

(5) 相关配套规定少。目前关于公司律师的规定仍然以综合性规定为主，针对公司律师某一方面的具体规定例如公司律师的职业培训、考核办法、职称评定等几乎没有，只有部分地区专门出台针对公司律师会费收取的规定。而公司律师与社会律师又存在较大差别，不能简单套用现有关于社会律师的规定，因此应当尽快结合公司律师实际情况制定配套规定。

四、实践举措

针对公司律师制度实践中的举措有很多。本文主要梳理公司律师与企业法律顾问的关系、公司律师的管理体制、公司律师在民营企业中的发展、公司律师职称评定以及公司律师流动这几方面的实践举措。

(一) 公司律师与企业法律顾问

1. 公司律师与企业法律顾问的衔接

我国企业法律顾问的出现早于公司律师，发展得比公司律师更加完善。直至2014年7月22日，国务院发布《国务院关于取消和调整一批行政审批项目等事项的决定》（国发〔2014〕27号），正式取消了企业法律顾问职业资格许可考试，随后在《关于推行法律顾问制度和公职律师公司律师制度的意见》与《公司律师管理办法》中都规定了公司律师与企业法律顾问的衔接。《公司律师管理办法》第 12 条规定:"国家统一法律职业资格制度实施前已担任法律顾问但未依法取得法律职业资格或者律师资格的人员,同时具备下列条件的,经司法部考核合格,可以向其颁发公司律师证书:①在国有企业担任法律顾问满十五年;②具有高等学校法学类本科学历并获得学士及以上学位,或者高等学校非法学类本科及以上学历并获得法律硕士、法学硕士及以上学位或者获得其他相应学位;③具有高级职称或者同等专业水平。依照前款规定取得公司律师证书的人员,脱离原单位后申请社会律师执业的,应当符合国家统一法律职业资格制度的相关规定。"对于已经取得法律职业资格或者律师资格的原有企业法律顾问,满足法定条件后可以直接申请成为公司律师;如果尚未取得资格,则需要同时满足年限要求、学历要求以及职称要求,而且这类企业法律顾问在作为公司律师向社会律师转化时,仍然需要获得法律职业资格或者律师资格。

2. 总法律顾问制度

我国的总法律顾问制度是在借鉴其他国家的经验基础上发展而来。2002 年 7 月,国家经贸委、司法部、国务院法制办等几部门联合发布了《关于在国家重点企业开展企业总法律顾问制度试点工作的指导意见》,开始在我国部分国家重点企业开展企业总法律顾问制度试点。企业总法律顾问制度实际上是企业法律顾问制度发展的高级阶段或高级形式,企业总法律顾问通常是企业内部法律部门的主管。总法律顾问和一般法律顾问的最大不同是其能进入企业最高决策层,参与企业经营管理的全过程,因此也就有可能从源头上为企业规避法律风险,变事后补救为事先预防。[1] 总法律顾问的职责是直接向法定代表人或企业主要负责人负责,根据授权全面领导本企业的法律事务。在总法律顾问履行职责的条件上,要保证其作为决策成员出席企业办公会议以及其他涉及重要经济活动的决策会议。总法律顾问对企业重大决策涉及的法律事项,要敢于并善于提出正确的法律论证意见。[2] 目前总法律顾问制度仍然存在,但是可以在此基础上与公司律师制度更好的结合起来,建立"首席公司律师"。公司律师应当作为一个整体,在首席公司律师的带领下,组织配合、协调工作,提供前瞻性的法律支持,出具专业意见并有效地组织实施,集中高效地完成公司的法律任务,从而促进所在企业实现其经营目标。而首席公司律师也应充分调动每一位公司律师的积极性与能动性,发挥其潜能与特长。[3] 总法律顾问与首席公司律师分别是以企业法律顾问制度和公司律师制度为基础建立的,因此二者可以合二为一。

---

[1] 吴少鹰:"浅论我国企业法律职业制度的完善与重构",载《中国司法》2007 年第 11 期。

[2] 黄淑和:"进一步加强中央企业法律顾问制度建设——在中央企业法律风险防范机制建设工作会议暨总法律顾问培训班上的讲话(摘要)",载《上海企业》2006 年第 8 期。

[3] 王旭:"美国公司律师的角色定位与作用分析",载《广西政法管理干部学院学报》2009 年第 3 期。

（二）公司律师的管理体制

针对公司律师的管理体制，目前比较认可的是实行司法行政机关的行政管理、律师协会的行业管理以及公司律师所在公司的日常业务管理的"三结合"管理体制。在管理体制中需要明确各管理主体的职责，对公司律师进行更好的管理监督。

1. 司法行政机关的行政管理

（1）行业准入及退出。目前各地的公司律师准入方式大致分为四种：一是从事法律事务工作达一定时限（通常为二年以上），再经过律协组织的职前培训（部分地区强制要求）并取得结业证书；二是由原有企业法律顾问转化，转化方式因取得法律职业资格或律师资格及未取得资格而有所不同；三是担任法官、检察官、律师一年以上；四是在岗实习一年并通过律协实习考核（目前仅江西省规定了这种方式）。无论哪一种准入方式，都需要向相应的司法行政机关递交申请，经审核合格后由司法行政机关颁发公司律师证书。对于公司律师的退出，分为注销和吊销两种方式，也是向司法行政机关递交申请经其审核后作出决定。

（2）年度考核。公司律师的年度考核分为两种方式：一种是公司律师单独考核，由各设立单位负责具体组织实施，各设立单位综合公司律师遵守宪法和法律、为本设立单位办理法律事务及相关工作情况对本单位公司律师形成年度执业考核意见并确定考核结果（"称职""基本称职"和"不称职"），再由公司将考核结果报司法行政机关备案。另一种是所有类型的律师统一考核，由公司针对公司律师上一年度遵守法律法规和职业道德、履行岗位职责、从事法律事务工作数量和质量等方面工作情况，提出称职、基本称职、不称职的考核等次意见。律师协会经审查后评定考核等次，再将公司律师考核结果报同级司法行政机关进行备案审查。

（3）行政处罚。实践中针对公司律师进行行政处罚的案例并不多见，目前仅查到甘肃省一名公司律师王某，自 2007 年 1 月 23 日开始在玉门油田分公司担任公司律师，后因犯受贿罪受到刑事处罚，甘肃省司法厅决定给予王某吊销律师执业证书的行政处罚。[1] 从公司律师的特点来看，惩罚事由与专职律师应有所区别，但现行《律师法》《律师和律师事务所违法行为处罚办法》中都没有规定公司律师的惩戒事由，因此实践中公司律师会因何种行为受到何种行政处罚并不明确。

2. 律师协会的行业管理

（1）公司律师工作委员会。2012 年 10 月 12 日，北京市"公司律师与公职律师工作委员会"成立，这是自 2002 年司法部在全国开展公司律师和公职律师试点工作以来，全

---

[1] 参见"甘肃省司法厅行政处罚决定书"，甘肃省律师协会网站，http://www.gslawyer.com/htm/20181/200_3518.htm，最后访问时间：2020 年 6 月 11 日。

国律师行业建立的第一个面对两公律师的工作委员会,是全新的律师工作平台。公司律师工作委员会一般负责统筹公司律师工作、制定公司律师活动计划、研究公司律师群体的特点和发展规律以及为协会决策机构提供公司律师工作方面的咨询意见和建议。经查询各省级律师协会网站,目前共有13个省级律师协会内部成立了专门的公司律师工作委员会。[1]公司律师工作委员会作为律师协会内公司律师的"发言人",对于维护公司律师的权益、推动公司律师的发展有极大的促进作用,但目前仍有超过一半以上的省级律协尚未建立公司律师工作委员会。此外,在已经设立的公司律师工作委员会中,存在公司律师占比不高,参与积极性不够,委员会主任、副主任多由社会律师担任等问题,不能更好地发挥工作委员会的作用。

(2)公司律师的会员权利与义务。公司律师作为律师协会的个人会员,与其他类型的律师享有同样的会员权利与义务。实践中存在争议的一点是公司内部设立的公司律师事务部是否可以视为律协的团体会员。目前将公司律师事务部视为律师协会的团体会员主要出现于部分地区律师协会会费收取规定中,这些规定将公司律师事务部与律师事务所并列,公司律师事务部需缴纳团体会费。但需要注意的是,团体会员远不止于收取会费这一项义务,还要和其他团体会员一样接受年度考核,享有团体会员的权利,履行团体会员的义务。

(3)行业处分。和公司律师的行政处罚一样,目前并没有查询到很多关于律师协会对公司律师作出的行业处分决定,仅有的也是基于司法行政机关作出的行政处罚决定而作出行业处分,如前文中提到的公司律师王某因犯受贿罪被甘肃省司法厅给予吊销律师执业证书的行政处罚,随后由律师协会决定取消其律师协会会员资格。[2]原因也是在于律师协会制定的《律师执业行为规范(试行)》《律师协会会员违规行为处分规则(试行)》都没有将公司律师纳入其中,对于应如何给予公司律师行业处分并没有明确的规定。

3. 公司对公司律师的日常业务管理

公司作为与公司律师签订劳动合同的一方,与公司律师建立劳动合同关系,负责本单位公司律师的日常业务管理,对本单位申请公司律师证书的人员进行初步审核等等。大多数公司为了方便管理,成立了公司律师事务部,由其负责公司的法律事务和公司律师的统一管理。对于公司律师事务部以何种形式建立,实践中有不同的观点。有人建议以集团总部名义设立公司律师事务部,集团从事法务工作的公司律师均由总部统一办理申请注册及管理。同时由总部统一进行内部管理,即统一招聘、统一实习、统一注册、

---

[1] 该数据来源于各省级律师协会官网。
[2] 参见"甘肃省律师协会处分决定书",甘肃省律师协会网站,http://www.gslawyer.com/htm/20188/200_3710.htm,最后访问时间:2020年6月11日。

统一执业、统一内部培训,这样有利于整体掌控集团的风险管理策略与尺度,有着分散管理不可比拟的优势,也利于提升企业内法律人员的地位与作用发挥。[1]但是,国企等大型企业的子公司往往分布于全国各地,司法行政机关和律师协会都采属地管辖和级别管辖的方式,如果公司律师统一在总公司进行注册年检既不方便公司律师业务的开展,也不方便司法行政机关和律师协会对其进行管理。因此可以根据每个子公司内公司律师的人数来决定,当子公司内公司律师人数达到一定条件的就可以在子公司内建立公司律师事务部。

(三)公司律师在民营企业中的发展

公司律师制度自实行以来,长期将范围限定在国有企业,导致公司律师人数增长缓慢且人数占比极小。最初只在国有企业内部进行公司律师试点是考虑到公司律师需要严格规范,民营企业相对于国有企业难以得到规范管理。但公司律师已经试点多年,如果仍将范围限定在国有企业,既不利于实现"依法治企"的初衷,也不利于民营企业提升市场主体的核心竞争力以及应对法律风险的能力。因此《公司律师管理办法》明确规定"探索开展民营企业公司律师试点",自此各地相继出台文件或通知开展民营企业试点工作。2019年11月16日,上海市司法局、市工商业联合会联合出台《关于在本市民营企业开展公司律师试点工作方案》,方案中明确了申请试点的民营企业应该具备信用、税收、工作部门和人员等条件,根据"自愿报名、择优录取"的原则,开展试点工作。2019年12月,陕西省司法厅、省工商联联合下发《关于开展民营企业公司律师试点工作的通知》,开始民营企业公司律师试点。2020年3月,贵州省司法厅印发了《关于在省内民营企业中试行公司律师制度的意见》。江苏、浙江、广东等地均开展了民营企业公司律师试点工作。2019年10月11日,腾讯公司作为司法部批准的首家民营企业公司律师试点单位,旗下28位法律工作人员获得了由司法部颁发的公司律师证书。这标志着全国首批由司法部颁证的民营企业公司律师正式诞生,成为我国法治工作队伍的重要组成部分。[2]我国民营企业所占的市场份额极大,数量也很多,将公司律师实施范围扩展到民营企业,有利于促进公司律师的快速发展。对于民营企业的公司律师试点工作,可先在大型民营企业中进行,根据试点的效果再逐步拓宽到其他民营企业,确保公司律师制度平稳发展。

(四)公司律师职称评定

公司律师职称评定是目前公司律师群体较为关注的问题,因为公司律师作为企业员

---

[1] 王茂松:"公司律师制度设计猜想",载《法人》2015年第2期。
[2] 参见"民营企业公司律师试点,司法部为28名腾讯公司律师颁证",载人民日报海外网,http://m.haiwainet.cn/mip/3541581/2019/1012/content_31644063_1.html,最后访问时间:2020年6月3日。

工,职称评定对于其工资待遇、晋升空间都有极其重要的作用。笔者在部分省市司法厅网上信箱看到公司律师询问是否可以进行公司律师职称评定的信件,但对于公司律师能否进行职称评定司法行政机关并没有给出明确的答复。[1]目前律师系列专业技术资格评审只有专职律师以及法律援助律师可以参与,将公司律师排除在外。因此,各地应加快推动公司律师的职称评定制度。

(五) 公司律师的流动

公司律师制度的发展也为公司律师的流动提供了便利。在满足一定条件的情况下,各地都允许公司律师变更执业单位,只在具体流动环节上有所区别。以福建、青海省为例,公司律师调动到其他国有企业的,应在办妥调动手续后六个月内向新工作单位所在地设区市司法行政部门申请换发公司律师证书。这里限定为在国有企业间可以自由流动。河南省则不允许公司律师变更执业单位,只能在原企业办理注销手续后重新提出公司律师执业申请。

另一种比较常见的是公司律师向社会律师的流动。《公司律师管理办法》第十一条规定:"担任公司律师满三年并且最后一次公司律师年度考核被评定为称职的人员,脱离原单位后申请社会律师执业的,可以经律师协会考核合格后直接向设区的市级或者直辖市的区(县)司法行政机关申请颁发社会律师执业证书,其担任公司律师的经历计入社会律师执业年限。"规定改变了以往公司律师转社会律师要经过一年实习期的做法,公司律师只要满足工作年限且考核合格就可以直接转为社会律师,部分地区在司法部规定的基础上专门出台了公司律师转为社会律师的考核办法。

浙江省对于公司律师转社会律师的工作年限要求较长,并且考虑到了公司律师转为社会律师后的利益冲突问题。《浙江省公职律师和公司律师管理办法(试行)》第28条规定:"公职律师、公司律师注销执业证书后,申请社会律师执业的,按照《律师法》和《律师执业管理办法》等规定的条件和程序办理。公职律师、公司律师连续任职五年以上,或者连续任职三年以上且办理行政复议、行政诉讼、法律援助案件等五件以上,每年度考核称职的,如转为社会律师执业,可不经律师事务所实习,但应当参加省律师协会的社会律师任职前培训并经所在地律师协会考核合格。公职律师、公司律师离职后转为社会律师的,不得利用在原单位任职期间获得的重要信息为所在的律师事务所或本人牟取不当利益;不得担任在原任职单位办理的法律事务的对方当事人的代理人;在离职后两年内不得办理与原任职单位有利益冲突的法律事务,但法律另有规定的除外。"利益冲突是律师职业道德中极其重要的一部分,对于公司律师从企业到律所的转换所带来的

---

[1] 参见"恳请解决国有企业公司律师评定职称问题",载广西壮族自治区司法厅网站,http://sft.gxzf.gov.cn/hdjl/bmxx/detail.shtml?metadataId=92610,最后访问时间:2020年6月5日。

利益冲突问题需要引起管理机关的重视，浙江省的这一做法值得其他地区借鉴。

五、经典案例——公司能否向诉讼对方主张公司律师服务费？

《公司律师管理办法》第 14 条第 2 款规定："公司律师应当接受所在单位的管理、监督，根据委托或者指派办理法律事务，不得从事有偿法律服务，不得在律师事务所等法律服务机构兼职，不得以律师身份办理所在单位以外的诉讼或者非诉讼法律事务。"

（一）案例介绍

1. 千博乐城公司等与琼海市农信社等金融借款合同纠纷案[1]

（1）基本案情。被告千博乐城公司与原告琼海市农信社等十五家单位（经查均为海南省农村信用社联合社分支机构）签订了《贷款合同》，约定千博乐城公司向琼海市农信社等十五家单位组成的社团贷款 5 亿元。合同中约定贷款人为实现债权而实际发生的律师费等一切费用均由借款人承担。琼海市农信社等十五家单位按约向千博乐城公司发放贷款完毕后，千博乐城公司未依约返还。

因千博乐城公司未依约返还贷款，琼海市农信社等十五家单位分别与海南省农村信用社联合社律师事务部签订《法律事务委托合同》，约定该事务部委派李斯才、李庆玉两位公司律师代理本案一审诉讼事务，琼海市农信社等十五家单位作为委托人分摊代理费金额共计 1508750 元，之后十五家单位分别按照合同约定向海口农村商业银行股份有限公司（海南省农村信用社联合社分支机构，本案原告之一）资金清算中心支付律师服务费合计 1140269.8 元。

（2）争议焦点：被告应否承担原告为实现债权支付律师服务费。原告认为：根据合同约定，千博乐城公司应承担其为实现债权而实际发生的一切费用。国务院《深化农村信用社改革试点方案》及海南省《农村信用社公司律师工作规则（试行）》对公司律师职责、律师事务部收费问题作了详尽规定，其支付律师费用有政策法规依据。其和海南省农村信用社联合社律师事务部签订法律事务委托合同后支付了费用，未能提供律师收费发票不影响其实际支付费用的客观事实。

被告认为：根据中共中央办公厅、国务院办公厅《关于推行法律顾问制度和公职律师公司律师制度的意见》、司法部《关于开展公司律师试点工作的意见》的相关规定，公司律师是企业员工，不得从事有偿法律服务，不得在律师事务所和法律服务所兼职。琼

---

[1] 参见"最高人民法院（2017）最高法民终 844 号民事判决书"，载中国裁判文书网，http://wenshu.court.gov.cn/website/wenshu/181107ANFZ0BXSK4/index.html? docId = 3725403b2e4a4ac7b89fa968-01300b8e，最后访问时间：2020 年 6 月 11 日。

海市农信社等十五家单位与其委托诉讼代理人之间是劳动关系而非委托关系,其代理人作为公司律师代理公司诉讼是本职工作,无权在领取工资外再收取律师服务费。另外,原告向海口农村商业银行股份有限公司资金清算中心支付的1140269.8元款项,系它们之间内部安排的资金往来,不是律师服务费。律师收取服务费应开具正式发票并依法纳税,但原告并没有提供正式的律师服务费发票。

(3) 法院判决。原告主张律师费有合同依据。合同中明确约定由借款人承担律师费等一切为了实现债权而付出的费用。琼海市农信社等十五家单位也实际支付律师服务费合计1140269.8元。该费用符合合同约定,亦未违反相关法律、法规规定。各原告虽未提供律师费收费发票,但根据其提供的《法律事务委托合同》及相应付费证据,足以证明其因委托代理而实际发生费用的客观事实。法院除了对其中两笔没有足够证据证明为律师费的费用不予支持外,对其他的律师服务费全部支持。至于海南省农村信用社联合社律师事务部接受委托指派公司律师代理服务并收取费用的做法,是否符合相关规定,千博乐城公司依法应向相关行政主管部门反映请求予以处理,但其以此为由主张不承担前述费用,依法不能得到支持。

2. 农村信用合作联社滨濂分社与陈彪、蒙莉等金融借款合同纠纷案[1]

(1) 案情简介。原告农村信用合作联社滨濂分社与被告陈彪、蒙莉签订《贷款合同》,约定原告向被告陈彪发放贷款2000000元,蒙莉提供担保,担保范围为贷款人向借款人发放的全部贷款本金、利息、罚息、复利、违约金、赔偿金、实现债权的费用和所有其他应付费用。原告按约向被告发放贷款完毕后,被告未依约返还。

(2) 法院判决。根据《公司律师管理办法》第14条第2款规定,公司律师应当接受所在单位的管理、监督,根据委托或者指派办理法律事务,不得从事有偿法律服务,不得在律师事务所等法律服务机构兼职,不得以律师身份办理所在单位以外的诉讼或者非诉讼事务。

本案中,原告委托的诉讼代理人系海南省农村信用社联合社律师事务部公司律师,公司律师不得从事有偿法律服务,公司律师事务部是专门负责处理本单位法律事务的,且原告未能提供律师事务所开具的律师费发票作为证据,故对原告的主张的律师服务费不予支持。

(二) 案例分析

以上两个案件案由相同,所涉公司律师都是海南省农村信用社联合社公司律师事务

---

[1] 参见"海南省海口市中级人民法院(2019)琼01民终1249号民事判决书",载中国裁判文书网,http://wenshu.court.gov.cn/website/wenshu/181107ANFZ0BXSK4/index.html? docId = 6ddbfcda335c49ff92d8aa3b018387c5,最后访问时间:2020年6月11日。

部律师，但最终判决结果却完全相反。案例一的终审法院是最高院，案例二终审法院是琼海市中院。虽然我国不是判例法国家，但是最高院的判例在一定条件下具有指导参考作用。笔者认为之所以对于同样的案情法院作出不同的判决结果，就在于对条文中"有偿法律服务"理解有歧义。律师从事的大多数都是有偿法律服务，律师以自己的专业知识为当事人提供代理，当事人根据律师提供的法律服务支付相应的费用。一般当事人是与律师事务所签订合同，将相应的费用支付至律所账户，律所在扣除相应的费用后再支付给律师，实际收取费用的人是律师。本案中有所不同的是，律师事务所换成了公司律师事务部，律师换成了公司内部员工。对于法院支持律师费的主张，承担律师费的一方是将费用支付给公司，而公司律师作为公司员工可能不会得到这笔律师费，所以并不算是提供有偿服务。此外，借款合同纠纷的标的额往往数额巨大，合同也通常会约定债权人为实现债权而支出的费用全部由债务人承担，如果这类案件全部由债权人的公司律师来代理，在诉讼中债务人主张不应承担债权人的律师费，那么对于债权人来说是不合理的。无论是公司律师还是外部律师，针对案件所付出的成本是一样的，全部否定律师费可能就会导致最终公司不愿由公司律师来代理这类案件，从而影响公司律师作用的发挥。而且禁止公司律师从事有偿法律服务也是考虑到公司律师作为公司员工只能全心全意为公司服务，但如果公司律师并没有因此获得工资以外的收入，则公司律师提供的法律服务不属于规定所禁止的"有偿服务"。

六、对策

我国公司律师制度发展缓慢且基础薄弱，因此完善我国公司律师制度既要借鉴国外成熟的做法，也要基于我国的实际情况，在吸收国外先进经验的基础上进行制度创新，建立具有中国特色的公司律师制度。

（一）立法层面

健全的法律服务市场的建立离不开立法的保障，多数学者都主张应当对《律师法》及相关法律进行修改，在律师的定义、执业机构、执业类型、法律地位、权利义务等相关内容的设计上作出相应的调整，增加对公司律师必要的规范，从而为建立我国公司律师制度提供立法保障。另外，涉及公司律师流动机制以及执业证书的颁发等具体的管理、监督法律法规，也应作出相应的调整。鉴于公司律师雇主唯一，很容易产生中立性的危机；同时，在利益冲突等问题上面对强势的雇主，公司律师很容易处于弱势地位等问题，因此应当在行业行为规范中给予其特殊保护，并针对公司律师自身的特点对其行为进行特别的规范。[1]除此之外，还应修改与公司律师工作相关的法律，如《中华人民共和国公司法》《中华人民共和国证券法》等，增加公司律师参与公司经营和提供法律服务的内容，构建完整的公司律师制度体系。[2]

(二) 实践层面

1. 司法行政机关积极履行行政管理职责

司法行政机关作为公司律师的行政管理机关，应理清自己的职责。一是要把好公司律师的"准入""退出"关，做到"宽进严管"，严格审核公司律师申请材料，同时要做到简化程序，高效便民。二是做好公司律师的年度考核工作。年度考核作为对公司律师进行监督指导的有力途径，能够监督公司律师是否依法执业，掌握整个公司律师行业的发展状况。三是尽快完善公司律师的惩戒机制，修改《律师和律师事务所违法行为处罚办法》等规定，明确公司律师的处罚事由、幅度等，规范公司律师的执业行为。

2. 律师协会应加强行业管理

有学者建议我国建立"公司律师协会"或在律协内部建立专门的委员会，使得公司律师的作用得到律师界及社会的认可和重视，通过与其他律师的交流，扩大公司律师的知名度及影响力。[3]我国目前部分省市已经在律师协会内部建立了公司律师工作委员会，专门负责公司律师工作。下一步需要在律师协会内普遍建立公司律师工作委员会，并且完善公司律师工作委员会的组织结构及组成人员，使其发挥应有的作用，加强公司律师与行业组织的联系。另一方面公司律师作为律师协会的会员，律师协会要负责维护公司律师的会员权益与执业权益，确保其享有与社会律师同样的律师权利，同时监督其履行会员义务，必要时督促其履行作为律师应尽的社会义务。

3. 公司应当加大对公司律师的扶持力度

（1）提升公司律师的地位，探索建立"首席公司律师"制度。为了使公司律师更好地履行职责，发挥其应有的职能，根据公司律师工作的特点，应提高公司律师负责人在企业中的地位。公司律师负责人的地位越高，越有利于公司律师业务的开展。在美国，公司法律部的负责人称为公司总律师，是公司最高管理机构的成员之一，其在公司中享有很高的权威，并参与公司重大决策的制定。[4]我国也有总法律顾问制度，鉴于企业法律顾问资格考试已经取消，可以在总法律顾问的基础上建立"首席公司律师"制度，明确首席公司律师对企业法律文件审核的最终效力，公司所有法律事务都必须由首席公司

---

[1] 程滔、杨璐："公司律师制度在我国试行的困境及出路"，载《中国司法》2012年第8期。
[2] 张浩："论公司律师制度的困境与构建"，载《行政与法》2016年第4期。
[3] 程滔、杨璐："公司律师制度在我国试行的困境及出路"，载《中国司法》2012年第8期。
[4] 程滔、杨璐："公司律师制度在我国试行的困境及出路"，载《中国司法》2012年第8期。

律师决定,首席公司律师可享有"一票否决权"。同时首席公司律师享有与公司其他高层同等的待遇与职权,确保公司法律部与公司其他部门相比具有同等地位。

(2) 为公司律师设计合理的薪酬待遇,完善晋升机制。中国人民大学律师学院公职律师与公司律师研究中心 2019 年 10 月 20 日发布的《中国公司律师发展白皮书》的数据显示在国内一线城市如北京、上海等地,公司律师与社会律师在入职后的前几年内,二者的薪水差别不大;但在入职后的 2 至 8 年内,社会律师的薪资涨幅走势优于公司律师;随着入职年份的增加,在入职八年左右,公司律师基本上升至管理岗,薪资水平会迎来一个增长的小高峰。[1]公司律师目前在法律从业者中吸引力及知名度并不如社会律师,一个很重要的原因就是薪资待遇的差距大,认为公司律师作为企业员工其收入远远比不上社会律师的律师费。因此有学者建议企业对公司律师的薪酬,既要统一于企业的薪酬体系,又要区别于公司其他职员,按照公司律师的工作性质和实际贡献给予相应待遇,[2]尽量缩小与社会律师的收入差距。

(3) 探索建立公司律师职称评定制度。公司应与司法行政机关、律师协会一起探索建立公司律师职称评定制度。职称评定对于公司律师评优、工资待遇等都有十分重要的意义,公司律师职称评定制度的确定也会加大公司律师制度对法律从业者的吸引力。企业法律顾问针对其工作实际建立了一套相对完善的职称评定系统,公司律师可以借鉴经验,利用二者的共通点尽快建立公司律师的职称评定制度,同时也可以参考社会律师的职称评定机制。

结语

我国公司律师制度已经发展了将近二十年,但是发展缓慢,缺乏立法规定、配套制度等因素的支持,因此与发达国家相比仍存在较大差距。司法部《公司律师管理办法》的出台,带来了公司律师制度新一轮的发展,在完善公司律师管理体制、扩大公司律师实施范围、完善公司律师配套制度等方面发挥了积极作用。对于公司律师制度在实践中存在的问题,不仅需要从立法上给予其地位的认可,还要完善公司律师的管理体制,司法行政机关、律师协会及公司律师所在单位三方应协调配合,共同做好公司律师的监督管理,同时还要提升公司律师重视度及社会认可度,真正构建社会律师、公职律师、公司律师等优势互补、结构合理的律师队伍。

---

[1] 中国人民大学律师学院公职律师与公司律师研究中心:《中国公司律师发展白皮书 (2019)》,第 15 页。
[2] 张良庆、李华培、李锋:"山东省公司律师试点十年调查报告",载《中国司法》2013 年第 11 期。

参考文献

[1] 刘思达:《割据的逻辑——中国法律服务市场的生态分析》（增订本），译林出版社 2017 年版。

[2] 中国人民大学律师学院公职律师与公司律师研究中心:《中国公司律师发展白皮书（2019）》。

[3] 张海滨、刘峻:"公司律师制度若干问题研究"，载《广西政法管理干部学院学报》2004 年第 1 期。

[4] 张永坚:"法治文化建设是企业发展的长效保障"，载《民主与法制时报》2017 年第 11 版。

[5] 李本森:"建立政府律师、公司律师制度的初探"，载《中国律师》2002 年第 8 期。

[6] 吴玲:"我国公司律师制度研究"，载《中国律师》2014 年第 4 期。

[7] 张良庆、李华培、李锋:"山东省公司律师试点十年调查报告"，载《中国司法》2013 年第 11 期。

[8] 程滔、杨璐:"公司律师制度在我国试行的困境及出路"，载《中国司法》2012 年第 8 期。

[9] 陶澎:"公司律师制度的'前世今生'"，载《中国律师》2015 年第 12 期。

[10] 张浩:"论公司律师制度的困境与构建"，载《行政与法》2016 年第 4 期。

[11] 王旭:"美国公司律师的角色定位与作用分析"，载《广西政法管理干部学院学报》2009 年第 3 期。

[12] 全球企业法律顾问协会:"德国通过立法保护内部律师独立性"，载《法人》2016 年第 2 期。

[13] 江军辉:"统一我国企业法律顾问制度和公司律师制度的思考"，载《中国市场》2005 年第 50 期。

[14] 谷旭东:"论公司律师制度"，载《河南司法警官职业学院学报》2004 年第 2 期。

[15] 吴少鹰:"浅论我国企业法律职业制度的完善与重构"，载《中国司法》2007 年第 11 期。

[16] 黄淑和:"进一步加强中央企业法律顾问制度建设——在中央企业法律风险防范机制建设工作会议暨总法律顾问培训班上的讲话（摘要）"，载《上海企业》2006 年第 8 期。

[17] 王茂松:"公司律师制度设计猜想"，载《法人》2015 年第 2 期。

律师利益冲突问题研究综述

王思敏 *

内容摘要：近年来，随着法治建设工作的不断推进，法律职业伦理研究越来越受到理论界和实务界的重视。律师利益冲突作为律师职业行为规范中的一个重要概念，是法律职业伦理研究的重要内容之一。"利益冲突"会使律师受到职业惩戒，也会影响律师自身的声誉，情况严重时会导致律师被追究刑事责任。因此，律师个人、律师事务所以及律师协会都面临着如何有效处理律师执业中的利益冲突的问题。但就目前来看，关于律师利益冲突识别与界定仍显模糊，规定律师利益冲突的法律及相关规则混乱不成体系，有关律师利益冲突的规制和管理仍有不足之处。本文旨在对律师利益冲突有关基础理论、法律规则、典型案例、管理举措进行梳理和研究，使我国尽早清理、完善律师的执业利益冲突规范，使委托人的利益得到更好保护，使我国律师业可以健康发展。

关键词：律师职业伦理；利益冲突；职业惩戒

一、前言

在我国，从 1979 年律师制度重建至今已有 40 余年，[1] 律师队伍不断壮大，律师参与案件类型不断增多，律所的数量不断增长、规模不断发展，致使律师、律师事务所的执业利益冲突风险不断增加。通过仔细搜索中华全国律师协会惩戒工作的通报，就可以发现律师因违反利益冲突规定而受到执业惩戒的情况屡见不鲜。以 2018 年 10 月份中华律师协会律师惩戒工作公报进行举例，在 2018 年 10 月，全国各省（区、市）收到的投诉案件中，违规情形包括违反利益冲突规定、代理不尽责、泄露当事人秘密或个人隐私、违规收费、妨碍司法公正、以不正当方式影响依法办理案件、违反司法行政管理或者行业管理、不正当竞争、虚假诉讼以及其他事由。其中，违反利益冲突规定的有 34 件，占

---

* 王思敏，中国政法大学 2019 级硕士研究生。
[1] 1979 年 12 月 9 日，司法部发出了《关于律师工作的通知》，明确宣布恢复律师制度。

8.72%。[1]同时，在 2017 年至 2019 年，律师违反利益冲突规定的案例屡次被纳入全国律协公布的律师惩戒典型案例中。[2]不可否认，由于利益冲突产生的负面评价对律师事务所以及律师个人的影响较大，还会导致发生一些不必要的费用。通过对法律规范、学术资料以及一些典型案例进行研究可以发现，关于律师利益冲突的相关内容缺乏切实可行之指引，实践中存在许多困境，目前关于更广泛、更复杂的律师利益冲突的界定与识别较为模糊，关于律师违反利益冲突规定的规制与管理欠完善，不利于律师执业行为的规范以及委托人的利益保护。因此如何合理规范律师执业行为，解决律师利益冲突，便成了我国律师行业，乃至整个民主法治工作推进过程中急需解决的一个问题。

近年来，党中央对法治建设领域树立了新的"风向标"，从十八届四中全会明确提出的"规范律师执业行为，监督律师严格遵守职业道德和职业操守"[3]到第十九届四中全会提出的"完善包括律师、公证、法律援助、司法鉴定、仲裁、人民调解等在内的公共法律服务体系。"[4]均要求我们重视法律职业伦理、提高法律服务质量。然而，"利益冲突是法律职业的中心道德问题，并且确实是这一问题赋予了法律职业以定性的特点。按照界定，法律职业的功能是服务于超越法律职业自己的利益。'利益冲突'的概念就是这样一个界定，它反映了这一基本特点，因为它明确定了那些法律职业人员必须认可的其他利益。因此，分析法律职业的利益冲突问题，就是在探讨法律职业本身的性质"。[5]因此，在理论研究层面来看，律师利益冲突是律师职业行为规范中的一个重要概念，也是法律职业伦理研究的重要内容之一，研究律师利益冲突实属必要。

二、律师利益冲突基本理论

（一）利益冲突的概念界定

根据《布莱克法律词典》对 Conflict of Interest 的解释："A real or seeming incompatibility between the interests of two of a lawyer's clients, such that the lawyer is disqualified from representing both clients if the dual representation adversely affects either clients or if the clients do not consent.（律师的两个委托人的利益之间真实的或表面上的不相容，因此，如果双重

---

[1] 中华律师协会："2018 年 10 月份律师协会惩戒工作通报"，载中国律师网，http://www.acla.org.cn/article/page/detailById/24446，最后访问时间：2020 年 2 月 20 日。

[2] 参见中国律师网，http://www.acla.org.cn，最后访问时间：2020 年 2 月 20 日。

[3] 《中共中央关于全面推进依法治国若干重大问题的决定》，载中国人大网，http://www.npc.gov.cn/，最后访问时间：2020 年 2 月 20 日。

[4] 《中共中央关于坚持和完善中国特色社会主义制度、推进国家治理体系和治理能力现代化若干重大问题的决定》，载中国人大网，http://www.npc.gov.cn/，最后访问时间：2020 年 2 月 20 日。

[5] 王进喜：《美国律师职业行为规则理论与实践》，中国人民公安大学出版社 2005 年版。

委托对任何一个委托人产生不利影响或委托人不同意,律师将丧失代表两个委托人的资格。)"[1]美国《关于律师的法律重述》第 121 条规定:"如果存在律师对委托人的代理,将因律师自身的利益、律师对其他现委托人、前委托人或者第三人的职责而受到重大的不利影响的重大风险,则存在律师利益冲突问题。"[2]中华全国律师协会 2004 年颁布的《律师执业行为规范》(试行)第 76 条规定:"利益冲突是指同一律师事务所代理的委托事项与该所其他委托事项的委托人之间有利益上的冲突,继续代理会直接影响到相关委托人的利益的情形。"[3]但是 2017 年修订后的最新版本中无此概念。北京市《北京市律师业避免利益冲突的规则》(试行)第 4 条规定:"本规则所称利益冲突,是指同一律师事务所代理的委托事项与该所其他委托事项的委托人之间有利益上的冲突,继续代理会直接影响到相关委托人的利益的情形。"第 5 条规定:"本规则所称利益冲突行为,是指同一律师事务所或者同一律师已经或者拟代理的两个或者两个以上的委托人之间存在相悖的利益关系,但仍然接受委托代理的行为。"还有一些地方律师协会颁布的相关规则以及律师也对律师利益冲突的概念也做过界定,在这里不再列举。

(二)律师利益冲突的理论基础

探讨理论基础有助于识别律师违反利益冲突规定的行为,进而有利于完善律师利益冲突研究、有利于相关规范明确化、有利于律师惩戒事由的精确归类以及促进律师事务所在利益冲突管理方面的专业化。

关于律师利益冲突的理论基础有很多观点,如有基于律师和委托人关系的、有基于律师义务来讨论的等。陈露在《美国律师保密义务的新变化》中提出,律师利益冲突来自律师的保密义务;[4]岳鸿在《谁是我们的上帝?——浅谈律师事务所的客户关系管理》中提出,律师利益冲突来自律师的忠诚义务[5];在北京市律师协会编纂的《律师利益冲突管理与公益法律服务》论文集中,还有不同的作者提出了关于这一问题的观点,大多是基于律师和委托人关系或者基于律师义务来讨论的,在这里不做过多赘述。

目前受到广泛认可的观点是,律师利益冲突建立在律师保密原则及忠诚原则之上,[6]忠诚原则核心体现在我国《律师执业行为规范(试行)》第 7 条,"律师应当诚实守信、勤勉尽责,依据事实和法律,维护当事人合法权益,维护法律正确实施,维护社会公平

---

[1] 布赖恩加纳:*BLACK'S LAW DICTIONARY*, 8TH EDITION, p. 319.
[2] 转引自陈宜、李本森主编:《律师职业行为规则论》,北京大学出版社 2006 年版。
[3] 《律师执业行为规范》(试行)第 76 条,载中国律师网,http://www.acla.org.cn/article/page/detailById/24446,最后访问时间:2020 年 2 月 20 日。
[4] 陈露:"美国律师保密义务的新变化",载《中国律师》2013 年第 6 期。
[5] 岳鸿:"谁是我们的上帝?——浅谈律师事务所的客户关系管理",载《中国律师》2003 年第 9 期。
[6] 王进喜、陈宜主编:《律师职业行为规则概论》,国家行政学院出版社 2002 年版,第 139~140 页。

和正义。"美国《律师法重述》也对律师的忠诚义务做了规定,"在与律师的其他法律职责一致并且遵守本重述的其他规定的情况下,对于代理范围内的事务,律师必须:以一种合理适于促进委托人在磋商后确定合法目标的方式推进该事务;以合理的称职性和勤勉而形成的优势;以及履行对委托人承担的合法合同义务。"[1]保密原则核心体现在我国《律师执业行为规范(试行)》第9条,"律师应当保守在执业活动中知悉的国家秘密、商业秘密,不得泄露当事人的隐私。律师对在执业活动中知悉的委托人和其他人不愿泄露的情况和信息,应当予以保密。但是,委托人或者其他人准备或者正在实施的危害国家安全、公共安全以及其他严重危害他人人身、财产安全的犯罪事实和信息除外。"违反忠诚原则和保密原则是律师利益冲突产生的逻辑基础。违反保密原则进而触发利益冲突这种情况通常出现在"双方代理"中,即律师有可能把在执业过程中知悉的双方秘密透露给对方当事人,违反忠诚原则的情况通常出现在触发利益冲突不至于严重触及保密问题但有损害某个委托人可能性的案件中。在此理论基础上可以为律师利益冲突的识别提取公因式:

行为: {保密义务 / 忠诚义务} 结果: 回避

因此,在识别律师利益冲突的时候,首先识别是否违反了保密原则,在没有触及保密原则的时候看是否违反了律师的忠诚义务,违反保密义务和忠诚义务并不一定是同时存在的,理清这一思路有助于识别律师利益冲突问题,在实践中具有意义。

(三)律师利益冲突的分类

通过对文献的梳理和分析,归纳出关于律师利益冲突的分类主要有四种:

第一,同时性利益冲突和连续性利益冲突。同时性利益冲突是指委托人的利益与律师本人的职责和利益、其他现委托人的利益、第三人的利益之间存在冲突。连续性利益冲突是指律师对委托人的代理可能受到律师以前职务或者对前委托人的职责影响而引发的冲突。这一分类在美国《职业行为示范规则(2020)》"Rule 1.7:Conflict of Interest:Current Clients""Rule 1.8:Conflict of Interest:Current Clients:Specific Rules""Rule 1.9:Duties to Former Clients"中有所体现。[2]

---

[1] 转引自赵晓姝:"论律师执业利益冲突规范",复旦大学2010年硕士学位论文。
[2] 美国律师协会:"职业行为示范规则(2020)",AMERICAN BAR ASSOCIATION https://www.americanbar.org/groups/professional_responsibility/publications/model_rules_of_professional_conduct/,最后访问时间:2021年1月23日。

第二，直接利益冲突和间接利益冲突。直接利益冲突是指在各主体之间发生的必然性利益冲突，而间接冲突则是或然的，仅存在冲突的可能性。2001年《上海市律师协会律师执业利益冲突认定和处理规则》第7条规定："直接利益冲突的定义指律师事务所及其律师与当事人或准当事人之间、当事人之间、当事人与准当事人之间存在直接的利害关系，使得律师事务所及其律师在全力维护一方当事人或准当事人的权益时，必然损害另一方当事人、准当事人权益的行为。"第8条规定："间接利益冲突的定义指律师事务所及其律师与当事人或准当事人之间、当事人之间、当事人与准当事人之间存在一定的利害关系，使得律师事务所及其律师在全力维护一方当事人或准当事人权益时，可能损害另一方当事人或准当事人权益的行为。"但是2006年上海市律协修订这一规则之后，删除了有关直接利益和间接利益冲突的定义，仅留下了直接利益冲突和间接利益冲突的具体情形。

第三，诉讼利益冲突和非诉讼利益冲突。此种分类标准以冲突是否发生在诉讼领域来划分，有的学者也称其为对抗性案件与非对抗性案件中的利益冲突[1]。《重庆市律师协会律师执业利益冲突认定处理规范（试行）》中，出现了"对抗性案件"的定义。

第四，单一关系利益冲突与复合关系利益冲突。单一关系利益冲突主要表现为律师与委托人之间直接的利益冲突。复合关系利益冲突主要表现为法律关系的主体的复杂性，比较常见的是双方代理的情况，也就是包括委托人和委托人之间的利益冲突。在2001年《上海市律师协会律师执业利益冲突认定和处理规则》第6条中提到，"本规则所称之利益冲突包括两种情形：一类为律师事务所及其律师与当事人、准当事人之间的利益冲突。即因为律师事务所及其律师与当事人或准当事人之间存在利害关系，使得律师事务所及其律师在执行当事人委托事务时或在接受准当事人委托后，可能产生偏差，从而直接或间接地损害当事人的权益。另一类为当事人之间的利益冲突。即因为律师事务所及其律师在执行当事人委托事务时或在接受准当事人委托后，因为当事人或准当事人之间存在利害关系，而使得同一律师事务所及其律师在同时代理这两方当事人的法律事务时，可能出现偏差，从而直接或间接地损害当事人的权益。"同样在2006年修订后的《执业规则》中删除了这一内容。

还有少数学者还提出了按身份划分利益冲突类型、按委托人是否是潜在委托人以及按照利益冲突是否可以被豁免来划分利益冲突类型等。通过对以上内容的梳理，不难发现一个问题，目前多数学者主张的分类标准的依据已发生变化，因此对于利益冲突的分类还有进一步分析讨论的必要。

---

[1] 黄翔宇："我国律师执业的利益冲突规则——对我国现行制度的分析"，载《黑龙江省政法管理干部学院学报》2011年第4期。

三、律师利益冲突相关法律规则

（一）从大陆地区来看

当前，我国律师执业利益冲突规则制度的基本框架主要由以下几部分构成：2017年《律师法》、2010年《律师和律师事务所违法行为处罚办法》、2016年《律师执业管理办法》、2018年《律师执业行为规范（试行）》、2017年《律师协会会员违规行为处分规则（试行）》，司法部的其他规定、批复，其他行业协会出台的行业规范以及部分省市律师协会颁布的行业规范。

1. 全国性的统一规范

2017年《律师法》第11条："律师担任各级人民代表大会常务委员会组成人员的，任职期间不得从事诉讼代理或者辩护业务。"第39条："律师不得在同一案件中为双方当事人担任代理人，不得代理与本人或者其近亲属有利益冲突的法律事务。"第40条："律师在执业活动中不得有下列行为：①私自接受委托、收取费用，接受委托人的财物或者其他利益；②利用提供法律服务的便利牟取当事人争议的权益；③接受对方当事人的财物或者其他利益，与对方当事人或者第三人恶意串通，侵害委托人的权益。"第41条："曾经担任法官、检察官的律师，从人民法院、人民检察院离任后二年内，不得担任诉讼代理人或者辩护人。"第47条："律师有下列行为之一的，由设区的市级或者直辖市的区人民政府司法行政部门给予警告，可以处五千元以下的罚款；有违法所得的，没收违法所得；情节严重的，给予停止执业三个月以下的处罚：……③在同一案件中为双方当事人担任代理人，或者代理与本人及其近亲属有利益冲突的法律事务的；④从人民法院、人民检察院离任后二年内担任诉讼代理人或者辩护人的……"第48条："律师有下列行为之一的，由设区的市级或者直辖市的区人民政府司法行政部门给予警告，可以处一万元以下的罚款；有违法所得的，没收违法所得；情节严重的，给予停止执业三个月以上六个月以下的处罚：……利用提供法律服务的便利牟取当事人争议的权益的……"第50条："律师事务所有下列行为之一的，由设区的市级或者直辖市的区人民政府司法行政部门视其情节给予警告、停业整顿一个月以上六个月以下的处罚，可以处十万元以下的罚款；有违法所得的，没收违法所得；情节特别严重的，由省、自治区、直辖市人民政府司法行政部门吊销律师事务所执业证书：……违反规定接受有利益冲突的案件的……"

2010年司法部《律师和律师事务所违法行为处罚办法》第5条："有下列情形之一的，属于《律师法》第47条第1项规定的律师'同时在两个以上律师事务所执业的'违法行为：①在律师事务所执业的同时又在其他律师事务所或者社会法律服务机构执业的；

②在获准变更执业机构前以拟变更律师事务所律师的名义承办业务，或者在获准变更后仍以原所在律师事务所律师的名义承办业务的。"第7条："有下列情形之一的，属于《律师法》第47条第3项规定的律师'在同一案件中为双方当事人担任代理人，或者代理与本人及其近亲属有利益冲突的法律事务的'违法行为：①在同一民事诉讼、行政诉讼或者非诉讼法律事务中同时为有利益冲突的当事人担任代理人或者提供相关法律服务的；②在同一刑事案件中同时为被告人和被害人担任辩护人、代理人，或者同时为二名以上的犯罪嫌疑人、被告人担任辩护人的；③担任法律顾问期间，为与顾问单位有利益冲突的当事人提供法律服务的；④曾担任法官、检察官的律师，以代理人、辩护人的身份承办原任职法院、检察院办理过的案件的；⑤曾经担任仲裁员或者仍在担任仲裁员的律师，以代理人身份承办本人原任职或者现任职的仲裁机构办理的案件的。"第8条："曾经担任法官、检察官的律师，从人民法院、人民检察院离任后二年内，担任诉讼代理人、辩护人或者以其他方式参与所在律师事务所承办的诉讼法律事务的，属于《律师法》第47条第4项规定的'从人民法院、人民检察院离任后二年内担任诉讼代理人或者辩护人的'违法行为。"第12条："有下列情形之一的，属于《律师法》第48条第3项规定的律师'利用提供法律服务的便利牟取当事人争议的权益的'违法行为：①采用诱导、欺骗、胁迫、敲诈等手段获取当事人与他人争议的财物、权益的；②指使、诱导当事人将争议的财物、权益转让、出售、租赁给他人，并从中获取利益的。"第13条："律师未经委托人或者其他当事人的授权或者同意，在承办案件的过程中或者结束后，擅自披露、散布在执业中知悉的委托人或者其他当事人的商业秘密、个人隐私或者其他不愿泄露的情况和信息的，属于《律师法》第48条第4项规定的'泄露商业秘密或者个人隐私的'违法行为。"

2016年司法部《律师执业管理办法》第26条："律师承办业务，应当由律师事务所统一接受委托，与委托人签订书面委托合同，并服从律师事务所对受理业务进行的利益冲突审查及其决定。"第27条："律师不得在同一案件中为双方当事人担任代理人，不得代理与本人及其近亲属有利益冲突的法律事务……曾经担任法官、检察官的律师，从人民法院、人民检察院离任后二年内，不得担任诉讼代理人或者辩护人……"

2018年中华全国律师协会《律师执业行为规范》第13条："律师不得在同一案件中为双方当事人担任代理人，不得代理与本人或者其近亲属有利益冲突的法律事务。"第14条："律师担任各级人民代表大会常务委员会组成人员的，任职期间不得从事诉讼代理或者辩护业务。"第49条："律师事务所应当建立利益冲突审查制度。律师事务所在接受委托之前，应当进行利益冲突审查并作出是否接受委托决定。"第50条："办理委托事务的律师与委托人之间存在利害关系或利益冲突的，不得承办该业务并应当主动提出回避。"第51条："下列情形之一的，律师及律师事务所不得与当事人建立或维持委托关系：

①律师在同一案件中为双方当事人担任代理人，或代理与本人或者其近亲属有利益冲突的法律事务的；②律师办理诉讼或者非诉讼业务，其近亲属是对方当事人的法定代表人或者代理人的；③曾经亲自处理或者审理过某一事项或者案件的行政机关工作人员、审判人员、检察人员、仲裁员，成为律师后又办理该事项或者案件的；④同一律师事务所的不同律师同时担任同一刑事案件的被害人的代理人和犯罪嫌疑人、被告人的辩护人，但在该县区域内只有一家律师事务所且事先征得当事人同意的除外；⑤在民事诉讼、行政诉讼、仲裁案件中，同一律师事务所的不同律师同时担任争议双方当事人的代理人，或者本所或其工作人员为一方当事人，本所其他律师担任对方当事人的代理人的；⑥在非诉讼业务中，除各方当事人共同委托外，同一律师事务所的律师同时担任彼此有利害关系的各方当事人的代理人的；⑦在委托关系终止后，同一律师事务所或同一律师在同一案件后续审理或者处理中又接受对方当事人委托的；⑧其他与本条第①至第⑦项情形相似，且依据律师执业经验和行业常识能够判断为应当主动回避且不得办理的利益冲突情形。"第52条："有下列情形之一的，律师应当告知委托人并主动提出回避，但委托人同意其代理或者继续承办的除外：①接受民事诉讼、仲裁案件一方当事人的委托，而同所的其他律师是该案件中对方当事人的近亲属的；②担任刑事案件犯罪嫌疑人、被告人的辩护人，而同所的其他律师是该案件被害人的近亲属的；③同一律师事务所接受正在代理的诉讼案件或者非诉讼业务当事人的对方当事人所委托的其他法律业务的；④律师事务所与委托人存在法律服务关系，在某一诉讼或仲裁案件中该委托人未要求该律师事务所律师担任其代理人，而该律师事务所律师担任该委托人对方当事人的代理人的；⑤在委托关系终止后一年内，律师又就同一法律事务接受与原委托人有利害关系的对方当事人的委托的；⑥其他与本条第①至第⑤项情况相似，且依据律师执业经验和行业常识能够判断的其他情形。律师和律师事务所发现存在上述情形的，应当告知委托人利益冲突的事实和可能产生的后果，由委托人决定是否建立或维持委托关系。委托人决定建立或维持委托关系的，应当签署知情同意书，表明当事人已经知悉存在利益冲突的基本事实和可能产生的法律后果，以及当事人明确同意与律师事务所及律师建立或维持委托关系。"第53条："委托人知情并签署知情同意书以示豁免的，承办律师在办理案件的过程中应对各自委托人的案件信息予以保密，不得将与案件有关的信息披露给相对人的承办律师。"第59条："有下列情形之一的，律师事务所应当终止委托关系：……当发现有本规范第五十一条规定的利益冲突情形的……"

2017年中华全国律师协会《律师协会会员违规行为处分规则（试行）》第20条："具有以下利益冲突行为之一的，给予训诫、警告或者通报批评的纪律处分；情节严重的，给予公开谴责、中止会员权利三个月以下的纪律处分：①律师在同一案件中为双方当事人担任代理人，或代理与本人或者其近亲属有利益冲突的法律事务的；②律师办理诉讼或者非诉讼业务,其近亲属是对方当事人的法定代表人或者代理人的;③曾经亲自处理或者审理过某一事项或者案件的行政机关工作人员、审判人员、检察人员、仲裁员,成为律师后又办理该事项或者案件的;④同一律师事务所的不同律师同时担任同一刑事案件的被害人的代理人和犯罪嫌疑人、被告人的辩护人,但在该县区域内只有一家律师事务所且事先征得当事人同意的除外;⑤在民事诉讼、行政诉讼、仲裁案件中,同一律师事务所的不同律师同时担任争议双方当事人的代理人,或者本所或其工作人员为一方当事人,本所其他律师担任对方当事人的代理人的;⑥在非诉讼业务中,除各方当事人共同委托外,同一律师事务所的律师同时担任彼此有利害关系的各方当事人的代理人的;⑦在委托关系终止后,同一律师事务所或同一律师在同一案件后续审理或者处理中又接受对方当事人委托的;⑧担任法律顾问期间,为顾问单位的对方当事人或者有利益冲突的当事人代理、辩护的;⑨曾经担任法官、检察官的律师从人民法院、人民检察院离任后,二年内以律师身份担任诉讼代理人或者辩护人;⑩担任所在律师事务所其他律师任仲裁员的仲裁案件代理人的;⑪其他依据律师执业经验和行业常识能够判断为应当主动回避且不得办理的利益冲突情形。第 21 条:"未征得各方委托人的同意而从事以下代理行为之一的,给予训诫、警告或者通报批评的纪律处分:①接受民事诉讼、仲裁案件一方当事人的委托,而同所的其他律师是该案件中对方当事人的近亲属的;②担任刑事案件犯罪嫌疑人、被告人的辩护人,而同所的其他律师是该案件被害人的近亲属的;③同一律师事务所接受正在代理的诉讼案件或者非诉讼业务当事人的对方当事人所委托的其他法律业务的;④律师事务所与委托人存在法律服务关系,在某一诉讼或仲裁案件中该委托人未要求该律师事务所律师担任其代理人,而该律师事务所律师担任该委托人对方当事人的代理人的;⑤在委托关系终止后一年内,律师又就同一法律事务接受与原委托人有利害关系的对方当事人的委托的;⑥其他与本条第①至第⑤项情况相似,且依据律师执业经验和行业常识能够判断的其他情形。"

2. 大陆地区地方律师协会的规定

某些省市律师协会颁布了关于律师利益冲突的专门性管理规则,北京市的《北京市律师业避免利益冲突的规则(试行)》(2001 年颁布)、广东省的《广东省律师防止利益冲突规则》(2004 年通过,2019 年修订)、上海市的《上海市律师协会律师执业利益冲突认定和处理规则(试行)》(2001 年颁布,2019 年第 3 次修订)、河北省《河北省律师业避免利益冲突的规则》(2005 年颁布)、福建省《福建省律师协会避免律师执业利益冲突规则(试行)》(2013 年通过,2015 年修订)、湖南省《湖南省律师和律师事务所避免利益冲突规定》(2012 年颁布)、重庆市《重庆市律师协会律师执业利益冲突认定处理规范(试行)》(2002 年颁布)、河南省律师协会 2009 年发布关于印发《执业利益冲突审查制度》(示范文本)的通知。

某些省律师协会关于律师冲突的规定则散见于其他管理规则中，浙江省的《浙江省公职律师和公司律师管理办法（试行）》第28条第3款规定："公职律师、公司律师离职后转为社会律师的，不得利用在原单位任职期间获得的重要信息为所在的律师事务所或本人牟取不当利益；不得担任在原任职单位办理的法律事务的对方当事人的代理人；在离职后两年内不得办理与原任职单位有利益冲突的法律事务，但法律另有规定的除外。"黑龙江省的《黑龙江省律师执业管理办法实施细则（试行）》第30条第4款："服从律师事务所对受理业务进行的利益冲突审查及其决定。律师发现本人受理的案件与委托人存在利益冲突的，应当主动提出回避。律师不得在同一案件中为双方当事人担任代理人，或者代理与本人及其近亲属有利益冲突的法律事务。接受犯罪嫌疑人、被告人委托后，不得接受同一案件或者未同案处理但实施的犯罪存在关联的其他犯罪嫌疑人、被告人的委托担任辩护人。不得担任所在律师事务所其他律师担任仲裁员的案件的代理人；曾经或者仍在担任仲裁员的律师，不得承办与本人担任仲裁员办理过的案件有利益冲突的法律事务。曾经担任法官、检察官的律师从人民法院、人民检察院离任后，二年内不得以律师身份担任诉讼代理人或者辩护人；不得担任原任职人民法院、人民检察院办理案件的诉讼代理人或者辩护人，但法律另有规定的除外。"；辽宁省《辽宁省律师执业规范》第2章5.2条款："律师事务所在接受当事人的委托时，下列情形应当避免或者受到禁止：……接受与代理案件有利害冲突的业务……"；《吉林省律师协会会员违规行为处分规则（试行）》第4章第1节专门规定了"利益冲突行为"；天津市《天津市律师执业规范》第46（避免利益冲突）："由律师协会制订专门规则加以规定。"；新疆《新疆律师协会会员违规行为处分工作细则》第5章第1节专门规定了"利益冲突行为"；甘肃省《甘肃省律师协会规范化律师事务所建设办法（试行）》中规定了律师事务所要建立律师利益冲突审查机制；湖北省《湖北省律师执业规范》第63条："律师在办理委托事项过程中出现下列情况，律师事务所应当终止其代理工作：……发现不可克服的利益冲突。"四川省《四川省律师职业道德和执业纪律规范》第72条："律师不得在同一受托事务中为双方当事人担任代理人。"第73条："当事人委托的事务与律师已建立法律服务关系的其他客户有利益冲突的……律师不得接受该委托。"第74条："同一律师事务所不得指派本所不同律师代理有利益冲突的当事人之间的诉讼或仲裁案件，包括同一案件的不同程序阶段或者不同案件，除非经双方当事人同意并给予书面确认。"第75条："若曾就同一事项向一方当事人提供过法律服务，律师不得接受对方当事人就该事项的委托。"第76条："律师不得利用曾担任对方当事人代理律师或法律顾问，或者本所其他律师担任对方当事人代理律师或者法律顾问的工作便利而知悉的秘密事项，作为对对方当事人不利的证据。"海南省《海南省司法厅律师执业管理办法实施细则》第27条："律师不得在同一案件中为双方当事人担任代理人，不得代理与本人及其近亲属有利益冲突的法律事务。律师担任各级人民代表大会常务委员会组成人员的，任职期间不得从事诉讼代理或者辩护业务。曾经担任法官、检察官的律师，从人民法院、人民检察院离任后二年内，不得担任诉讼代理人或者辩护人。"山东省《山东省律师职业道德公约》第6条："尊重同行，同业互助，共同提高执业水平。开展公平竞争，自觉避免利益冲突，维护法律服务市场秩序的规范和统一。"；江苏省《江苏省律师执业管理暂行规定》第6条："律师不得同时为同一案件双方当事人提供法律服务。"第7条："律师不得利用提供法律服务的便利为自己谋取利益。"第14条："曾担任法官、检察官的律师，从人民法院、人民检察院离任后两年内，不得担任诉讼代理人或者辩护人。"

（二）域外律师执业利益冲突规则

1. 美国

美国《职业行为示范规则（2020）》对于律师执业利益冲突的规则内容较细，其中的规则1.7-1.12条款属于律师执业利益冲突规则，将利益冲突分类为同时性利益冲突与连续性利益冲突进行规制，其中有关特殊身份律师的利益冲突规定、推断利益冲突的一般规则，在加以选择的基础上对我国进一步完善利益冲突规则制定工作具有较大的借鉴意义。规则1.7、1.8条对"同时性利益冲突"予以了规范（Rule 1.7 Conflict of Interest：Current Clients、Rule 1.8 Conflict of Interest：Current Clients：Specific Rules）；规则1.9对"连续性利益冲突"予以了规范（Rule 1.9 Duties to Former Clients）；规则1.10是"利益冲突的一般推断规则"（Rule 1.10 Imputation of Conflicts of Interest：General Rule）；规则1.11-1.12是"具有特殊身份律师的利益冲突规则"，对象曾作为政府雇员或公职人员的律师。

2. 英国

英国的《Code of Conduct for Solicitors, RELs and RFLs》[1]适用于solicitors, registered European lawyers and registered foreign lawyers，其中规则6.1-6.2是关于利益冲突的内容。规则6.1："如果存在自身利益冲突或存在此类冲突的重大风险，则不能采取行动。"规则6.2："如果您与某一事项或某一事项的某一特定方面存在利益冲突，或存在与该事项或该事项的某一特定方面发生此类冲突的重大风险，则您不得就该事项或该事项的某一特定方面采取行动，除非（a）客户在该事项或该事项的有关方面（视情况而定）具有实质上的共同利益；或（b）客户在为同一个目标竞争，并满足以下条件，即：（1）所有客户均以书面形式给予或证明您的行为知情同意；（2）在适当的情况下，您采取了有效的保护措施来保护您客户的机密信息；以及（3）你很满意你为所有客户代理是合理的。"此

---

[1] Sociality Regulation Authority：《Code of Conduct for Solicitors, RELs and RFLs》, SRA, https://www.sra.org.uk/solicitors/standards-regulations/code-conduct-solicitors/#rule-6，最后访问时间：2020年2月26日。

规定对于律师发生利益冲突的豁免情况是非常多的，没有对律师利益冲突做过多的规定和限制。

3. 日本

日本关于律师利益冲突的相关内容规定在《律师职务基本规程》[1]中，第28条："律师除前款规定外，不得对符合以下任一案件执行职务，但以下几种情况下的事件，律师可不受此规定限制：（1）针对第一号和第四号所述事件，委托者同意的情况下；（2）针对第二号所述事件，委托者和对方同意的情况下；（3）针对第三号所述事件，委托者和其他委托者同意的情况下。①对方为配偶、直系亲属、兄弟姐妹或者一起居住的亲戚的事件。②对方为接受委托的其它事件的委托者或者约定提供持续法律服务的人的事件。③委托者的利益和其它委托者的利益相冲突的事件。④委托者的利益和自己的经济利益相冲突的事件。"第32条："律师在同一事件中，若有多个委托人存在其相互间可能产生利益冲突的情况，在接受该事件时必须说明对委托人可能造成辞职或其他不利因素。"

四、律师利益冲突案例

（一）中华律师协会典型惩戒案例[2]

其一，江苏律师傅家祥因利益冲突、违规收案被处分案。2017年7月14日，江苏省律师协会直属分会收到庆某某的投诉，反映江苏天茂律师事务所傅家祥律师违规执业、辩护代理不尽责、违规收案收费。经江苏省律师协会直属分会立案后查明：傅家祥律师作为离任检察官，确有在离任后两年内以律师身份担任庆某某的辩护人的违规行为，确有违规收案、收费行为且情节严重。

其二，山东省何智勇律师因律师利益冲突被处分案。山东省烟台市律师协会因何智勇律师为利益冲突的双方当事人提供法律服务，给予其中止会员权利一个月的处分。2018年3月8日，山东省烟台市律师协会接到烟台经济技术开发区司法局投诉山东大炜律师事务所何智勇律师的处理建议。经烟台市律师协会立案调查后认定，何智勇律师在同一案件中为双方当事人担任代理人，其行为构成利益冲突。根据《律师协会会员违规行为处分规则（试行）》第20条第1项规定，律师在同一案件中为双方当事人担任代理人，或代理与本人或者其近亲属有利益冲突的法律事务，情节严重的，给予公开谴责、中止会员权利三个月以下的纪律处分。2018年8月27日，烟台市律师协会根据该规定给予何智

---

[1] 日本辩护士联合会：《律师职务基本规程》，载日本辩护士联合会网，https://www.nichibenren.or.jp/jfba_info/rules.html，最后访问时间：2020年2月21日。

[2] 参见中国律师网，http://www.acla.org.cn，最后访问时间：2020年2月27日。

勇律师中止会员权利一个月的行业纪律处分。

其三，河南省王岳峰律师因律师利益冲突被处分案。2019年2月18日，河南省郑州律师协会接到投诉，反映河南省律师事务所王岳峰律师违规收案收费。经郑州律师协会调查认定，王岳峰律师确有不按规定统一接受委托，统一收取委托人支付的各项费用，不向委托人开具律师服务收费合法票据，无正当理由不向委托人提供约定的法律服务，在代理合同没有解除的情况下，接受对方当事人委托为其代理其他案件的行为。2019年7月19日，郑州律师协会给予王岳峰律师中止会员权利三个月的行业纪律处分。

（二）汇源并购案引发封口门曝律师行业利益冲突规则

2008年9月5日，大成律师事务所的高级合伙人钱卫清律师作为法律专家应某网站邀请，在直播的访谈现场谈可口可乐并购汇源，表示"不看好"这次并购。他称："一方面，从反垄断法来讲，并购一事欲通过审查障碍还是很大的。另一方面，民族感情这一关很难跨越，民意的反映可能会直接或间接地影响相关部门的决策。总之，从法律、市场及民意几方面来看，并购成功都不是很容易的事。"但直播一结束，钱卫清又马上宣布撤回在网络上的言论。后发现，大成律师所的其他律师承接了可口可乐方面的委托，担任收购汇源案件的法律顾问，所以钱在网站的发言受到了可口可乐的强烈抗议。事隔三四日，网站发布了钱卫清的澄清，称"得知了可口可乐系大成律师事务所的客户"之后，有义务撤回他"个人的言论"。

一家叫做和君创业的管理咨询公司却偏偏不依不饶，委托上海小城律师事务所向可口可乐公司发出律师函抗议。和君创业总裁李肃公开谴责可口可乐公司，认为其侵犯了和君创业的合法权益。为什么说可口可乐的"封口"，侵害了和君创业的合法权益呢？原来，钱卫清是和君创业的法律顾问，并与和君创业就社会公益事业提供义务服务达成了长期服务协议，特别是在中国民营企业的权益保护、国家经济安全、反垄断领域的合作，已有三年之久。

去网站做访谈的时候李肃出差在内蒙古，接受采访前，李肃与钱卫清沟通过，由钱卫清代表双方表达基本观点。"封口门"事件发生后，和君创业收到钱卫清与其解除合作关系的要求，称今后不再参与任何涉及可口可乐公司垄断并购与保护国家经济安全的相关公益活动。

后来，钱卫清表明："关于利益冲突的范围怎么界定，让他感到困惑。《律师法》和《律师执业行为规范》都没有明确规定，如果是诉讼倒比较容易判断，不在同一案件中为双方当事人代理，而非讼就很难判断了。一个律师以专家身份去评判讨论某个事件，可能会影响到所里其他律师代理的委托人的利益，那么这是否就属于利益冲突和回避的范围呢？如果这个评判本身又是公益活动，是理论探索，而不是获利行为，那么这是否又构成利益冲突呢?"

从本案出发,钱卫清律师是和君创业的法律顾问,同时也是大成律师事务所的律师。在当时,有很多舆论认为可口可乐的封口行为实属过分,钱律师也表明,发表言论的行为可以看作是一种公益活动,是一种理论探索行为,如果将这类活动纳入到律师利益冲突的范围而主张律师回避是存疑的。笔者认为,暂且不提钱卫清律师发表的言论是否有利于可口可乐公司的收购,钱卫清律师和代理收购案的律师同属一个律师事务所,和君创业与可口可乐公司同属大成律师事务所的委托人,钱卫清律师作为和君创业的法律顾问有对和君创业忠诚、勤勉的义务,因此不能排除这样的情况,钱卫清律师即便认为可口可乐公司收购汇源并不乐观但碍于钱卫清律师对律师事务所的职责(美国《关于律师的法律重述》第 121 条规定中提到的律师对第三人的职责)而发表有利于可口可乐收购汇源的言论,这就违背了对和君创业的忠诚原则,即便钱卫清律师没有这么做,但是的确存在这种情况发生的重大风险。因此,从律师利益冲突的定义以及理论基础出发,钱卫清律师发表言论的行为,应当被纳入到律师利益冲突的范畴之中来考虑,无论其发表的言论是否有利于可口可乐公司收购汇源公司,钱律师都应该主动回避。

(三)"谢有明担任杨佳辩护人让人不放心"案

2008 年 7 月 1 日,一名叫杨佳的北京来沪无业人员突然持刀闯入上海闸北区一综合办公楼内,连续捅伤多名公安民警和一名保安,随即被民警当场擒获。后闸北袭警案被告人杨佳已聘请上海名江律师事务所谢有明、谢晋两位律师担任法院审判阶段的辩护人。

在杨佳案之前,媒体和民众似乎都未曾听闻上海名江律师事务所谢有明律师的大名,但在袭警案案发后,谢有明律师一时成了新闻人物,但其新闻效应,更多的是来自于对他介入此案的争议和质疑:杨佳袭击的是闸北公安分局,而谢律师是闸北分局所在政府——闸北区政府的法律顾问,"你会不会一边看着老板的脸色,老板的酬金,一边又为杨佳作罪轻或无罪之类的辩护,脚踏两只船,你能走好平衡木?"更为不妥的是,谢律师见了杨佳后,又对媒体发表了不少明显不利于杨佳的信息,说杨佳在作案前做了充分准备,在作案当天早上他还以 5 个包子作为早餐。其甚至客串审判委员会,发表"像杨佳犯罪情节这么严重的,一般来说,在量刑上几乎没什么疑问,不出意外的话,估计是死刑"的言论。后查明,杨佳在被侦查机关第一次讯问后要求律师在场,有关部门指派谢有明、谢晋两位律师赶到现场,为其提供法律咨询。或许正是这个过程中的表现,赢得了杨佳的信任。然而,谢有明闸北区政府的法律顾问的身份,杨佳未必知晓。对于谢律师是否应该暂停自己的法律服务工作,该律师行为是否属于违反律师利益冲突规定的问题,出现了很多不同的声音。结果是,谢有明律师仍然担任了杨佳一审辩护人,但是在二审前杨佳发表书面声明,不同意委托上海市高级人民法院指定的律师担任二审辩护人,最终谢有明被更换。

五、实践中代理律师利益冲突项目的防范措施

实践中，律师自身可能对数据掌握不够充分，对相关问题的敏感程度不高，因此如果要避免发生律师违反利益冲突规定的现象，仅靠律师自身对相关问题的识别和避免是不够的。笔者大致浏览了某些城市的一些中小所关于律师利益冲突的审查政策，很多是规定在可能遇到利益冲突的情况下，让律师自身先决定是否可以代理该案件，不能决定的，报主任审查决定。在这里，列举美国对该问题的解决方式以及国内一些大型律师事务所处理相关问题的实践经验。

在美国，美国律师协会的《职业行为示范规则》中关于利益冲突的部分规定中，"除非获得委托人的同意"被视为一个律师代理存在利益冲突项目的豁免情形。实践中，并非所有关于利益冲突的项目都不代理，在一些非诉讼以及非直接冲突的案件中，在满足两个条件下，即取得客户的认可以及采取完善的隔离措施，出于满足客户的需要等其他原因，美国律师事务所也代理某些存在利益冲突的项目。[1] 取得客户认可（Consent）是代理存在利益冲突案件的关键，这要求律师对客户全面、详细地披露有关信息从而有可能使客户在充分了解了潜在利益冲突的前提下予以认可。关于完善的隔离措施，在律师行业中常被称之为"防火墙"（Screening）。首先，对代理的涉及利益冲突项目及团队在全所范围以特殊防范利益冲突备忘录形式进行通报，要求全所律师知晓。其次，对代理团队实施严格的隔离是指，代理团队中的所有人均不得与任何非代理团队的人员谈论、交流任何有关代理项目的内容，专人管理代理项目的档案及通讯录。

中伦律师事务所实行法律服务网上登记，管委会负责实质审核。2009 年，中伦律师事务所与微软公司合作，投资数百万元研发出一套功能完善的综合管理系统，这套规范化、程序化的管理软件系统将事务所内部及对外可能涉及的各项工作程序要素完整地结合在一起，包括总所和分所在内的整个网络上的终端都可以使用此套软件系统按一定工作流程操作完成各项工作，并由软件系统来对每项操作所产生的数据进行记录、归档、保存、备份。合伙人、律师、业务秘书、行政人员在经过授权的前提下操作，可以获得他们需要的自己或他人已经处理的信息，并就此作出反应和决策。包括客户信息库、即时冲突检索系统在内，这套系统在提高办公效率的同时也完善了利益冲突检索的覆盖面，细化了冲突检索的方式步骤和后续处理流程，大大提高了利益冲突检索的成功率。在这套系统中，一个完整的检索通常经过三个程序：案件登记、冲突检索、冲突审核和案件审

---

[1] 刘吉庆："美国的律师行业利益冲突制度"，载北京市律师协会编：《律师利益冲突管理与公益法律服务》，北京大学出版社 2010 年版。

批。[1]金杜律师事务所的管理委员会下设七个专业委员会，其中就包括防止利益冲突委员会，该委员会配备有专门的利益冲突检索员，负责规范化、专业化的利益冲突检索。

通过调查了解，就目前看来，国内的大型律师事务所在利益冲突防范规范化水平上要高于一些中小型律师事务所。在大部分的大型律师事务所中，会有一套完备的OA系统，在立案时会要求律师详细填写案件当事人的信息，然后通过后台自动检索，生成利益冲突的审查结果。但问题是，在立案之时，律师虽然通常对己方当事人的信息会有一个详尽的掌握，但是对对方当事人的信息在有些时候了解得没那么清楚，例如身份证号等。在OA系统的立案板块，通常对己方当事人的信息要求更为严格，为必填选项，如果对对方当事人信息掌握不完备，则有些信息可以暂时不填，那这样最终的结果就是利益冲突检索会出现纰漏。再观很多中小型律师事务所，甚至没有使用一套完备的自动化办公系统，这样就很不利于利益冲突的防范。

参考文献

[1] 司法部：《关于律师工作的通知》，1979年12月9日。

[2] 中华律师协会："2018年10月份律师协会惩戒工作通报"，载中国律师网，http://www.acla.org.cn/article/page/detailById/24446，最后访问时间：2021年5月18日。

[3]《中共中央关于全面推进依法治国若干重大问题的决定》，载中国人大网，http://www.npc.gov.cn/。

[4]《中共中央关于坚持和完善中国特色社会主义制度、推进国家治理体系和治理能力现代化若干重大问题的决定》，载中国人大网，http://www.npc.gov.cn/。

[5] 王进喜：《美国律师职业行为规则理论与实践》，中国人民公安大学出版社2005年版。

[6] 布莱恩加纳：*BLACK'S LAW DICTIONARY*, 8TH EDITION.

[7] 陈宜、李本森主编：《律师职业行为规则论》，北京大学出版社2006年版。

[8] 中华律师协会：《律师执业行为规范》，载中国律师网，http://www.acla.org.cn/article/page/detailById/24446。

[9] 王进喜、陈宜主编：《律师职业行为规则概论》，国家行政学院出版社2002年版。

[10] 陈露："美国律师保密义务的新变化"，载《中国律师》2013年第6期。

[11] 岳鸿："谁是我们的上帝？——浅谈律师事务所的客户关系管理"，载《中国律

---

[1] 朱茂元："非诉业务中律师执业利益冲突的风险防范"，载北京市律师协会编：《律师利益冲突管理与公益法律服务》，北京大学出版社2010年版。

师》2003 年第 9 期。

［12］赵晓姝："论律师执业利益冲突规范"，复旦大学 2010 年硕士学位论文。

［13］美国律师协会：《职业行为示范规则（2019）》，载美国律师协会网，https://www.americanbar.org/groups/professional_responsibility/publications/model_rules_of_professional_conduct。

［14］黄翔宇："我国律师执业的利益冲突规则——对我国现行制度的分析"，载《黑龙江省政法管理干部学院学报》2011 年第 4 期。

［15］Sociality Regulation Authority：《Code of Conduct for Solicitors, RELs and RFLs》, SRA, https://www.sra.org.uk/solicitors/standards-regulations/code-conduct-solicitors/#rule-6。

［16］日本辩护士联合会：《律师职务基本规程》，载日本辩护士联合会网，https://www.nichibenren.or.jp/jfba_info/rules.html。

［17］刘吉庆："美国的律师行业利益冲突制度"，载北京市律师协会编：《律师利益冲突管理与公益法律服务》，北京大学出版社 2010 年版。

［18］朱茂元："非诉业务中律师执业利益冲突的风险防范"，载北京市律师协会编：《律师利益冲突管理与公益法律服务》，北京大学出版社 2010 年版。

我国律师行业惩戒制度研究综述

赵　爽　钟小莲[*]

内容摘要：随着法治中国建设的持续推进，我国律师队伍不断壮大，在推动社会公平正义方面愈加发挥重要作用的同时，其执业过程中的不规范行为也愈加受到关注。但在我国现行的"两结合"律师管理体制下，律师行业惩戒制度存在诸多弊端。部分学者对此进行了研究。但总体而言，研究层次较低，理论也不够深入。本文拟对我国律师行业惩戒制度的建立过程、相关规范、理论研究、域外经验和典型案例等加以梳理，并尝试为我国律师行业惩戒制度的完善建言献策。

关键词：律师协会；行业惩戒；律师管理制度

截至 2019 年，我国律师制度恢复建立 40 周年之际，律师人数已接近 46 万，年均办理各类法律事务 1000 多万件。[1]同期相比，我国的法官人数约 12 万[2]，检察官人数接近 7 万[3]，律师已然成为法律职业共同体的主要力量，其规范有序的职业行为对于推动依法治国实践和法治中国建设的意义是不言而喻的。而基于律师职业责任的多重性——既要面对委托人，承担市场意义上的法律义务。又要面对国法，承担国家意义上的法律义务，此外，还要面对职业共同体，承担职业意义上的法律义务，律师在执业过程中常常会面对来自委托人、国家和职业共同体的各种利益间的冲突。[4]若无有效的职业规范引导和规制其执业行为，律师难免会被各种利益所裹挟而最终违背其助力实现社会公平正义的职业使命。因此，为实现社会公正、维护委托人的利益和律师群体的良好形象，建立关于律师执业行为的规范是必要的，其中，针对律师不当行为的惩戒制度更是重中之重。

---

[*] 赵爽、钟小莲，中国政法大学 2019 级硕士研究生。
[1] 周院生："世界律师大会首次新闻发布会发布辞"，载中国政府法制信息网，http：//www.moj.gov.cn/news/content/2019-12/04/zlk_3237147.html，最后访问时间：2021 年 3 月 20 日。
[2] "法官数量已从 21 万减少到 12 万，会有啥变化？"，载个人图书馆网，http：//www.360doc.com/content/19/0810/14/63494031_854053666.shtml。
[3] "我国女检察官人数已达 23000 余名"，载新华网，http：//www.xinhuanet.com/2019-07/21/c_1124779980.htm？spm=C73544894212.P99766666351.0.0。
[4] 参见李学尧：《法律职业主义》，中国政法大学出版社 2007 年版，第 1 页。

关于律师惩戒制度的概念，学者们意见不一，基本可分为广义、中义、狭义三类观点。持广义观点的学者认为，律师惩戒制度是根据规范律师行为的法律之不同性质，而使律师承担行业（行政）责任、民事责任和刑事责任的制度。[1]持中义观点的学者认为，律师惩戒制度是指司法行政机关和律师协会对于律师和律师事务所在严重违反法律、法规或者职业道德和执业纪律时给予相应处罚的制度。[2]持狭义观点的学者大多数认为，律师惩戒制度是指由律师行业自身行使对律师惩戒的权力的制度，即律师协会对违规会员的内部管治。[3]此外，由于在1995年以前，我国律师惩戒权一直由司法行政机关行使，所以当时也有观点认为，律师惩戒制度是司法行政机关对律师或律师事务所的违纪行为，根据有关规定给予惩戒的制度。[4]概言之，上述不同观点在本质上只是研究范围的差异，并非学理上的分歧。鉴于我国现行的律师管理体制是司法行政机关行政管理与律师协会行业管理相结合的"两结合"管理体制，本文认为采用中义上的概念是恰当的，即将律师惩戒制度界定为，律师因严重违反法律、法规或者职业道德和执业纪律而承担来自司法行政机关的行政处罚和律师协会的行业惩戒的制度。此种以行政惩戒和行业惩戒为内容的律师惩戒制度，与《律师法》中所规定的刑事与民事司法惩戒共同构成我国的律师法律责任体系。[5]其中，本文将着重研究律师协会的行业惩戒制度。

一、我国律师行业惩戒制度的建立过程

我国律师行业惩戒的建立过程与我国律师管理体制的发展密切相关。因此，结合我国律师管理体制的发展历史，才可更好地理解我国律师行业惩戒制度的变迁和发展。

1950年7月颁布的《人民法庭组织通则》和1954年《宪法》以法律的形式确立了辩护制度，且1950年第一届全国司法会议提出建立人民律师制度。在我国律师管理体制的初创和重建初期，设立在法院的公设辩护人由法院进行管理，法律顾问处成立后则由司

---

[1] 参见程滔：《辩护律师的诉讼权利研究》，中国人民公安大学出版社2006年版，第356页。
[2] 参见陈业宏、唐鸣：《中外司法制度比较》（下册），商务印书馆2015版，第617页；沈桥林主编：《律师与公证》，厦门大学出版社2012年版，第76页。
[3] 参见李求铁："律师的自由与强制"，载中华全国律师协会编：《第四届中国律师论坛——百篇优秀论文集》，中国政法大学出版社2004年版，第67页；参见王圣涌：《中国自治法研究》，中国法制出版社2003年版，第3~4页。
[4] 参见张佩霖、李启欣主编：《民法大辞典》，湖南出版社1991版，第829页；参见林文肯等：《律师词典》，沈阳出版社1990年版，第45页。
[5] 《律师法》第49条规定，律师在九项违法行为中构成犯罪的，应当追究刑事责任。《律师法》第54条规定，律师违法执业或者因过错给当事人造成损失的，律师和其所在的律师事务所依法承担民事赔偿责任。另外，根据《证券法》第223条规定，证券监管机关对于律师和律师事务所的处罚为行政处罚，属于针对律师的特殊行政惩戒。

法行政机关进行管理。[1]1956年3月，司法部召开了第一次全国律师工作座谈会，讨论了《律师章程（草案）》和《律师收费暂行办法（草案）》。同年，国务院通过了《关于建立律师工作的请示报告》，该报告对律师制度的性质、律师工作的任务和机构、律师的资格等作了原则性规定。当时，许多地方纷纷建立律师协会筹备会，负责直接管理律师的执业机构——法律顾问处，而律师协会则接受司法行政机关的管理。实际上，此时是单一的行政管理体制，对律师的惩戒即为行政处罚。[2]1983年3月，司法部召开了六市一县律师工作体制改革座谈会，探讨实行律师的体制改革，并指定到会单位进行试点。1984年10月，司法部《关于加强和改革律师工作的意见》要求司法行政机关改进和加强对法律顾问处的领导和监督，建立全省、自治区、直辖市的律师协会。该意见中明确了律协是律师的群众性组织，主要任务是在司法厅（局）的直接领导下，根据党的路线、方针政策和国家法律，加强律师的思想政治工作和职业道德教育，维护律师的合法权益，总结交流律师业务经验，为律师业务活动提供信息资料和咨询服务。[3]也即该意见明确了律师协会的定性和职能。此后，律师协会作为行业组织在惩戒制度的发展和完善的过程中承担着越来越重要的角色。具体而言，参考学者们的研究成果，改革开放以后，我国律师行业惩戒制度的发展变迁可以分为探索及初步构建、成型发展和深化完善三个阶段。

（一）探索及初步构建阶段（1979年—1996年）

1979年9月，司法部恢复设立。同年12月，司法部发出《关于律师工作的通知》，明确宣布恢复律师制度。1980年，全国人民代表大会常务委员会发布《律师暂行条例》（全国人大常务委员会令第5号）。该条例中几乎没有规定律师惩戒制度，仅仅规定了律师严重不称职的取消律师资格的惩罚方式，且缺乏具体的操作流程。[4]1986年7月，"中华全国律师协会"成立。1989年，《司法部关于加强司法行政机关对律师工作的领导和管理的通知》[（89）司发律字第207号]中强调，各级司法行政机关在加强对律师工作的领导和管理时，要充分考虑律师工作的特点，尊重律师事务所的自主权。1992年，《司法部关于律师工作进一步改革的意见》提出"宏观指导，微观上放开搞活"，所谓"微观上放开搞活"主要是人事上、财务上和业务活动上，由律师事务所按法律和政策的规定自主办理，司法行政机关不干预具体事务。[5]

---

[1] 陈宜："'两结合'律师管理体制的经验总结与深化"，载《中国司法》2019年第2期。
[2] 朱珍梅："论我国律师惩戒制度的完善"，安徽大学2014年硕士学位论文。
[3] 陈宜："'两结合'律师管理体制的经验总结与深化"，载《中国司法》2019年第2期。
[4] 曹扬文、宫照军、张玮："中国特色律师行业惩戒模式研究——'两结合'管理体制下完善律师行业惩戒制度的思考"，载《中国司法》2019年第11期。
[5] 陈宜："'两结合'律师管理体制的经验总结与深化"，载《中国司法》2019年第2期。

1992年，司法部发布《律师惩戒规则》，初步构建了律师惩戒制度的基本框架。律师和律师事务所违反法律、法规、执业纪律的行为进行惩戒的原则、惩戒的事由、惩戒的种类、惩戒的程序等在该规则中作了详细规定。根据规则规定，律师协会的惩戒机构为惩戒委员会，其组成人员为司法行政机关人员、执业律师和律师协会，惩戒委员会要接受该级司法行政机关的领导。而且，惩戒委员会委员由司法行政机关任命，主要负责人为司法行政机构人员，这明显带有"行政"性。[1]律师协会在律师惩戒委员会中获得了一席之地。自此，1980年以来司法行政机关对律师惩戒权的垄断开始出现松动的迹象，律师协会获得了对律师惩戒机构的参与权。[2]

1993年，《司法部关于深化律师工作改革的方案》强调努力建设中国特色的律师管理体制，从我国的国情和律师工作的实际出发，建立司法行政机关的管理与律师协会行业管理相结合的管理体制，经过一个时期的实践后，逐步向司法行政机关宏观管理下的律师协会行业管理体制过渡。同年，司法部发布《律师职业道德和执业纪律规范》（中华人民共和国司法部令第30号），首次明确律师协会作为律师执业的监管主体，与司法行政机关一同定位为律师执业的监督者，但并没有赋予律师协会惩戒权。[3]1994年，《司法部"三定"方案》按照"精简、统一、效能"的原则提出，实行职能转变，强化宏观管理职能，减少直接管理干部的数量，不再直接管理企事业单位的具体事务。[4]

1995年7月，第三次全国律师代表大会审议和通过了新的《中华全国律师协会章程》（中华全国律师协会1995年修正），章程规定律师协会具有制定行业规范和准则并组织实施、负责对律师进行培训和业务指导、负责对会员的奖励和惩戒工作及指导地方律师协会搞好律师、律师机构的登记、公告等工作，解决会员间的纠纷等职能。大会产生的新一届全国律师协会领导班子全部由执业律师组成，常务理事会聘任司法部推荐的干部任律协秘书长，秘书处工作人员全部实行聘任制，全国律协的经费全部来源于律师会费，协会租房办公，与司法行政机关在机构、人员及办公场所等方面完全分开。律师行业管理开始得到体现，这对于充分发挥律师协会的自律作用无疑具有重要的意义。[5]

（二）成型发展阶段（1996年—2004年）

1996年5月，《中华人民共和国律师法》（中华人民共和国主席令第67号）通过，对律师和律师事务所行政处罚作出了较为详细的规定，律师协会被赋予制定行业规范

---

[1] 张善燚：《中国律师制度专题研究》，湖南人民出版社2007年版，第372页。
[2] 张迎涛："律师协会惩戒权比较研究"，载《公法研究》2009年第00期。
[3] 曹扬文、宫照军、张玮："中国特色律师行业惩戒模式研究——'两结合'管理体制下完善律师行业惩戒制度的思考"，载《中国司法》2019年第11期。
[4] 陈宜："'两结合'律师管理体制的经验总结与深化"，载《中国司法》2019年第2期。
[5] 陈宜："'两结合'律师管理体制的经验总结与深化"，载《中国司法》2019年第2期。

和准则并组织实施、负责对律师进行培训和业务指导、负责对会员的奖励和惩戒工作、指导地方律师协会搞好律师、律师机构的登记、公告等工作，解决会员间的纠纷等职能，有了行业管理的成分，初步明确了司法行政机关监督指导、律师协会行业管理相结合的管理模式。但是，在律师惩戒方面，没有直接规定律师协会的惩戒职能，只是粗略地规定"律师协会按照章程对律师给予奖励或者给予处分。"[1]1996年10月，中华全国律师协会出台《律师职业道德和执业纪律规范》，律师协会自律管理职能进一步加强。1997年1月31日，司法部出台了《律师违法行为处罚办法》（中华人民共和国司法部令第50号），对1996年《律师法》有关律师惩戒制度的内容进行了具有可操作性的规定，并对律师及律师事务所惩戒的具体情形进行了扩充，与此同时1992年的《律师惩戒规则》被废止。

2002年5月21日，第四次全国律师代表大会通过《中华全国律师协会章程》，对会员的行业处分作出了较为完整的规定。该章程将1996年《律师法》规定的律师协会的职责以及《国务院"三定"方案》规定由司法部移交全国律师协会的律师资格考试具体工作、律师业务培训、奖惩及对外宣传的职能明确写入了律师协会的章程中。此后，律师协会在行业管理上日益积极，在律师管理中扮演着越来越重要的角色。[2]1992年12月18日，第四届中华全国律师协会常务理事会第五次会议通过《律师协会会员处分规则》，第一次单独将惩戒权以行业规范的形式加以具体化。[3]

2004年，《司法部关于进一步加强律师监督和惩戒工作的意见》，明确司法行政机关拥有对律师的"行政处罚权"，律师协会拥有对律师的"行业处分权"。至此，我国基本确立了律师惩戒的制度框架：以司法行政机关为主导，律师协会为主体的两结合模式[4]。

（三）深化完善阶段（2005年至今）

《中华人民共和国律师法》（2007年修订）第46条明确规定律师协会的职责包括"制定行业规范和惩戒规则"，以及"对律师、律师事务所实施奖励和惩戒"，但"律师协会制定的行业规范和惩戒规则，不得与有关法律、行政法规、规章相抵触"。这意味着，律师协会对律师的监督权实现了与司法行政机关之间的界分，律师协会对律师的监督权从"行业处分权"上升为"惩戒权"。[5]

2013年，中华全国律师协会发布了《全国律协关于进一步加强和改进律师行业惩戒

---

[1] 朱敏敏："我国律师惩戒制度回顾与发展趋势探析"，载《公安学刊（浙江警察学院学报）》2017年第2期。
[2] 张迎涛："律师协会惩戒权比较研究"，载《公法研究》2009年第00期。
[3] 张迎涛："律师协会惩戒权比较研究"，载《公法研究》2009年第00期。
[4] 朱敏敏："我国律师惩戒制度回顾与发展趋势探析"，载《公安学刊（浙江警察学院学报）》2017年第2期。
[5] 曹扬文、宫照军、张玮："中国特色律师行业惩戒模式研究——'两结合'管理体制下完善律师行业惩戒制度的思考"，载《中国司法》2019年第11期。

工作的意见》，就完善律师行业惩戒工作机制提出系列要求，构建起了整体性的行业惩戒制度框架。同年，十八届三中全会对政府转变职能、深化行业改革提出了要求，指出对行业发展要采取宽进严管的政策、重要信息共享的工作机制，司法行政机关律师管理工作水平不断提高，律师协会行业自律能力不断增强。

2017年，中华全国律师协会出台《律师协会会员违规行为处分规则（试行）》（2017年修订），对惩戒委员会委员的资格作出了规定[1]，细化完善了律师行业惩戒工作程序，并在《律师协会会员违规行为处分规则（试行）》（全国律协2004年修订）规定的训诫、通报批评、公开谴责、取消会员资格等四种处分类型基础上新增了警告、中止会员权利一个月以上一年以下两种处分类型，细化了各种处分的惩戒梯度，使律师协会对律师违规行为进行处分时更加灵活。同年，司法部和全国律协随后又印发了《司法部关于加强律师违法违规行为投诉处理工作的通知》（司发通〔2017〕23号）《司法部中华全国律师协会关于进一步加强律师惩戒工作的通知》（司发通〔2017〕70号），进一步完善了律师惩戒制度，特别是对律师协会的行业惩戒机制进行了较为详尽的细化规定，推动两结合模式不断优化，律师行业惩戒制度不断健全完善。[2]

2017年8月27日、28日，司法部部长张军出席中华全国律师协会举办的"全国律协九届八次常务理事会"，反复强调"讲政治、履职责、促改革、重自律"四句话，突出表达的核心思想就是要"严管厚爱"，并指出，惩戒工作重在依法依规依章程，重在律师协会健全完善自律管理各项举措，建立对律师违法违规行为，原则上先由律师协会作出行业处分，再由行政机关跟进作出行政处罚的工作衔接机制；要求充分发挥律师协会会长作用，律师协会要"挺"在前面，勇于举旗、切实履职，真正做到行业自律。[3]

我国律师领域的惩戒权在国家机关与律师协会之间的配置经历了几番变化，总体趋势是由单一的司法行政管理到逐步将部分权力转移给律师协会进行自律管理，司法行政监督指导与律师行业惩戒相结合，共同发挥作用，推进中国特色律师行业惩戒制度的建设与完善。

---

[1]《律师协会会员违规行为处分规则（试行）》规定"惩戒委员会由具有八年以上执业经历和相关工作经验，或者具有律师行业管理经验，熟悉律师行业情况的人员组成""惩戒委员会的委员由同级律师协会常务理事会或者理事会采取选举、推选、决定等方式产生，任期与理事会任期相同""惩戒委员会的组成人员名单应报上一级律师协会备案""惩戒委员会的主任、副主任由同级律师协会会长办公会提名，经常务理事会或者理事会决定产生，任期与理事会任期相同"。
[2] 曹扬文、宫照军、张玮："中国特色律师行业惩戒模式研究——'两结合'管理体制下完善律师行业惩戒制度的思考"，载《中国司法》2019年第11期。
[3] 参见"司法部部长：律师协会要'挺'在前面"，载中华人民共和国中央人民政府网，http://www.gov.cn/xinwen/2017-08/31/content_5221665.htm，最后访问时间：2021年5月18日。

二、我国有关律师行业惩戒的法律规范

(一) 有关律师协会行业惩戒权的规定

《律师法》第 43 条第 1 款规定，律师协会是社会团体法人，是律师的自律性组织，该条对律师协会的性质作出了界定。根据第 46 条第 1 款第 6 项规定，律师协会应当履行对律师、律师事务所实施奖励和惩戒的职责。同时，根据第 46 条第 2 款规定，律师协会制定的行业规范和惩戒规则，不得与有关法律、行政法规、规章相抵触。这说明《律师法》将对于律师执业行为的行业惩戒权授予了律师协会，并强调该惩戒权不得超越法律、行政法规和规章的有关规定。

此外，《律师执业管理办法》（中华人民共和国司法部令第 134 号）第 4 条第 2 款规定："律师协会依照《律师法》、协会章程和行业规范对律师执业实行行业自律。"这再次确认了律师协会作为行业自律组织的地位，以及依据协会章程和行业规范规制律师执业行为的权力。

(二) 有关律师行业惩戒内容与程序的规定

《中华全国律师协会章程》（中华全国律师协会 2018 年修订）设"奖励、惩戒与纠纷调解"专章，简要规定了地方律师协会可以依据本会的惩戒规则针对会员律师的违法违纪等行为，采取训诫、通报批评、公开谴责、暂停或取消会员资格等处分方式，并规定了惩戒程序中律师协会所享有的对有关行政部门的建议处罚权，以及律师作为惩戒当事人所享有的申辩权和听证权。

《律师执业行为规范（试行）》（中华全国律师协会 2018 年修订）具体规定了律师执业的各项行为规范，并于第 106 条明确指出"律师和律师事务所违反本《规范》的，律师协会应当依据《律师协会会员违规行为处分规则》和相关行业规范性文件实施处分"。

《律师协会会员违规行为处分规则（试行）》（中华全国律师协会 2017 年修订）系统规定了律师协会对会员的违规行为实施纪律处分的具体规则。包括惩戒机构惩戒委员会和复查委员会的管辖、组成与职责，纪律处分的种类及适用的违规行为情形，纪律处分的程序以及调解制度等，并授权"地方律师协会可以根据本规则结合本地区实际情况，制定相应的实施细则、工作规则及处分的执行程序"。

此外，中华全国律师协会《关于落实〈全国律协关于进一步加强和改进律师行业惩戒工作的意见〉相关工作的通知》（律发通［2013］45 号）重点提出了落实惩戒机构调整工作，要求从律师队伍和公检法相关部门中聘请相关人员参与行业惩戒工作，以加强

和改进律师行业惩戒工作的组织保障。

（三）有关律师行业惩戒与司法行政惩戒相衔接的规定

在"两结合"的律师管理体制下，律师协会与司法行政机关共同行使律师惩戒权，其中，律师协会行使行业惩戒权，司法行政机关行使行政处罚权。《律师法》第4条规定："司法行政部门依照本法对律师、律师事务所和律师协会进行监督、指导"。根据《司法部关于进一步加强律师监督和惩戒工作的意见》（司发［2004］8号）提出，司法行政机关、律师协会和律师事务所要认真履行职责，密切协作，齐抓共管，积极探索在'两结合'管理体制下进一步健全律师监督和惩戒机制。因此，律师协会在行使行业惩戒权的过程中，不仅需要接受司法行政部门的监督和指导，还需要与司法行政部门的行政处罚权相配合。

根据《律师执业管理办法》（中华人民共和国司法部令第134号）第50条规定，县级司法行政机关在开展日常监督管理过程中，发现、查实律师在执业活动中存在问题的，且认为需要给予行业惩戒的，移送律师协会处理。《司法部关于加强律师违法违规行为投诉处理工作的通知》（司发通［2017］23号）指出，"做好查处工作衔接。司法行政机关认为律师违法违规行为应当由律师协会给予行业处分的，要及时向律师协会通报或者移交案件。律师协会发现律师违法违规行为应当由司法行政机关给予行政处罚的，要及时向司法行政机关报告或者移交案件"，明确了律师协会和司法行政机关在律师惩戒工作上相互交流、相互配合的要求。

根据《律师和律师事务所违法行为处罚办法》（中华人民共和国司法部令第122号）第36条第3款规定，司法行政机关调查律师违法行为时，可以委托律师协会协助进行调查。根据第43条第2款规定，司法行政机关对情节复杂或者重大违法行为给予较重行政处罚的情形进行集体讨论决定时，可以邀请律师协会派员列席。这说明律师协会在司法行政机关行使行政处罚的过程中，享有委托调查权和列席参加权。

《律师协会会员违规行为处分规则（试行）》（2017年修订）第17条第2款规定："省、自治区、直辖市律师协会或者设区的市律师协会拟对违规会员作出中止会员权利一个月以上一年以下的纪律处分决定时，可以事先或者同时建议同级司法行政机关依法对该会员给予相应期限的停业整顿或者停止执业的行政处罚；会员被司法行政机关依法给予相应期限的停业整顿或者停止执业行政处罚的，该会员所在的律师协会应当直接对其作出中止会员权利相应期限的纪律处分决定；省、自治区、直辖市律师协会拟对违规会员作出取消会员资格的纪律处分决定时，应当事先建议同级司法行政机关依法吊销该会员的执业证书；会员被司法行政机关依法吊销执业证书的，该会员所在的省、自治区、直辖市律师协会应当直接对其作出取消会员资格的纪律处分决定。"该规定对中止会员权利与停止执业、取消会员资格与吊销执业证书两对在实际效果上相对应的行业惩戒与行政处罚在实践中如何衔接作出了明确要求。第72条第1款还规定："惩戒委员会认为会员的违规行为依法应当给予行政处罚的，应当及时移送有管辖权的司法行政机关，并向其提出处罚建议……"该条规定明确了律师惩戒工作中，律师协会对司法行政机关的配合义务。此外，《司法部、中华全国律师协会关于进一步加强律师惩戒工作的通知》（司发通〔2017〕70号）就"完善司法行政机关和律师协会惩戒工作衔接机制"具体规定了报告、书面建议以及移交证据材料等制度。

三、我国有关律师行业惩戒制度的研究综述

我国尚无全面系统论述律师惩戒和行业惩戒制度的专著，部分有关律师制度和法律职业伦理的著作中会设专章探讨相关内容，基本以国内外制度的介绍性内容为主。[1]此外，有关律师行业惩戒制度中的研究散见于各学术期刊和硕士学位论文中，学者们的研究内容主要围绕着律师行业惩戒制度的主体、客体、内容与程序四个方面进行。

（一）关于律师行业惩戒主体的研究

关于律师行业惩戒主体方面的研究主要集中在律师协会惩戒权的性质以及其与司法行政机关行政处罚权的配置两个方面。

在我国"两结合"的律师管理体制下，律师协会所行使的行业惩戒权是一种职业协会惩戒权。职业协会惩戒权是指承担一定公共治理职能的职业协会依据团体规则，对违反自治团体规则的成员作出对其不利处分的权力。[2]这种职业协会所行使的权力一般有三种来源——基于法律法规授权而获得、基于行政委托而获得和基于契约约定而获得。就律师协会的惩戒权而言，大多数学者认为其获得途径有两种，一是在表面上，来源于契约约定，即律师协会的惩戒权直接来源于会员律师的约定，二是在实质上，来源于法律法规授权，即该约定并不能认为是会员律师对律协的赋权，律协的惩戒权应当是来源于法律的授权。[3]也有学者认为在实质上，律师协会惩戒权来源于国家意志，但既不是授权，也不是委托。[4]基于权力获得途径的双重性，大多数学者认为律师协会惩戒权本

---

[1] 参见陈宜、王进喜主编：《律师公证制度与实务》，中国政法大学出版社2014年版；参见许身健：《法律职业伦理》，中国政法大学出版社2019年版。
[2] 谭九生："职业协会惩戒权边界之界定"，载《法学评论》2011年第4期。
[3] 参见张迎涛："律师协会惩戒权的行政法研究"，中国政法大学2006年硕士学位论文；参见钟普诚："我国律师协会惩戒权研究"，华侨大学2019年硕士学位论文。
[4] 赵洋："律师惩戒权问题研究"，中国政法大学2011年硕士学位论文。

身也具有双重性质，既属于行业自治权，也属于公共行政权。[1]

尽管学者认为律师协会惩戒权具备社会权力和国家权力的双重性，但他们在该惩戒权是否应当接受司法审查的问题上一致持有肯定意见。这显然是相互矛盾的。作为国家权力的公共行政权需要接受司法审查是毋庸置疑的。可是，作为社会权力的行业协会自治权是行业协会出于维护本行业的共同利益，建立于本行业协会全体会员的契约之上，对外与政府进行协调与合作，对内实现自我管理的权力。[2]这种自我管理的权力并不应该纳入司法监督的范围。学者们既肯认定律师协会惩戒权的双重性，又认为应对其进行司法审查，说明对于惩戒权与自治权的概念和关系尚认识不清。这种学理上的模糊波及司法实践中，便产生了"同案不同判"的结果——不同法院在认定律师协会对会员所作处分是否属于行政诉讼的受案范围上意见不一。在宋福君诉石家庄市律师协会、河北省律师协会请求撤销处分决定一案中，石家庄中级人民法院认为，"律师协会作为社会团体法人、律师的自律性组织，对本协会会员作出的惩戒、处分等行为是基于协会章程而非基于法律的授权，其行使的是行业自律性管理职权，不是对外管理职权，其行使行业自律性管理职权的行为属于自律性行为，不属于行政诉讼受案范围。"[3]而在党俊卿诉济源市律师协会处分决定一案中，焦作市中级人民法院认为，"律师协会属于法律授权行使律师行业行政管理职能的组织，利害关系人认为其作出的行业管理行政行为侵害其合法权益，可以提起行政诉讼。"[4]两地中级人民法院就同一法律问题，作出了完全相反的裁定，反映了司法实践就相关问题的认知模糊，这不仅不利于律师权益的保护，也不利于律师行业管理秩序的规范。因此需要学界就律师协会惩戒权的性质作更深一步的研究。

在律师协会惩戒权与司法行政机关行政处罚权的关系上，多数学者认为二者的权力配置不科学。[5]具体表现在一方面，律师协会缺乏专属的、排他的惩戒权限。行业惩戒的违纪情形，也同时属于行政处罚的范围，并且惩戒效果重合，比如行政处罚中的警告与纪律处分中的训诫、警告、通报批评、公开谴责惩戒措施。如果针对同一违纪事由，司法行政行关与律师协会同时采取实际效果相当的惩戒措施，不仅会构成惩戒资源的浪费，而且直接影响行业惩戒的权威性和积极性。另一方面，律师协会的部分惩戒措施依赖于行政处罚的执行

---

[1] 参见朱德堂："新时代律师惩戒体系与行业惩戒的完善"，载《中国司法》2018年第7期；参见张迎涛："律师协会惩戒权的行政法研究"，中国政法大学2006年硕士学位论文；参见钟普诚："我国律师协会惩戒权研究"，华侨大学2019年硕士学位论文；参见赵洋："律师惩戒权问题研究"，中国政法大学2011年硕士学位论文。
[2] 汪莉："论行业协会自治权的权源及其性质"，载《学术界》2010年第7期。
[3] 宋福君诉石家庄市律师协会、河北省律师协会请求撤销处分决定案，石家庄中级人民法院（2019）冀01行终148号行政裁定书。
[4] 党俊卿诉济源市律师协会处分决定案，焦作市中级人民法院（2019）豫08行终127号行政裁定书。
[5] 参见李润："律师协会惩戒权研究"，载《法制博览》2018年第5期；参见曹扬文、宫照军、张玮："中国特色律师行业惩戒模式研究——'两结合'管理体制下完善律师行业惩戒制度的思考"，载《中国司法》2019年第11期；参见宁晨旭："我国律师惩戒制度问题研究"，吉林大学2018年硕士论文。

才能生效，行业惩戒缺乏独立的地位。如中止会员权利、取消会员资格的惩戒措施，只有在司法行政机关同时做出停止执业和吊销律师执业证的行政处罚后才能产生惩戒效果。而且，依据前述律师行业惩戒与司法行政惩戒相衔接的相关规定，律师协会在做出取消会员资格的纪律处分前，应当事先向司法行政机关汇报，只有在司法行政机关同意的情况下才能给予该处分，显然这使行业惩戒因不具有独立地位而失去了权威性。

（二）关于律师行业惩戒客体的研究

律师行业惩戒的客体是指律师协会行使的行业惩戒权对什么人的何种行为有拘束力。《律师协会会员违规行为处分规则（试行）》（2017年修订）第2条："律师协会对会员的违规行为实施纪律处分，适用本规则。"由此可以知道律师行业惩戒的客体限定为律协会员的违规行为。而第3条规定："会员具有本规则列举的违规行为的，适用本规则；会员具有本规则未列举的其他违反法律、法规、律师协会管理规范和公序良俗的行为，应予处分的，适用本规则。""违规行为"包括该规则中所列举的利益冲突行为、代理不尽责行为、泄露秘密或者隐私的行为和违规收案、收费行为等，以及规则中未列举的但违反法律、法规、律师协会管理规范和公序良俗的行为。一般来说，与行业协会惩戒权相关联的行为，大致可以分为三种——违法行为、与职业有关的不当行为以及与职业无关但损害了行业协会利益的行为。前两种行为自然属于前述规则中"违规行为"的范畴，第三种行为则从条文本身难以寻找到答案。有学者认为，律师行业惩戒的客体并不包括律师实施的与职业无关但损害了行业协会利益的行为，否则就变相扩张了行业协会的惩戒权力，违背了会员对其行为的预期，也违背了行业协会作为会员利益代表组织的设立初衷。[1]

（三）关于律师行业惩戒内容的研究

律师行业惩戒的内容是指律师协会可以创设何种惩戒种类。根据《律师协会会员违规行为处分规则（试行）》（2017年修订）第15条，律师协会对会员的违规行为实施纪律处分的种类包括训诫、警告、通报批评、公开谴责、中止会员权利一个月以上一年以下和取消会员资格。

从各种惩戒种类的创设角度，有学者认为，应当适用法律保留原则构建行业协会的惩戒种类体系，以保护会员权利并规范律师协会权力。[2]对于律师行业惩戒而言，公开谴责和取消会员资格属于"框架型"法律保留的范畴，需要由国家立法机关事先以法律的形式对其进行原则性规定，再在明确授权的前提下，由律师协会将其予以具体化；而

---

[1] 参见谭九生："职业协会惩戒权边界之界定"，载《法学评论》2011年第4期。
[2] 参见谭九生："职业协会惩戒权边界之界定"，载《法学评论》2011年第4期。

警告、训诫等其他惩戒种类属于无需法律保留可自行创设的惩戒种类。从各种惩戒种类的规范效果，有学者指出，现有的惩戒种类重复。[1]一方面，声誉罚重叠，警告、训诫、通报批评和公开谴责都是声誉罚。其中，警告与训诫具有相对不公开性，通报批评和公开谴责具有相对公开性，但并没有权威的立法解释说明上述四种惩戒方式之间的本质区别及四者共存的必要性；另一方面，资格罚重叠，司法行政机关可实施的吊销律师执业证书与律师协会可实施的取消会员资格均属于有关律师资格的惩戒。由于我国律师协会采取强制入会的方式，因此吊销执业证书的惩戒也即意味着取消会员资格，两种惩戒方式在效果上重叠。

（四）关于律师行业惩戒程序的研究

在《元照英美法词典》中，职业惩戒程序是指对某一行业或其他职业团体的成员因其具有不当的、不守职业道德或非法的行为而予以斥责、暂停执业或者剥夺其职业资格的程序。律师协会行使行业惩戒权适用其《律师协会会员违规行为处分规则（试行）》（2017年修订）中所规定的职业惩戒程序。就我国律师行业惩戒程序而言，学者们的关注点主要在惩戒委员会的组成与运行情况、程序的公开程度和当事人的程序性权利三个方面。[2]

首先，就惩戒委员会而言，学者们普遍认为，惩戒委员会作为律师协会内专门行使惩戒权的机构，主要由律师和律师行业相关人员组成，缺乏多方参与和监督机制，影响了其处理结果的权威性。而且，组成人员大部分是律师兼职，自身事务繁忙，严重干扰其运行效率。其次，惩戒程序的公开程度不够。在律师惩戒的相关规定中没有关于当庭调查、举证质证、证人出席作证等方面的内容，严重缺失公众监督。最后，被调查和处分的律师的程序性权利不足，对惩戒程序的参与度较低。以申辩权为例，在《律师协会会员违规行为处分规则（试行）》（2017年修订）中，除第51条明确规定了被调查律师在处分前的申辩权以外，其他条文关于申辩权的规定更多地是强调惩戒委员会的权威和被调查律师的配合义务。比如，第57条规定，被调查会员拒绝申辩的，视为逃避、抵制和阻挠调查，应当从重处分；第60条规定，被调查会员不申辩的视为放弃，不影响惩戒委员会作出决定；第83条规定，复查庭认为必要时可以听取申请人陈述申辩意见。此外，投诉人对惩戒程序的启动和开展缺乏知情权和监督权，并不能真正参与到惩戒程序中，

---

[1] 程剑敏："浅析我国律师惩戒制度——探律师惩戒重构之可能"，载《法制与社会》2017年第6期；宁晨旭："我国律师惩戒制度问题研究"，吉林大学2018年硕士学位论文。

[2] 参见康建民："如何健全完善律师职业权利保障和惩戒工作机制"，载《法制博览》2019年第25期；参见宁晨旭："我国律师惩戒制度问题研究"，吉林大学2018年硕士学位论文；参见张凌竹："论我国律师惩戒程序的迷思与解蔽"，载《法制博览》2015年第27期；参见张善燚、罗德："我国律师惩戒程序新探"，载《湖南经济管理干部学院学报》2006年第5期。

其合法诉求能否得到满足尚且存疑。

四、域外律师行业惩戒制度的经验借鉴

(一) 域外律师行业惩戒制度

1. 英国律师行业惩戒制度

纵观国内关于英国律师惩戒制度的研究，学者的关注点集中于其历史发展和本土化特点。英国传统的律师惩戒权主要由法院行使，有学者认为，英国律师惩戒制度始于1292年英王爱德华一世把决定谁有权出席法庭的权力授予给了普通法院的首席大法官。[1]英国律师行业惩戒则是随着社会权利运动的发展，公权力开始向社会自治权利转移而逐步显现在英国历史长河中。律师自治在英国迅速发展，英国传统的由法院享有对律师的惩戒权逐步转移给律师协会，法院只保留了对律师协会行使惩戒权的监督权。[2]但近年来在英国关于法律服务讨论中，人们越来越认识到这种法律职业主义和自我规制的缺陷，律师自治不断被指责为"过时、僵化、过于复杂、欠缺问责并且不够透明"。英国《2007年法律服务法》对传统体制做了大幅改革，弱化律师协会的自我规制，同时设立了一个作为独立规制机构的法律服务理事会，使得公共规制和职业团体自我规制之间的权力配置更为合理。[3]

此外，英国律师行业协会惩戒制度还具有独有的特点。一是采取了二分模式，将律师分为出庭律师和事务律师，与之对应，英国的律师协会也分为出庭律师协会和事务律师协会，二者职能具有鲜明的界限划分，只能在自己的范围内从事律师惩戒业务，相互不能越权。即出庭律师协会负责对出庭律师的纪律惩戒，事务律师协会有权调查和惩戒事务律师的违法违纪行为。二是建立了第三方参与机制。对事务律师的惩戒，采取由律师和法官以外的第三方参加的制度，开辟了业外人士参与律师惩戒的渠道，增加了事务律师惩戒程序的透明度。三是对律师惩戒案件实行公开处理。[4]根据英国《律师法》，律师惩戒案件由律师惩戒法庭按照法定程序对案件进行审理[5]。四是设置司法救济的申诉程序。不管是传统的律师协会惩戒权还是2007年《法律服务法》进行改革之后，均设置了律师惩戒的司法救济程序。

---

[1] 石毅主编：《中外律师制度综观》，群众出版社2000年版，第349页。
[2] 钟普诚："我国律师协会惩戒权研究"，华侨大学2019年硕士学位论文。
[3] 李洪雷："迈向合作规制：英国法律服务规制体制改革及其启示"，载《华东政法大学学报》2014年第2期。
[4] 钟普诚："我国律师协会惩戒权研究"，华侨大学2019年硕士论文。
[5] 参见马宏俊主编：《〈律师法〉修改中的重大理论问题研究》，法律出版社2006年版，第111~112页。

2. 美国律师行业惩戒制度

在美国，律师惩戒权是由律师协会和法院共同行使的，其中，法院享有最终的惩戒决定权，而对违纪律师行为的调查、听证、根据调查结果提出建议性决定都是由地方律协的律师纪律专门委员会进行的。随着历史的发展，律师惩戒权逐渐从法院转移到律师协会。目前，法院虽然在名义上仍然保留着对律师进行惩戒的广泛管辖权，但实际上律师惩戒主要是由律师协会进行，法院一般只是处于监督者的地位。美国各州和许多地方都建立了律师协会和组织，并且成立了惩戒委员会，负责律师的惩戒工作。尽管目前仍有部分州惩戒机构设在法院，但大量的工作是由律师协会来承担的。[1] 如在"自愿律师协会"（voluntary bar）的州，法院基本上都设立了独立的惩戒机构；在"统一律师协会"（unified bar）的州，法院要么将纪律处分委托给州律师协会的一个机构，要么设立一个单独的惩戒机构。然而，美国律师协会惩戒执行评估委员会报告明确：惩戒制度应当由州最高法院而不是由州或者地方律师协会来专属控制和管理[2]。

美国律师协会惩戒制度具有三方面的特点：一是突出律师自律的要求，在美国，以律师协会作为律师惩戒的主要主体，专门设置惩戒委员会[3]，防止法院等权力机关可能对律师的不当干预。二是注重多元力量的引入，律师协会惩戒委员会由律师及社会人士共同组成，防止律师之间的门户保护和同行排挤，以确保律师纪律惩戒的公正性。三是强调律师惩戒的程序性，设计了严密的、类似于司法程序的惩戒程序，使律师惩戒更加具有司法权威性和直接的司法效力，有利于增强律师惩戒的公信力。[4]

3. 德国律师行业惩戒制度

在德国，由司法行政机关、法院和律师协会三家协同履行对律师的监管职责，且彼此分工明确，监管严密。[5] 不同于英美国家，德国的律师行业惩戒权力十分有限，范围仅限于违反职业道德的轻微违规行为。德国的律师组织是州律师协会和各州律师协会组成的联邦最高律师协会，均属于"公法人"，受司法行政机关的指导和监督。律师协会理事会对律师执业行为进行指导、监督和约束。律师协会理事会维护和促进律师协会的利益，其负有下列职责：对律师协会会员提供业务咨询或指导；根据申请调解会员之间的纠纷；根据申请调解会员与委托人之间的纠纷；监督会员履行义务，并有权给予训诫[6]。据此，德国律师协会有且只有训诫一种处分种类。律师对惩戒不服的，先向律师协会设

---

[1] 孙建："律师惩戒职能分工改革研究"，载《中国司法》2004年第2期。
[2] 王进喜译：《面向新世纪的律师规制》，中国法制出版社2016年版，第40页。
[3] 美国各个州的律师协会内均设有一个常设的惩戒委员会来具体负责违法律师的惩戒事务，在惩戒委员会内还设有检控委员会和听讯委员会分别行使检控和裁决职能。
[4] 曹扬文、宫照军、张玮："中国特色律师行业惩戒模式研究——'两结合'管理体制下完善律师行业惩戒制度的思考"，载《中国司法》2019年第11期。
[5] 陈宜："'两结合'律师管理体制的经验总结与深化"，载《中国司法》2019年第2期。
[6] 内容参见《德国联邦律师条例》，1959年8月1日颁布，2009年7月30日公布相关法律最新修订。

立的申诉委员会申诉,对复核决定不服的,也可以向法院起诉。

4. 日本律师行业惩戒制度

日本实行高度的行业自治,是律师惩戒制度中律师行业享有单一惩戒权的典型代表。律师的惩戒权由地方律师协会和日本律师联合会共同行使。日本律师联合会和地方律师协会下设纲纪委员会、惩戒委员会,分别承担律师惩戒的调查和审理职能。任何人均可向律师协会提出律师惩戒要求,经纲纪委员会和惩戒委员会调查后,律师协会根据调查结果作出决议。受惩戒的律师不服处分决定的,可向日本律师联合会提出申诉,如审查请求被驳回,还可以向东京高等法院提起撤销惩戒之诉。因此,日本律师行业实行完全的行业自主管理,对律师惩戒具有行业规范制定权和行业规范适用权。

5. 法国律师行业惩戒制度

法国的律师协会为公法社团,是律师自律管理的行业组织。法国的全国性律师协会是由地方律师协会发起成立的全国性律师自律组织,属于联合会性质,地方律师协会按照法院辖区来设立。2004年之前,法国律师协会负责律师纪律惩戒工作。2004年法律对律师的纪律惩戒程序进行了重大改革,原因在于之前负责纪律惩戒的律师公会理事会既是起诉机构,又是裁判机构,违反了《欧洲人权公约》第6-1条关于"起诉机构应与审判机构相分离"的公正程序条款。根据新规定,法国在各上诉法院设立纪律惩戒委员会,负责受理所在地律师公会登记律师的违法及过错案件。利害关系人对惩戒裁定不服的,可向上诉法院提起上诉。但巴黎律师公会理事会依然是纪律惩戒委员会,受理本公会登记律师的违法及过错案件。[1]

6. 澳大利亚律师行业惩戒制度

澳大利亚是由六个州和两个地区组成的联邦国家。各个州的最高法院管辖本州的法律事务,但是律师有权向澳大利亚高等法院提起上诉。[2]近些年来,人们对传统的律师惩戒制度日益不满,并不断探索改革。随着时间的流逝,澳大利亚大多数司法管辖区关于律师的投诉通常由独立的法定监管机构受理,而不是像过去那样由律师行业协会受理[3],目的在于建立以消费者为导向的,提高透明度和监管力度的律师惩戒制度。律师协会仍然发挥着作用,但通常只有在法定监管机构授权其对特定的投诉案件进行调查或者履行其他法定职责时才能发挥作用。[4]如在澳大利亚最大的州新南威尔士州,自1960年代以来,因人们认为律师行业自治没有充分考虑到消费者的需求和利益而对律师惩戒制度进行严

---

[1] 袁钢:"国外律师管理体制的类型研究(下)",载《中国律师》2017年第10期。
[2] See Judiciary Act 1903 (Cth) s 35 (2); Clyne v N. S. W. Bar Ass'n (1960) 104 CLR 186, 198 (Austl.).
[3] See, e. g., Legal Profession Act 2004 (NSW) s 505 (Austl.); Legal Profession Act 2004 (Vic) s 4.2.5 (Austl.); Legal Profession Act 2007 (Qld) s 429 (Aust.).
[4] Legal Profession, supra note 23

格的审查[1]，现今其建立的一个独立的法律服务专员（Legal Services Commissioner）会收到所有的投诉，并将其提交给以消费者为导向的调解机构或者律师协会内部的监管机构。对结果不满意的投诉者可能会寻求专员的复审。专员还监督处理投诉的过程，并可能接受一项特别调查，或建议进行更广泛的修改。[2]昆士兰（Queensland）有一个由非律师领导的独立法律服务委员会（Legal Services Commission）。它的惩戒系统包括一个解决小纠纷的客户关系中心（Client Relations Center），以及一个由最高法院法官、一个非律师和一个从业者组成的法律执业法庭（Legal Practice Tribunal）。能力和勤勉的问题可以成为纪律的主题，所有的纪律行为都在法律服务委员会网站上公布[3]。

（二）域外律师行业惩戒制度比较分析和借鉴

对以上几个国家律师行业惩戒制度的历史和现状进行比较研究后，可发现各国律师行业惩戒制度呈现出以下几个特点：一是各国律师协会对于律师惩戒所拥有的权力与各自的司法传统以及各国律师协会的自治程度有很大的关系。如在律师行业高度自治的日本，律师行业协会拥有对律师完全的惩戒权，其对律师违反律师伦理和会员纪律及律师义务的调查、惩戒完全独立于行政机关和司法机关。[4]二是西方的主要国家，律师惩戒权多是由律师协会和法院共同行使，律师协会惩戒权限较大，但经过近些年的改革之后，有些国家的情况有所变化。三是在多数国家和地区，律师协会行业惩戒普遍受到司法审判的监督和制约。四是无论采用何种律师惩戒制度，律师行业组织对惩戒保持较高的参与度[5]，且为保证惩戒的公正，律师协会内部常设不同机构分别行使惩戒的部分职能。与国际接轨，吸收和借鉴国外律师行业惩戒制度的有益经验，对我国律师惩戒制度的发展和完善具有重大意义。任何职业团体都不会对有关自身地位和生计的事情持公正态度。这一认识促使澳大利亚和英国等国家进行改革，即由律师行业和非律师监管者分享对律师的惩戒权并对之负责。总体而言，改革的趋势是鼓励更加广泛的问责制和提高监管结构透明度。[6]我国的"两结合"管理体制是符合我国国情，也是顺应国际趋势的。律师行业惩戒在"两结合"体制中发挥其应有的作用需要通过借鉴国外有益经验，结合我国的具体国情，不断改革创新，推进我国律师行业发展。

---

[1] Linda Haller, Restorative Lawyer Discipline in Australia, 12 Nev. L. J. 316 (2012).
[2] 陈宜："'两结合'律师管理体制的经验总结与深化"，载《中国司法》2019年第2期。
[3] Deborah L. Rhode; Alice Woolley, "Comparative Perspectives on Lawyer Regulation: An Agenda for Reform in the United States and Canada", 80 Fordham L. Rev. 2761, 2790 (2012).
[4] 侯峰："论律师行业惩戒制度"，中国政法大学2009年硕士学位论文。
[5] 朱德堂："新时代律师惩戒体系的完善"，载《安徽广播电视大学学报》2018年第3期。
[6] Deborah L. Rhode, Alice Woolley, "Comparative Perspectives on Lawyer Regulation: An Agenda for Reform in the United States and Canada", 80 Fordham L. Rev. 2761, 2790 (2012).

五、我国律师行业惩戒制度的运行情况和典型案例

(一) 运行情况

《律师协会会员违规行为处分规则(试行)》(2017年修订)第73条规定:"……公开谴责及以上处分决定生效的,应当向社会公开披露。因严重违法违规行为受到吊销执业证书、取消会员资格等行政处罚、行业处分决定生效的和社会关注度较高的违法违规案件,可以通过官方网站、微博、微信、报刊、新闻发布会等形式向社会披露。"实践中司法行政部门和律师协会并没有完全尽到及时公开披露相应纪律处分并接受社会监督的职责。在司法部官方网站的政务公开专栏下,"行政处罚和行业处分通报"一栏中仅就律师的行政处罚进行了公开。在全国律师协会的官方网站上也仅能检索到2017年4月至2019年8月的律师协会惩戒工作通报或惩戒典型案例。相较而言,部分地方律师协会在纪律处分的公开披露方面做得更好。杭州市律师协会在其主办的杭州律师网完整上传了其从2015至2019年作出的全部处分决定书。上海律师协会也于2020年1月率先推出"警示台"制度,以定期公布违规律师的处分情况。[1]

因此,本文根据全国律师协会官方网站于2018年1月至2019年8月的惩戒公示内容,大致了解了我国律师行业惩戒制度的实际运行情况,具体如下:

表1 2019年1月至8月律师行业惩戒情况

	总数[2]	公开谴责	中止会员权利	取消会员资格
2019年8月	9	4	4	1
2019年7月	9	3	6	0
2019年6月	8	2	6	0
2019年5月	9	2	6	1
2019年4月	10	1	6	3
2019年3月	21	5	12	4
2019年2月	18	6	11	1
2019年1月	12	2	7	3

---

[1] 上海律协:"推出'警示台'制度——上海律协召开纪律惩戒工作新闻发布会",载中国律师网,http://www.acla.org.cn/article/page/detailById/26487,最后访问时间:2020年7月1日。
[2] 此处为公开谴责以上纪律处分的案件总数。

表2　2018年1月至12月律师行业惩戒情况

	总数[1]	训诫	警告	通报批评	公开谴责	中止会员权利	取消会员资格
2018年12月	90	20	25	9	9	22	5
2018年11月	无数据						
2018年10月	46	9	16	9	6	5	1
2018年9月	51	7	14	8	6	15	1
2018年8月	无数据						
2018年7月	59	8	13	12	3	18	5
2018年6月	42	14	4	8	2	5	9
2018年5月	43	5	15	8	8	5	2
2018年4月	49	16	4	5	6	12	6
2018年3月	18	4	5	3	0	1	5
2018年2月	无数据						
2018年1月	45	10	5	16	2	10	2

（二）经典案例：浙江律师吴有水因发表危害国家安全言论被处分案[2]

自2014年1月至2017年7月，吴有水律师在以律师身份注册的微博、博客、微信公众号等互联网自媒体上陆续发表了《拆迁户，如何做到合法快乐维权?》《郑某究竟是什么东西》《突然都装死了，迟律师的维权路走到头了?》《司法行政部门就是要杀光所有的优秀律师，留下一帮听他们话的走狗》《懂规矩、守规矩，其实就是肮脏的潜规则》《我认为，中国有两"邪"，堪称宝贝一对：一个是"足邪"，一个是"律邪"》等言论与文章。2017年7月，匿名投诉人向杭州市律协投诉，反映吴有水律师在网络发表不当言论影响律师职业形象，要求予以查处。杭州市律协经立案、调查和听证程序后认为，吴有水律师利用互联网传递信息快、传播范围广、社会影响大、公众关注度高的特点，长期在微博、博客和微信公众号等网络平台上以律师身份撰写并发表的部分言论与文章，明显故意使用臆断的事实、错误的逻辑，发表恶意诽谤他人、误导公众、严重损害律师职业公众形象的言论，主观故意明显，其行为明显已超出了言论自由的范畴，严重损害杭州律师职业形象，违背了《中华全国律师协会章程》《律师职业道德和执业纪律规范》《律师执业行为规范》《律师协会会员违规委为处分规则（试行）》等有关律师行业规范

---

[1] 此处为全部纪律处分的案件总数。
[2] 参见杭州市律师协会处分决定书（杭律处字（2017）第8号），载杭州律师网，http://www.hzlawyer.net/news/detail.php? id=15533，最后访问时间：2021年5月18日。

和律师职业道德的规定，应当予以处分。

2017年8月，杭州市律协作出处分决定，中止吴有水律师会员权利九个月，并责令限期删除相关不当言论。同月，全国律师协会副会长、新闻发言人表示全国律协支持杭州律协作出的处分决定。12月，杭州市司法局依法对其作出停止执业九个月的行政处罚。

该案在当时受到大量关注，还被全国律协作为2017年度十大典型惩戒案例在例行发布会上通报。其影响力巨大的原因，一方面在于被投诉人吴有水律师的言论激烈并在网络大量传播，引发舆论效应，另一方面在于本案中涉及律师的言论尺度和律师协会的行业惩戒权限等深层次问题，值得理论探讨。在本案中，吴有水律师曾书面申辩称其享有言论自由的权利，在微博、博客等网络自媒体上公开发表的言论与执业行为无关，不属于律师协会的立案范围，也没有损害律师的职业形象。杭州市律师协会也对此作出了回应。概括而言，言论自由是宪法赋予公民的基本权利，但自由从来不是没有限制的。律师作为法律从业者，其言论本身要受到职业道德和行业规范的限制。根据《律师协会会员违规行为处分规则（试行）》（2017年修订）第34条第6项规定，以歪曲事实真相、明显违背社会公序良俗等方式，发表恶意诽谤他人的言论，或者发表严重扰乱法庭秩序的言论的行为属于以不正当方式影响依法办理案件的行为，而且，根据全国律协《关于印发对山东省律师协会有关请示的〈复函〉的通知》（律发通〔2017〕43号），该条所列违规行为"不以是否影响司法机关依法办理案件为前提。律师在执业期间有本条规定的违规行为的，可以依据本条例作出行业处分"。因此，杭州律师协会对于吴有水律师的不当言论有权立案调查并作出相应处分决定。

六、完善我国律师行业惩戒制度的对策和建议

随着律师行业的发展，律师群体在为新时代中国特色社会主义法治建设添砖加瓦的同时，其自身管理体制和相关制度也亟待改革和完善。就律师行业惩戒制度而言，未来的制度优化应当主要集中在完善律师协会惩戒权、细化相关惩戒程序和构建司法救济机制三个方面。

（一）完善律师协会惩戒权

按照1993年《司法部关于深化律师工作改革的方案》的目标，现行"两结合"的律师管理体制，经过一个时期的实践后，应该逐步向司法行政机关宏观管理下的律师协会行业管理体制过渡。也就意味着，律师协会惩戒权不断扩大是未来律师行业惩戒制度的发展方向，但这种权力扩张并不意味着完全走向行业自治，律师协会仍需要在司法行政机关的监督与指导下发挥行业管理的职能与作用。具体而言，可行的改革方案是重新界

定律师协会和司法行政机关的惩戒类型，严格限制司法行政机关的惩戒种类。可以将终身禁止律师继续进行执业、吊销律师执业证等惩戒方式仍然归属于司法行政机关，其他所有惩戒权都完全归属于律师协会，避免两主体在惩戒类型和惩戒效果上的重叠，提高律师协会惩戒权的独立性和权威性。此外，在律师协会惩戒权的权限内，应当细化规定各种惩戒类型，明确各种声誉罚的适用区别，同时设立明确的惩戒梯度，对于律师不同程度的违规行为采取相匹配的惩戒措施，从而保障惩戒效果。

（二）细化相关惩戒程序

科学透明的惩戒程序能够保证惩戒过程的公正性，提高惩戒结果的公信力，也有利于保护投诉人与被调查、处分律师的合法权益。要细化现有律师行业惩戒程序，首先，应当完善律师惩戒组织。改变惩戒委员会的人员组成结构，吸入社会成员参与其中，实现惩戒人员的多元搭配，并在律师协会内部设置专门机构，行使对惩戒委员会的监督职能。其次，应当实现惩戒程序公开。一方面，惩戒过程公开，惩戒决定所依据的事实和证据须经过公开质证并允许其他人员旁听；另一方面，惩戒结果公开，律师协会应当及时履行纪律处分的公开披露职责，对于违规律师和违规行为的惩戒决定及时向社会公开。最后，赋予惩戒当事人应得的程序性权利。比如投诉人应当享有对惩戒程序的参与权、监督权和对不予立案决定的救济权，被调查、处分律师应当享有完整的申辩权利。

（三）构建司法救济机制

根据《律师协会会员违规行为处分规则（试行）》（2017年修订）的相关规定，会员律师对惩戒委员会的决定不服的，可以向复查委员会申请复查，复查委员会的复查决定为最终决定。[1]换言之，律师协会的规则本身排除了法院对其惩戒决定的司法审查。而如前所述，司法实践中对"律师行业处分决定是否属于行政诉讼受案范围"的看法也大相径庭。尽管在党俊卿诉济源市律师协会处分决定一案中，焦作市中级人民法院认为原告党俊卿律师可以就律师协会的处分决定提起行政诉讼，可在该案发回重新审理以后，最终却以双方达成和解而撤诉告终，法院未能就实体内容作出判决。[2]由此可见，我国律师行业惩戒的司法救济机制严重缺失。为保护律师的合法权利和规范律师协会惩戒权，我国应当学习域外经验，构建起行业惩戒的司法救济机制，无论是直接将司法审查程序引入律师惩戒程序之中，抑或是通过构建行政监督制度来为司法审查介入行业惩戒打开通道，都将极大地促进我国律师行业惩戒制度的完善。

---

[1]《律师协会会员违规行为处分规则（试行）》（2017年修订）第86条："复查庭作出的维持原处分决定或者变更原处分决定的复查决定为最终决定，自作出之日起生效。"
[2] 参见党俊卿诉济源市律师协会处分决定案，河南省焦作市人民法院（2019）豫08行终246号行政裁定书。

参考文献

一、专著

[1] 许身健：《法律职业伦理》，中国政法大学出版社 2019 年版。

[2] 王进喜译：《面向新世纪的律师规制》，中国法制出版社 2016 年版。

[3] 陈业宏、唐鸣：《中外司法制度比较》（下册），商务印书馆 2015 版。

[4] 陈宜、王进喜主编：《律师公证制度与实务》，中国政法大学出版社 2014 年版。

[5] 沈桥林主编：《律师与公证》，厦门大学出版社 2012 年版。

[6] 李学尧：《法律职业主义》，中国政法大学出版社 2007 年版。

[7] 张善燚：《中国律师制度专题研究》，湖南人民出版社 2007 年版。

[8] 马宏俊主编：《〈律师法〉修改中的重大理论问题研究》，法律出版社 2006 年版。

[9] 程滔：《辩护律师的诉讼权利研究》，中国人民公安大学出版社 2006 年版。

[10] 李求铁："律师的自由与强制"，载中华全国律师协会编：《第四届中国律师论坛——百篇优秀论文集》，中国政法大学出版社 2004 年版。

[11] 王圣诵：《中国自治法研究》，中国法制出版社 2003 年版。

[12] 石毅主编：《中外律师制度综观》，群众出版社 2000 年版。

[13] 张佩霖、李启欣主编：《民法大辞典》，湖南出版社 1991 版。

[14] 林文肯等：《律师词典》，沈阳出版社 1990 年版。

二、期刊

[1] 曹扬文、宫照军、张玮："中国特色律师行业惩戒模式研究——'两结合'管理体制下完善律师行业惩戒制度的思考"，载《中国司法》2019 年第 11 期。

[2] 陈宜："'两结合'律师管理体制的经验总结与深化"，载《中国司法》2019 年第 2 期。

[3] 朱德堂："新时代律师惩戒体系与行业惩戒的完善"，载《中国司法》2018 年第 7 期。

[4] 朱德堂："新时代律师惩戒体系的完善"，载《安徽广播电视大学学报》2018 年第 3 期。

[5] 孙建："律师惩戒职能分工改革研究"，载《中国司法》2004 年第 2 期。

[6] 袁钢："国外律师管理体制的类型研究（下）"，载《中国律师》2017 年第 10 期。

[7] 刘耀堂："加强党建 保障权利 守住底线 发挥作用 开创律师维权惩戒工作新局面——全国律师维权惩戒工作专题研讨班侧记"，载《中国律师》2018 年第 5 期。

[8] 李洪雷："迈向合作规制：英国法律服务规制体制改革及其启示"，载《华东政

法大学学报》2014 年第 2 期。

［9］谭九生："职业协会惩戒权边界之界定"，载《法学评论》2011 年第 4 期。

［10］张迎涛："律师协会惩戒权比较研究"，载《公法研究》2009 年第 00 期。

［11］汪莉："论行业协会自治权的权源及其性质"，载《学术界》2010 年第 7 期。

［12］朱敏敏："我国律师惩戒制度回顾与发展趋势探析"，载《公安学刊（浙江警察学院学报）》2017 年第 2 期。

［13］张善燚、罗德："我国律师惩戒程序新探"，载《湖南经济管理干部学院学报》2006 年第 5 期。

［14］康建民："如何健全完善律师职业权利保障和惩戒工作机制"，载《法制博览》2019 年第 25 期。

［15］李润："律师协会惩戒权研究"，载《法制博览》2018 年第 5 期。

［16］张凌竹："论我国律师惩戒程序的迷思与解蔽"，载《法制博览》2015 年第 27 期。

［17］程剑敏："浅析我国律师惩戒制度——探律师惩戒重构之可能"，载《法制与社会》2017 年第 6 期。

［18］Linda Haller, Restorative Lawyer Discipline in Australia, 12 Nev. L. J. 316 (2012).

［19］Deborah L. Rhode, Alice Woolley, "Comparative Perspectives on Lawyer Regulation: An Agenda for Reform in the United States and Canada", 80 Fordham L. Rev. 2761, 2790 (2012).

三、学位论文

［1］钟普诚："我国律师协会惩戒权研究"，华侨大学 2019 年硕士学位论文。

［2］宁晨旭："我国律师惩戒制度问题研究"，吉林大学 2018 年硕士学位论文。

［3］朱珍梅："论我国律师惩戒制度的完善"，安徽大学 2014 年硕士学位论文。

［4］赵洋："律师惩戒权问题研究"，中国政法大学 2011 年硕士学位论文。

［5］侯峰："论律师行业惩戒制度"，中国政法大学 2009 年硕士学位论文。

［6］张迎涛："律师协会惩戒权的行政法研究"，中国政法大学 2006 年硕士学位论文。

中国涉外律师队伍的发展新态势

安启蒙[*]

内容摘要：随着"一带一路"倡议的深入开展，我国律师事务所和律师在最高人民法院、司法部等国家机关的政策支持下，在全国各级律师协会充分发挥行业组织的引导作用下，积极拓展涉外法律服务业务并取得初步成效。虽然我国涉外法律服务的发展业蒸蒸日上，但面对"一带一路"沿线国家不同法律体系所呈现出的复杂多样，目前中国律师事务所提供的服务相对较为初级或粗放，在提供涉外法律服务方面仍存在多项难点。在 2020 全球疫情的大背景下，中国涉外律师更是迎来了前所未有的挑战跟机遇。本文旨在总结近年来中国涉外律师的发展历程和现状，结合最新形势和政策，阐述我国涉外律师的发展特点，并根据现有的数据和资料试图探讨总结我国涉外律师今后的发展方向。

关键词：律师涉外法律服务；"一带一路"挑战与机遇

近年来，中国在国际舞台上扮演的角色越来越重要，而中国所面临的国际政治、经济局势也越来越复杂，急需打造一批"政治可靠、法律精通、英语优秀"的涉外律师。2016 年 5 月，中央全面深化改革领导小组第二十四次会议审议通过了《关于发展涉外法律服务业的意见》，这是我国律师制度恢复以来第一个专门就发展涉外法律服务业作出的顶层设计，凸显了中央对涉外法律服务业的高度重视，文件提出四方面任务：一是为"一带一路"等国家重大发展提供法律服务，二是为中国企业和公民"走出去"提供法律服务，三是为我国外交工作大局提供法律服务，四是为打击跨国犯罪和追逃追赃工作提供法律服务。涉外法律服务业开始获得从中央到地方的大力支持，各地也纷纷出台相关政策，并落实具体的措施。这一系列举措表明，我国重视培养精通相关领域业务和国际规则、具有国际化视野、丰富执业经验和跨语言、跨文化的法律运用能力的高素质、复合型中国涉外律师，力求更好地服务国家整体经济和社会发展。涉外法律服务毫无疑问将是下一阶段法律服务市场的必争之地，传统的涉外法律服务主要以在境内提供具有涉外因素的法律服务为主，而新形势下，律师需要能够"为'一带一路'等国家重大发展提供法律服务、为中国企业和公民'走出去'提供

---

[*] 安启蒙，中国政法大学 2019 级硕士研究生。

法律服务、为我国外交工作大局提供法律服务、为打击跨国犯罪和追逃追赃工作提供法律服务"。这些都对律师个人能力提出了更高的要求。[1]本文将梳理中国涉外律师的发展历程和现状，结合最新形势和政策，阐述我国涉外律师的发展特点，并根据现有的数据和资料总结我国涉外律师今后的发展方向。

一、我国涉外律师队伍的发展历程

（一）"一带一路"前我国涉外律师的发展历程

1983年10月，中国首家从事涉外业务的律师事务所——深圳市对外经济律师事务所成立。2001年，中国加入WTO，成为世贸组织的第143位成员。从这一年开始，"引进来"和"走出去"成为各行各业的发展趋势，国际贸易与人员交流日渐频繁。法律服务市场也不可避免逐步对外开放，涉外法律事务与日俱增，但懂英语、通法律的"精英明法"型复合人才非常紧俏，截止到2015年，我国能够熟练办理涉外法律业务的律师不到3000人，其中能够独立办理涉外仲裁、跨境诉讼的律师不足两百人，能够办理"两反两保"案件的律师不足50人，能够在WTO参与争端解决案件处理的律师只有数名。

（二）"一带一路"倡议提出后涉外法律服务面临的新形势

2013年习近平总书记在发表演讲时提出共同构建丝绸之路经济带和21世纪海上丝绸之路的思路，在2016年又对我国提出建设的8项要求，奠定了"一带一路"倡议的基础。"一带一路"倡议实施后，各区域深化对外开放，国际投资项目资金以及数量迅速增加，为涉外律师队伍提供了巨大的市场。不管在与外国企业进行经济技术交流，还是与沿线国家直接外交等，都需要涉外律师队伍提供法律咨询和法律服务，为企业和国家保驾护航，以求减少国际交易和建立外交的风险，提高交易的成功率。2016年中共中央《关于发展涉外法律服务业的意见》中进一步强调了对涉外法律服务的重视，涉外律师行业面临着新的前景和形势。[2]

1. "一带一路"建设对法律服务及律师行业的影响

传统上，我国所谓涉外法律需求是内向的，主要表现在为外资进入中国提供法律服务，涉外法律服务提供者主要对中国法律中涉外部分提供法律咨询服务。此外，涉外法律服务内容也大多局限于经济领域，服务需求主体多为企业，少量为个人。而新形势下

---

[1] 张由："中国涉外律师的国际化视野"，载中国律师网，http://www.acla.org.cn/article/page/detailById/28593，最后访问时间：2020年5月21日。
[2] 张学兵："涉外律师 走上国际舞台的中国律师"，载《中国律师》2019年第12期。

的涉外法律服务需求发生一定程度的变化，突出表现在涉外法律服务需求主体的扩大，涉外法律服务需求从内向型向内向型与外向型兼具转化。[1]根据全国律协 2017 年的调研数据显示，受访的从事涉外法律服务的律师在中国企业"走出去"过程中为中国企业提供的涉外法律服务主要集中在涉外商事诉讼、国际并购、国际仲裁、国际投融资、进出口贸易及海关、国际贸易（两反一保/WTO 业务）及国际知识产权保护等领域。在"一带一路"倡议推进中，法律发挥着重要的作用，"一带一路"倡议中的政治、经济和文化目标的实现，有赖于相关各国完善的法律制度来支撑。沿线各国共建"一带一路"不仅将带动中国和沿线国家经济的快速发展，也将为沿线各国法律服务的快速国际化带来契机。从 2010 年到 2014 年，全国一审涉外案件达 144000 多件，同比上升 53.49%。[2]2015 年 5 月最高人民法院发布《最高人民法院关于人民法院为"一带一路"建设提供司法服务和保障的若干意见》（以下简称《意见》），同年 7 月发布涉"一带一路"建设第一批典型案例，2017 年 5 月发布涉"一带一路"建设第二批典型案例。《意见》强调充分保护涉"一带一路"建设纠纷中当事人的诉讼权利、依法行使司法管辖权，妥善解决国际司法管辖冲突，典型案例所涉的法律问题具有很强的代表性，反映"一带一路"建设期间跨国法律纠纷主要集中在国际民商事领域，纠纷所涉知识基本属于国际经济法和国际私法两个部门法学。

　　涉外冲突的增加意味着涉外法律市场的拓展，这对我国涉外法律服务队伍提出了新要求，2016 年，中华全国律师协会律师服务"一带一路"项目启动，用于组建"一带一路"项目跨境律师人才库，开展沿线国家政策法律环境研究。2018 年，司法部开展涉外律师人才库建设，编印《全国千名涉外律师人才名册》，共收录 985 名优秀涉外律师相关信息，涵盖国际经济合作、国际贸易、海商海事、金融与资本市场、跨国犯罪追逃追赃、跨境投资、民商事诉讼与仲裁、能源与基础设施、知识产权及信息安全等 9 个涉外法律服务领域，供各有关部门和企事业单位在选聘涉外律师时参考。[3]2019 年 12 月 9 日至 10 日，世界律师大会在广东广州召开。12 月 8 日，世界律师大会召开前夕，"一带一路"律师联盟成立大会在广州召开。大会审议通过了《"一带一路"律师联盟章程》，选举产生了联盟第一届理事会和联盟主席、副主席、秘书长。世界律师大会为分享各国在律师行业的探索和成就搭建了新平台，为"一带一路"建设打造了稳定、公平、透明、可预期的法治环境，为建设世界法治文明贡献了智慧和力量。"一带一路"律师联盟的成立，为"一带一路"沿线国家律师之间合作提供了新机遇，有利于打造更加完善的全球法律合作

---

[1] 冷帅等："中国涉外法律服务业探析（上）"，载《中国律师》2017 年第 5 期。
[2] 孙云霞："'一带一路'建设中司法行政工作服务涉外律师对策"，载《法制博览》2018 年第 2 期。
[3] 司法部："近千名优秀律师进入人才名册——我国不断培养适应国际舞台新角色涉外律师"，载中国政府法制信息网，http：//www.moj.gov.cn/organization/content/2019－11/23/574_3236233.html，最后访问时间：2020 年 5 月 21 日。

和服务伙伴关系网络,标志着律师服务"一带一路"、律师国际交流合作跨入新阶段。[1]

2."一带一路"的建设面临着复杂的法律冲突现象

"一带一路"建设中发生的最主要的法律冲突表现为,对同一涉外民商事关系,沿线各国民事法律规定各不同而发生的法律适用上的冲突。其现实意义是各国不同的民商事法律规定在同一个案件中都主张适用而在这些法律之间发生冲突,这种冲突的解决要求法官能依据一定的原则选择法律,同样要求律师能依据一定的规则预判法官的选择,并通过这种预判指引当事人的行为以期实现当事人合法利益的最大化。[2]"一带一路"沿线涉及将近70个国家,其法律体系涉及英美法系、大陆法系、伊斯兰法系,各法系之间存在冲突,同一法系内也存在规范冲突。而且中国建设"一带一路"所涉及的法律冲突不仅仅局限于国家之间的法律冲突,还包括中国所加入的国际组织和缔结的国际条约之间,以及国际条约与中国国内法之间的冲突。为服务和保障"一带一路"建设的顺利推进,最高人民法院提出《关于人民法院为"一带一路"建设提供司法服务和保障的若干意见》,意见提出在"一带一路"建设中,要大力加强涉外民商事案件的审判工作,为"一带一路"建设营造良好法治环境,审判过程中要依法准确适用国际条约和惯例,准确查明和适用外国法律,增强裁判的国际公信力。这些指导意见不仅是对法院审判涉外案件的要求,同样也是对律师提供涉外法律服务的要求,涉外律师在提供涉外法律服务过程中应该能准确地适用国际法、有效地查明外国法、科学地适用外国法。

为此全国律协"一带一路"项目跨境律师人才库律师编写了《"一带一路"沿线国家法律环境国别报告》,旨在介绍"一带一路"国家和地区的法律环境,内容涉及投资、贸易、劳工、环保、知识产权、争端解决等领域,为中国企业在"一带一路"国家和地区投资、合作、发展提供法律支持。同时,本书的出版还有利于搭建"一带一路"国家和地区国际法律服务合作网络,培养一批从事"一带一路"国家和地区法律服务的顶尖涉外律师,为我国深入推进"一带一路"倡议提供智力支持。

二、我国涉外律师队伍发展的现状

(一)我国涉外律师队伍发展的特点

1. 地域分布特点

其一,一线城市及沿海地区优势明显,北上广是涉外法律服务重镇。相关调研结果

---

[1] 司法部:"世界律师大会召开律师联盟成立",载中国政府法制信息网,http://www.moj.gov.cn/Department/content/2020-01/16/613_3240181.html,最后访问时间:2020年5月21日。

[2] 缪怡青、周栩:"服务'一带一路'的律师培养路径的研究",载《法制与社会》2018年第8期。

显示，我国涉外律师分布于我国31个省级行政区域。其中，北京、上海、广东3省市的涉外律师占律师总人数的41.7%。而在司法部公布千名涉外律师人才拟入选名单中，入选律师主要集中在一线城市及沿海地区，仅北京、上海、广东、江苏、山东、浙江6省市入选的律师就达到了574人，占入选总人数的58.10%。其余24省市入选律师合计414人，占入选总人数的41.90%。北京入选律师最多，为170人，占入选总人数的17.21%，遥遥领先于其他各省市。上海、广东、江苏紧随其后，入选人数均超过90人。入选人数进入前十的还有山东、浙江、福建、四川、辽宁、天津。而四川是除北京外，唯一一个入选人数进入前十的内陆省份，共入选律师39人。[1]

其二，重庆是北上广外涉外律师队伍发展较快的地区，在"一带一路"、自贸区建设等重大国家发展规划带动下，重庆的涉外法律服务水平在稳步提升。重庆已初步建立起覆盖"一带一路"沿线主要国家和地区的涉外法律服务体系，在陆海贸易、跨境投资并购、境外发债、知识产权、涉外争议解决等主要领域形成较强专业特色和服务能力。重庆市电子信息、航空航天、智能制造、生物医药等新兴产业的发展促进了外资落户。[2] 截至2018年9月，在重庆落户的世界500强企业已达到281家，处于国内前列。这为当地涉外法律服务业发展提供了沃土。作为中国法律市场的西部重镇，重庆自2000年起，就有提供涉外法律服务的先行者，亦有不少实行公司化运营，并进行全国及国际化布局的律所。而作为开展国内律所聘请外籍律师担任外国法律顾问试点工作的地区，重庆也将迎来更高水平的律所国际化。此外，重庆律协对于涉外律师培训的高度重视，也成为近两年重庆涉外律师队伍发展较快的原因。[3]

2. 法律领域分布特点

司法部官方认定的九大涉外法律领域包括国际经济合作、国际贸易、海商海事、金融与资本市场、跨国犯罪与追逃追赃、跨境投资、民商事诉讼与仲裁、能源与基础设施、知识产权及信息安全等九大业务领域。根据统计，跨境投资业务领域的律师最多，约占27.1%。其次是民商事诉讼与仲裁、金融与资本市场、国际贸易领域。能源与基础设施、海商海事、国际经济合作和跨国犯罪与追逃追赃领域的律师则较少。[4]

根据统计发现，一部分律师在申报民商事诉讼与仲裁领域的同时，也申报了非诉业务领域。同时申报诉讼，以及跨境投资、金融与资本市场、国际经济合作等非诉讼业务

---

[1] "我国涉外法律服务展现地域特色北京律师人才数量全国领先"，载人民网，http://legal.peo-ple.com.cn/n1/2019/1202/c42510-31485639.html，最后访问时间：2020年5月21日。

[2] "重庆组建涉外法律服务人才库打造国际化法治化营商环境"，载中国新闻网，http://www.chi-nanews.com/gn/2019/11-21/9013894.shtml，最后访问时间：2020年5月21日。

[3] 林戈："西部英豪：成都、重庆法律市场的竞逐争锋"，载智合网，https://www.zhihe.com/main/article/179，最后访问时间：2020年5月21日。

[4] 伊晓俊、毛姗姗："2262名中国涉外律师大数据分析"，载智合网，https://www.zhihe.com/main/article/3871，最后访问时间：2020年5月21日。

的律师约占总人数的18%。[1]

而我国律师涉外服务范围和业务领域也在不断拓展,涉外律师队伍体现出较为全面的综合服务能力。2018年我国涉外律师共办理涉外事务近12.7万件,其中涉及跨境投资并购、知识产权、"两反一保"等非诉业务,也包括境外诉讼仲裁业务类型。今年以来,国内4家律师事务所在境外新增设立了4个分支机构。北京金杜律师事务所已在欧洲设立6家分支机构,通过招募当地合伙人及其律师团队和辅助人员的方式直接为中国客户的投资并购及其他业务活动提供全方位和一体化的法律支持。截至2018年底,中国律师事务所在境外设立分支机构共122家,其中美国24家,占19.67%;欧洲国家17家,占13.93%;亚洲国家和地区最多,53家,占43.44%;在其他国家和地区28家,占22.95%。2018年,中国律师事务所在境外分支机构共办理各类法律事务3.2万多件。[2]

3. 涉外律师语言条件：英语仍是主流

外语能力已成为考量涉外律师水平的重要标准之一。优秀的外语水平能够保证律师更深入地了解境外经济、政治、文化和法律制度,熟悉不同文化背景下的沟通方式,建立人脉关系。同时,优秀的外语能力能保证律师在处理具体案件时,与国外律师及客户进行有效沟通,在商务谈判、境外调查、开庭时能够无障碍地表达意见。[3]

在《中国涉外律师客户指南2020》[4]收录的涉外律师中,掌握一门外语的律师共有1760名;掌握两门以上外语的律师共有126名,约占总数的7%。根据指南中涉外律师的工作语言分布来看,绝大多数从事涉外业务的执业律师可熟练使用英语,其次是日语、法语、德语、韩语和俄语等。熟练使用小语种的律师人数占比相对有限。

(二) 中国律师走向国际舞台的典型案例——中国诉欧盟紧固件反倾销案首获WTO争端全胜案

2016年1月18日,WTO公布了中国诉欧盟紧固件反倾销措施案执行之诉上诉全胜,裁定欧盟滥用"替代价"违反WTO规则。本案历时七年,几乎走完了WTO争端解决机制的所有程序,包括WTO争端原审专家组和上诉程序,欧盟执行再调查,以及WTO争端执行之诉专家组和上诉程序,是中国运用世贸规则主动亮剑赢得胜诉的典型案例。

欧盟2007年对中国紧固件发起反倾销调查至2016年撤销征税历时十年。2009年调查

---

[1] 伊晓俊、毛姗姗："2262名中国涉外律师大数据分析",载智合网,https://www.zhihe.com/main/article/3871,最后访问时间：2020年5月21日。
[2] 张昊："我国涉外律师架起国际交流合作桥梁",载《法制日报》2019年11月23日,第2版。
[3] 伊晓俊、毛姗姗："2262名中国涉外律师大数据分析",载智合网,https://www.zhihe.com/main/article/3871,最后访问时间：2020年5月21日。
[4] 《中国涉外律师客户指南》是法律媒体"智合平台"对中国官方机构公布以及法律行业公认的权威评级机构出具的涉外律师名录信息进行整合而推出的内容为全国的1788名外律师名录的指南类书籍。

终裁，欧委会以印度汽车紧固件企业产品"替代价"与中国普通紧固件出口价进行不公正的价格对比，人为抬高倾销幅度，违规征税平均高达 77.5%，使中国紧固件出口遭受重创，对欧盟出口金额从 2008 年 10.8 亿美元降至 2014 年 0.8 亿美元。锦天城律师团队代理中国紧固件产业经历了这一艰难时期，于 2009 年说服中国商务部诉诸 WTO 争端。2011 年 7 月，经 WTO 争端原审专家组和上诉程序，中国取得小胜，迫使欧委会执行 WTO 上诉裁定，于 2012 年 7 月进行再调查。锦天城律师团队继续代理中国紧固件产业和企业，成功迫使欧委会于 2012 年 10 月在再调查裁定中下调税率 23%，实现了挑战滥用"替代价"的实体性重大突破，并于 2013 年 10 月请求中国商务部把欧盟再次诉诸 WTO 执行之诉，首次针对性地把欧盟滥用"替代价"作为核心诉求。虽然执行之诉专家组裁定中欧双方各有胜负，经双方交叉上诉，131 天上诉审理，WTO 上诉机构于 2016 年 1 月 18 日裁定欧盟违规败诉。2017 年 2 月 27 日，欧委会公告撤销了该案反倾销税。

此案争端执行之诉的上诉全胜，是中国在应对国际反倾销上主动参与 WTO 争端的一个里程碑，是中国敢于挑战滥用"替代价"的首次胜利，打破了"替代价"不可挑战的思想禁锢。中国诉欧盟紧固件案是中国改革开放至今对西方国家滥用"替代价"的首次系统清算，此案胜诉的震撼导致欧盟从立法、行政和司法上抛弃现有替代国制度，这包括欧委会已公布反倾销法修订，舍弃了原替代国制度，并撤销了对中国紧固件征税，以及欧洲法院上诉判决宁波金鼎等两公司诉欧委会紧固件案胜诉。此案胜诉的意义不是个别性的，上诉机构已经裁定欧盟现有替代国制度存在系统性缺陷，据此，欧盟在五十多件对中国产品征收反倾销税案，在"替代价"规则适用上应该都存在严重缺陷和滥用嫌疑，尤其是对反倾销协议第 2.4 条价格公平对比规则的违反，因此，更应主动诉诸 WTO 争端，全面纠正欧盟对华反倾销对"替代价"的滥用。[1] 此案代表着中国律师团队在国际争端和涉外案件中，逐渐可以独立自主地发挥力量。

（三）我国涉外律师队伍发展存在的难点和不足

虽然我国的涉外法律服务业正在蒸蒸日上，但面对"一带一路"沿线国家不同法律体系所呈现出的复杂多样，目前中国律师事务所提供的服务相对较为初级或粗放，与企业的需求之间仍然存在着不小差距，尤其在提供涉外法律服务方面仍存在多项难点。

1. 国家层面的立法与政策支持力度仍然不大

相对于我国对外投资的重大发展，我国律师提供涉外法律服务过程中仍面临着缺乏明确国际法与国内法依据的困境。

首先，国家立法与政策对互惠开放法律市场的程度不足。我国虽与大部分"一带一

---

[1] 上海市司法局、上海市律师协会：《上海涉外法律服务精选案例汇编》（第二辑）。

路"沿线国家缔结了双边或多边协议,但存在其内容相对较为陈旧,且关于开放法律服务市场的内容较少、互惠开放程度不够、缺乏司法协助方面的内容等问题。

其次,国家立法与政策对律师事务所走出去的支持力度较小。关于律师事务所"走出去"为"一带一路"沿线国家涉外企业提供法律服务,目前一个较为突出的矛盾是我国国家政策对于律师事务所"走出去"的支持力度太小,很难起到真正的推动和保障作用。当前,律师的涉外业务主要是为中国企业的海外投资融资业务提供法律支持。然而,我国涉外法律服务业的国际竞争力还不强,司法行政机关在政策具体措施方面的支持力度不足,仅仅停留在文字上的抽象支持,却缺乏实质性的支持。

2. 律师协会对涉外法律服务的行业引领作用仍有待发挥

律师协会是我国律师组织和发展的平台,能否充分发挥涉外律师的作用和潜能,为"走出去"企业提供优质高效的涉外法律服务,关系到能否提升律师行业对"一带一路"倡议的参与度和贡献度。目前我国律师协会在促进涉外法律服务的开展方面仍存在诸多难点,制约了其行业引领作用的发展空间。

首先,大多律师协会尚未能有效组织涉外法律服务交流平台。近年来,我国各级律师逐渐加强与"一带一路"沿线国家律师协会的联系与合作,但目前这种合作仍属初起型和粗放型的,实质性的合作并不多见。以中华全国律师协会与印度、老挝、蒙古、波兰、泰国等国律师协会的合作为例,国家层面的律师协会合作虽为律师协会之间的合作奠定了基础,但却仅仅停留在为国内律师提供政策参考和互相交流的一些便利条件,尚未能通过建立一种行之有效的涉外法律服务交流和协作平台,以便于或促进国内律师与"一带一路"沿线国家律师在开展涉外律师业务上的交流与协作,进而为我国涉外企业规避国际税收和法律风险提供高效优质的法律服务。

其次,缺乏统一的行业规范与资源共享机制。西部律师在办理涉外业务时如果没有行业规范指引,处理问题就会走很多弯路。例如,云南省政府在组织编撰南亚地区各国法律法规汇编时,最新的法律法规很难从网络、高校和行业内部获取,通过私人渠道收集、查找的资料相对匮乏,给律师的涉外法律服务造成很大阻碍。

3. 律师事务所的综合竞争力有待提高

律师事务所是提供涉外法律服务的主体,面对"一带一路"沿线国家日渐增长的法律服务需求,我国律师事务所无论总体或个体的综合实力都有待进一步的提高,当前的状况无法满足我国实施"一带一路"倡议的迫切需求。

首先,国内律所难以尽快地熟悉国外的法律制度和法律环境。在"一带一路"倡议下律师事务所的涉外执业活动不可避免地受到沿线国家复杂多样法律环境的影响。"一带一路"沿线国家法律制度差异大、执法环境复杂、贸易投资壁垒等导致企业从事涉外业务风险大。根据对北京、云南、四川的调研,国企、央企等出口企业在业务开展中,更倾向用中国律所作为法律服务的承包商,全权负责境外律所选定、律师服务协调及成果质量审核等工作。但是,较小的民企却容易疏忽潜在法律风险,发生交易摩擦时倾向于向东道国政府求助,忽视了律师的作用。

其次,国内律所难以有效地拓展境外法律服务市场。由于"一带一路"沿线不少国家法律服务市场仍较为封闭,到该地设立律师事务所有一定的难度,从而影响了国内律师事务所到沿线国家开设分所或办事处的积极性。但在为涉外企业代理法律事务时,没有在所在国设有境外分所或办事处,会给律师事务所所指派律师开展调查取证、阅卷、代理诉讼等业务带来诸多的困难或不便,从而有可能影响法律服务的质量和预期的成效,并进而影响所涉企业对该律师事务所及其律师的信任以及此后的委托业务。我国许多律师事务所由于并没有在国外设立分所或办事处,因而在接到涉外企业的委托业务之后,一般采取与国外律师事务所合作的方式来为涉外企业提供法律服务,而与国外律师事务所的合作往往由于这样那样的问题而不能达到有效的合作,最终致使涉外企业因难以获得预期的目标而深感失望。即使有些律师事务所的律师拥有所在国的法律执业资格,对于当地法律与环境的熟悉程度也难以与对方的当地律师相提并论,在维护当事人合法权益的过程中难免会出现一些不到位或不充分的情况,极有可能因此而败诉或使当事人利益受损。而西部、东北部地区律师业基础更为薄弱,基本无大规模律所,小规模律所难以承载专业高端的涉外业务。此外,国内律师事务所聘请外籍律师担任外国法律顾问、发展联营律师事务所等试点工作的开展,对我国律师事务所开展涉外合作业务、提高协作水平提出了更高的要求,这种合作或协作尚处于初期探索阶段,从而使许多律师事务所难以有效地拓展境外法律服务市场。

最后,我国缺乏足够的涉外复合型人才,现有涉外律师人才培养模式不能满足"走出去"的需要。国内事务所在与外资事务所的竞争上存在明显劣势,很大程度上是因为既懂外语、外国法律,又懂谈判技巧的高素质律师人才储备不足[1]。相对于普通法律服务,目前我国律师的跨境服务能力还不强,辐射面积较小。以深圳为例,华为、腾讯、平安等世界五百强和中国百强企业的涉外法律业务量是非常大的,但多被欧美律师垄断。究其原因,涉外律师人才缺口太大,深圳只有不到300名,上海正式被纳入涉外高端法律人才库的超过100人,但仍无法满足企业的现有需求,西部、东北部地区的涉外律师更是少之又少[2]。由于缺乏精通中国与外国法律、具备中国与外国执业资格证、精通国际经济惯例的复合型人才,难以形成高水平的团队法律服务,当前国内律师的涉外法律服务水平参差不齐。然而,培养一个涉外复合型人才并非一朝一夕的事,律师行业尚缺乏涉外复合型人才培养的有效途径,或对律师事务所拓展涉外业务形成掣肘。

---

[1] 张富强:"广东律师薪酬、税收与职业发展分析",载《学术研究》2013年第8期。
[2] 贾立军:"'一带一路'背景下律师行业发展新路径",载《人民法治》2019年第6期。

4. 律师个人提供优质高效涉外业务的难点

首先，律师的多国语言能力和法律知识更新能力尚不能适应时代的要求。由于"一带一路"沿线国家有许多是小语种国家，对涉外律师的外语水平（尤其是英语）提出了更高要求，而我国律师在语言上并不具有天然优势，这就为涉外律师队伍培养增添了较大的困难。此外，我国目前涉外律师知识更新能力参差不齐，许多涉外律师很大程度上仅仅依靠自身参与涉外法律服务的经验或者阅读相关书籍获取知识。随着"一带一路"倡议的深度推进，企业对律师提供精细化法律服务等方面的要求越来越高，例如涉外知识产权、涉外合同、涉外劳动、涉外仲裁、涉外投融资并购等业务领域对精熟该行业的专业律师要求越来越高，这意味着涉外律师不仅要精于某项业务，还应具备较强的专业知识更新能力，这对律师个人的发展而言既是机遇，也是挑战。但客观而言，目前能够战胜这种挑战的律师，无论从数量上或是在质量上，都十分欠缺。

其次，律师协助企业建立法律风险防范机制的参与度和把控度尚显不足。企业到境外投资除了面临经营过程中的投资风险、税务风险、贸易合规风险外，还将面临地缘政治风险、金融风险、经济不稳和投资萎缩等新类型的风险[1]。然而目前我国企业在涉外投资过程中的风险防范意识还较差，往往是等到风险发生后才被动聘请律师介入风险处置，难以自如地施展涉外投资风险的预防和降低能力。按照国务院有关部门制定《关于发展涉外法律服务业的意见》的要求，律师应该积极主动地参与涉外企业的对外投资活动，帮助涉外企业及时有效防范可能发生的风险。然而，目前我国律师协助企业建立风险防范预警机制的参与度和把控度还较低，尚不能有效地为涉外客户发出风险提示，形成积极主动的、事前应对风险的格局，从而难以全方位地为涉外客户提供优质高效的涉外法律服务。

再次，律师面临越来越高的纠纷解决服务要求而显得有些力不从心。一般情况下，我国律师要参与在他国进行的诉讼程序，必须取得当地的律师执业资格才能以律师身份进行；而在国际仲裁程序中，律师执业并无此限制。这是我国律师走出去的机遇，同时也带来了以下的严峻挑战：第一，国际上不同仲裁机构的仲裁规则不尽相同，从事涉外仲裁的律师需要及时掌握或更新相关规则及其相应的知识。第二，在国际仲裁中的证据规则不同于诉讼程序中的证据规则，而是将当事人意思自治原则置于证据规则之首。这意味着当事人可以自由选择拟适用的证据法，或共同认可的证据规则，从而对律师的处理业务的综合能力提出更高的要求。第三，对投资仲裁的研究要及时深入。相比于商事仲裁以当事人同意为基石，投资仲裁中的东道国与投资者并未签订仲裁协议，而是由东道国通过签署双边投资协定的行为或通过加入相关公约的行为默认放弃仲裁管辖豁免。国

---

[1] 参见郭雷："我国内地企业境外投资的法律风险及保护对策"，载《北京政法职业学院学报》2012年第2期。

与国之间的双边投资协定等会随磋商进度而不定期更新。可见,对于从事国际仲裁的律师而言,及时深入研究国际投资保护协定及其相关规则等就显得十分重要了。而我国律师在这些方面确实存在力不从心的状况,亟待在法律服务实践中不断地提高。

最后,律师对涉外法律法规规则制定的参与度仍显不高。客观而言,我国律师参与国际国内立法的工作机制尚不完善,律师对现行国际国内立法的参与度不如市场经济发达国家的律师高,因而对国际国内法律制度变革和运行的影响力尚显不足。究其原因,显然与全国人大常委会、国务院和最高人民法院对律师参与国际规则制定、参与国家立法的重视不够,或虽有提倡或引导但缺乏切实可行的措施加以推动或保障,有着密切的联系。目前国内乃至许多省市尚未完全确立"委托第三方起草法案""法案公开征求意见""草案表决前评估""立法后评估"等有助于律师参与国家立法和地方立法的制度和机制,从而影响了律师对于立法流动的参与度和影响力。同时不可否认的是,广大律师对国际规则和国内法律法规制定影响力不大,也与广大律师自身参与热情不高、律师协会未积极引导有着一定的关系。就后者而言,尽管目前确有不少地方律师协会已开始尝试与当地立法机关合作,选派律师参与地方立法,但从律师协会到律师个体的衔接选拔机制尚不完善,亟待统一标准。[1]

(四)疫情对国内外涉外律师行业带来新的挑战

2020年2月下旬,新冠病毒在全球范围内暴发,全球吹响"抗疫"的号角。疫情对全球范围内各个行业都构成了巨大破坏,对全球供应链也造成严重冲击,同时也对跨境投资并购、融资、海外IPO等涉外业务造成一定影响。而遭受疫情影响最明显的是那些在多个司法辖区均有业务涉及、尚有未完成交易以及正在考虑新投资项目的企业。在这种情形之下,涉外律师需要着手解决的两个最紧迫的问题:①当面临运营供应链或其他业务中断时,如何在疫情防控期间管理好业务连续性;②疫情对合同履行构成何种影响,以及如何在困难形势下与对方进行沟通,具体而言就是如果合同不能正常履行,是否有任何法律理由延迟履行或终止合同?根据中国法律,"新型冠状病毒肺炎疫情"造成的破坏是否构成不可抗力?对于国际贸易或跨境合同,这些概念在国际法和外国法下是如何解释的?这些都是疫情背景下涉外法律服务人员应该思考的问题。

---

[1] 何富杰、许志华:"律师参与地方立法的经验和问题———以广东律师参与地方立法后评估为例",载《中国律师》2017年第4期。

三、对未来我国涉外律师队伍培养的展望

(一) 以上海为视角探讨中国培养涉外法律服务队伍的新路径

上海作为我国涉外律师发展的前沿,涉外律师呈现国际化、高端化的特点,有6家中国律所和外国律所在上海自贸区开设联营办公室进行深度合作,总部在上海的律师事务所中,有13家在境外开设了分支机构,境外分支机构的总数达到了37个。全上海市从事过涉外法律服务的律师有2000多人,超过了全市律师总人数的10%,[1]这在我国涉外人才稀缺、占比不足的大背景下,显得尤为超前。目前,上海正全面推进涉外法律服务业发展,加快上海自贸区建设和长三角一体化发展。而这些举措,可以作为我国涉外律师队伍整体发展的经验借鉴。

1. 上海发展涉外律师队伍的顶层规划

2018年6月,上海市司法局为对标中央《关于发展涉外法律服务业的意见》这一上级文件精神,与市发改委、市经信委、市商委、市教委、市外办、市国资委和市法制办等八个委办局联合印发《上海市发展涉外法律服务业实施意见》,规划了"到2020年,在上海建立全方位、多层次的涉外法律服务平台,健全涉外法律服务业制度和机制,培养一批高质量的涉外法律人才,全面打响符合上海实际、体现上海特色的涉外法律服务品牌"的目标。

2. 具体举措

《上海市发展涉外法律服务业实施意见》从十个方面明确了上海发展涉外法律服务业的主要任务和工作措施:一是积极服务保障国家重大发展规划,发挥涉外法律服务对上海经济发展的支撑作用;二是为优化营商环境提供涉外法律服务,建立团体通力合作机制;三是搭建完善涉外法律服务业支撑平台,通过学习平台加强对涉外业务和法律法规的培训,不断提高培训的针对性和实效性;四是稳步推进涉外法律服务业开放,鼓励上海市律师事务所在境外设立分支机构或办事处;五是发展壮大涉外法律服务人才队伍,打造上海涉外法律服务人才品牌;六是建设和完善涉外法律服务机构,打造上海涉外法律服务机构品牌;七是健全涉外法律服务方式,提供线上线下一体化、一站式的涉外法律服务;八是提高涉外法律服务质量,推动网上法律服务与网下法律服务相结合,为本市企业和个人带来更便利的涉外法律服务;九是加大涉外法律服务业政策扶持,将发展涉外法律服务业作为服务业发展的重要内容,纳入实施"一带一路"、上海自由贸易试验

---

[1] "我国涉外法律服务展现地域特色 北京律师人才数量全国领先",载人民网,http://legal.people.com.cn/n1/2019/1202/c42510-31485639.html,最后访问时间:2020年5月21日。

区和"五个中心"等重大发展规划之中;十是为外交外事工作提供法律服务,积极为上海对外签订合作协议提供法律服务,鼓励涉外法律服务人才和优秀的涉外法律服务机构赴境外参加国际性的涉外法律服务论坛等活动,在提升上海涉外法律服务业的层次和水平的同时,增强与其他国家的互动与交流,为我国公民"走出去"提供良好的外交环境。

《上海市发展涉外法律服务业实施意见》还专门列出了13个重点项目,以便发展涉外法律服务的工作能够切实落地,包括:上海东方域外法律查明服务中心、上海合作组织国家法治研究中心、上海高端涉外法律人才实践基地、上海企业涉外法律联合培训中心、上海企业合规研究中心、上海涉外商事调解中心、亚太仲裁中心、国际金融贸易研究中心、市司法行政公共法律服务科创中心、上海企业"走出去"综合服务平台、环太平洋律师协会2020上海年会、上海涉外法律服务人才和机构库、上海涉外法律服务案例库等十三个重点项目。[1]

除此之外,值得注意的是,国家层面的《关于发展涉外法律服务业的意见》是由司法部、外交部、商务部以及国务院法制办联合印发的,而《上海市发展涉外法律服务业实施意见》除了市司法局、市商委、市外办、市法制办这四个部门之外,还增加了市发改委、国资委、经信委以及教委作为联合发文单位,这些单位的"加盟"对更好地统筹协调涉外法律服务业发展工作,加强对发展涉外法律服务业的指导并研究提出发展涉外法律服务业的具体政策措施,协调解决涉外法律服务业推进中遇到的重大问题,沟通交流涉外法律服务业情况并总结推广涉外法律服务业发展中的典型经验都具有重要意义。

(二)提升我国律师涉外法律服务水平的路径探索

1. 国家应当提供政策支持

鉴于当前涉外律师服务未能在"一带一路"倡议推进过程中发挥应有的作用,国家有关部门有必要从立法、行政、司法等各方面为涉外法律服务水平的提升提供政策支持,这既是落实党中央相关文件精神的要求,也是提升涉外律师服务水平的现实需求。

首先是立法与政策保障。相对我国对外投资的巨大发展而言,目前的对外投资立法环节仍显薄弱。为此,应从以下三个方面加强立法与政策层面的保障作用,一是建立完整的对外投资法律体系。应当尽快制定《对外投资法》,并适时更新和完善与"一带一路"沿线国家所签订的国际税收协定,增加开放法律服务市场、避免双重征税等方面的内容。二是为律师事务所"走出去"提供政策和资金支持,努力促成有条件的律师事务所都在"一带一路"沿线各国设立分所或办事处。三是制定人才培养与引进政策,加快对境外高素质法律人才的引进和国内高素质法律人才的培养,为"一带一路"沿线国家

---

[1] "上海八部门发布涉外法律服务业实施意见 健全涉外法律服务业制度和机制",载央广网,http://news.cnr.cn/native/city/20180628/t20180628_524285023.shtml,最后访问时间:2020年5月21日。

涉外律师队伍提供源源不断的新鲜血液与后备力量。

其次是司法行政机关的行政服务。各级司法行政机关应当发挥对律师行业的引导和规制作用，为律师事务所走出去提供更为优质的行政服务。首先，司法行政机关应加强与国外相应机构的对话交流，为律师事务所与律师走出去提供指引和规范，同时努力推动相关国家对我国律师开放法律服务市场。其次，司法部还需与商务部、外汇管理等部门进行协调，减少相应的行政审批，为律师事务所走出去提供更多的政策支持。再次，提升信息化服务水平。司法行政机关应当在服务行政理念指导下，筹建"一带一路"涉外法律服务数据库，并建立起一个网上服务平台，发布与涉外法律服务相关的各种信息。最后，各级司法厅则应立足于本地实践，为律师涉外法律服务水平的提升提供政策保障。

最后是发挥司法机关的保障作用。公正司法是营造公平正义法治环境的首要任务。司法机关应当在法律缺乏明确规定的情形下，发挥应有的能动性，通过司法解释促进涉外法律服务的发展。同时，为适应"一带一路"发展的需要，最高人民法院应结合审判实际工作中的难点，在遵守相关法律的前提下，发布相应的司法解释以弥补可能存在的审判缺漏。此外，最高人民法院应当通过公布典型案例，弘扬现代司法理念与裁判精神，对律师未来的涉外法律服务提供行动指引。

2. 律师协会应当发挥行业的引领作用

律师协会的参与是提升我国涉外法律服务水平的重要一环，应充分发挥行业引领的作用，通过对不同律师事务所、律师的组织协调，形成合力，共同致力于行业整体水平的提升。同时，律师协会应当在扩大对外交流合作，特别是与国内的科研院所、国外的律师协会合作的基础上，整合各种资源用于提升律师涉外法律服务水平。除此之外，还应该建立跨境服务联动机制。律师要随着企业走出去，并对其境内外业务建立联动机制，从而建立起境内与境外业务相互促进的格局。为此，律师协会可以通过与其他国家的律师协会（如英格兰及威尔士律师会等）签署合作协议，双方互派律师对对方进行本国法律的培训，开展各种各样的民间合作形式，为律师的跨境服务联动提供桥梁。

3. 律师事务所应当发挥主体作用

律师事务所作为涉外法律服务的核心主体，应充分发挥其主体作用，放眼世界，将维护世界各地中国企业合法权益作为自己的神圣使命，在世界范围内传播中国法治理念与具体制度，在中国特色法治理念引导下打造国际性的律师事务所。

首先，明确自身优势并找准定位。通过对国内企业的调研发现，国内企业走出去遇到法律问题时，往往优先聘请当地律师事务所，而很少到国内聘请律师。如此，国内律师事务所应当注意培养优秀的涉外律师，根据本地走出去企业的业务特点及所在国法律制度和法律环境，结合自身优势，加强高素质法律人才的吸纳与培训工作，进一步找准自己的可能定位，以便在涉外企业需要时能够在竞争中成功承担该企业的涉外法律服务事项，在代理法律业务过程中以最优的状态提供最佳的法律服务，协助企业成功地实现预期的目标。

其次，精准协作以提供高效服务。在提供具体涉外法律服务时，律师事务所可适时牵头组建专项服务团队协作，尽可能将有涉外服务经验的律师凝聚在一起开展专项团队服务。这种专业服务团队协作，既可以是同一律师事务所内律师们的组团协作，也可以是不同法律服务单位间的组团协作。其关键在于能快速响应客户的诉求，根据专业特长多方位满足涉外客户法律服务需求，从而提供专业高效的服务。

4. 律师应当发挥提升服务质量的核心作用

律师作为直接为企业提供法律服务的主体，是提供优质高效法律服务的核心，其业务水平直接关系涉外法律服务的效果。因而律师应当自觉在涉外法律服务的实践中积极作为，努力为企业提供优质高效的法律服务。

首先，为客户提供全方位且有深度和广度的法律服务。律师应更为积极地参与"一带一路"进程，提供的法律服务应当贯穿涉外企业的投资前、经营中乃至退出与撤资的全过程。涉外企业所面临的事务除了法律问题，还包括理顺各种社会关系、处理与政府机关的交往等纷繁驳杂的内容，这些可能都需要律师来提供服务。因此，这就对涉外律师的素养与技能提出了相当高的要求，即他不仅应是个精通国际法和当地法律的专业人才，而且应对当地的风土人情、宗教习俗、社会关系娴熟于心，擅长与各种层次的人物打交道。也只有如此，他才有可能为涉外企业客户提供全方位有深度和广度的法律服务，才有可能为涉外企业依法争取到更多的合法权益。

其次，恰当选择纠纷解决机制。涉外企业在当地发生争议时，往往有可能涉及不同国家间的不同主体，而国际争议解决程序或机制相对复杂，且往往难以在较短时期内解决。因而涉外律师应当引导或协助企业选择仲裁机制作为解决纠纷的首选方式。显然，在"一带一路"的背景下，选择仲裁方式，对我国涉外企业更为有利一些。因为"一带一路"沿线多数国家的法治化水平较低，涉外投资纠纷又往往牵涉东道国的利益，因而很难期望通过诉讼的途径获得东道国审判机关中立公正的审判。[1]

最后，积极参与国际规则的制定。"一带一路"倡议作为我国经济发展在空间结构上的重大拓展，构成中国特色强国的重要组成部分。中国律师积极参与国际规则制定，既可以扩大我国的国际影响力，也能够在掌握规则制定的主动权的基础上为我国涉外企业"走出去"争取到更多权益。[2]2016 年 2 月我国涉外律师等法律专家共同起草的《有关

---

[1] 参见金杜律师事务所编："跨境/国际仲裁观察：聚焦中国'一带一路'"，https://www.kwm.com/~/media/library/Files/PDF/2017/05/22/KWM - crossing - borders - 7 - belt - and - road - CN. pdf，最后访问时间：2020 年 5 月 21 日。

[2] 魏哲哲、倪弋："法律服务，护航'一带一路'"，载《人民日报》2017 年 5 月 10 日，第 17 版。

跨境电子商务 ODR 文件的建议及提案》被联合国国际贸易法委员会接纳并通过，说明我国参与国际法律规则制定的话语权和影响力在国际上提升。但这仅仅是个开始，我国应当通过必要的途径形成相应的律师参与立法机制，促进并保障律师更多地参与相关国际规则的制定，以切实保障我国在参与国际经济事务和解决争议过程中的合法权益。通过不断发出中国律师的声音，进一步提升我国涉外法律服务水平，协助企业在投资之初就设计好争议解决机制，以便在与东道国发生争议时能最大限度地保障企业的合法利益。[1]

5. 全球疫情可能长期存在的情况下，中国律师应积极应对

2020 新冠肺炎疫情给涉外律师行业带来冲击，但危机之中也孕育着新的机遇。当前全球主要发达国家资本市场在疫情肆虐下大幅下挫，国外资本正寻求安全的投资"避风港"。随着国内疫情的好转，中国市场逐渐成为对全球最有吸引力的市场，外资或将重新注入。据预测，新的增长点会出现在破产重整清算、跨境诉讼、国际仲裁上，比如现在因疫情影响而导致供货延迟等争议就需要熟悉国际商事仲裁的律师协助解决。[2]

此刻，中国涉外律师更应抓住这一历史机遇，顺势而为加强业务学习和服务能力的提升，为后续经济复苏、服务需求回归做好准备。

参考文献

一、论文期刊类

[1] 张学兵："涉外律师 走上国际舞台的中国律师"，载《中国律师》2019 年第 12 期。

[2] 孙云霞："'一带一路'建设中司法行政工作服务涉外律师对策"，载《法制博览》2018 年第 2 期。

[3] 冷帅等："中国涉外法律服务业探析（上）"，载《中国律师》2017 年第 5 期。

[4] 冷帅等："中国涉外法律服务业探析（下）"，载《中国律师》2017 年第 6 期。

[5] 缪怡青、周栩："服务'一带一路'的律师培养路径的研究"，载《法制与社会》2018 年第 8 期。

[6] 张富强："广东律师薪酬、税收与职业发展分析"，载《学术研究》2013 年第 8 期。

[7] 贾立军："'一带一路'背景下律师行业发展新路径"，载《人民法治》2019 年

---

[1] 张富强："'一带一路'倡议下中国律师为涉外企业提供优质高效法律服务的路径探索"，载《法治论坛》2018 年第 1 期。

[2] 伊晓俊、毛姗姗："2262 名中国涉外律师大数据分析"，载智合网，https://www.zhihe.com/main/article/3871，最后访问时间：2020 年 5 月 21 日。

第 6 期。

［8］参见郭雷："我国内地企业境外投资的法律风险及保护对策"，载《北京政法职业学院学报》2012 年第 2 期。

［9］张富强："'一带一路'倡议下中国律师为涉外企业提供优质高效法律服务的路径探索"，载《法治论坛》2018 年第 1 期。

［10］何富杰、许志华："律师参与地方立法的经验和问题——以广东律师参与地方立法后评估为例"，载《中国律师》2017 年第 4 期。

［11］魏哲哲、倪弋："法律服务，护航'一带一路'"，载《人民日报》2017 年 5 月 10 日，第 17 版。

二、网址及其他

［1］伊晓俊、毛姗姗："2262 名中国涉外律师大数据分析"，载智合网，https：//www.zhihe.com/main/article/3871，最后访问时间：2020 年 5 月 21 日。

［2］金杜律师事务所编："跨境/国际仲裁观察：聚焦中国'一带一路'"，https：//www.kwm.com/~/media/library/Files/PDF/2017/05/22/KWM-crossing-borders-7-belt-and-road-CN.pdf，最后访问时间：2020 年 5 月 21 日。

［3］"上海八部门发布涉外法律服务业实施意见 健全涉外法律服务业制度和机制"，载央广网，http：//news.cnr.cn/native/city/20180628/t20180628_524285023.shtml，最后访问时间：2020 年 5 月 21 日。

［4］"我国涉外法律服务展现地域特色 北京律师人才数量全国领先"，载人民网，http：//legal.people.com.cn/n1/2019/1202/c42510-31485639.html，最后访问时间：2020 年 5 月 21 日。

［5］"重庆组建涉外法律服务人才库打造国际化法治化营商环境"，载中国新闻网，http//：www.chinanews.com/gn/2019/11-21/9013894.shtml，最后访问时间：2020 年 5 月 21 日。

［6］张由："中国涉外律师的国际化视野"，载中国律师网，http：//www.acla.org.cn/article/page/detailById/28593，最后访问时间：2020 年 5 月 21 日。

［7］上海市司法局、上海市律师协会：《上海涉外法律服务精选案例汇编》（第二辑）。

《法律职业观察》征稿启事

  中国政法大学法律职业伦理研究所前身是成立于1990年律师学教研室,2003年改为法律职业伦理教研室,2019年更名为法律职业伦理研究所,是全国唯一的专门从事法律职业伦理教学科研的学术机构。2019年,法律职业伦理设置为我校法学目录外二级学科;法律职业伦理专业自2020年起招收硕士研究生、博士研究生,我校是我国第一个法律职业伦理博士学位授予单位。为更好地活跃法律职业伦理的学术研究,推动法律职业伦理的发展和完善,本研究所于2020年开始创办《法律职业观察》学术文集,每年出版一辑,诚挚欢迎各界专家学者赐稿!

来稿要求

1. 《法律职业观察》侧重以法律职业及法律职业伦理理论与实践问题为切入点进行理论探讨，关注和检视法律职业中的法治问题、行为规范，充分展现思想和策略上的新观点、新思路。《法律职业观察》设有特稿、探索与争鸣、调研报告、案例分析、实务研究、口述历史、域外管窥、青年论坛等版块。

2. 《法律职业观察》文章要求观点鲜明、论述缜密、论据充分、格式规范，字数 12000 字以上。投稿内容应贯彻党和国家对出版工作的方针、政策，遵守国家法律法规，不得有政治性错误。来稿请参照《中国法学》注释体例；来稿请提供作者简介（姓名、单位全称、职务与职称、通讯地址及邮政编码、联系方式）。如果来稿系受基金项目资助的成果，请注明项目名称、类别和项目编号。翻译稿需附原文，以及原作者或出版者对于此翻译的书面授权许可（包括 e-mail）。

3. 投稿方式：本书欢迎海内外专家赐稿，作者来稿请以电子邮箱方式传送，不接受纸质投稿。（投稿邮箱：yich@cupl.edu.cn）

4. 作者来稿须为原创和首发；海外作者的优秀英文稿件的译文视同首次发表。

5. 所投稿件凡属选、摘、译的文章，必须注明出处，凡由于著作人一方引起的侵权纠纷以及其他后果，由著作人本人承担责任。

6. 本编辑部不委托任何组织和个人作为本书组稿、发表之代理，发表稿件不收取版面费、审稿费。

7. 每年投稿截止日期为 6 月 15 日。请勿一稿多投，如投稿在一个月内没有回复的，作者可以再投他处。

衷心期待您的赐稿！
联系电话：13911234063 陈宜教授
传　　真：010-58909309

《法律职业观察》编辑部
2022 年 6 月